D1655816

SOFTWARE EDITION

Highlight für Windows

Markus Rahlff
Hilmar Koch

Highlight für Windows

Raytracing, Fotorealismus und Animation unter Windows

Die Deutsche Bibliothek – CIP-Einheitsaufnahme

Rahlff, Markus:
Highlight für Windows: Raytracing, Fotorealismus und Animation unter Windows/Markus Rahlff; Hilmar Koch. – Würzburg: Vogel, 1993
(Software-Editon)
ISBN 3-8023-1209-0
NE: Koch, Hilmar:

ISBN 3-8023-1209-0
1. Auflage 1993

Printed in Germany

Herstellung: Schoder Druck GmbH & Co. KG, 8906 Gersthofen

Highlight für Windows - Einleitung

Wir freuen uns, Highlight für Windows vorstellen zu können. Die rege Unterstützung vieler Benutzer und ihre konstruktiven Verbesserungsvorschläge trugen wesentlich zur Gestaltung des vorliegenden Programmpaketes bei. Hiermit sei allen interessierten Usern unser aufrichtiger Dank ausgesprochen.

Auch Benutzer, die noch nicht mit dem Vorgängerprogramm Highlight PC gearbeitet haben, heißen wir willkommen und wünschen ihnen einen schnellen Einstieg in die faszinierende Welt der Computergrafik mit Highlight für Windows.

Die Bedienungsanleitung ist jetzt in zwei wesentliche Teile aufgespalten: in das Benutzer- und das Referenzhandbuch. Ersteres führt den Laien zwar schnell, aber doch gründlich in die Benutzung der Programme von Highlight für Windows ein, letzteres beschreibt jeden Menüpunkt und jede Funktion von Graph, Animate und Highlight detailgenau. Der unbedarfte Benutzer sollte sich also zuerst mit dem Benutzerhandbuch beschäftigen, während sich Kenner von Highlight PC mit den neuen Funktionen von Graph und Animate und dem neuen Beleuchtungsmodell auseinandersetzen sollten.

Unser Programm erlaubt die Erstellung fotorealistischer Grafiken und Animationen, also bewegte Bilder. Der Weg führt hierzu von Graph, dem flächenorientierten Objektmodellierprogramm über Animate, einem leicht zu bedienenden Szenen- und Animationenmodellierer zu Highlight, dem Raytracing- und Renderingprogramm, das die erstellte Grafik zu berechnen weiß, sowie Movie, das den Bildern das laufen lehrt. Die Leistung des Benutzer ist es, Objekte zu konstruieren, Szenen zu erstellen und Bewegungsabläufe zu konstruieren. Der Rest wird vom Computer erledigt.

Highlight für Windows ist kein CAD-Programm und ist auch nicht als solches gedacht. Vielmehr ist es ein leistungsstarkes Werkzeug für Künstler, Grafiker, Architekten, Innenarchitekten, Werbefachleuten und natürlich auch für den Hobbygrafiker. Dem vorliegenden Produkt haben wir unsere ganze Aufmerksamkeit und Mühe gewidmet. Wir hoffen, daß sich Ihnen mit Hilfe von Highlight für Windows die mitreißende Welt der Computergrafik eröffnet.

München 1992 — Markus Rahlff und Hilmar Koch

Inhaltsverzeichnis

Installation

1 Installation von «Highlight für Windows»

Das Programmpaket befindet sich auf zwei 1,2-MByte-Disketten. Bevor Sie jedoch mit der Installation beginnen, sollten Sie zunächst einen Blick in die Datei «Lesemich.txt» auf der Diskette 1 werfen. Sie enthält die neusten Informationen und Hinweise über das Programmpaket. Sie können sich die Datei unter DOS mit folgendem Kommando am Bildschirm ausgeben lassen:

```
type lesemich.txt | more
```

Die Installation der Software erfolgt über das mitgelieferte Programm «Setup» auf der Diskette 1. Legen Sie die Diskette ins Laufwerk ein. Starten Sie Windows und rufen Sie die Funktion «Datei/Ausführen» des Programm-Managers auf. Es erscheint daraufhin folgende Dialog-Box:

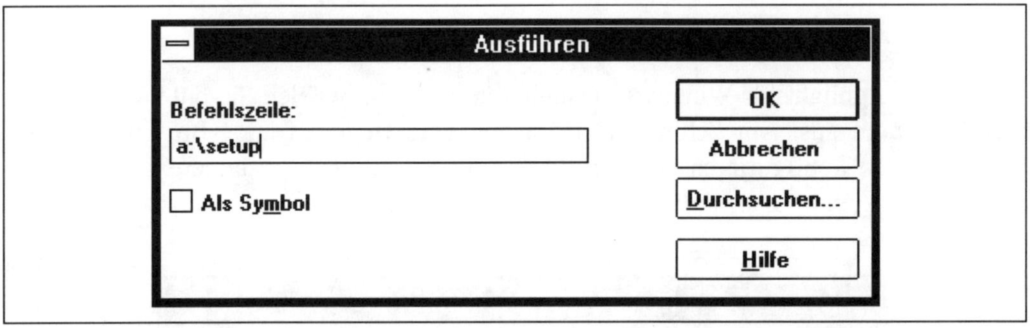

Bild 1.1: Dialog-Box zum Ausführen eines Programms mit Hilfe des Programm-Managers (Windows 3.1)

Die Dialog-Box unter Windows 3.0 ist bis auf das Fehlen der Knöpfe «Durchsuchen» und «Hilfe» identisch. Geben Sie als Befehlszeile das Programm «setup» mit Laufwerksbezeichnung Ihres Laufwerks an, wie zum Beispiel «a:\setup», und schließen Sie die Dialog-Box mit «OK».

Das Setup-Programm wird geladen und es erscheint folgende Dialog-Box am Schirm:

Bild 1.2: Startbild des Setup-Programms

Wenn Sie «Highlight für Windows» installieren möchten, wählen Sie bitte den entsprechenden Knopf aus. Am Schirm erscheint nun eine weitere Dialog-Box, mit der Sie die Installation konfigurieren können. Wollen Sie alle Dateien installieren, wählen Sie einfach «OK» und die Installation beginnt.

Bild 1.3: Setup-Konfigurieren

Mit den Kontrollknöpfen können Sie auswählen, welche Teile der Software installiert werden sollen. Rechts daneben wird der benötigte Platzbedarf der einzelnen Teile in KByte angegeben. Den Speicherbedarf der augenblicklichen Konfiguration können Sie der letzten Zeile entnehmen. Beginnen Sie die Installation mit «OK».

Das Programm kopiert nun alle Dateien in das angegebene Verzeichnis. Anschließend wird unter dem Namen «Highlight» eine neue Programmgruppe erstellt und angezeigt. Die Installation ist damit beendet.

Das Setup-Programm erstellt folgende Verzeichnisse:

Hauptverzeichnis «Hlight»: Enthält 6 Unterverzeichnisse

Unterverzeichnis «Programm»: Enthält alle Programme des Pakets. Um die Arbeit mit den DOS-Programmen zu erleichtern, sollten Sie dieses Verzeichnis mit Hilfe des DOS-Kommandos «path» Ihrem normalen Suchpfad hinzufügen.

Unterverzeichnis «Objekte»: Enthält alle Objekt-Dateien von Highlight. Diese Dateien sind an der Erweiterung «.obt» zu erkennen.

Unterverzeichnis «Oberfln»: Dieses Verzeichnis enthält vordefinierte Oberflächen-Beschreibungen. Diese besitzen die Erweiterung «.sfc».

Unterverzeichnis «Skripten»: Dieses Verzeichnis enthält Skript-Dateien für Animate («.scp») sowie Szenen-Dateien für den Raytracer («.sce»).

Unterverzeichnis «Bilder»: In diesem Verzeichnis befinden sich die vom Raytracer berechneten Bilder. Die Bilder werden im Targa-Format gespeichert und erhalten die Erweiterung «.tga».

Unterverzeichnis «Texturen»: Diese Verzeichnis ist für Bilder im Targa-Format gedacht, die später als Oberflächen-Texturen dienen sollen.

Benutzerhandbuch

2 Animate

2.1 Möglichkeiten des Programms

«Animate» ist konsequent für animierte Computergrafik ausgelegt, im Gegensatz zu ähnlichen Programmen, die diesen Teil meist nur als Sonderfall am Rande behandeln. So wurde bei diesem Programm besonderer Wert auf flexible und übersichtliche Programmierung von Bewegungsabläufen gelegt.

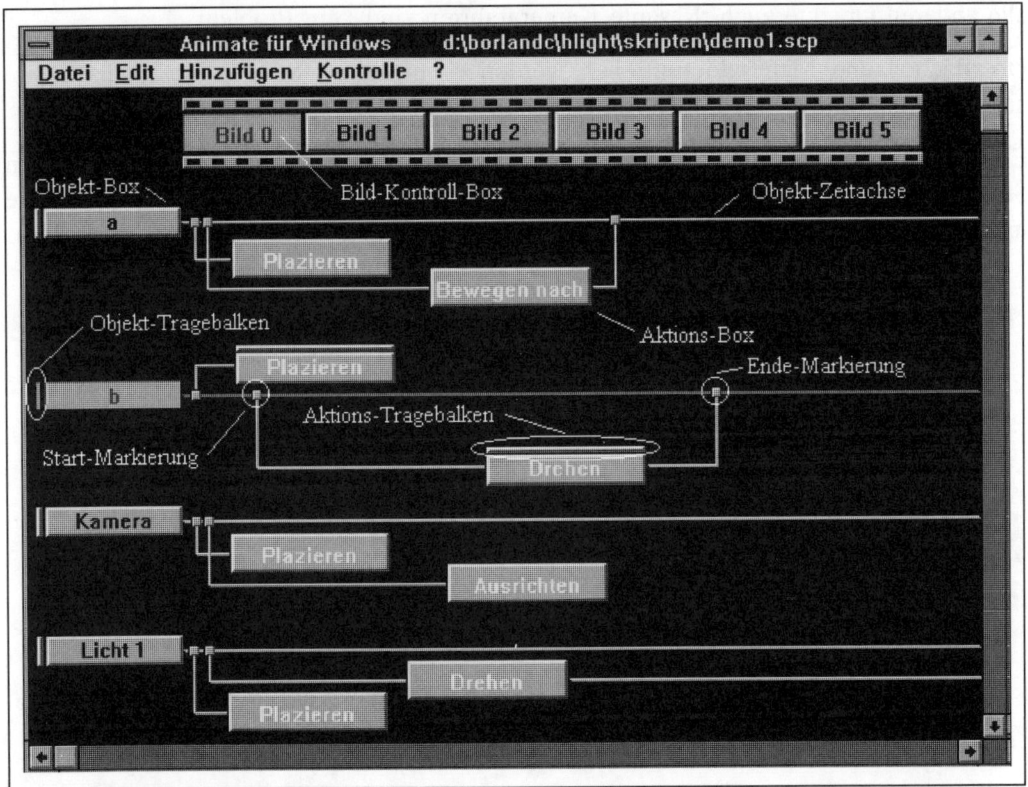

Bild 2.1: Beispiel eines Animations-Skripts

Am oberen Schirmrand ist nach rechts ein Filmstreifen aufgetragen. Wie ein echtes Stück Film enthält der Streifen einzelne Bilder, die später vom Raytracing-Modul Hlight auch einzeln berechnet werden müssen.

Nach unten werden zeilenweise die einzelnen Objekte aufgetragen. Jedes Objekt ist ein potentieller Akteur der Animation und erhält eine eigene Objekt-Box am linken Bildschirmrand. Mit dieser Box verbunden ist die Zeitachse des Objekts, die im Skript von links nach rechts verläuft. Diese Zeitachse verknüpft alle Aktionen, die ein Objekt ausführen soll. Gleichzeitig bestimmt die Position entlang der Achse den Zeitpunkt bzw. das Bild, in dem die Aktion ausgeführt werden soll.

Um ein Objekt zu bewegen, sind lediglich Anfangs- und Endposition sowie die Anzahl der Bilder anzugeben. Alle Zwischenphasen werden von Animate selbst berechnet.

Kamera und die Lichtquellen werden vom Programm ebenfalls als einfache Objekte behandelt, so daß diese die gleichen Bewegungen und Aktionen ausführen können wie alle anderen Objekte auch. Rasante Kamerafahrten sind kein Problem.

Oberflächen und Materialdefinitionen werden ebenfalls als Sonderobjekte ins Skript aufgenommen und können sich von Bild zu Bild verändern.

Einmal definiert, kann die Animation sofort an Hand eines bewegten Gittermodells im Szenen-Fenster kontrolliert werden. Dabei ist es möglich, Lage und Position der Objekte in jedem einzelnen Bild sowohl global als auch aus Sicht der Kamera zu überprüfen.

2.2 Arbeiten mit Animate

Nachfolgend soll an Hand von einfachen Beispielen in die Arbeitsweise und Handhabung von Animate eingeführt werden. Eine ausführliche Beschreibung aller Funktionen finden Sie im Referenzteil des Manuals.

2.2.1 Handhabung des Skripts

Starten Sie Animate. Laden Sie mit «Datei/Laden» das Skript «demo0.scp». Vergrößern Sie das Skript-Fenster, bis das gesamte Skript am Schirm sichtbar ist.

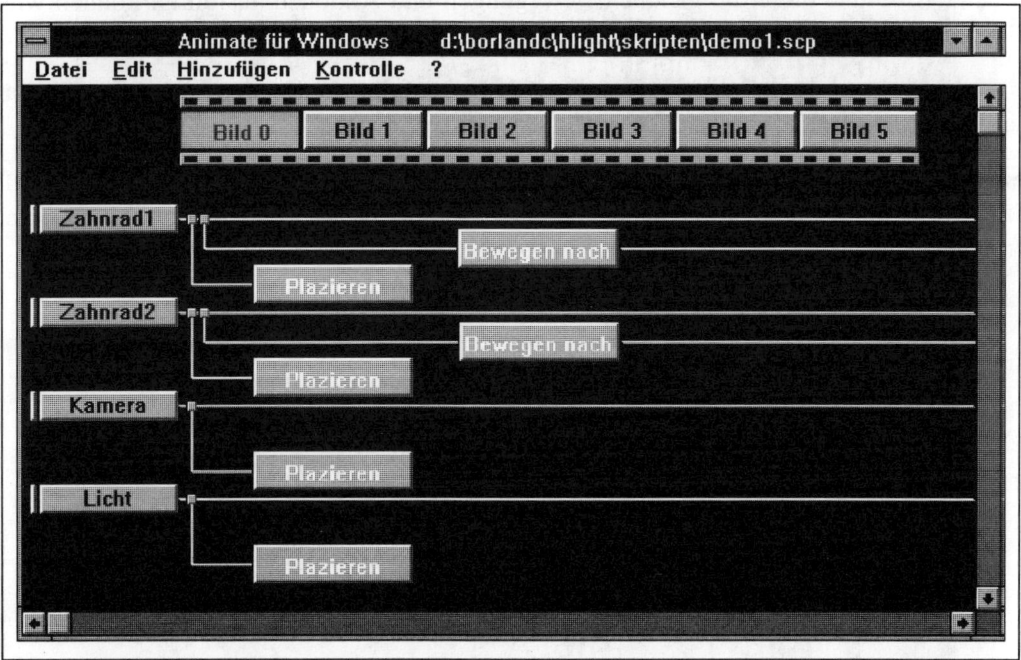

Bild 2.2: Darstellung des Skripts «demo0.scp»

Das Skript enthält die 4 Objekte «Zahnrad1», «Zahnrad2», «Kamera» und «Licht». Alle Objekte führen in Bild 0 eine «Plazieren»-Aktion aus, die ersten beiden Objekte zusätzlich noch eine «Bewegen nach»-Aktion.

Das Szenen-Fenster zeigt ein Drahtgittermodell des Bildes. Klicken Sie in das Szenen-Fenster an und begutachten Sie die Szene mit Hilfe der Menüs «Ansicht/Z-X» bis «Ansicht/Z-Y» oder den Tasten «F1»-«F3» von allen Seiten. Beachten Sie, daß die Blickrichtung mit den Tasten «F1»-«F3» nur geändert werden kann, wenn das Szenen-Fenster aktiv ist.

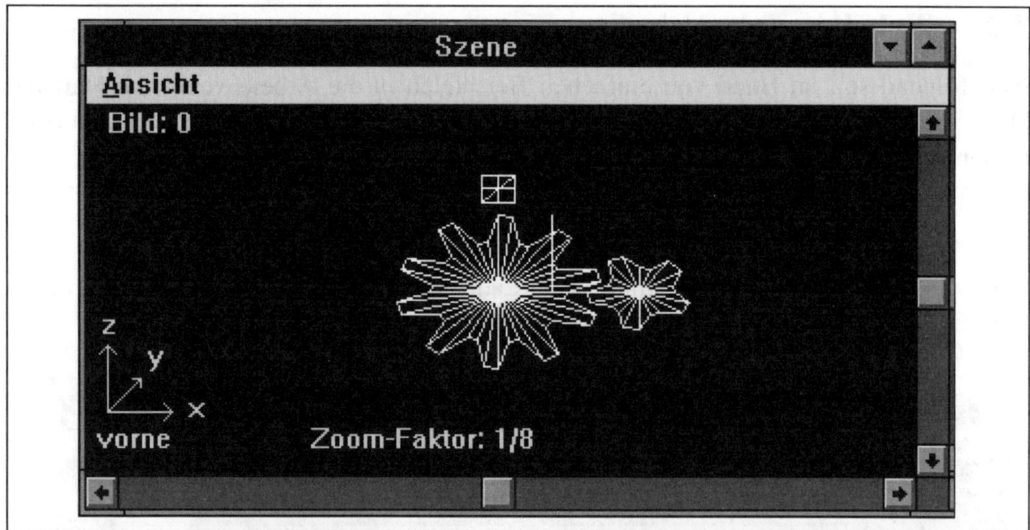

Bild 2.3: Die Szene von vorne

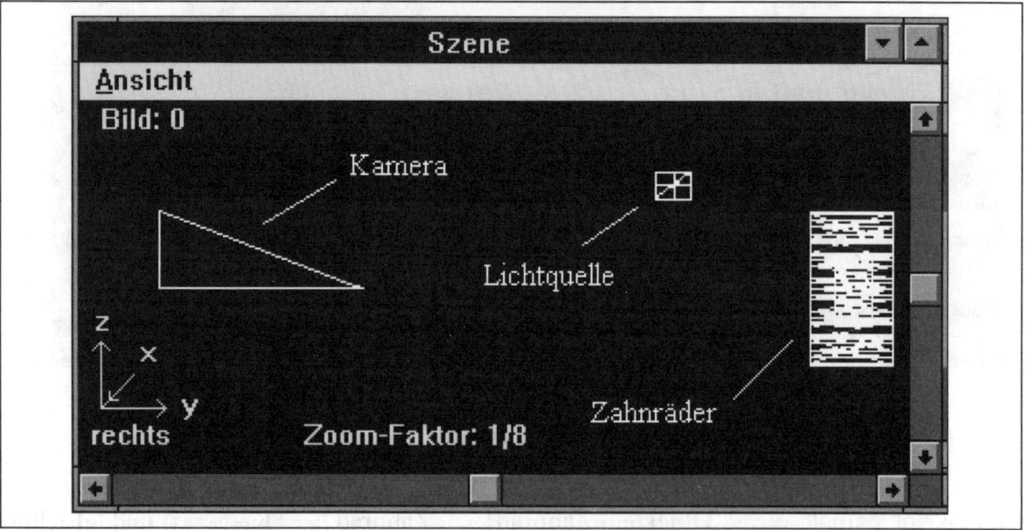

Bild 2.4: Die Szene von rechts

Betrachtet man die Szene von rechts («F3»), lassen sich die Positionen von Kamera und Lichtquelle besonders gut erkennen. Die Kamera wird in Form eines «Papierfliegers» dargestellt, dessen Spitze in Aufnahmerichtung zeigt. Die Lichtquelle besteht aus drei ineinandergeschachtelten Rechtecken.

Werfen Sie mit der Taste «F4» einen Blick durch die Kamera. Das Szenen-Fenster verändert daraufhin seine horizontale Größe soweit, daß Fensterbreite/Fensterhöhe dem Verhältnis 4/3 entsprechen (normales Bildschirmformat). Auf diese Weise erhalten Sie ein unverzerrtes Kamerabild.

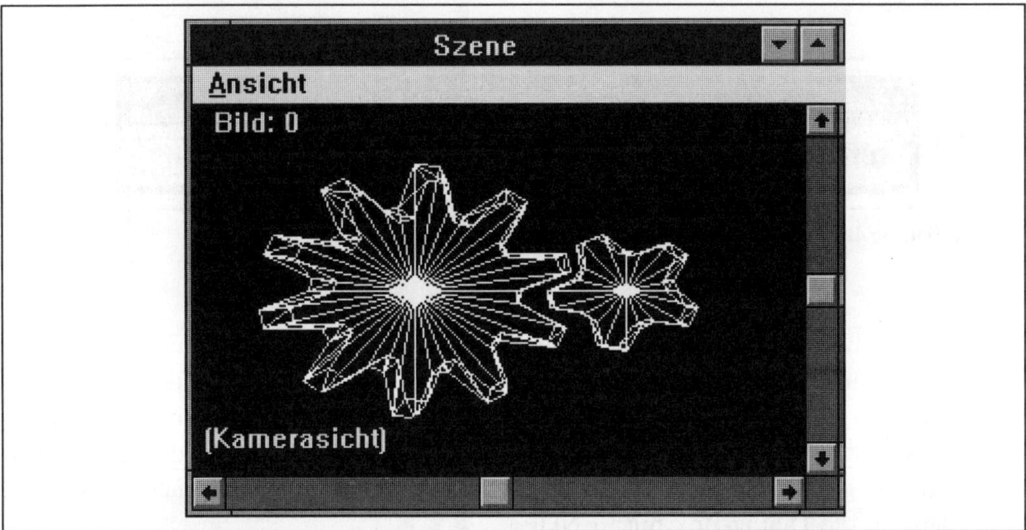

Bild 2.5: Ein Blick durch die Kamera

Wenn Sie zum Beispiel nachträglich die Größe des Bildes ändern, verzerrt sich die Darstellung, denn der Bildausschnitt wird durch die Brennweite der Kamera festgelegt und ist somit fest vorgegeben. Eine Vergrößerung des Fensters kann somit keine Vergrößerung des sichtbaren Bildausschnitts bewirken.

Sobald Sie einen anderen Darstellungsmodus wählen, erhält das Fenster wieder seine ursprüngliche Größe. In den «normalen» Darstellungen gilt jedoch: Je größer das Szenen-Fenster, desto größer der sichtbare Ausschnitt.

Wenn Sie den Filmstreifen am oberen Bildrand des Skript-Fensters genau betrachten, werden Sie feststellen, daß die Kontroll-Box des Bildes mit der Nummer 0 rot eingefärbt ist. Dies ist das aktuelle Bild, das auch im Szenen-Fenster dargestellt wird. Wechseln Sie mit dem Menü «Ansicht/Z-X» in die «ZX»-Darstellung der Szene, klicken Sie nacheinander die Kontroll-Boxen der einzelnen Bilder an und achten Sie auf die Zahnräder im Szenen-Fenster. Diese drehen sich mit jedem Bild ein Stückchen weiter.

Die Drehung der Zahnräder wurde mit den «Bewegen nach»-Aktionen definiert. Klicken Sie auf den rechten Pfeilknopf des horizontalen Rollbalkens des Skript-Fensters. Die Darstellung des Skripts verschiebt sich nach links. Auf diese Weise lassen sich die Kontroll-Boxen von Bildern mit höheren Nummern zur Anzeige bringen. Im Bild Nr 10 können Sie die Ende-Markierungen der Aktionen erkennen. Die «Bewegen nach»-Aktionen erstrecken sich also von Bild Nr 0 bis Bild Nr 10.

Rufen Sie nun die Funktion «Kontrolle/Zeige Animation» auf. Sie erhalten folgende Dialog-Box:

Bild 2.6: Dialog-Box zum Kontrollieren einer Animation

Mit dem Rollbalken oder über das Eingabefeld können Sie die Nummer des Bildes angeben, das im Szenen-Fenster angezeigt werden soll. Bringen Sie den Knopf des Rollbalkens in die rechte Position, so daß Bild Nr 0 im Szenen-Fenster erscheint. Drücken Sie jetzt den rechten Pfeilknopf des Rollbalkens und halten sie die linke Maustaste gedrückt. Die Animation läuft nun als Drahtgittermodell im Szenen-Fenster ab. Schließen Sie die Dialog-Box mit «ENDE».

Neben den Bild-Kontroll-Boxen enthält das Skript-Fenster noch weitere aktive Elemente, die direkt am Schirm mit der Maus bearbeitet werden können.

Bringen Sie den Mauszeiger auf den Trage-Balken einer Objekt-Box (siehe Bild 1) und drücken Sie die linke Maustaste. Solange die Taste gedrückt bleibt, können Sie die Objekt-Box mit allen Aktionen vertikal verschieben. Auf diese Weise können Sie die Objekte übersichtlich im Skript anordnen. Klicken Sie nun in eine Objekt-Box. Der Name färbt sich rot und alle Aktionen des Objektes erhalten ebenfalls Tragebalken. Gleichzeitig wird das entsprechende Objekt im Szenen-Fenster gestrichelt gezeichnet. Verschieben Sie nun eine Aktions-Box mit Hilfe des Tragebalkens. Wie schon beim Verschieben der Objekt-Box läßt sich so das Skript übersichtlich gestalten. Einen Einfluß auf die Animation hat die Anordnung der Objekt- und Aktions-Boxen jedoch nicht.

Anders verhält es sich mit der Anordnung der Start- und Ende-Markierungen der Aktions-Boxen. Diese Markierungen beeinflussen den Zeitpunkt bzw. das Bild, in dem eine Aktion in Kraft treten soll oder auch den Zeitraum, über den eine Aktion aktiv bleiben soll.

Um eine Markierung zu verschieben, muß zunächst das Objekt ausgewählt werden, auf dessen Zeitachse sich die Markierung befindet. Klicken Sie das Objekt «Zahnrad1» an. Bewegen Sie nun den Mauszeiger auf die Start-Markierung der Aktion «Bewegen nach» und drücken Sie die linke Maustaste. Solange die Taste gedrückt bleibt, können Sie die Markierung horizontal verschieben. Gleichzeitig wird jene Bild-Kontroll-Box grau markiert, unter der sich die Markierung gerade befindet. Wenn Sie die Markierung über die linke oder rechte Bild-Kontroll-Box hinausbewegen, beginnt das Skript in die entgegengesetzte Richtung zu «scrollen». Auf diese Weise kann die Markierung bequem über den gerade angezeigten Ausschnitt des Skriptes hinaus bewegt werden. Plazieren Sie die Markierung in Bild Nr 4.

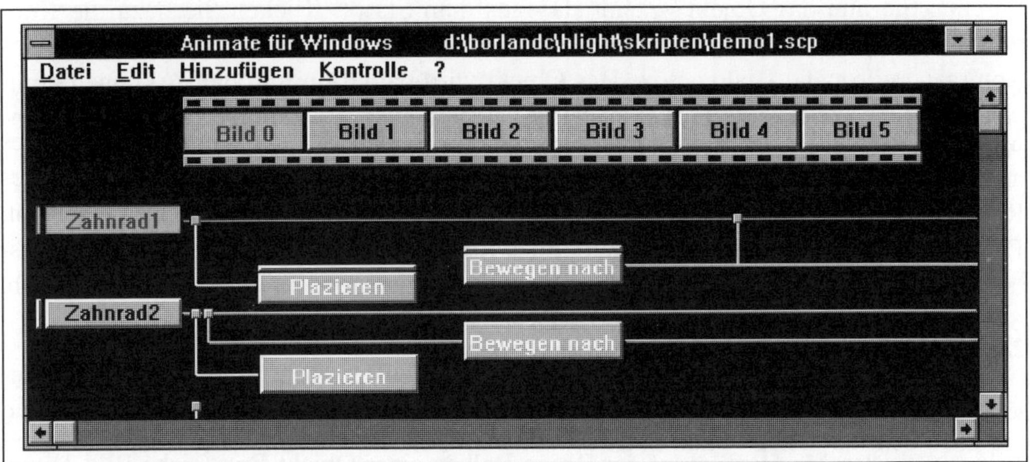

Bild 2.7: Die Start-Markierung der ersten «Bewegen nach»-Aktion wurde in Bild Nr 4 verlegt

Kontrollieren Sie nun die Animation mit Hilfe der Funktion «Kontrolle/Zeige Animation». Das große Zahnrad beginnt nun erst bei Bild Nr 5 seine Drehung, dreht sich jedoch schneller und erreicht in Bild Nr 10 die gleiche End-Position.

Eine «Bewegen nach»-Aktion legt einen definierten Endpunkt fest, zu dem das Objekt linear bewegt wird, ausgehend von der Position des durch die Start-Markierung festgelgten ersten Bildes. Auch wenn die Anzahl der Bilder zwischen Start- und Ende-Markierung verringert wird, bleibt doch der zu drehende Winkel derselbe. Die Drehung um den vorgegebenen Winkel muß nun über weniger Bilder erfolgen, das Rad dreht sich schneller.

2.2.2 Entfernen von Objekten und Aktionen aus dem Skript

Die Aktion «Bewegen nach» des Objekts «Zahnrad2» soll nun aus dem Skript entfernt werden. Klicken Sie erst das Objekt, dann die Aktion selber an. Beide sollten sich nun rot gefärbt haben. Rufen Sie danach die Funktion «Edit/Aktion löschen» auf. Es erscheint am Schirm eine Dialog-Box, über die Sie das Kommando noch einmal bestätigen müssen. Bestätigen Sie die Funktion mit «OK». Die Aktion wird aus dem Skript entfernt.

Kontrollieren Sie die Animation mit «Kontrolle/Zeige Animation». Das kleine Zahnrad bewegt sich nicht mehr.

Löschen Sie nun das Objekt «Zahnrad1» aus dem Skript. Klicken Sie dazu die Kontroll-Box an und starten Sie die Funktion «Edit/Objekt löschen». Bestätigen Sie das Kommando über die Dialog-Box. Das Objekt wird daraufhin mit allen Aktionen komplett aus dem Skript entfernt. Gleichzeitig verschwindet des Zahnrad aus dem Szenen-Fenster.

Beachten Sie, daß das Löschen von Objekten und Aktionen nicht mehr rückgängig gemacht werden kann. Also lieber zweimal überlegen, bevor man vollendete Tatsachen schafft.

2.2.3 Verändern von Aktionen und Objekten

Laden Sie das Skript noch einmal neu. Klicken Sie das Objekt «Zahnrad2» an. Rufen Sie die Funktion «Edit/Objekt ändern» auf. Am Schirm erscheint eine Dialog-Box.

Klicken Sie den Objektnamen an und ändern Sie ihn in «Z_Groß». Betätigen Sie den Schalter «Laden». Am Schirm erscheint eine Datei-Dialog-Box. Wählen Sie die Datei «zrad1.obt» aus und schließen Sie die Box mit «Laden». Schließen Sie die Haupt-Dialog-Box mit «OK».

Begutachten Sie nun die Änderungen, die Sie soeben im Skript vorgenommen haben. Erstens wurde der Objektname des zweiten Objekts von «Zahnrad2» in «Z_Groß» geändert und zweitens der Name der Objekt-Datei «zrad2.obt» durch «zrad1.obt» ersetzt. Über den Namen der Objekt-Datei wird einem Objekt im Skript die äußere Form zugeordnet. Ein Blick in das Szenen-Fenster zeigt, daß das kleine Zahnrad (Objekt-Datei «zrad2.obt») durch das große (Objekt-Datei «zrad1.obt») ersetzt worden ist.

Kontrollieren Sie die Animation. Die Änderungen am Objekt hatten keinerlei Einfluß auf dessen Bewegung.

Bei genauen Hinsehen zeigt sich aber ein ganz anderes Problem. Aufgrund der Vergrößerung des rechten Zahnrads sind beide Räder so nahe aneinandergerückt, daß es teilweise zu Überschneidungen der Objekte kommt.

Um diese Überschneidung zu vermeiden, soll das linke Zahnrad etwas weiter nach links verschoben werden. Klicken Sie dazu in die Objekt-Box des Objekts «Zahnrad1» und anschließend in die Aktions-Box der Aktion-«Plazieren». Rufen Sie den Menüpunkt «Edit/Aktion ändern» auf. Am Schirm erscheint folgende Dialog-Box:

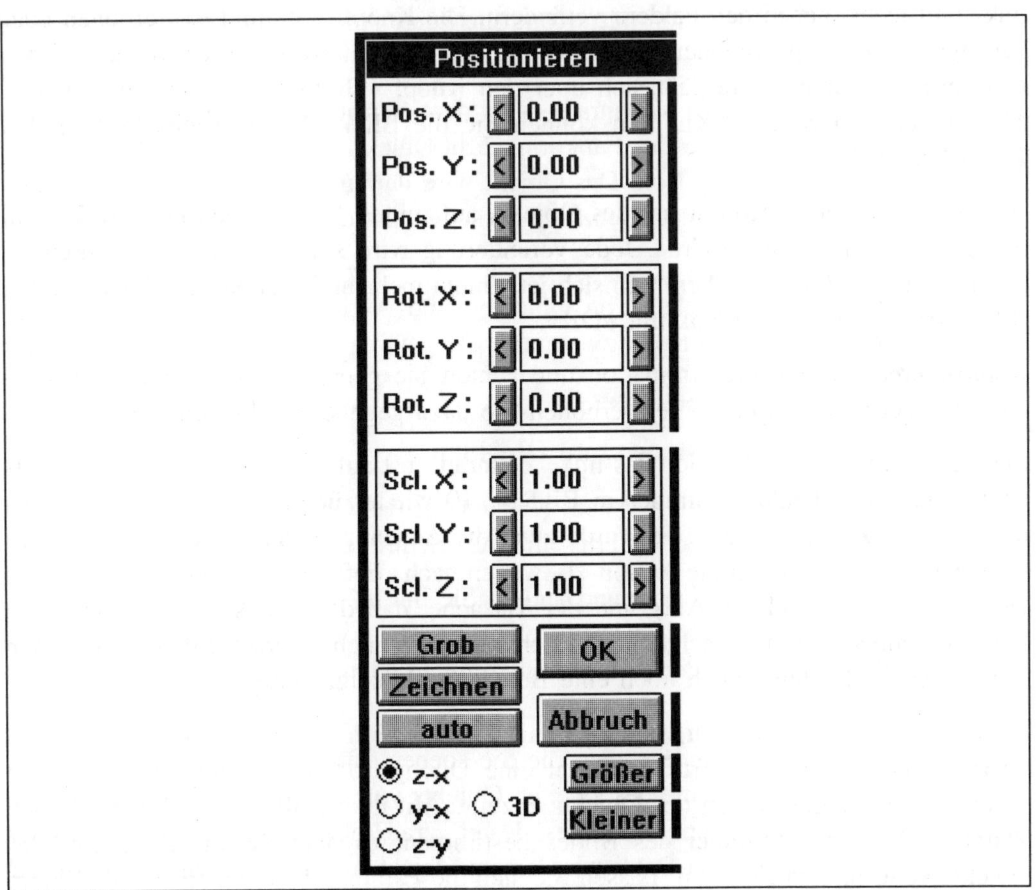

Bild 2.8: Dialog-Box zum Positionieren von Objekten

Neun Parameter bestimmen Form und Position eines Objekts.

a) «Pos.X»-«Pos.Z»: Position des Objekts im Raum.

b) «Rot.X»-«Rot.Z»: Drehung des Objekts um die drei Achsen.

c) «Scl.X»-«Scl.Z»: Skalierung des Objekts entlang den drei Achsen.

Die Werte werden mit den augenblicklichen Parametern des Objekts initialisiert. Die Werte lassen sich entweder über die Editier-Felder oder über die «<»- und «>»-Knöpfe links und rechts neben den Feldern verändern. Die Knöpfe «<» und «>» erhöhen oder verringern den entsprechenden Parameter um einen festen Wert. Die Größe des Wertes und damit die Schrittweite läßt sich über den Knopf «Grob» auf «Fein» umschalten. Mit den unteren Kontroll-Knöpfen können Sie die Blickrichtung wechseln oder den Zoom-Faktor ändern.

Verringern Sie die X-Koordinate des Objekts auf minus 140 und den Drehwinkel um die Y-Achse auf minus10 Grad. Jede Veränderung wird sofort in das Szenen-Fenster übertragen. Die Zahnräder berühren sich jetzt nicht mehr und greifen sauber ineinander. Schließen Sie die Dialog-Box mit «OK».

Kontrollieren Sie nun die Animation und achten Sie genau auf den Bereich, in dem die Zahnräder ineinander greifen, erhöhen Sie dazu gegebenenfalls den Zoom-Faktor.

Sie werden feststellen, daß sich das linke Zahnrad im Laufe der Animation nach rechts bewegt und sich beide Zahnräder in Bild Nr 10 wieder überlagern. Schuld daran ist die Aktion «Bewegen nach». Es wurde zwar die Ausgangs-Position des rechten Zahnrades verändert, die durch die Aktion «Bewegen nach» definierte Endposition ist jedoch nach wie vor die gleiche. Aufgrund der Tatsache, daß das Objekt im Anfangs- und End-Bild nun sowohl unterschiedliche Drehwinkel als auch unterschiedliche Positionen besitzt, ist zur Drehung auch noch eine Bewegung hinzugekommen.

Sehr gut läßt sich dieser Vorgang auch mit der Funktion «Kontrolle/Objekt Position» überprüfen. Nach dem Aufruf erscheint eine Dialog-Box am Schirm, die alle neun Parameter sowie die Farben des Objekts anzeigt. Mit dem Rollbalken können Sie den Zeitpunkt bzw. die Nummer des Bildes bestimmen, zu dem Sie die Parameter des Objekts kontrollieren möchten. Lassen Sie sich die Parameter zu den ersten 10 Bildern zeigen und achten Sie dabei besonders auf die Parameter «Pos.X» und «Rot.Y». Die Position ändert sich vom Wert -140 zum Wert 0, der Drehwinkel von -10 nach 36 Grad.

Offensichtlich muß die Aktion «Bewegen nach» korrigiert werden. Klicken Sie die Aktions-Box an und rufen Sie die Funktion «Aktion ändern» auf. Am Schirm erscheint die gleiche Aktions-Box wie schon bei der Aktion «Plazieren», nur daß in diesem Fall die Endposition angegeben wird. Gleichzeitig wechselt das Szenen-Fenster und zeigt nun das Drahtgittermodell von Bild Nr 10, dem End-Bild der «Bewegen nach»-Aktion. Auf diese Weise kann ein Objekt auch in Bezug auf Position und Ausrichtung aller anderen Objekte korrekt plaziert werden.

Während der Animation soll sich das Zahnrad um genau einen Zahn weiterdrehen. Bei 10 Zähnen entspricht das einem Drehwinkel von 360/10=36 Grad. Da das Zahnrad in der Ausgangsposition einen Drehwinkel von -10 Grad besitzt, muß es sich im End-Bild um 36 Grad weiter gedreht haben, also einen Endwinkel von -10+36=26 Grad besitzen. Tragen Sie diesen Wert in den Parameter «Rot.Y» ein. Da sich das Zahnrad nicht von der Stelle bewegen soll, muß für den Parameter «Pos.X» der Endwert -140 angegeben werden, was dem Anfangswert entspricht. Schließen Sie die Box mit «OK» und kontrollieren Sie die Animation.

Während sich das linke Zahnrad im Laufe der Animation um einen Zahn weiterbewegt, dreht das rechte doppelt so schnell.

Das rechte Zahnrad führt noch immer die Bewegung des kleine Zahnrades aus. Da das kleine Zahnrad nur halb so viele Zähne besaß wie das große, mußte es sich doppelt so schnell drehen. Außerdem war das Zahnrad entlang der Y-Achse leicht verschoben, um die geringere Breite auszugleichen. Ändern Sie den Drehwinkel «Rot.Y» der «Bewegen nach»-Aktion von «Z_Groß» auf -36 Grad und den Parameter «Pos.Y» in beiden Aktionen des Objekts auf 0. Kontrollieren Sie das Ergebnis. Die Animation ist nun fehlerfrei.

2.2.4 Hinzufügen von Objekten und Aktionen

Nun soll zum Skript noch ein kleines Zahnrad hinzugefügt werden, das sich natürlich auch mitdrehen soll. Sicherheitshalber finden Sie das Skript, wie es jetzt vorliegen sollte, auch unter der Datei «demo2.scp» im Verzeichnis «Skripten». Sie können also mit dem bisherigen Skript weiter arbeiten oder die Datei «demo2.scp» laden.

Rufen Sie die Funktion «Hinzufügen/Objekt» auf. Am Schirm erscheint die schon bekannte Dialog-Box zum Eingeben und Verändern von Objekten.

Bild 2.9: Dialog-Box zur Eingabe von Objekten

Nennen Sie das Objekt «Z_Klein» und laden sie die Datei «zrad2.obt». Im Skript erscheint eine neue Objekt-Box und im Szenen-Fenster das kleine Zahnrad. Es liegt zunächst mitten in den anderen beiden Zahnrädern. Dieses Zahnrad soll nun rechts über dem rechten Zahnrad plaziert werden.

Klicken Sie in die Bild-Kontroll-Box von Bild Nr 0, damit dieses Bild ausgewählt wird. Dies ist wichtig, da neue Aktionen von Animate stets so initialisiert werden, daß ihre Start-Markierung unter dem aktiven Bild liegt. Rufen Sie die Funktion «Hinzufügen/Aktion/Plazieren» auf. Am Schirm erscheint die bereits bekannte Dialog-Box zum Positionieren von Objekten. Setzen Sie die Schrittweite auf «Fein» und positionieren Sie das Zahnrad an der gewünschten Stelle (zum Beispiel «Pos.X» auf 780, «Pos.Z» auf 180).

Als nächstes muß die Animation definiert werden. Rufen Sie die Funktion «Hinzufügen/Aktion/Bewegen nach» auf. Auf dem Schirm erscheint eine Dialog-Box, über die Sie das End-Bild der Bewegung angeben können. Wählen Sie Bild Nr 10.

Am Schirm erscheint nun die Box zum Positionieren von Objekten. Geben Sie hier die gewünschte End-Position sowie einen Endwert von 70 Grad für eine korrekte Drehung um die Y-Achse an.

Kontrollieren Sie die Animation. Das kleine Rad dreht sich gemeinsam mit den großen Rädern. Ein Blick durch die Kamera zeigt jedoch, daß das kleine Zahnrad nun nicht mehr ganz auf dem Bild ist. Bewegen Sie deshalb die Kamera durch Modifikation der Aktion «Plazieren» etwas von den Objekten weg. Setzen Sie die Y-Koordinate zum Beispiel auf den Wert -2400.

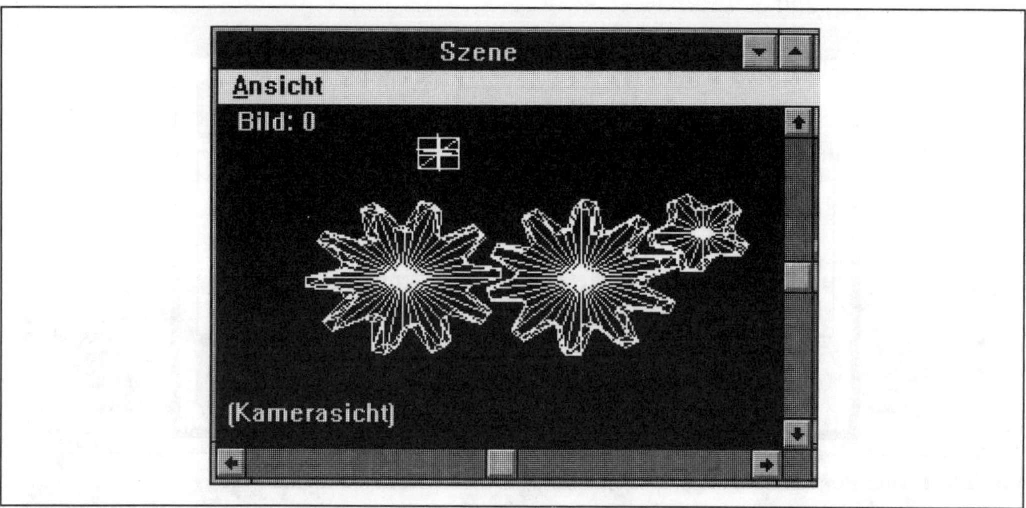

Bild 2.10: Drahtgittermodell der erweiterten Szene durch die Kamera gesehen

Das fertige Skript finden Sie unter dem Namen «demo3.scp».

2.2.5 Das erste Bild

Das Raytracing-/Rendermodul Hlight wird über sogenannte Szenen-Dateien gesteuert. Jede Szenen-Datei enthält alle Daten eines einzelnen Bildes. Wenn zum Beispiel 10 Bilder berechnet werden sollen, benötigt man 10 Szenen-Dateien. Animate kann diese Dateien automatisch erzeugen. Rufen Sie dazu die Funktion «Datei/Generator» auf. Am Schirm erscheint eine Dialog-Box, über die Sie das Start- und End-Bild der Bilderfolge jener Animation angeben können, die sie berechnen lassen wollen. Um ein Einzelbild zu berechnen, geben Sie für beide Parameter die Nummer des entsprechenden Bildes an.

Im Namenfeld wird der Rumpfname der Szenen-Datei eingetragen. Aus diesem Namen erzeugt Animate durch Anhängen der Bildnummer die Szenen-Datei. Aus dem Rumpfnamen «bild» werden dann die Dateien «bild000.sce», «bild001.sce» etc.

Geben Sie für beide Parameter den Wert 0 an und verwenden Sie den Namen «bild».

Starten Sie nun den Raytracer und nehmen Sie über die Menüs folgende Einstellungen vor:

a) «Erstellen/Rendering»

b) «Ausgabe/640,480»

c) «Ausgabe/Compression»

Laden Sie die Szenen-Datei «bild0.sce» mit «Datei/Öffnen» und drücken Sie den «Start»-Knopf, nachdem die Szene geladen worden ist.

Das Ergebnis sollte dann wie folgt aussehen:

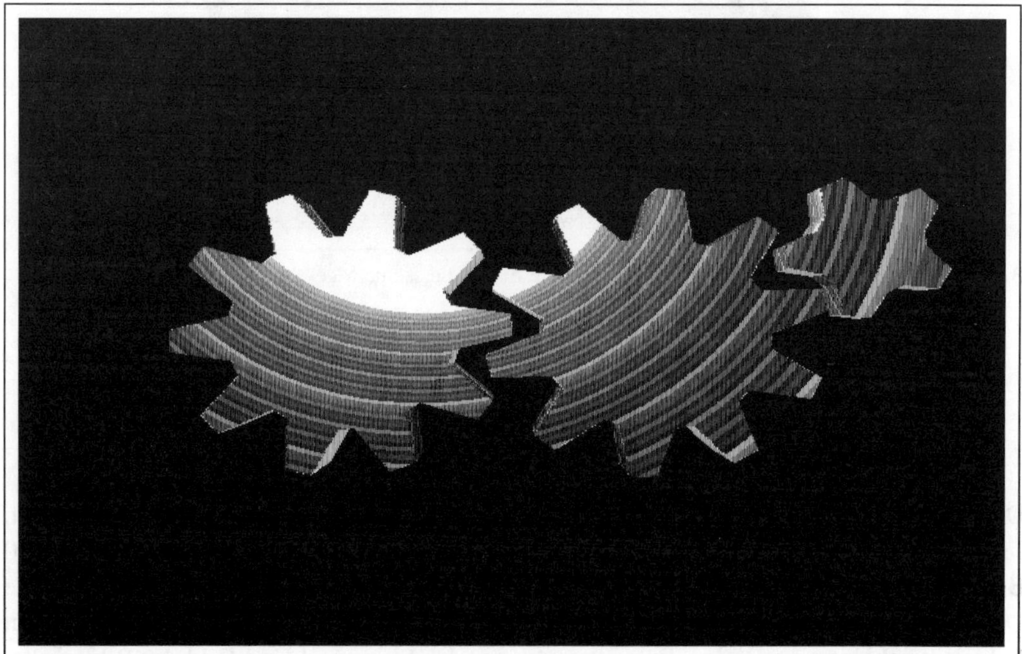

Bild 2.11: Gerenderte Szene

Immerhin ein Bild, aber noch recht einfarbig. Als nächstes sollen zwei neue Oberflächen definiert werden.

Rufen Sie die Funktion «Hinzufügen/Oberfläche» auf. Am Schirm erscheint eine Dialog-Box, mit der Sie der neuen Oberfläche einen Namen geben können. Verwenden Sie den Namen «Muster» und schließen Sie die Dialog-Box mit dem «OK»-Knopf. Im Skript erscheint nun eine Oberflächen-Box. Sie ist identisch mit einer Objekt-Box, außer, daß der Name gelb unterlegt wird.

Die Oberfläche besitzt nun zwar einen Namen, die Struktur ist jedoch noch nicht näher definiert. Fügen Sie der Oberfläche die Aktion «Definieren» hinzu. Am Schirm erscheint eine Dialog-Box, über die Sie nun alle Oberflächenparameter eingeben können. Übernehmen Sie folgende Werte:

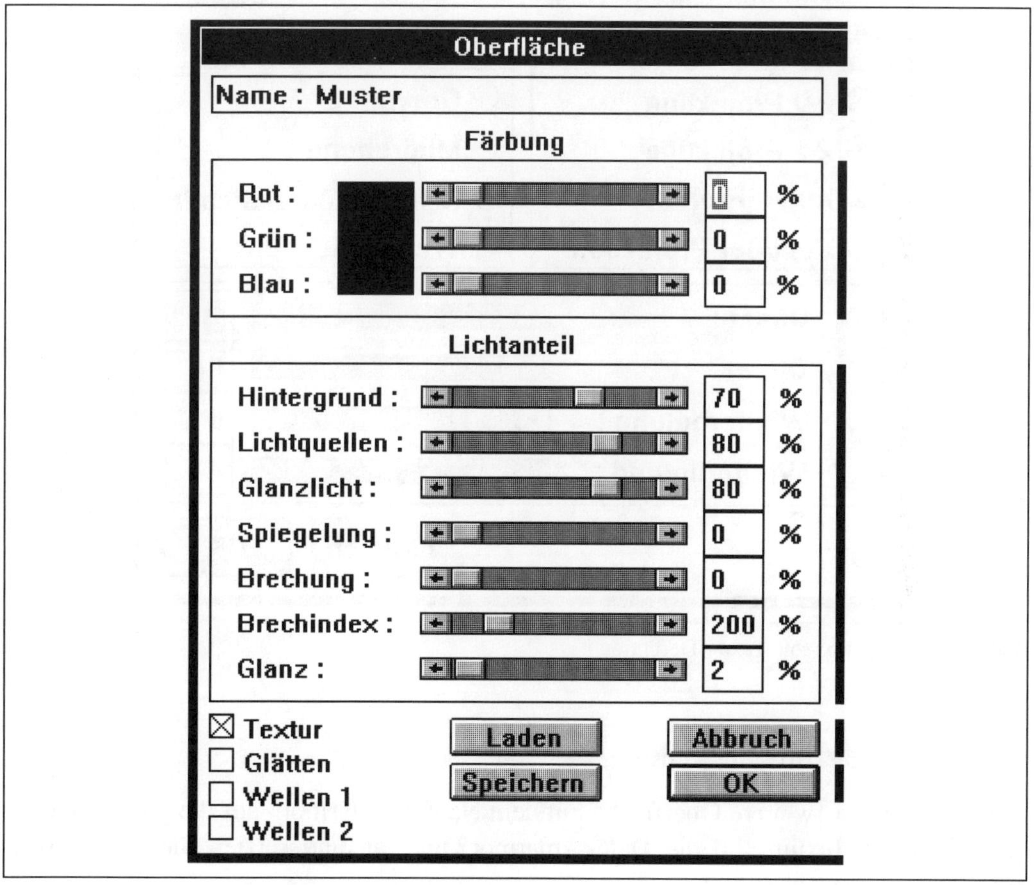

Bild 2.12: Dialog-Box zur Definition einer Oberfläche

Klicken Sie anschließend auf das «Textur»-Kontrollfeld. Eine Textur ist eine Bild-Datei, die auf ein Objekt projiziert wird. Falls eine Textur als Oberfläche verwendet wird, bleibt die in der Box eingestellte Farbe unberücksichtigt. Beim Anklicken des Kontrollfeldes wird es markiert, und gleichzeitig öffnet sich eine weitere Dialog-Box zur Textur-Definition. Drücken Sie den «Laden»-Knopf und wählen Sie als Bild-Datei «muster1.tga» aus. Übernehmen Sie die restlichen Werte aus dem nachfolgenden Bild:

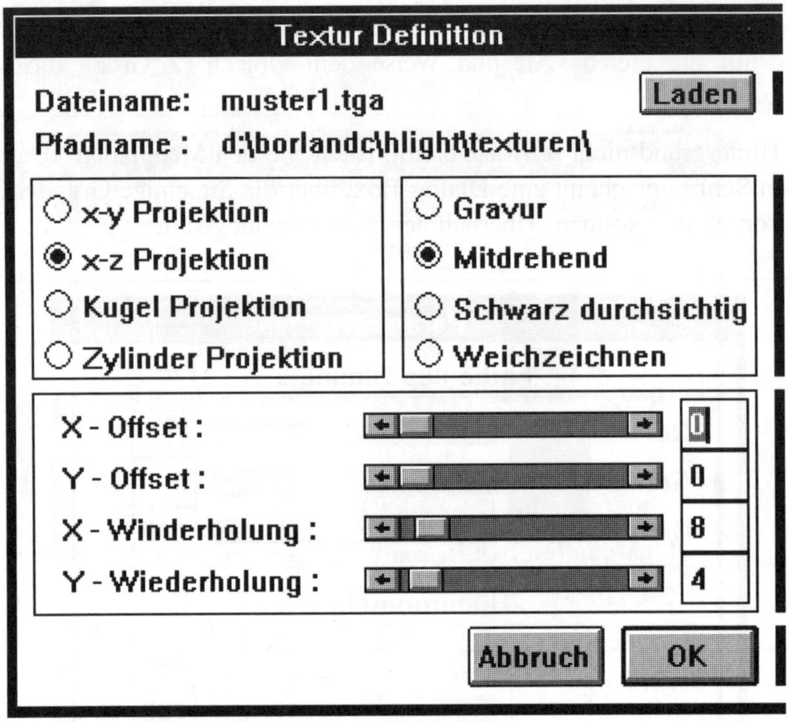

Bild 2.13: Dialog-Box zur Textur-Definition

Schließen Sie die Box mit «OK».

Erzeugen Sie eine weitere Oberfläche mit dem Namen «Marmor» auf die gleiche Weise. Geben Sie als Textur-Bild die Datei «marmor2.tga» an und setzten Sie alle übrigen Textur-Parameter auf 0.

Jetzt müssen die neuen Oberflächen nur noch den Objekten zugeordnet werden. Die Zuordnung geschieht mit der Aktion «Setze Farben». Ein Objekt kann bis zu acht unterschiedliche Oberflächen besitzen. Jede dieser Oberflächen wird im Szenen-Fenster mit anderen Farben dargestellt. Diese Farben dienen gleichzeitig als Grundfarben der

Objekte, wenn keine andere Zuordnung vorgenommen wird. Die Zahnräder werden im Szenen-Fenster nur einfarbig und zwar in rot dargestellt. Ihre Objektdefinition enthält folglich nur eine einzige Oberflächenfarbe. Fügen Sie dem Objekt «Zahnrad1» eine «Setze Farben»-Aktion hinzu. Am Schirm öffnet sich eine Dialog-Box, über die Sie den einzelnen acht Grundfarben des Objekts neue Oberflächen zuordnen können. Tragen Sie hier unter Farbe Nr 0 den Namen «Muster» ein. Achten Sie dabei auf die Groß- und Kleinschreibung der Namen. Schließen Sie die Box mit «OK».

Der Farbe Nr 0 des Objekts wurde nun die oben erzeugte, neue Oberfläche zugewiesen. Weisen Sie auf die gleiche Art und Weise dem Objekt «Z_Groß» die Oberfläche «Marmor» zu.

Damit der Hintergrund nicht schwarz bleibt, rufen Sie den Menüpunkt «Datei/Parameter» auf. Am Schirm erscheint eine Dialog-Box, über die Sie einige Grundeinstellungen der Szene vornehmen können. Übernehmen Sie folgende Werte:

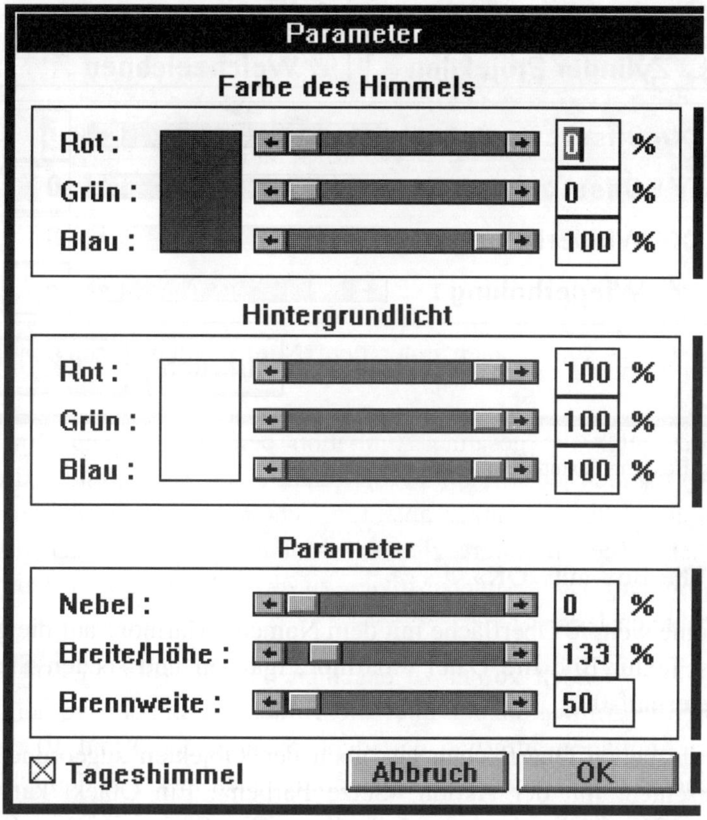

Parameter

Farbe des Himmels

Rot : 0 %

Grün : 0 %

Blau : 100 %

Hintergrundlicht

Rot : 100 %

Grün : 100 %

Blau : 100 %

Parameter

Nebel : 0 %

Breite/Höhe : 133 %

Brennweite : 50

☒ Tageshimmel

Abbruch OK

Bild 2.14: Dialog-Box zum Vornehmen von Grundeinstellungen

Erzeugen Sie eine neue Szenen-Datei über «Datei/Generator» und starten Sie den Raytracer. Sie sollten nun folgendes Resultat erhalten:

Bild 2.15: Zahnräder mit Texturen als Oberflächen

Sie finden das fertige Skript auch unter dem Namen «demo4.scp» im Skripten-Verzeichnis.

Sie können jetzt auch die gesamte Animation berechnen lassen. Nach 11 Bildern (Nummer 0-10) hat sich jedes Zahnrad um genau einen Zahn weitergedreht. Läßt man dann die Animation hintereinander ablaufen, scheinen sich die Zahnräder endlos zu drehen. Bitte lesen Sie im Referenzteil des Manuals nach, wie sich die Einzelbilder mit den Programmen «Delta» und «Movie» zu einer Animation zusammenfassen und am Schirm abspielen lassen.

Zwei Punkte gilt es jedoch vorher zu beachten. Da das Bild Nr 10 dem Bild Nr 0 entspricht, darf die Animation nur über die Bilder 0-9 erstellt werden. Anderenfalls entsteht in der Animation aufgrund der identischen Bilder 0 und 10 eine scheinbare Pause. Ein weiteres Problem sind die Texturen, die sich zwar mit den Objekten drehen, aber nach 10 Bildern noch nicht wieder ihre Ausgangslage erreicht haben. Entweder muß eine Volldrehung der Zahnräder berechnet oder eine einfarbige Oberfläche verwendet werden.

Nach der Einführung in die Handhabung einfacher Objektbewegungen soll im folgenden näher auf das Gestalten von realistischen Oberflächen mit Hilfe der zur Verfügung stehenden Oberflächenparametern von Highlight eingegangen werden. Es gilt zu erkennen, wie eine Oberfläche beschaffen ist und wie sich diese in Highlight modellieren läßt.

2.3 Gestaltung von Oberflächen

2.3.1 Opake Objekte

Die einfachste zu modellierende Form einer Oberfläche ist auf opaken, einheitlich gefärbten Körpern zu finden. Opak bedeutet, daß die Oberfläche nicht durchscheinend ist. Solche Oberflächen sind für gewöhnlich auch nicht glatt, also spiegelnd, so daß die Highlight-Parameter Rot, Grün, Blau, Hintergrund, Lichtquellen und Glanzlicht zur Modellierung ausreichen. Das Hintergrundlicht bezeichnet den Anteil an Hintergrundlicht, den das Objekt an jeder Stelle seiner Oberfläche mit gleicher Intensität darstellt. Dieser Effekt ist in natura auch zu beobachten. Er wird dadurch hervorgerufen, daß jene Stellen des Objektes, die nicht direkt von den Lichtquellen beleuchtet werden, von anderen umliegenden Objekten beleuchtet werden. Dieser Parameter liegt im Mittel bei 10 bis 15%. Die Hintergrund-Beleuchtung eines Objektes hängt sowohl von der Farbe des Objektes an der entsprechenden Stelle wie auch vom Hintergrundlicht ab. Die Parameter Hintergrundlicht finden Sie in Animate unter dem Menüpunkt «Datei - Parameter». Setzen Sie sie für die folgenden Szenen auf reines Weiß.

Der Parameter Lichtquellen bezeichnet eine Prozentzahl, die angibt, welcher Anteil an Licht von den umgebenden Lichtquellen auf der Oberfläche widergespiegelt werden soll. Das Licht von den Lichtquellen ist dunkler bzw. heller, je nach dem Winkel, unter welchem die Lichtstrahlen auf die Oberfläche treffen. Diesen Effekt nennt man Schattierung. Das Glanzlicht schließlich gibt einen Prozentsatz an Glanz- oder Spitzlichtern an, der auf sehr glatten Oberflächen durch die Lichtquellen hervorgerufen wird. Die Glanzlichter haben stets die Farbe der zugehörigen Lichtquelle.

Nach dieser etwas trockenen Einführung stellen wir nun eine einfach gefärbte, opake Kugel auf dem Bildschirm dar.

In Animate werden eine Kamera, eine Lichtquelle, eine Oberfläche mit dem Name «opak» und eine Kugel zu einer leeren Szene hinzugefügt. Die Oberfläche wird einfach mit dem Kommando «Hinzufügen - Oberfläche» in die Szene eingebracht. Sie müssen dieser Oberfläche nur noch einen Namen geben. Dies ist in diesem Fall «opak». Die anderen drei Objekte erhalten Sie mittels des Menüpunktes «Hinzufügen - Objekt». Stets muß ein Name für ein Objekt angegeben werden und die entsprechende Datei mittels des Dateirequesters bestimmt werden. Drücken Sie hierzu den Knopf «Laden». Zur Erinnerung: Es gibt fünf Sonderobjekte, die Sie nicht in Graph erstellen müssen. Kamera, Boden, Licht, Haken und Kugel sind die fünf Objekte, die grundsätzlich immer im Objektverzeichnis gespeichert sind. Um ein Licht oder eine Kamera zu laden, geben Sie im Dateirequester einfach «licht.obt» bzw. «kamera.obt» an. Nun werden die Kugel und die Kamera so plaziert, daß die Kugel in der Mitte des Bildschirms zu sehen ist. Vergessen Sie nicht, das entsprechende Objekt auszuwählen, d.h. anzuklicken, bevor Sie die Aktion «Plazieren» hinzufügen. Plazieren Sie die Kugel im Ursprung (0,0,0) mit Einheitsskalierung (1.0, 1.0, 1.0). Die Kameraposition ist dann auf (0, -2500, 0) zu setzen. Die Kamera wird nicht rotiert. Auf dem unteren Fenster von Animate sollte sich nun die Kugel dominant in der Bildmitte befinden. Mit einer Aktion «Setze Farben» wird die Farbe 0 der Kugel auf opak gesetzt. Fügen Sie zur Lichtquelle eine Aktion «Plazieren» hinzu und bestimmen Sie dort die folgenden Parameter. Die Position der Lichtquelle ist damit -10000,-10000, 20000. Farbe der Lichtquelle: Weiß (1.0, 1.0, 1.0). Radius für halbe Intensität 0. Ebenso ist die Größe der Lichtquelle gleich 0 zu setzen.

Nun kommt der schwierige Teil: Das Ändern der Oberfläche opak. Um dies zu tun, wird der Oberfläche die Aktion «Definieren» hinzugefügt, worauf der Requester für die Bestimmung einer Oberfläche auf dem Bildschirm erscheint. Als erstes werden die Farben verändert: Mit den drei Schiebereglern für Rot, Grün und Blau kann eine Grundfarbe für das Objekt bestimmt werden. Sehr satte Farben haben meist die beste Wirkung, da sie auf dem Bildschirm recht brillant dargestellt werden. Wenn Sie die Farben gesetzt haben, klicken Sie auf OK. Generieren Sie die entsprechende Szene in Animate mit der Funktion «Datei - Generator», indem Sie «KUGEL» im Feld Namen eingeben und OK drücken. Wechseln Sie dann zu Highlight, um die generierte Szene in ein Targa-Bild zu verwandeln. In Highlight sollten die Parameter folgende Werte besitzen: Raytracing an, 320 mal 200 Bildpunkte, Fein (24 Bit), Kompression an, Schatten 0, Antialiasing 0, Schachtelung 4. Falls dies nicht der Fall ist, setzen Sie diese Werte. Daraufhin wird die Szene mit «Datei - Öffnen» geladen. Anhand des Dateirequesters können Sie die Szene laden, die Sie zuvor mit Animate erzeugt haben. Dies ist die Szene «KUGEL001.SCE». Wenn die Szene geladen wurde, wird der Knopf «START» freigegeben. Drücken Sie ihn. Nach einigen Minuten ist das Bild zu Ende berechnet und Sie können sich das Ergebnis anschauen. Hierzu wiederum dient das Programm «Octavian». Starten Sie es, indem Sie im Programm-Manager zweimal auf das entsprechende Symbol klicken. Wenn Octavian geladen ist, wählen Sie den Menüpunkt «Datei - Darstellen» und geben den Namen ihres soeben erzeugten Raytracingbildes an. Dies ist «KUGEL001.TGA». Wenn alles glatt gelaufen ist, zeigt Ihnen Octavian das folgende Bild.

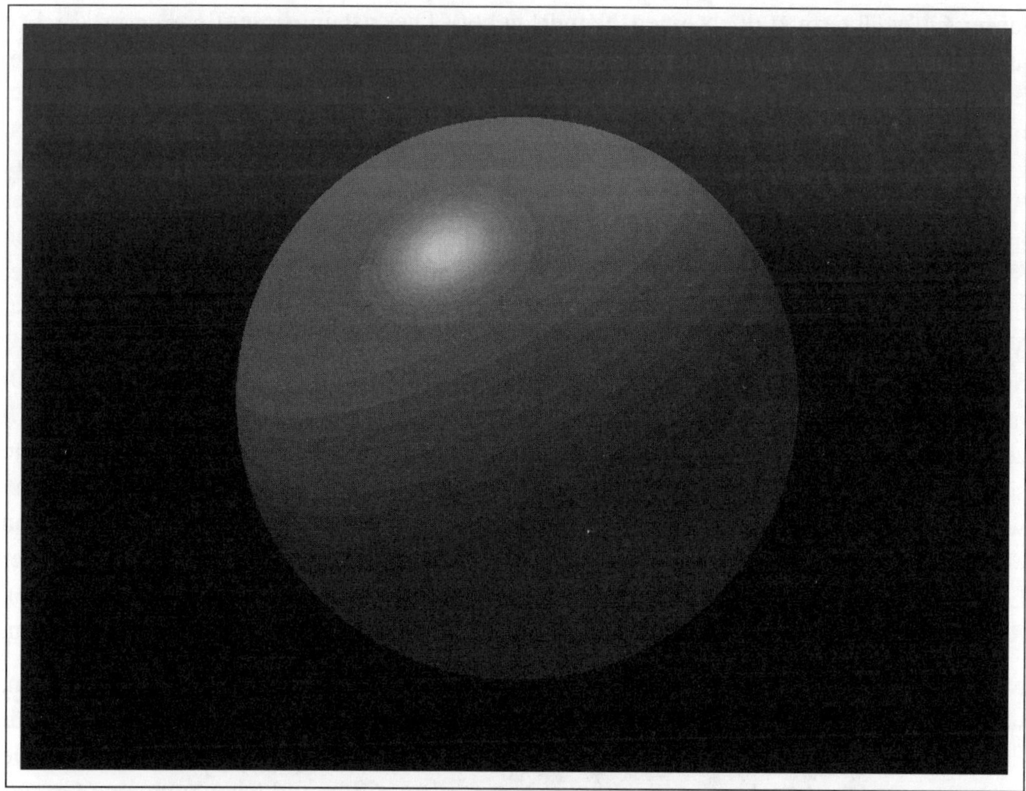

Bild 2.16: Objekt Kugel mit voreingestellten Oberflächenparametern

Dies war nun die einfachste Art, eine Oberfläche der entsprechenden Art herzustellen, da von den Grundeinstellungen lediglich die Farben geändert wurden. Um den Ball etwas rauher darzustellen, müssen einige Parameter verändert werden. Wechseln Sie zum Task Animate und verändern Sie die Aktion «Definieren» der Farbe «opak». Zur Erinnerung: Klicken Sie zuerst auf die Oberfläche «opak», dann auf die Aktion «Definieren» und wählen Sie schließlich die Menüfunktion «Edit - Aktion ändern». Bei Erniedrigung des Parameters Hintergrund erhalten Sie ein härter getöntes Objekt, bei Erhöhung werden die abgeschatteten Stellen etwas weicher gezeichnet. Mit Lichtquellen kann die Schattierung des Objektes geändert werden. Je höher dieser Parameter, desto eher wirkt es wie von einem Spotlicht bestrahlt. Setzen Sie nun die Farbe des Objektes auf reines Weiß (Rot 100%, Grün 100%, Blau 100%), die Parameter Hintergrund, Lichtquellen und Glanzlicht auf 30%, 80% bzw. 0%. Ihr Requester für Oberflächen sollte folgendermaßen aussehen:

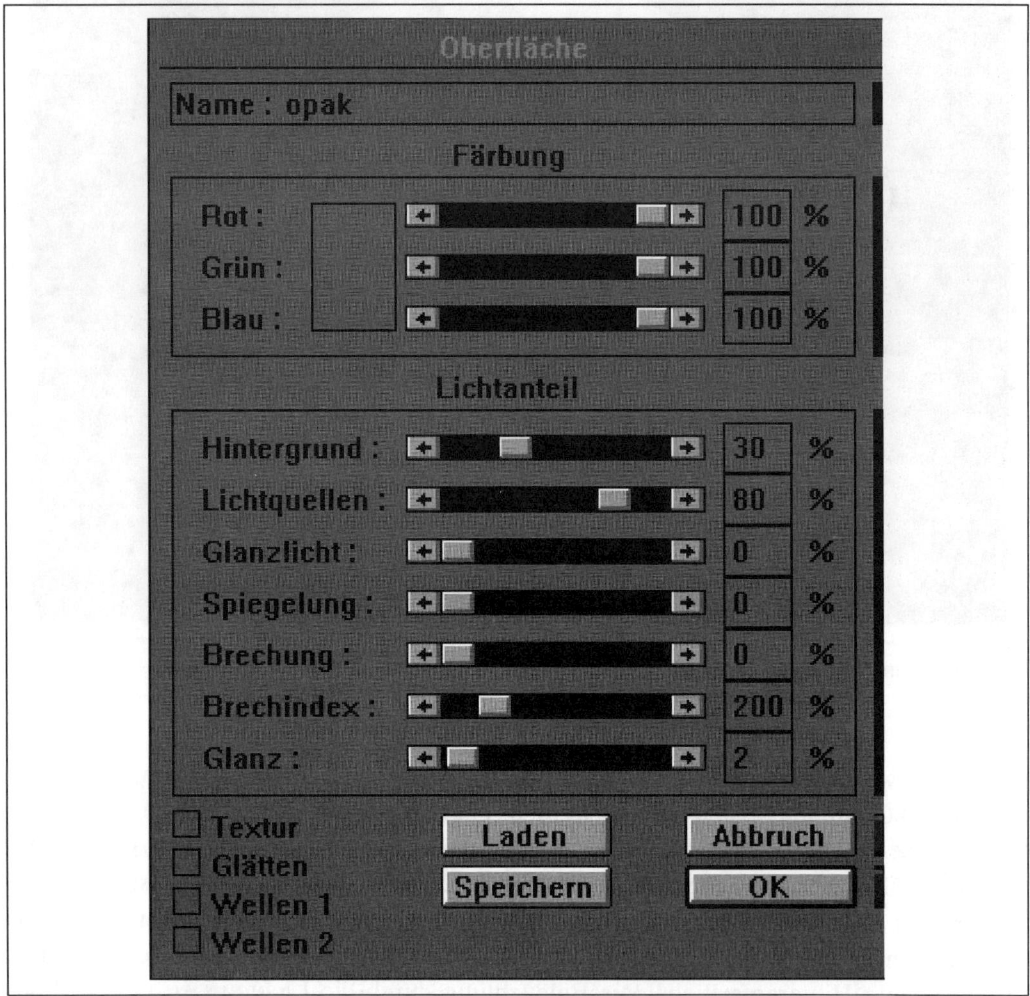

Bild 2.17: Die Einstellungen für ein Objekt mit stumpfer Oberfläche

Generieren Sie wieder die entsprechende Szene in Animate, lassen Sie sie von Highlight berechnen und stellen Sie sie mit Octavian dar. Wenn die Targadatei auf dem Bildschirm dargestellt wird, sieht die bunte Kugel vom Anfang aus wie ein Schneeball.

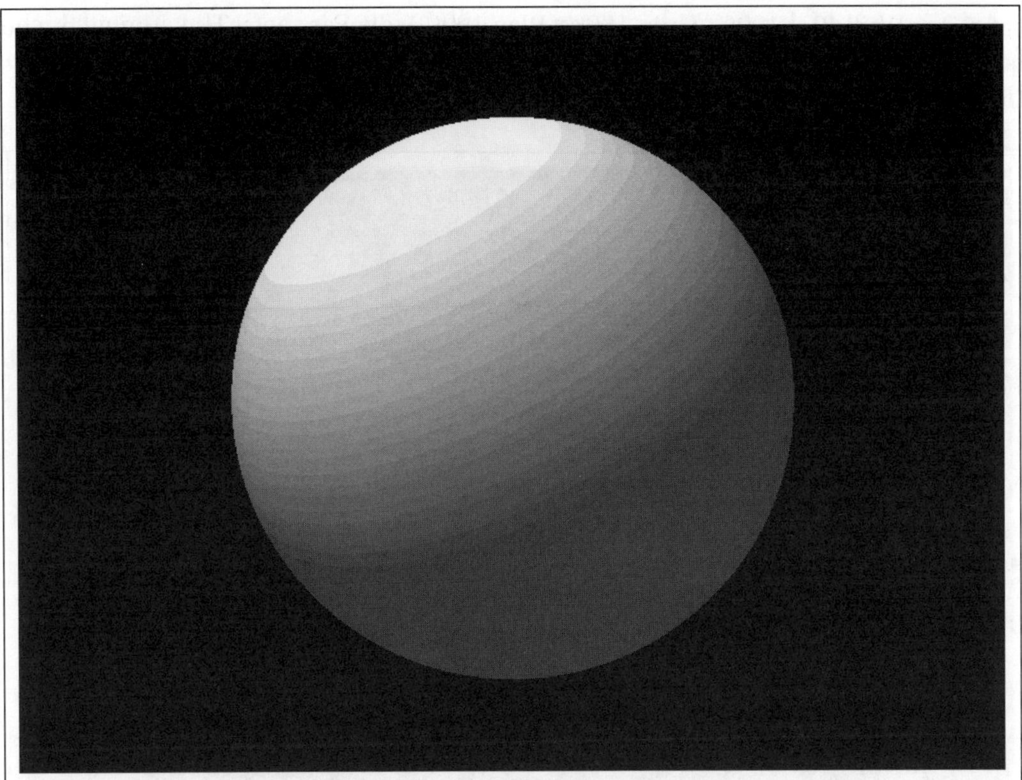

Bild 2.18: Ein Kugel-Objekt mit Parametern einer stumpfen Oberfläche

Um ein etwas härteres Material wie Plastik darstellen zu können, muß nun noch der Parameter Glanz ins Spiel gebracht werden. Glanz bestimmt, wie poliert und glatt eine Oberfläche ist. Je höher dieser Parameter, desto schärfer werden die Glanzlichter gezogen. Glanzlicht dagegen bestimmt, wie hell die Glanzlichter dargestellt werden sollen. Die Plastikkugel soll nun das Aussehen einer Billardkugel erhalten. Billardkugeln liegen meist in einer Umgebung mit Deckenbeleuchtung und haben deswegen relativ wenig Hintergrundlicht. Die Beleuchtung durch die Lichtquellen ist sehr hoch, die Glanzlichter sehr grell und scharf gezogen. Dementsprechend müssen folgende Parameter gewählt werden: Rot 100%, Grün 50%, Blau 50%, Hintergrund 8%, Lichtquellen 90%, Glanzlicht 90%. Den für Plastik charakteristischen Glanzeffekt erhalten Sie durch setzen des Parameters Glanz auf 50%. Falls Sie die Aktion «Definieren» der Oberfläche «opak» geändert haben, wählen Sie wieder «Datei - Generator» und erzeugen das erste Bild der Animation. Dann wechseln Sie wieder zum Task Highlight und Laden diese Szene. Falls Sie alles richtig gemacht haben, sollte Ihre Szene folgendes Bild erzeugt haben. Natürlich sehen Sie es auf Ihrem Bildschirm in Farbe.

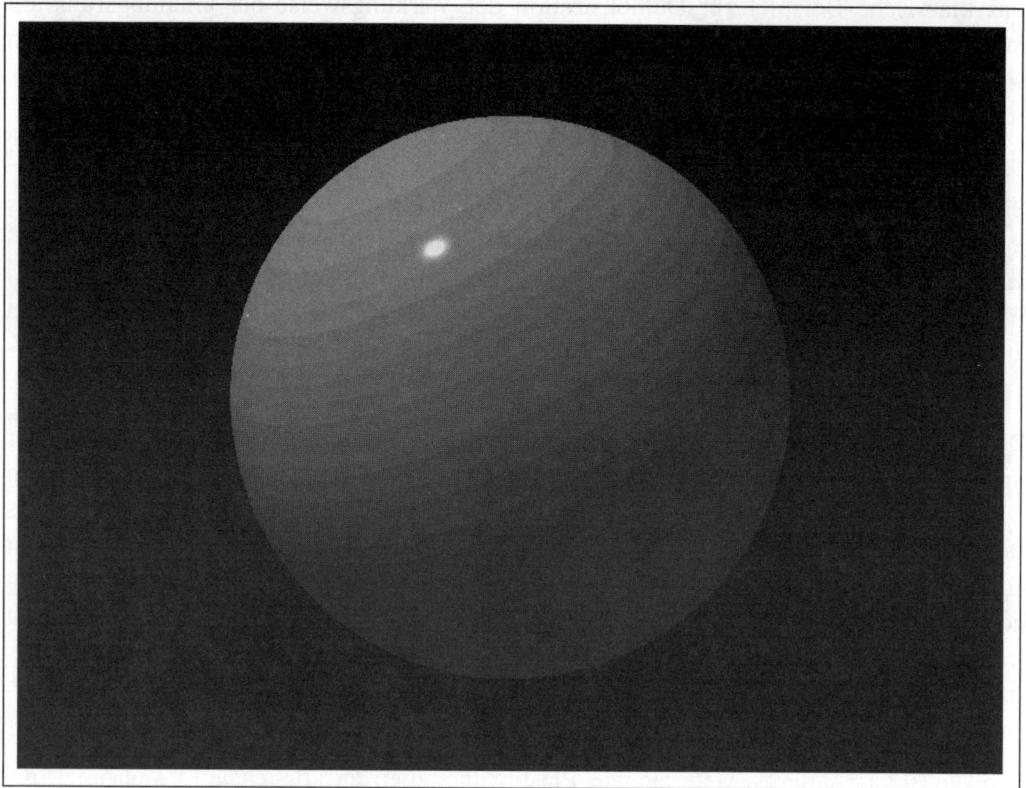

Bild 2.19: Ein Kugel-Objekt wird zur Billardkugel gemacht

2.3.2 Glätten von Oberflächen

Bevor Sie sich mit komplizierteren Beleuchtungsmethoden beschäftigen, sollten Sie sich mit der Funktion «Glätten» am unteren Ende des Oberflächenrequesters beschäftigen. Dieses Auswahlfeld bewirkt, daß die Oberflächennormalen der entsprechenden Dreiecke der Oberfläche interpoliert werden. Dies heißt etwas weniger technisch ausgedrückt, daß die Ecken und Kanten, die durch die planen Dreiecke entstehen, abgerundet werden. Falls Sie diese Funktion verwenden, sollten Sie sicher sein, daß das entsprechende abzurundende Objekt keine spitzeren Winkel als 135° besitzt, da durch diese die Glättung unnatürlich wirken würde. Falls Sie auf einem glatten Objekt dennoch Kanten wünschen, so müssen Sie jene Punkte, die entlang dieser Kante liegen, doppelt konstruieren. Highlight glättet Oberflächen nur an solchen Punkten, die nicht nur die gleiche Position, sondern auch die gleiche Numerierung besitzen.

Das klassische Beispiel zur Demonstration der Wirkungsweise der Glättungsfunktion ist ein Torus. Ein entsprechendes Bild ist im Referenzhandbuch abgebildet. Versuchen Sie einmal, die Szene zu rekonstruieren.

2.3.3 Spiegelungen

Bisher haben Sie nur opake Objekte erzeugt. Dies sind, die Objekte, die auch mittels Rendering so dargestellt werden wie bei Raytracing. Für das kompliziertere Beleuchtungsmodell, das im folgenden eingeführt werden soll, ist stets Raytracing erforderlich. Wenn Sie also eine der folgenden Beispielszenen auf dem Bildschirm darstellen möchten, müssen Sie sicherstellen, daß in Highlight für Windows die Funktion Raytracing im Menüpunkt Erstellen ausgewählt ist.

Doch nun zu anderen Beleuchtungsmethoden als die für opake Objekte. Der Parameter Spiegelung im Oberflächenrequester bestimmt, wieviel Licht aus der Umgebung im Objekt widergespiegelt werden soll. Es mag etwas merkwürdig klingen, daß dies als Beleuchtung ausgewiesen wird, jedoch wird das widergespiegelte Umgebungslicht einfach zur Helligkeit eines Punktes hinzuaddiert. Dies birgt die Gefahr der Überbelichtung. Wenn Lichtquellen und Spiegelung auf 90% gesetzt werden, so ist es höchst wahrscheinlich, daß das entsprechende Objekt an allen Stellen in grellem Weiß dargestellt wird. Es ist eine Eigenschaft von Highlight, überbelichtete Bildpunkte weiß darzustellen. In diesen Fällen genügt es, die Parameter Hintergrund, Lichtquellen, Spiegelung, Brechung oder mehrere in Kombination zu verkleinern.

Im folgenden Beispiel wird die Billardkugel vom vorangegangenen Beispiel verwendet, um die Wirkungsweise von Spiegellicht zu testen. Fügen Sie ein Objekt «boden.obt» zur vorangegangenen Szene hinzu und plazieren Sie dieses Objekt direkt unterhalb der Billardkugel. Rotieren Sie dieses Objekt nicht, aber skalieren Sie es in allen drei Dimensionen auf 0.5. Verändern Sie die Plazierung der Kamera, so daß deren z-Position bei 2500 ist. Rotieren Sie die Kamera um die x-Achse um 45°. Falls dies alles getan ist, fügen Sie noch eine Oberfläche «textur» hinzu, setzen Sie die Farbe 0 des Objektes «boden.obt» auf diese Oberfläche und fügen der Oberfläche eine Aktion «Definieren» hinzu. Klicken Sie auf das Auswahlfeld Texturen und dort wiederum auf die Funktion Laden. Geben Sie im Dateirequester den Namen einer beliebigen Targadatei an, z.B. die Datei SCHACH.TGA, die sich auf der Originaldiskette von Highlight für Windows befindet. Klicken Sie dann noch auf X-Y-Projektion und dann auf OK. Damit haben Sie das Objekt «boden.obt» mit einer nicht durchgehend gleichen Farbe eingefärbt. Diese Technik nennt man Texturieren. Auf sie wird später noch näher eingegangen.

Nun ändern Sie den Parameter Spiegelung in der Definition der Oberfläche opak auf 80%, während Sie Lichtquellen auf 20% und den Parameter Hintergrund auf 30% reduzieren. Die Prozentzahl bei Spiegelung gibt an, welcher Anteil des auf das Objekt treffenden Spiegellichtes reflektiert werden soll. Die Regler Rot, Grün und Blau werden jeweils auf 100% geschoben.

Das Bild dieser Szene (in Animate mit Datei - Generator erzeugt), das durch Highlight erzeugt und durch Octavian dargestellt wird, sollte etwa folgendes Aussehen haben.

Bild 2.20: Eine Kugel, in der sich die Umgebung widerspiegelt

2.3.4 Brechungen und Glas

Ebenso wie Spiegelung gehört Lichtbrechung zu den aufwendigeren Beleuchtungsmethoden. Sollten Sie die folgende Szene mit Highlight darstellen wollen, muß die Funktion «Erstellen - Raytracing» ausgewählt, also mit einem Haken versehen sein. Lichtbrechung ist ein Phänomen, das bei Oberflächen auftritt, die lichtdurchlässig sind. Tritt Licht durch die Oberfläche, wird es nach einem physikalischen Gesetz abgelenkt. Gekrümmte, transparente Oberflächen haben deswegen vergrössernde bzw. verkleinernde Eigenschaften. Dies ist jedem Brillenträger wohlbekannt.

Um Lichtbrechung bei Highlight zu verwenden, müssen für die entsprechende Oberfläche zwei Parameter bestimmt werden: Brechung und Brechindex. Brechung bestimmt wie die Spiegelung den Anteil an gebrochenem Licht, daß an jedem Punkt der Oberfläche sichtbar sein soll. Beachten Sie jedoch, daß das Licht mit jener Farbe eingefärbt wird, welche das Objekt an der Ein- bzw. Austrittsstelle besitzt. Dies kann entweder eine einheitliche Farbe oder aber eine Farbe von einer Texturvorlage sein. Verwenden Sie jene Szene vom Beispiel für spiegelndes Licht im vorangegangenen Kapitel. Verändern Sie die Aktion Definieren der Oberfläche «opak», indem Sie die Spiegelung auf 0 zurücksetzen und die Brechung auf 95% erhöhen. Der Wert Brechindex erhält den Wert 170%. Die Parameter Hintergrund, Lichtquellen, Glanzlicht und Glanz erhalten die Werte 10%, 10%, 70% bzw. 30% in dieser Reihenfolge. Erzeugen Sie die zugehörige Szene und lassen Sie sie mit Highlight darstellen. Vergessen Sie nicht, daß Raytracing eingeschaltet und daß der Parameter Schachtelung größer als 2 sein muß. Das Ergebnis ist ein Bild mit einer Kugel, die leicht vergrößernde Eigenschaften hat.

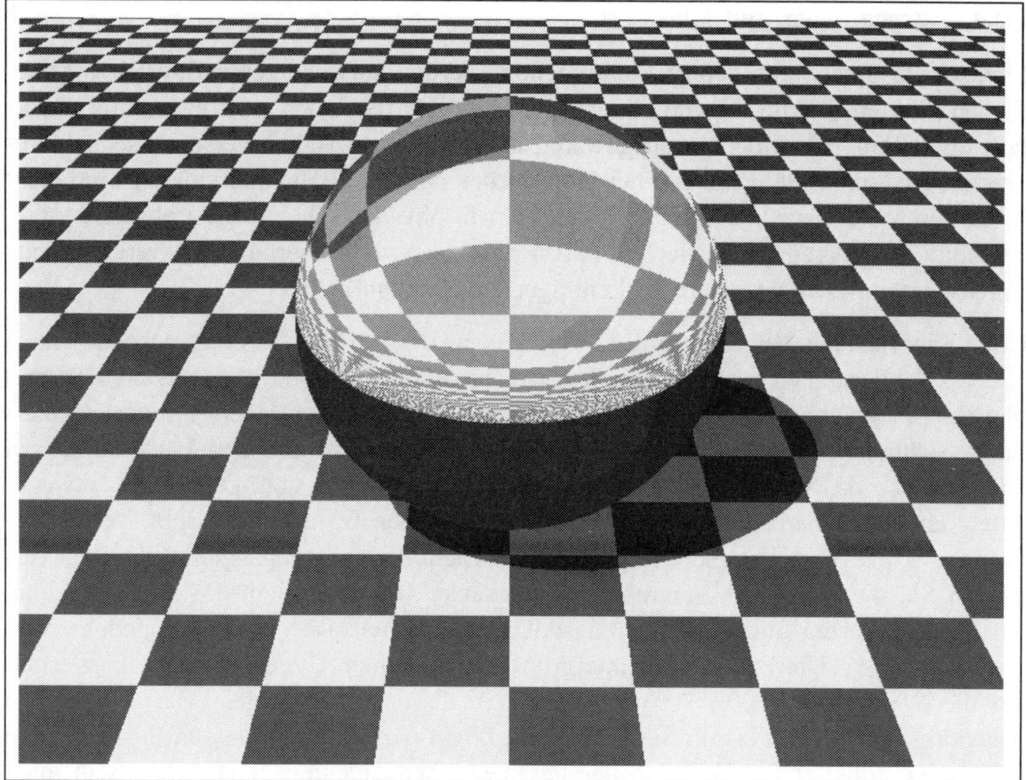

Bild 2.21: In der Kugel wird Licht gebrochen

Die dargestellte Kugel hat aber noch nicht genau die gewünschten Eigenschaften. Da Glasoberflächen meist sehr glatt sind, muß auch noch ein gewisser Anteil an spiegeldem Licht hinzugefügt werden. Darüber hinaus sollten Sie den Brechungsindex verändern, um seine Wirkung zu beobachten. Ein Brechungsindex von 100% lenkt das Licht nicht ab. Er eignet sich gut zur Darstellung von Seifenblasen oder auch von farbigen Luftballons. Im Normalfall ist der Brechungsindex größer als 100%, z.B. 150% für Glas. Je höher der Wert, desto größer ist der Lupeneffekt. Werte kleiner als 100% erzeugen Objekte, die wie Luft unter Wasser wirken. 0% ist als Eingabe nicht erlaubt. Verändern Sie nun also den Wert für Brechindex. Im folgenden Beispiel hat die Oberfläche den Brechungsindex 150% erhalten. Die restlichen Parameter Hintergrund bis Brechung betragen 10%, 10%, 70%, 12%, 95%. Glanz hat den Wert 30%.

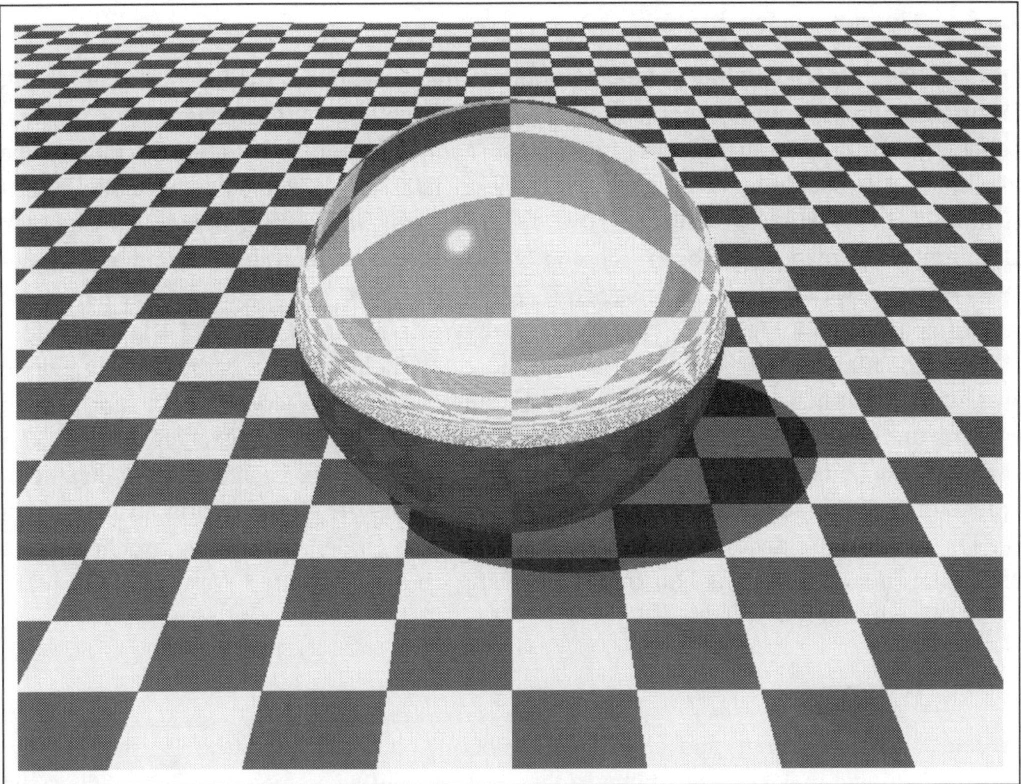

Bild 2.22: Eine Glaskugel enthält sowohl gebrochenes als auch gespiegeltes Licht

2.3.5 Tip zur Ausleuchtung

Das vorliegende Beleuchtungsmodell addiert alle gewählten Lichtkomponenten auf. Dazu zählt Hintergrund, Lichtquellen, Glanz, Spiegelung und Brechung. Ein normal belichtetes Bild, sowohl eine Fotografie wie auch ein Bild, hat in jedem Punkt eine maximale Ausleuchtung von 100%. Dieser Wert läßt sich in verschiedene Anteile aufspalten, z.B. 7% Hintergrundlicht, 70% diffuses Licht und 23% gespiegeltes Licht. In Highlight kann man eine Überbelichtung erreichen, indem man den einzelnen Parametern Werte zuweist, die sich insgesamt auf über 100% summieren. Dies hat keine schlimmen Auswirkungen, da Highlight jeden Wert für Rot, Grün und Blau, der über 100% liegt, auf eben 100% reduziert. Wird diese Möglichkeit der Überbelichtung jedoch zu sehr in Anspruch genommen, so wird die Farbsättigung in jedem Punkt sehr schnell erreicht und das Bild sozusagen soarisiert. Das heißt, daß viele Flächen zu hell oder gar weiß erscheinen. Dann sollten die Werte für Hintergrund, Lichtquellen, Glanzlicht, Spiegelung und Brechung so weit reduziert werden, bis die Szene richtig ausgeleuchtet ist. Die richtige Balance der einzelnen Parameter zu finden, ist anfangs recht schwer und bedarf der Geduld. Als Faustregel gilt, daß sich die genannten Werte zu nicht mehr als 160% summieren sollten.

2.3.6 Texturen

In den seltensten Fällen sind Oberflächen überall einheitlich gefärbt. Bei natürlichen und auch manchmal bei künstlichen Oberflächen sind verschiedene Farben über die Oberfläche verteilt. Um dies zu erreichen, kann in Highlight für Windows die Technik der Texturprojektion angewandt werden. Dies ist eine einfache Methode, anhand eines einfachen zweidimensionalen Bildes jedem Punkt der Oberfläche eines Objektes eine andere Farbe oder Höhe zuzuweisen.

Die einzig notwendige Zutat für diese Funktion ist ein digitalisiertes oder mit einem Grafikprogramm erstelltes Bild, das im Targa-Format gespeichert wurde. Highlight erkennt die meisten gängigen Targa-Formate, also RGB-, Farbpaletten- oder Graustufen-Targadateien. In Viertel- oder Halbbildern abgespeicherte Dateien können nicht interpretiert werden, was jedoch nicht ins Gewicht fällt, da alle gängigen Software-Pakete im Ganzseitenformat abspeichern.

Wenn ein solches Bild beschafft wurde, kann mit der Arbeit begonnen werden. Einem einfachen Objekt, am einfachsten einer Kugel, wird eine Oberfläche mit dem Namen «textur» zugewiesen. Die entsprechende Oberfläche wird wie gewohnt mit dem Kommando «Hinzufügen - Oberfläche» kreiert. Geben Sie der Oberfläche den Namen «textur». Fügen Sie dann dieser Oberfläche eine Aktion «Definieren» zu. Im auf dem Bildschirm erscheinenden Requester muß dann auf das Feld «Textur» geklickt werden, worauf wiederum ein Requester, der Texturrequester, aufgerufen wird. An diesem Punkt ist dann jedoch das Ende in Sicht, denn es gibt keine tiefere Verschachtelung von Requestern mehr.

Die einzelnen Elemente des Texturrequesters beziehen sich zum einen auf eine Projektionsart und zum anderen auf eine Darstellungsweise. Die vier Projektionsarten haben die folgende Bedeutung: X-Y-Projektion bildet die angegebene Textur flach von oben auf das Objekt ab. X-Z-Projektion bildet ebenfalls flach von vorne ab. Abbilden bedeutet, daß alle Teile eines Objektes, die in Projektionsrichtung eines Pixels liegen mit dessen Farbe eingefärbt werden. Kugel-Projektion umschließt das Objekt mit einer farbgebenden undurchsichtigen Kugel. Die Zylinder-Projektion verfährt ganz ähnlich anhand eines Zylinders. Für Flächen und flache Objekte bieten sich die ersten beiden Projektionsarten an, für runde bzw. stabförmige Objekte die dritte und vierte Projektionsmethode.

Die Darstellung kann ebenfalls auf zwei Arten erfolgen. Einerseits kann die Textur farbgebend auf das Objekt einwirken oder als Gravur. Eine Gravur manipuliert die Oberfläche so, daß ein Eindruck von Tälern und Hügeln auf der Oberfläche entsteht. Für Gravur empfehlen sich zumeist Graustufen-Bilder, da es nur auf unterschiedliche Helligkeiten ankommt. Ein mittleres Grau läßt die Oberfläche unangetastet. Schwarz bildet Löcher und Weiß Hügel.

Durch die Funktion Weichzeichnen werden Farbübergänge beim Abtasten der Textur erzeugt. Bei der Projektion entstehen keine Ecken und Kanten. Schwarz durchsichtig bewirkt, daß die Oberfläche an allen Stellen, an denen die Textur reines Schwarz (Rot 0%, Grün 0%, Blau 0%) projiziert, durchsichtig wird. Mitdrehend bewirkt, daß bei Bewegung und Drehung des Objektes die Textur fest an der Oberfläche haften bleibt, während sie ohne diese Funktion an den globalen Koordinaten orientiert auf die Oberfläche projiziert wird.

Mit X-Wiederholung, Y-Wiederholung, X-Offset und Y-Offset kann die Textur mehrfach abgebildet und auf der Oberfläche verschoben werden.

Wie modelliert man nun diese Texturen. Beispielsweise soll einem Würfel eine marmorartige Textur aufprojiziert werden. Erstellen Sie einen Würfel mittels Graph sowie ein Bild mit Marmorstruktur in einem Malprogramm. Für unser Beispiel dient die folgende Textur:

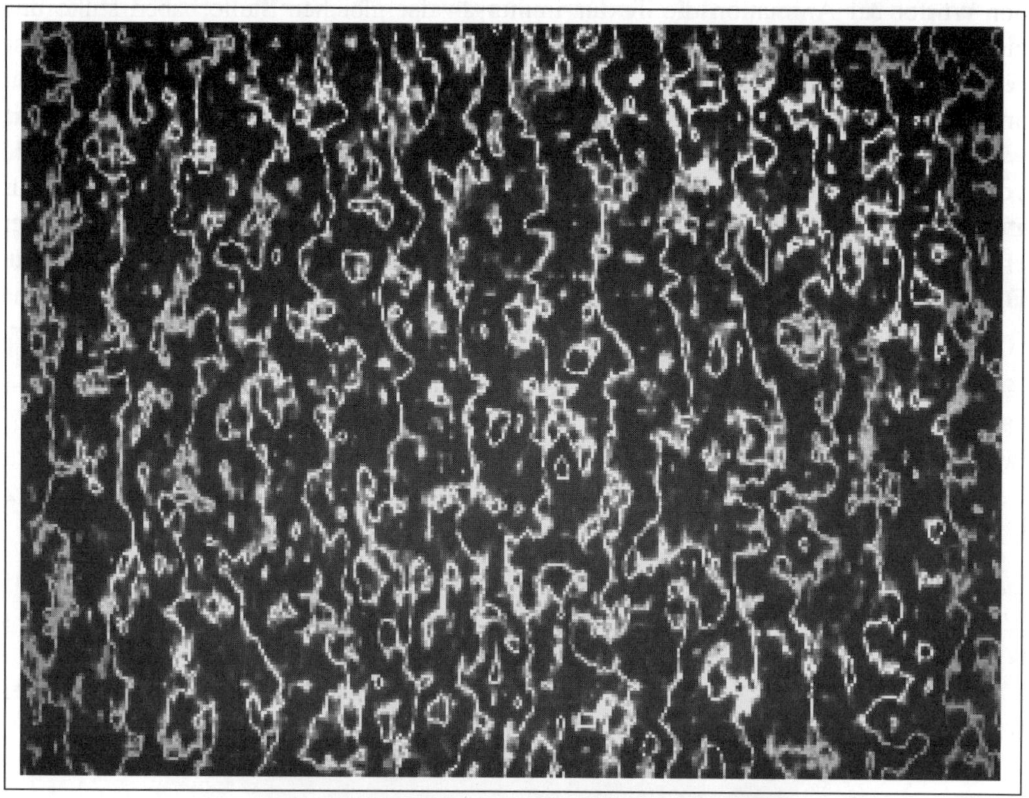

Bild 2.23: Ein Texturbild im Targaformat zum Erzeugen von Marmoroberflächen

In Animate wird eine Kamera, eine Oberfläche, eine Lichtquelle und der von Graph erzeugte Würfel benötigt. Wenn alle Objekte geladen sind und die Grundfarbe für den Würfel auf die geladene Oberfläche verweist (Funktion «Hinzufügen - Aktion - Setze Farben»), können Sie auf die beschriebene Weise den Texturrequester der Oberfläche aufrufen. Dort wählen Sie Kugel-Projektion. In diesem Fall ist die Kugel-Projektion angebracht, obwohl das einzufärbende Objekt, ein Würfel, alles andere als eine Kugel ist. Der Grund ist, daß alle Seiten des Würfels erreicht werden sollen. Eine Zylinder-Projektion färbt nur vier Seiten richtig ein, die obere und untere Seite des Würfels würden dabei mit Streifen überzogen. Ebenso bilden die X-Z- und die X-Y-Projektionen Streifen auf das Objekt und bedecken nur zwei Oberflächen. Natürlich könnten vier

Seiten des Würfels mit einer Zylindertextur als Farbe und die verbleibenden beiden Seiten mit einer X-Y-Textur als Farbe eingefärbt werden. Dann aber würden die Ränder nicht übereinstimmen. Wählen Sie also die Kugel-Projektion.

Weichzeichnen und Mitdrehend sollten ebenfalls ausgewählt werden. Zum einen, da der Würfel bei Animation die Textur immer an der gleichen Stelle haben sollte und zum anderen, um Ecken der Textur herauszufiltern. Schwarz ist verständlicherweise nicht durchsichtig, der Stein hat keine Löcher. Ebenso ist die Textur nicht als Gravur anzuwenden. X-Wiederholung sollte auf 2 und Y-Wiederholung auf 1 gesetzt werden, während X-Offset und Y-Offset auf 0 verbleiben können. Dadurch wird das Texturfeld von 2 mal 1 Bildern auf den Würfel abgebildet. Dieser sieht dann aus, als ob er aus zwei Hälften zusammengesetzt wäre. Bei der folgenden Szene wurde ein weißer Himmel als Hintergrund gewählt sowie das Verhältnis Breite:Höhe auf 1.0 gesetzt. Damit lassen sich quadratische Bilder verzerrungsfrei darstellen, wenn eine «Eigene Auflösung» gewählt wurde, die gleich viele Punkte in X- und in Y-Richtung abbildet.

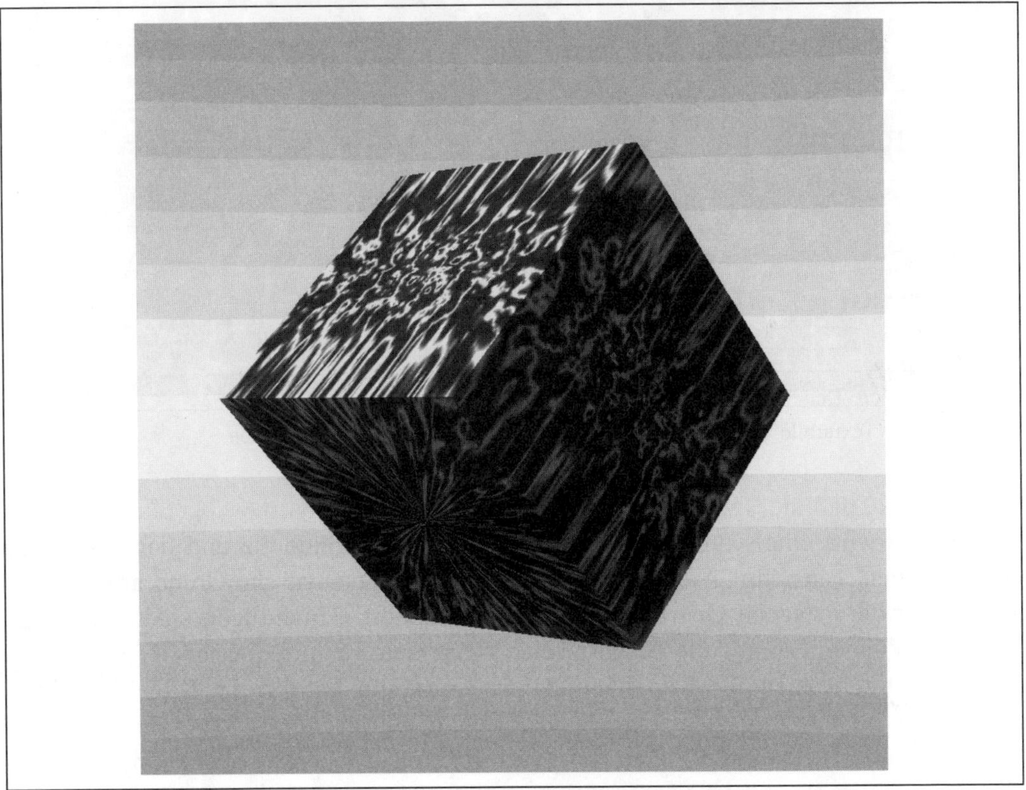

Bild 2.24: Durch die Textur erhält der Würfel ein marmorartiges Aussehen

Um dem Würfel etwas mehr Detailtreue zu geben, wird in Animate die X-Wiederholung auf 4 und die Y-Wiederholung auf 2 gesetzt. Als Ergebnis erhält man etwa den folgenden Würfel, der im Vergleich zu jenem von vorherigem Bild etwas gedreht wurde.

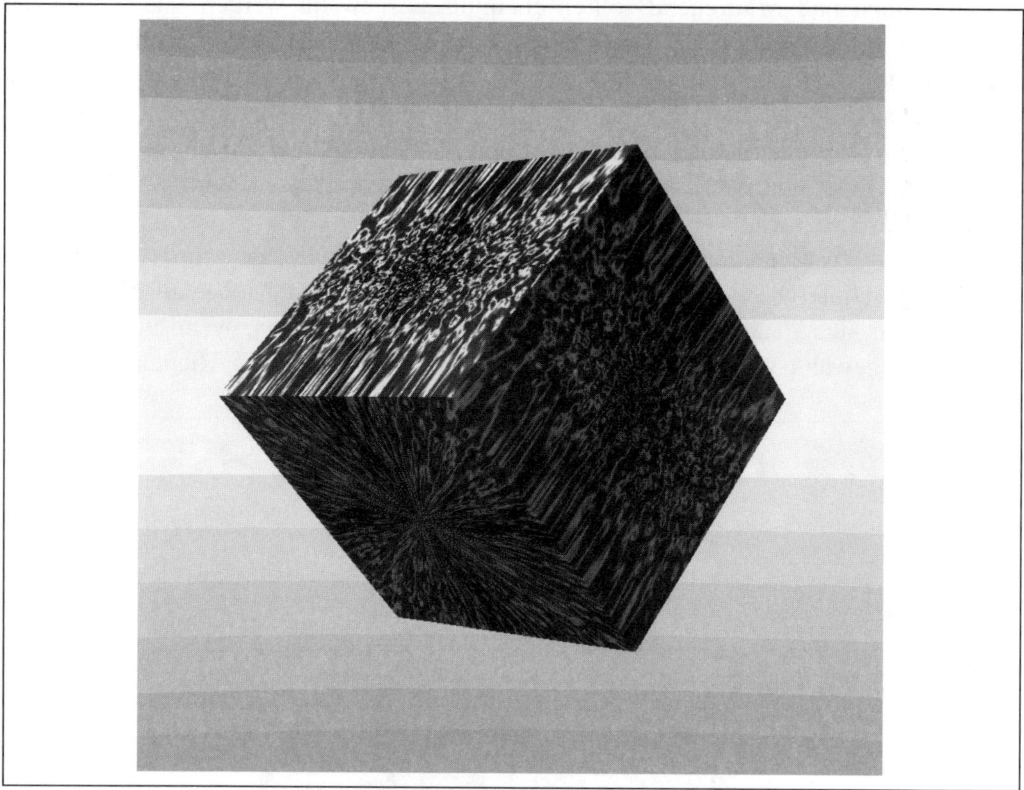

Bild 2.25: Höhere Detailtreue durch Wiederholung der Textur

Beachten Sie, daß die Texturvorlage nun achtmal auf dem Würfel abgebildet ist. Dies ist eine sinnvolle Methode, die Detailtreue zu erhöhen, ohne dabei Speicherplatz zu verschwenden, denn die Texturvorlage wird nur genau einmal eingelesen.

Die X-Y- und die X-Z-Projektion sind Parallelprojektionen, die Linien durch die Objekte ziehen. Wenn z.B. statt der Kugel-Projektion eine X-Z-Projektion bei obigem Würfel gewählt wird, sieht dieser wie aus einer Marmorplatte ausgeschnitten aus. Die Parallelprojektionen verhindern, daß die Texturvorlage verzerrt wird.

Bild 2.26: Durch eine Parallelprojektion wird die Textur nicht verzerrt

Das zweite Einsatzgebiet für Texturen neben dem Einfärben von Objekten ist das Erzeugen von Strukturen auf der Oberfläche. Angenommen, Sie wollen eine Erdbeere erzeugen. Die kleinen Löcher sollen nicht modelliert, also nicht in Graph mit kleinen Dreiecken im Raum dargestellt werden, sondern durch eine Gravur aufprojiziert werden. Im folgenden Versuch wurde eine graue Fläche mit kleinen schwarzen Punkten versehen:

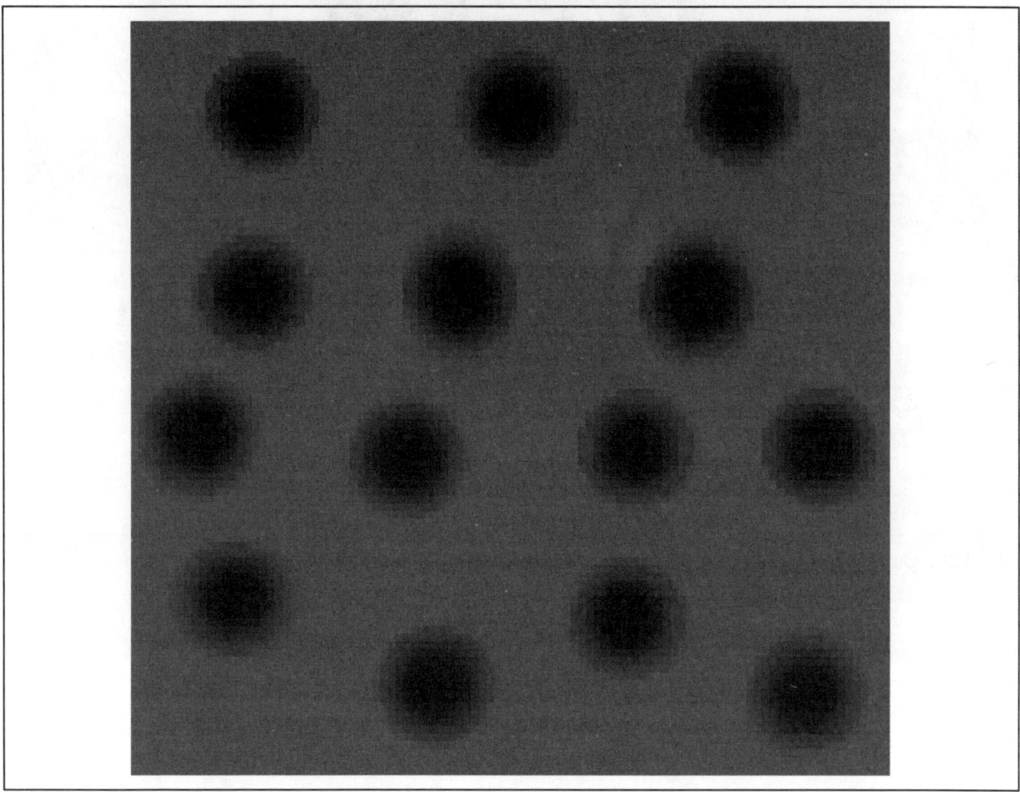

Bild 2.27: Eine Texturfläche zur Erzeugung von kleinen Löchern in der Oberfläche

Modellieren Sie die Erdbeere in Graph, indem Sie mit der Funktion «Hinzufügen - Punkte» eine Hälfte des Querschnitts einer Erdbeere erhalten. Auf dem Bildschirm in Graph sollte in etwa folgendes Profil zu sehen sein:

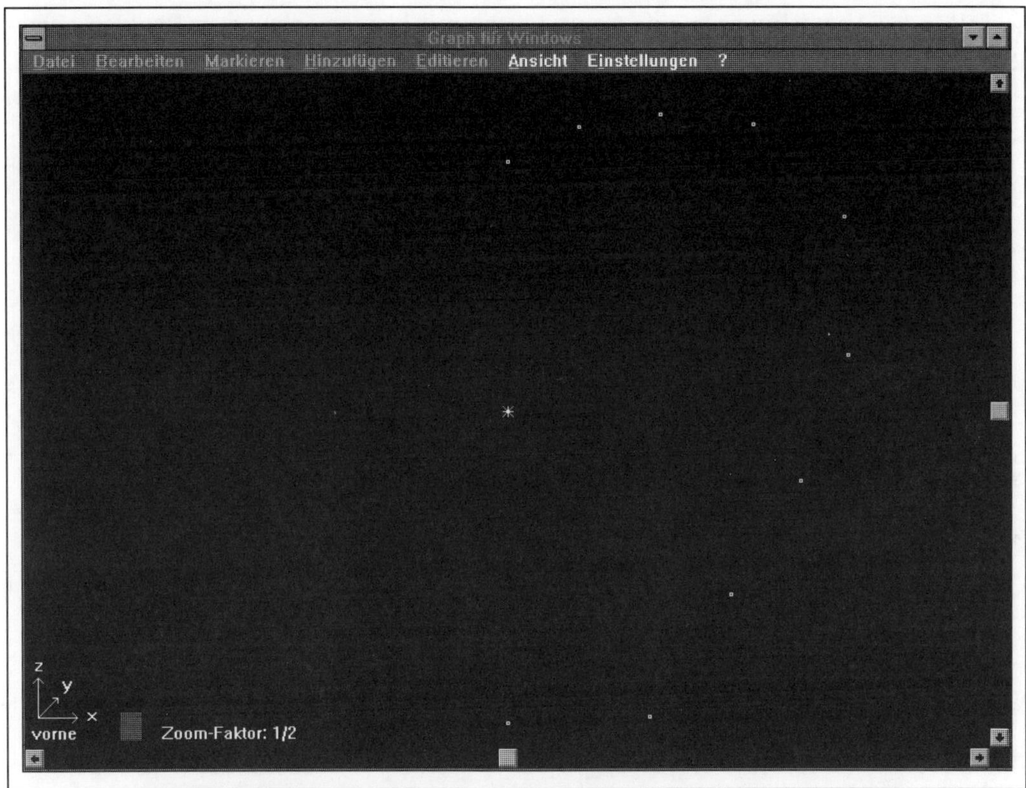

Bild 2.28: Das Profil einer Erdbeere in Graph

Das Drücken der rechten Maustaste beendet die Funktion «Hinzufügen - Punkte». Mit der Funktion «Rotationskörper erzeugen» können Sie dann ein dreidimensionales, achsensymmetrisches Objekt daraus herstellen. Ein geschlossener Körper sollte dabei nicht ausgewählt sein. Markieren Sie dann alle Punkte und «Positionieren» Sie sie neu. Durch eine Skalierung entlang der y-Achse um einen Faktor von 0.8 wird die Erdbeere etwas zusammengedrückt und erhält eine natürlichere Form. Ihr Ergebnis sollte etwa folgendermaßen aussehen:

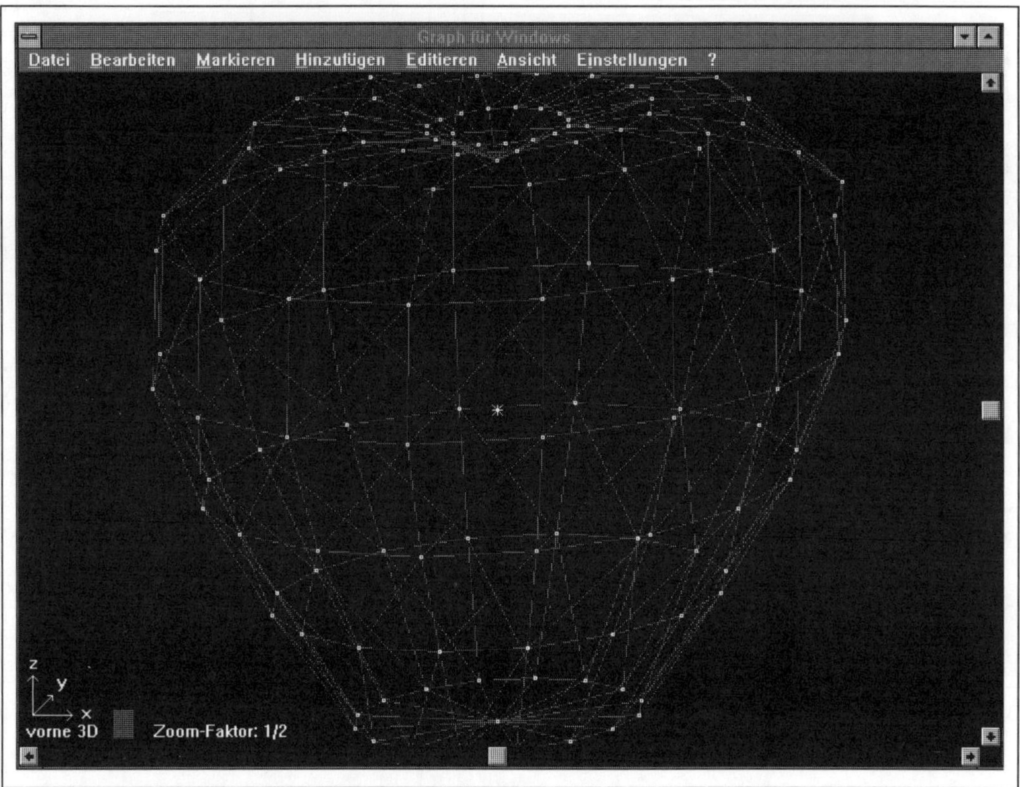

Bild 2.29: Durch «Rotationskörper erzeugen» entsteht die Erdbeere

Diese Erdbeere wird abgespeichert und kann dann in Animate als neues Objekt neben einer Kamera, einer Oberfläche «textur» und einer Lichtquelle hinzugefügt werden.

Setzen Sie die erste Farbe der Erdbeere auf die Oberfläche mit Namen Textur und definieren Sie die Oberfläche. Klicken Sie auf den Texturrequester und geben Sie den Namen der von Ihnen erzeugten Textur ein. Als Projektionsmethode wählen Sie die Kugel-Projektion. Das Feld Gravur muß ausgewählt werden. Ebenso sollten die Felder Weichzeichnen und Mitdrehend bei Gravur immer ausgewählt sein. «Schwarz durchsichtig» hat bei Gravur keine Wirkung. Als Wiederholungsfaktoren wählen Sie 20 für X und 8 für Y. Die Werte für Offset bleiben 0 in beiden Fällen. Falls alle Daten richtig eingegeben sind, sollte der Texturrequester folgendermaßen aussehen:

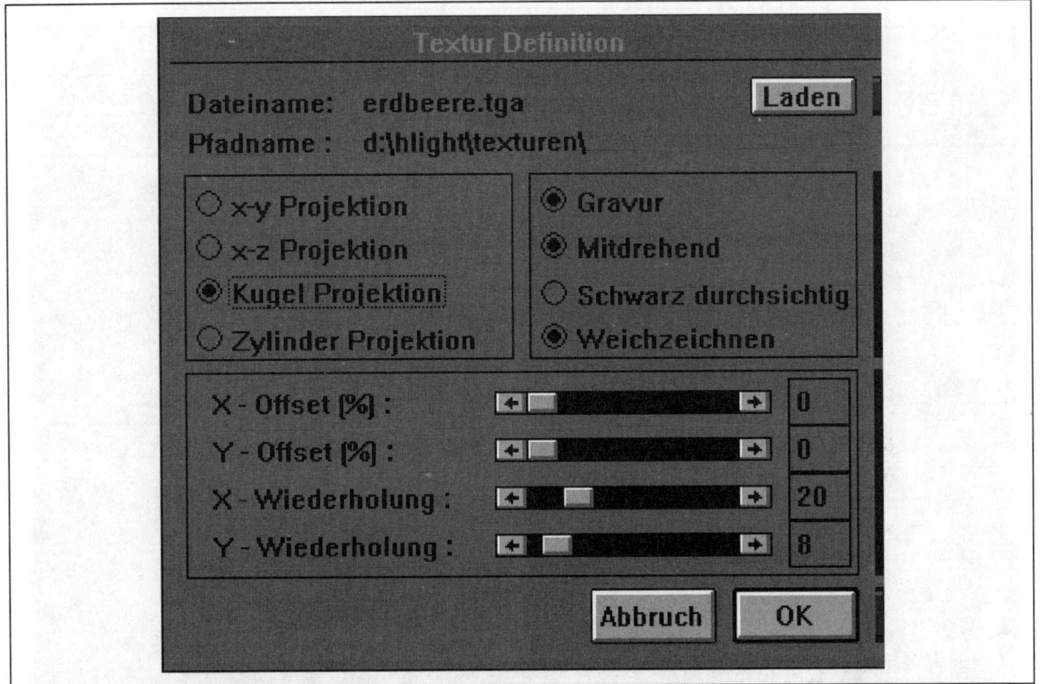

Bild 2.30: Die zu setzenden Parameter zur Erzeugung der Erdbeeroberfläche

Klicken Sie OK im Texturrequester und setzen Sie die Farbe der Oberfläche auf Rot, Hintergrund auf 10%, Lichtquellen auf 75%, Glanzlicht auf 90% und Glanz auf 40%. Spiegelung und Brechung sollten 0% sein. Nun sind die notwendigen Oberflächendaten eingegeben. Sie können nun noch die Objekte plazieren, die Lichtquellenfarbe eingeben, die Szene erzeugen und das Bild mit Highlight für Windows erzeugen. Wenn alles gutgegangen ist, sollten Sie in etwa folgendes Resultat erhalten:

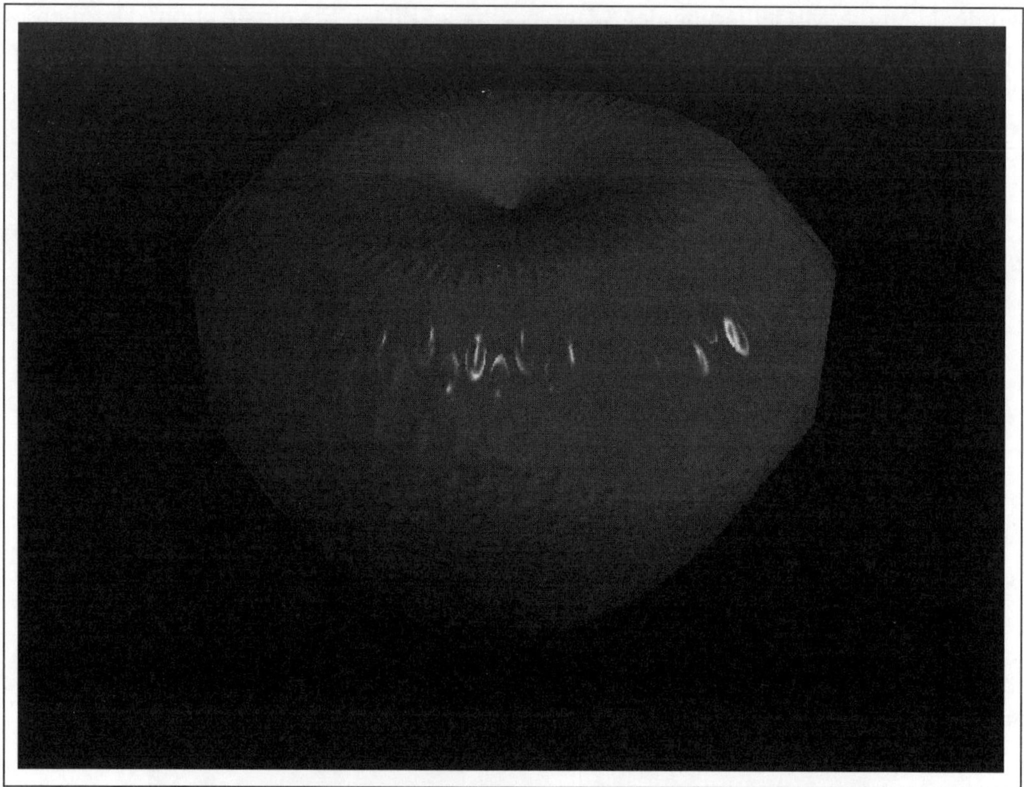

Bild 2.31: Die von Highlight berechnete Erdbeere

2.3.7 Wellen

Mit den Wellenfunktionen kann auf ganz ähnliche Art und Weise wie bei Gravur das Aussehen der Oberflächen abgewandelt werden. Auch hier werden die Oberflächennormalen verändert. Da in diesem Fall jedoch kein Bild, sondern eine mathematische Wellenfunktion zugrundegelegt wird, wirkt die entstehende Oberfläche eher so, als ob sie wellig ist. Das Aussehen der Wellen kann dabei vom Benutzer bestimmt werden.

Das klassische Beispiel einer Wellenanimation, ein Tropfen, der in einen Teich fällt, soll im folgenden als Demonstrationsbeispiel dienen. Erstellen Sie in Animate eine Szene für diesen Test. Sie sollte eine Kamera, eine Lichtquelle, ein Objekt «boden.obt» und eine Oberfläche namens «wellen» enthalten. Die einzelnen Objekte werden so zueinander plaziert, daß die Kamera in die Mitte des Bodens blickt. Dieser sollte nicht rotiert werden und sich an der Stelle 0,0,0 befinden. Die Kamera wird in 0,-3000,3000 plaziert. Ihre x-Rotation ist 45°. Die Lichtquelle wird nach -10000,-10000,10000 plaziert. Nachdem die erste Farbe des Boden-Objekts auf die Oberfläche «wellen» gesetzt wurde, kann die Modellierung der Szene beginnen. Fügen Sie eine Aktion «Definieren» zur Oberfläche «wellen» hinzu. Stellen Sie die folgenden Parameter der Oberfläche ein:

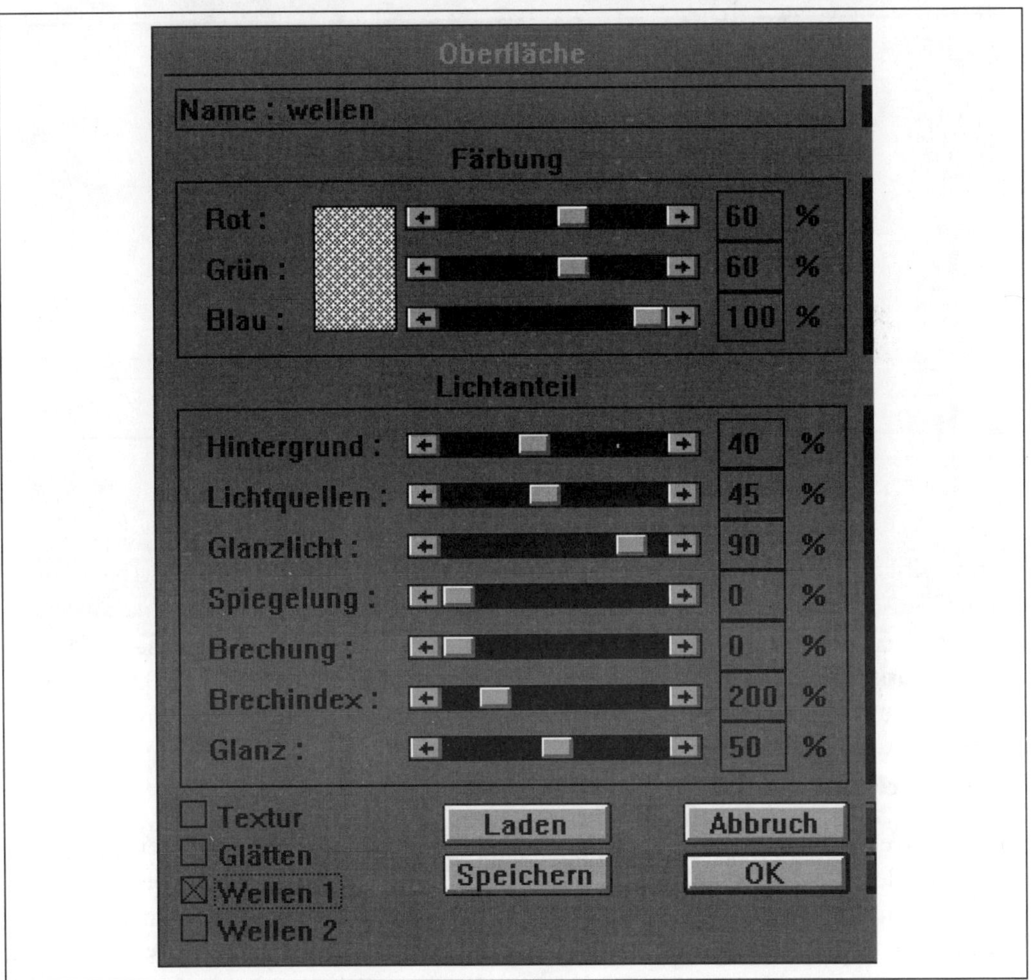

Bild 2.32: Farbeinstellung für Wellen-Oberflächen

Klicken Sie auf den ersten Knopf für Wellenfunktion: Wellen 1. Stellen Sie dort folgende Funktionen ein:

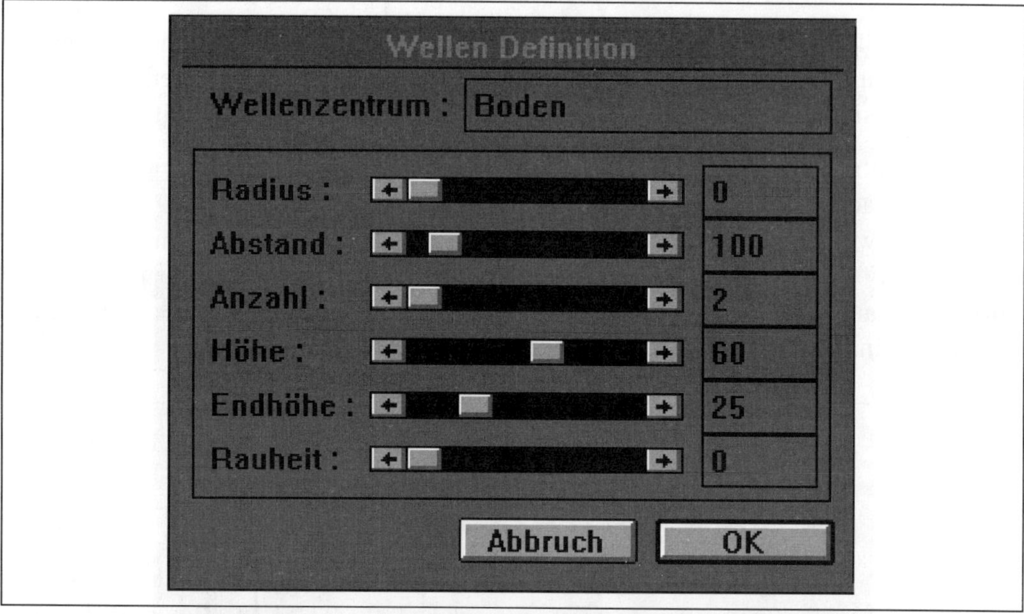

Bild 2.33: Der Oberflächenrequester mit den Parametern zur Tropfenerzeugung

Damit wird genau eine Wellenfront definiert, die im ersten Bild jedoch noch nicht sichtbar ist, da der Radius zu klein ist. Durch die Parameter Höhe und Endhöhe wird die Höhe der ersten und letzten Welle definiert. In diesem Fall ist also die erste Wellenfront stärker als die zweite. Der Parameter Abstand bestimmt in Highlight-Einheiten, wie weit die einzelnen Wellenkämme voneinander entfernt sein sollen. Im Laufe der Animation wird später der Radius erhöht, so daß die Wellenfronten sichtbar werden. Der Parameter Rauheit addiert einige Zufallszahlen zu der normalen Oberflächenmodulation hinzu, so daß die Oberfläche rauh wirkt. Für Wellenzentrum wird in diesem Fall das Objekt «boden.obt» selbst eingegeben, da sein Mittelpunkt als Wellenzentrum dienen soll.

Damit ist der erste Teil der Arbeit getan. Nun muß diese Welle nur noch bewegt werden. Fügen Sie nun eine Aktion «Ändern zu» zur Oberfläche Wellen hinzu. Die letzte Bildnummer sei 20. Ein Oberflächenrequester erscheint auf dem Bildschirm. Klicken Sie auf das Auswahlfeld «Wellen 1», um den Wellenrequester wieder aufzurufen. Dort setzen Sie die Parameter Höhe und Endhöhe auf 0. Dies bewirkt ein Abklingen der Wellen im Laufe der Zeit. Als Parameter Radius geben sie 2000 und für Abstand die

Zahl 200 ein. Dies ist der Radius der Kugel, in welchem die Wellen sichtbar sind. Sobald sie OK anklicken, wird die Welleninformation akzeptiert. Klicken Sie dann auch auf OK im Oberflächenrequester.

In diesem Fall liegt also eine Animation von Oberflächen vor. Es ist eine der Stärken von Highlight, daß nicht nur Objekte rotiert, bewegt und skaliert werden können, sondern daß sich auch die Oberflächen dieser Objekte im Laufe der Zeit ändern.

Erzeugen Sie nun die Szenen 0 mit 20 und lassen Sie sie von Highlight für Windows berechnen. Laden Sie Highlight und wählen Sie die Funktion «Datei - Öffnen». Dann klicken Sie zweimal auf die erste Szene der zugehörigen Animation. Es müßte dies das File «TROPF000.SCE» sein. Sobald die Szene geladen ist, drücken Sie den Startknopf. Falls Sie die angegebene Anleitung richtig befolgt haben, müßte alsbald eine Animation berechnet sein. Hier sind zwei typische Bilder dieser Animation:

Bild 2.34: Die Wellen breiten sich von der Mitte her aus

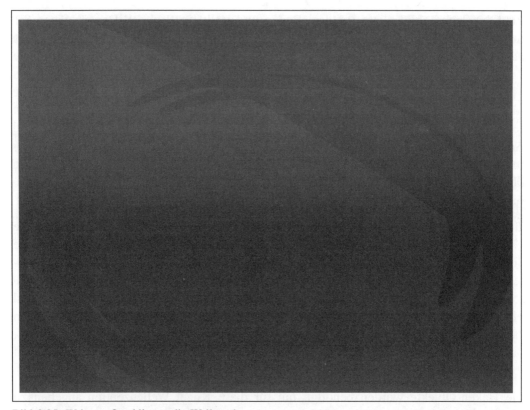

Bild 2.35: Weiter außen klingen die Wellen ab

Ein weiteres Beispiel soll die Wirkungsweise der Wellenfunktion verdeutlichen. Es gilt, eine Seifenblase darzustellen. Dazu wird eine gewöhnliche Kugel verwendet, deren Oberfläche durch zwei Wellenfunktionen verändert wird. Da transparente Objekte ohne Hintergrund nicht sehr interessant aussehen, wird in diesem Fall ein Boden-Objekt mit einer Textur versehen als Hintergrund verwendet.

Erstellen Sie also in Animate eine Szene mit zwei Oberflächen «bild» und «blase», einer Kugel, einem Boden, Kamera, zwei Haken-Objekte «zentrum1» und «zentrum2» sowie eine Lichtquelle. Weisen Sie den beiden primitiven Objekten (Kugel, Boden) die Oberflächen zu und positionieren Sie alles im richtigen Maßstab zueinander. Das Haken-Objekt «zentrum1» muß am Nordpol der Kugel plaziert werden, «zentrum2» wird auf dem Äquator, also auf der Oberfläche der Kugel plaziert. Von dort breiten sich die Wellen aus. Der hier interessante Teil der Arbeit ist die Definition der Oberflächen.

Die Oberfläche «bild» liegt auf dem Boden und stellt ein Bild dar. Danach fügen Sie zu dieser Oberfläche eine Aktion «Definieren» hinzu. Eine große Fläche hat selten starke Glanzlichter, deshalb sollte Parameter Glanzlicht auf 0% gesetzt werden. Die Parameter Lichtquellen und Hintergrund erhalten die Werte 90% bzw. 5%. Dadurch wird die Eigenfarbe der Textur stark hervorgehoben. Auf Spiegelung und Brechung wird verzichtet (0%). Klicken Sie das Auswahlfeld «Textur» an und geben Sie dort den Namen Ihrer Texturdatei ein. Dazu wählen sie X-Y-Projektion, Mitdrehend und Weichzeichnen. X- und Y-Wiederholung 1, X- und Y-Offset 0. Lassen Sie «Gravur» und «Schwarz durchsichtig» ausgeschaltet. Klicken Sie auf OK im Textur- und im Oberflächenrequester. Die erste Oberfläche für das Boden-Objekt ist hiermit definiert.

«Definieren» Sie nun die Oberfläche «blase». Das zugehörige Kommando ist «Hinzufügen - Aktion - Definieren». Es bringt Sie zum Oberflächenrequester. Hier wählen Sie 8% für Hintergrund, 5% für Lichtquellen, 80% für Glanzlicht, um eine Kugel fast ohne Eigenfarbe, aber mit starken Glanzlichtern darzustellen. Da nun eine Seifenblase dargestellt werden soll, müssen die Parameter Spiegelung auf 30% und Brechung auf 90% gesetzt werden. Dadurch erhalten Sie eine Kugel mit viel durchscheinendem Licht und leichten Spiegelungen. Letztendlich setzen Sie den Brechindex noch auf 102% und den Parameter Glanz auf 8%. Setzen Sie nun noch die Eigenfarbe auf 98prozentiges Weiß. Dadurch werden die Lichtstrahlen, die die Oberfläche der Blase passieren, minimal abgedämpft.

Die Haken-Objekte wurden benötigt, um für diese Kugel Wellenzentren angeben zu können. Zur Erinnerung: Haken-Objekte sind in der späteren Animation nicht sichtbar, sie dienen lediglich der Markierung eines Punktes im Raum.

Als letztes erfolgt noch das Setzen der Parameter für die Wellenfunktionen. Klicken Sie auf das Auswahlfeld «Wellen 1». Im Wellenrequester geben Sie den Namen des ersten Wellenzentrums ein: zentrum1. Der Radius sollte 1000 betragen, der Durchmesser der Seifenblase. 10 Wellenkämme mit Abstand 100 beeinflussen dieses gesamte Gebiet. Geben Sie als Höhe 5% und als Endhöhe 50% ein. Damit sind die Wellen am «zentrum1» am stärksten. Rauhheit erhält den Wert 0. Klicken Sie OK. Verfahren Sie entsprechend mit dem Auswahlfeld «Wellen 2» und dem Objekt «zentrum2». In diesem Fall geben Sie 10% für Höhe und Endhöhe an. Dadurch wird der bereits existierenden Wellenfunktion noch eine weitere hinzugefügt. Klicken Sie auf OK im Wellenrequester und im Oberflächenrequester. Nun können Sie eine Szene mit «Datei - Generator - Anfang 1 und Ende 1» erzeugen. Diese Szene laden Sie dann in Highlight für Windows. Das Ergebnis sollte etwa folgende Gestalt haben:

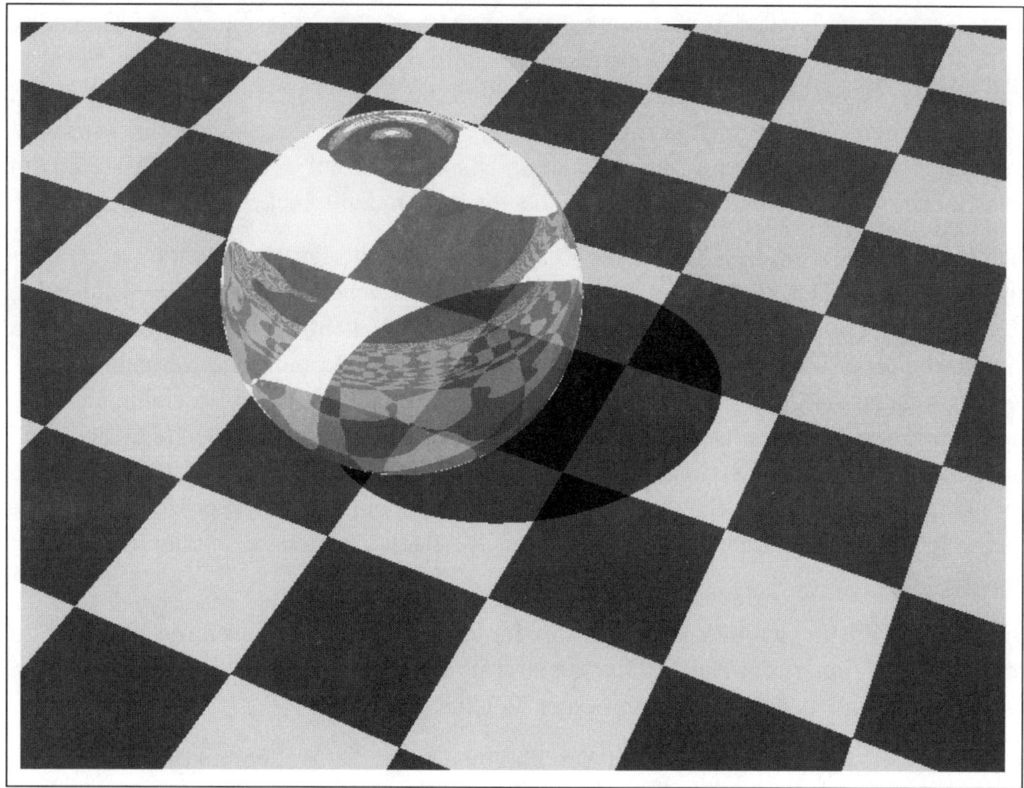

Bild 2.36: Eine Seifenblasenoberfläche kann mit der Funktion Wellen erzeugt werden

2.4 Animation von Oberflächen

Highlight erlaubt die Verschiebung, Drehung und Stauchung im Verlauf der Zeit. Genauso können aber auch alle bisher besprochenen Parameter im Lauf der Zeit verändert werden, um Animationen zu gestalten. Wenn Sie eine Oberfläche in die Szene von Animate geladen und sie mit einer Aktion «Definieren» charakterisiert haben, können Sie mittels einer Aktion «Ändern zu» die Oberfläche neu charakterisieren und diese verändert sich in Abhängigkeit von Anfangs- und Endpunkt mehr oder weniger schnell von der einen Form in die andere.

Die einfachste Form einer Animation ist eine Farbänderung. Im folgenden sollten Sie einen Buchstaben über den Bildschirm fliegen lassen, während er seine Farbe ändert.

Konstruieren Sie in Graph einen Buchstaben, speichern Sie ihn im Objekte-Verzeichnis und laden Sie dann Animate, wo Sie neben dem Buchstaben eine Oberfläche «farbe», die Kamera und eine Lichtquelle laden. Setzen Sie die nullte Farbe Ihres Buchstabens auf die Oberfläche Farbe. Positionieren Sie die Kamera und den Buchstaben so, daß der Buchstabe links von der Beobachtungsfläche noch nicht sichtbar ist. Fügen Sie eine Aktion «Bewegen nach» hinzu, so daß der Buchstabe innerhalb von 30 Bildern von links nach rechts wandert. Im ersten Bild definieren Sie die Oberfläche «farbe», indem Sie nur eine Farbe Ihrer Wahl mit den Reglern für Rot, Grün und Blau einstellen. Dann fügen Sie zur Oberfläche eine Aktion «Ändern zu» hinzu, die während 30 Bildern die Oberfläche in andere Parameter überführt. In diesem einfachen Beispiel genügt es, einen neuen Satz Farben zu bestimmen. Erzeugen Sie die Szenen-Files mit «Datei-Generator» in Animate und lassen Sie sich die Animation von Highlight berechnen.

2.5 Lichtquellen

In Highlight können Sie für die Lichtquellen neben der Position und der Farbe noch weitere Parameter bestimmen, welche die Beleuchtung und Abschattung von Objekten beeinflussen. Wählen Sie ein beliebiges, bereits erstelltes Skript aus und entfernen Sie von dort alle Lichtquellen. Dann fügen Sie drei weitere Lichtquellen hinzu und zu jeder Lichtquelle eine Aktion «Plazieren». Eine der Lichtquellen sollte links von der Kamera, eine weitere rechts von ihr und schließlich eine in der Nähe sein, möglicherweise sogar an genau derselben Stelle im Raum. Färben Sie die Lichtquellen in den Farben Rot, Grün (Rot 0%, Grün 100%, Blau 0%) und Blau (Rot 0%, Grün 0%, Blau 100%) ein, von links nach rechts. Wenn Sie von diesem Skript eine Szene generieren und in Highlight darstellen, erhalten Sie einen auf Bühnen gerne angewandten Trick. Dieser bewirkt, daß sich die unterschiedlichen Lichtquellen zu weiß addieren, wo sie auf das Objekt auftreffen. Dennoch ist das Objekt auf der einen Seite eher Rot, auf der anderen eher Blau gefärbt, was eine ungewöhnliche Stimmung erzeugt.

Der Parameter «Radius für halbe Intensität» bewirkt eine Abschwächung des Lichtes während der Ausbreitung, wenn hier eine Zahl eingetragen wird, die größer ist als 0. Wie der Name schon sagt, halbiert sich die Intensität des Lichts, wenn es eben jene Entfernung im Raum gereist ist. Nach einer weiteren Reise dieser Entfernung beträgt es nur noch ein Viertel der Intensität usw.

Die Größe der Lichtquelle hat keinen direkten Einfluß auf die Beleuchtung, sondern auf den Schattenwurf. Nur wenn Sie in Highlight den Parameter Schatten auf einen Wert größer als 1 setzen und Raytracing eingeschaltet ist, werden die Schatten weichgezeichnet. Je größer eine Lichtquelle ist, desto unregelmäßiger ist der Übergang von Kernschatten zu nicht abgeschatteten Stellen. Im folgenden ist eine Kugel auf einer Oberfläche dargestellt. Die Lichtquelle hat den gleichen Durchmesser wie die Kugel und ist etwa 60000 Einheiten entfernt. Das Bild ist mit Schatten 10 und Raytracing berechnet.

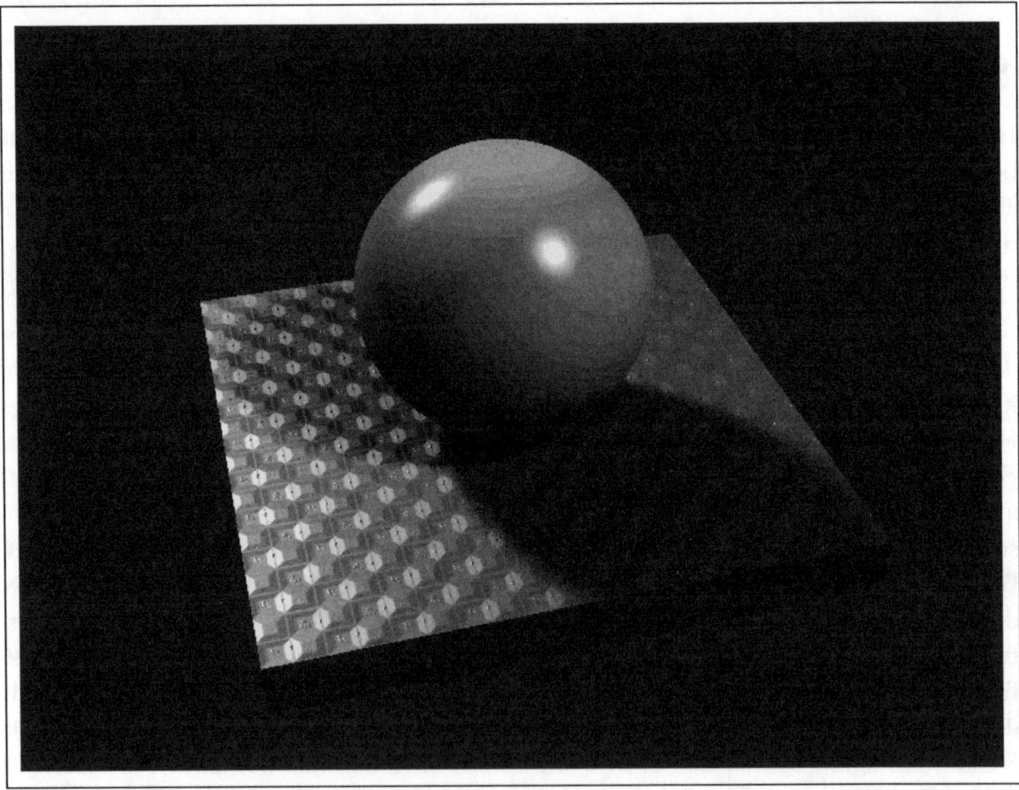

Bild 2.37: Die Kugel wirft keinen harten Schatten, sondern erzeugt weiche Übergänge

2.6 Animierte Lichtquellen

Lichtquellen stellen zwar eine Ausnahme unter anderen Objekten dar, da sie unterschiedlich geladen werden und durch andere Parameter charakterisiert werden. Trotzdem können Sie wie Oberflächen und Objekte animiert werden. Beispielsweise können Sie die soeben beschriebene Szene für eine interessante Animationsvariante verwenden.

Die Aufgabe besteht darin, die linke und die rechte Lichtquelle zu vertauschen, sie also durch den Raum zu bewegen, während sie die Farbe wechseln. In der gleichen Zeit wechselt die mittlere Lichtquelle lediglich ihre Farbe. Fügen Sie also zu allen Lichtquellen eine Aktion «Bewegen nach» hinzu. Geben Sie für die beiden äußeren Lichtquellen die entsprechende neue Position ein, die mittlere bleibt auf der Stelle stehen. Die neuen Farben für die Lichtquellen von links nach rechts: Gelb (Rot 50%, Grün 50%, Blau 0%), Magenta (Rot 50%, Grün 0%, Blau 50%) und Cyan (Rot 0%, Grün 50%, Blau 50%).

2.7 Globale Parameter

Highlight verfügt noch über einige globale Parameter, die das Aussehen einer Szene beeinflussen. Sie können in Animate mit dem Menüpunkt «Datei - Parameter» für jedes einzelne Skript getrennt eingestellt werden. Sie werden jedoch nicht wirksam, bevor Sie die einzelnen Szenen mit «Datei - Generator» erzeugt haben.

Die Parameter Nebel und Hintergrundlicht sind möglicherweise jene Zahlen, mit denen Sie zu Beginn experimentieren sollten. Nebel addiert einen globalen Nebel in der Farbe des Hintergrundlichts zur Szene. Hintergrundlicht bestimmt, welche Farbe das Licht hat, das die Objekte auch an den nicht direkt beleuchteten Stellen bestrahlt. Farbe des Himmels bestimmt das Aussehen jener Bildschirmbereiche, in denen kein Objekt dargestellt wird. Die hier eingegebene Farbe ist am Horizont (in der globalen x-y-Ebene) am stärksten und am Zenith am schwächsten. Wird zusätzlich Tageshimmel gewählt, so wird zur existierenden Himmelsfarbe ein weißer Saum am Horizont gezeichnet. Brennweite funktioniert wie bei einem Fotoapparat. Je kleiner dieser Wert, desto größer der Blickwinkel der Kamera, desto größer ist jedoch auch die perspektivische Verzerrung der Szene. Je größer der Wert, desto kleiner der Blickwinkel, desto verzerrungsfreier wird jedoch das Bild dargestellt. Breite/Höhe gibt schließlich das Seitenverhältnis der Projektionsebene an. Sollten Sie ein Bild in einer der Standardauflösungen von VGA – das sind 320 mal 200 bzw. 640 mal 480 bzw. 800 mal 600 bzw. 1024 mal 768 Bildpunkte – berechnen wollen, geben Sie hier 133% ein. Die kleinste Auflösung 320 mal 200 nimmt hierbei eine Sonderstellung ein. Das Punktverhältnis seiner Seiten liegt bei 160%. Für eine Darstellung in Windows sollten Sie auch 160% im Parameter Breite/Höhe wählen. Wenn Sie im 320 mal 200-Modus darstellen, so wird die Bildverzerrung durch die Verzerrung der Pixel am Bildschirm ausgeglichen. Bei der Darstellung quadratischer Bilder muß hier 100% eingegeben werden. Für eine detailliertere Beschreibung der erwähnten Parameter sei auf das Referenzhandbuch verwiesen.

3 Einführung in Graph für Windows

Hinter Graph verbirgt sich ein dreidimensionaler Objekteditor mit vielfältigen Funktionen zur Bearbeitung von Objekten. Mit ihm werden alle Objekte, die später in Animate Verwendung finden sollen, erstellt. Neben Größe und Form eines Objekts wird auch dessen Oberfläche mit Graph bereits in unterschiedliche Farben oder Strukturen eingeteilt. Um Arbeitsweise und Grundprinzip von Graph zu verstehen, soll hier zunächst ein wenig in die dem Programm zugrundeliegende Theorie eingegangen werden.

3.1 Mathematische Grundlagen des Programms

Zunächst einmal ist es wichtig zu klären, welche Information man über ein Objekt benötigt, um anschließend dessen dreidimensionales Abbild berechnen zu können.

Von einem realen Objekt – vorausgesetzt, es ist nicht durchsichtig – kann man nur die äußere Form, den Verlauf der Oberfläche, wahrnehmen. Ob der Körper innen hohl ist oder nicht, spielt für die äußere Erscheinung keine Rolle. So begnügt sich die Software bei der Berechnung der realistischen Darstellung auch mit der Beschreibung der Oberfläche eines Körpers, dem sogenannten Flächenmodell.

Betrachten wir zum Beispiel einen einfachen Würfel. Könnte man Größe und Lage der sechs quadratischen Oberflächen in einer dem Rechner verständlichen Form darstellen, wäre er für den Computer vollständig beschrieben.

Das eigentliche Problem besteht also darin, im dreidimensionalen Raum eine Fläche mathematisch zu beschreiben. So ist ein Punkt im Raum durch seine drei Koordinaten bestimmt. Eine Gerade ist durch zwei, eine Fläche durch drei Punkte eindeutig definiert. Würde man zur Beschreibung einer Fläche einen vierten Punkt hinzunehmen, erhält man unter Umständen eine nicht mehr eindeutige Beschreibung der Fläche. Das Problem entspricht dem eines Tisches mit vier Beinen. Ist die Länge eines Beins nicht richtig gewählt, so wackelt er. Ein Tisch mit drei Beinen steht immer fest. Ebenso verhält es sich mit der Definition einer Fläche im Raum. Es ist immer möglich, eine Ebene durch drei voneinander verschiedenen Punkten zu legen. Andererseits ist es nur in den Ausnahmefällen bei 4 Punkten möglich. Nur wenn der vierte Punkt zu den übrigen drei Punkten ein bestimmte Position einnimmt, liegt er ebenfalls auf der Ebene.

Mit drei Punkten kann man aber nicht nur die Lage einer Fläche im dreidimensionalen Raum, sondern auch deren Größe und Form definieren, wenn man als Sonderfall einer Fläche das Dreieck wählt.

Der Objekteditor muß folglich die Möglichkeit bieten, Punkte im Raum zu verteilen und jeweils drei Punkte zu einem Dreieck zusammenzufassen. Die Punkte dienen quasi als Aufhängepunkte für Dreiecke. Da ein Punkt keine Fläche besitzt, ist er auch im späteren Bild unsichtbar. Die Oberfläche eines Objektes wird also ausschließlich mit Hilfe von Dreiecken definiert.

Um unseren Würfel zu beschreiben, können wir folglich nicht einfach dessen sechs quadratische Flächen verwenden. Wir benötigen vielmehr seine acht Eckpunkte, mit deren Hilfe zwölf Dreiecke definiert werden, wobei jeweils zwei Dreiecke eine der viereckigen Oberflächen bilden.

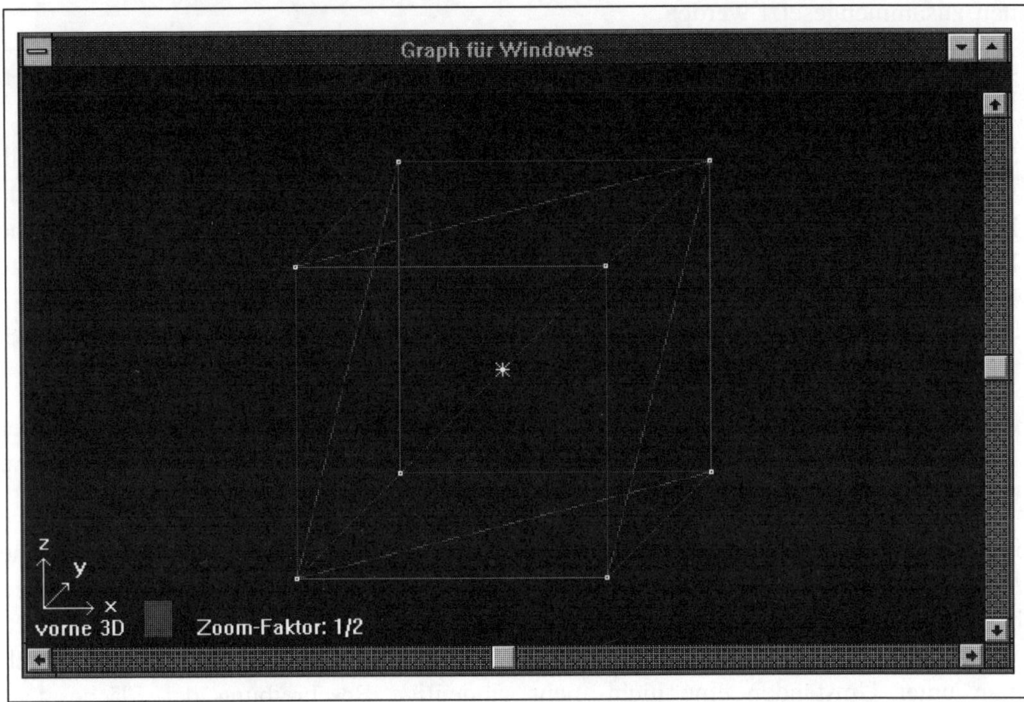

Bild 3.1: Ein Würfel im Objekteditor bei eingeschaltetem 3D-Modus

3.2 Einführung in die Arbeitsweise von Graph

Die obigen Ausführungen lassen es schon vermuten: Die Eingabe dreidimensionaler Objekte ist keine einfache Aufgabe. Allerdings bietet Graph eine Vielzahl von Funktionen, die die Definition von Objekten erheblich vereinfachen. Doch sollte man keine Wunder verlangen. Es gilt die Devise: Je regelmäßiger das Objekt, desto einfacher ist es zu erzeugen.

Zum Beispiel kann das Programm auf Befehl aus dem Umriß einer Figur ein achsensymmetrisches Objekt berechnen oder einer ebenen Fläche räumliche Tiefe verleihen. Objekte oder Teile davon können beliebig oft kopiert, verändert, gedreht und wieder neu zusammengesetzt werden.

Jedes Objekt kann bis zu acht verschiedene Oberflächenstrukturen mit unterschiedlichen Farben und Beleuchtungsparametern besitzen.

Soll hingegen ein aufwendiges Objekt, wie z.B. ein Jagdflugzeug zusammengestellt werden, hilft nur Handarbeit. In solchen Fällen ist es hilfreich, zuvor eine detaillierte Handskizze mit den genauen Maßen des Objektes auf Papier anzufertigen. Anschließend lassen sich dann die Eckpunkte maßstabsgerecht in den Rechner eingeben und zu Flächen verbinden.

3.3 Die Darstellung der Objekte

Ein Punkt wird durch seine drei Koordinaten, die X-,Y- und Z-Koordinate, bestimmt. Die X- und Y-Koordinate bestimmen die Lage des Punktes in der Ebene, die Z-Koordinate seine Höhe. Stellen Sie sich als Beispiel ein Objekt vor, das vor Ihnen auf dem Tisch steht. Die X-Achse verläuft dann von links nach rechts, die Y-Achse von Ihnen weg. Die Z-Achse verläuft in positiver Richtung vom Schreibtisch senkrecht nach oben. Sie schauen somit von vorne auf das Objekt. Mit Graph können Sie auch zwei weitere Ansichten wählen: Von rechts oder von oben. Die Achsen verlaufen dann entsprechend:

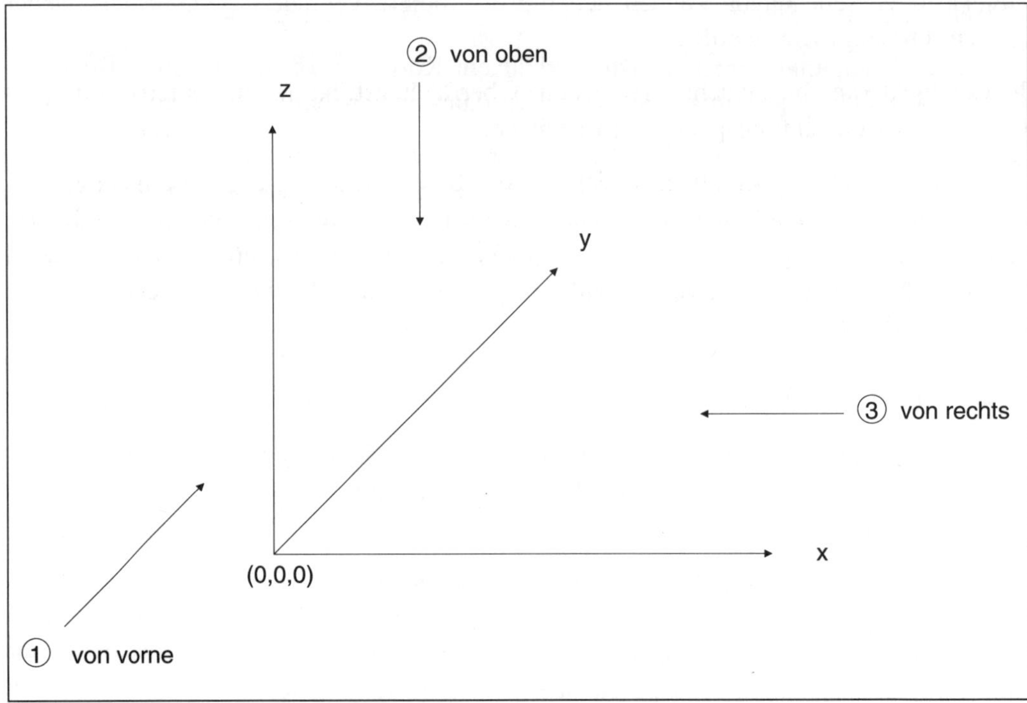

Bild 3.2: Anordnung der Koordinatenachsen und Blickrichtungen

Zur Orientierung werden die drei Achsen gemäß ihrer Blickrichtung in der linken unteren Ecke des Fensters eingeblendet. Zwei Achsen entsprechen jeweils der senkrechten und waagerechten Bildschirmachse, die dritte zeigt senkrecht aus dem Bildschirm heraus oder in den Bildschirm hinein.

Blickt man von vorne auf das Objekt, wird die X-Achse nach rechts und die Z-Achse nach oben aufgetragen. Die Y-Achse weist in den Bildschirm hinein.

Wählt man die zweite Blickrichtung, bei der die Sicht von oben auf das Objekt dargestellt wird, ist nach rechts wieder die X-Achse, nach oben aber nun die Y-Achse aufgetragen. Da man aber von oben auf das Objekt schaut, zeigt die Z-Achse diesmal aus dem Schirm heraus. Zugegebenermaßen ist die Richtung der dritten Achse nicht einheitlich, da sonst die Blickrichtungen anders gewählt werden müßten. Im zweiten Fall würde man dann das Objekt von unten betrachten. Dies wäre eine ungewöhnliche Blickrichtung und der Übersichtlichkeit nicht gerade förderlich.

Wenn man nun dritte Blickrichtung wählt, schaut man von rechts auf das Objekt. Die Z-Achse ist nach oben und die Y-Achse nach links aufgetragen. Diesmal weist die X-Achse aus dem Schirm heraus.

Da kein Fluchtpunkt berechnet wird, erhält ein Körper in keinem der drei Blickrichtungen eine räumliche Tiefe. Ein Würfel ist dann nur als einfaches Viereck sichtbar.

Um einem Objekt am Schirm dennoch einen plastischen Eindruck zu verleihen, kann man mit Graph einen 3D-Modus aktivieren. Weiter entfernt gelegene Punkte werden dann leicht versetzt gezeichnet, wodurch ein dreidimensionaler Effekt entsteht. Zusätzlich kann das Objekt auch noch als Ganzkörpermodell durch Elimination verdeckter Flächen dargestellt werden.

3.4 Die Mausposition

Ebenso wie der Bildschirm ist die Maus nur ein zweidimensionales Medium. Da man beim Setzen von Punkten aber drei Koordinaten benötigt, muß die zweidimensionale Mausposition um eine Dimension erweitert werden.

Dieses Problem löst Graph auf folgende Weise: Je nach Blickrichtung bzw. Darstellungsart entsprechen die horizontale und vertikale Achse des Bildschirms jeweils zwei der drei räumlichen Achsen. Durch Bewegen des Mauszeigers am Schirm können nur die (zweidimensionalen) Mauskoordinaten dieser beiden Achsen verändert werden. Die dritte Mauskoordinate, die der Achse entspricht, die aus dem Schirm herauszeigt oder in der Schirm hineinzeigt, bleibt unverändert. Diese Koordinate wird im folgenden als Tiefenkoordinate bezeichnet.

Da je nach Blickrichtung jeweils eine andere Koordinate als Tiefenkoordinate fungiert, kann man mit der Maus durch Umschalten der Darstellungsart bzw. Blickrichtung jede beliebige dreidimensionale Position anfahren.

Wer jetzt die Übersicht ein wenig verloren hat, mag sich damit trösten, daß das Arbeiten mit dreidimensionalen Objekten im Rechner wirklich eine verzwickte Angelegenheit ist und am Anfang wohl keinem leicht von der Hand geht.

Hierzu ein kurzes Beispiel: Es soll mit der Maus die Position x=10, y=20 und z=30 angefahren werden. Dazu bringt man in der «Z-X»-Darstellung die Maus auf eine Position mit der X-Koordinate 10. Jetzt wechselt man in die «Z-Y»-Darstellung. Die X-Koordinate wird zur Tiefenkoordinate und bleibt bei einer Bewegung des Mauszeigers unverändert. Sie können nun die Maus auf die gewünschte Position bringen.

Schneller geht es natürlich, wenn die Koordinaten der gewünschten Position bekannt sind. Diese lassen sich dann einfach über die Tastatur eingeben, doch dazu später.

Vorerst ist nur wichtig, daß man bei der Eingabe von Punkten mit der Maus immer den Wert der Tiefenkoordinate im Auge behält, um später vor Überraschungen sicher zu sein.

3.5 Grundlegende Funktionen von Graph

Nachfolgend sollen nun einige Funktionen von Graph an Hand von einfachen Beispielen erklärt werden. Eine genaue Beschreibung jeder Funktion finden Sie im Referenzteil des Manuals.

3.5.1 Setzen von Punkten

Starten Sie Graph und rufen Sie die Funktion «Hinzufügen/Punkte» auf. Der Mauszeiger ändert daraufhin seine Form.

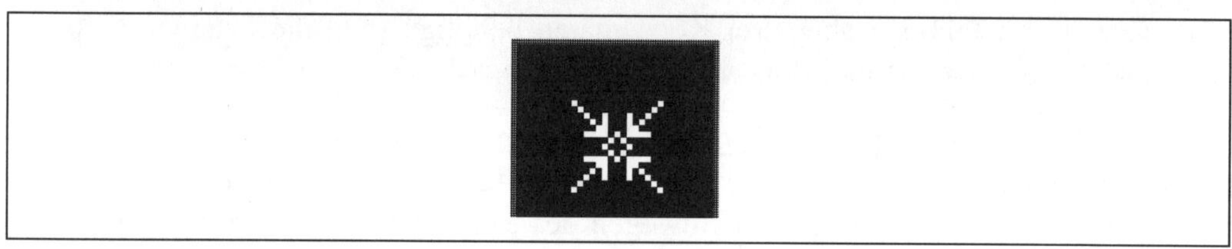

Bild 3.3: Diese Form des Mauszeigers zeigt an, daß beliebige Positionen im Raum ausgewählt werden können

Aktivieren Sie nun zusätzlich mit «Einstellungen/Mauskoordinaten» die Anzeige der aktuellen Mausposition. Da die «Z-X»-Darstellung aktiv ist, folgen lediglich die Z- und die X-Koordinate den Bewegungen des Mauszeigers. Die Y-Koordinate zeigt konstant den Wert 0.

Wenn Sie die linke Maustaste drücken, wird an der augenblicklichen Position des Mauszeigers ein Punkt in Form eines kleinen weißen Vierecks gesetzt. Zeichnen Sie mit einigen Punkten den Umriß eines Herzens. Durch Drücken der rechten Maustaste oder der «ESC»-Taste können Sie die Funktion verlassen und der Mauszeiger erhält wieder seine alte Form.

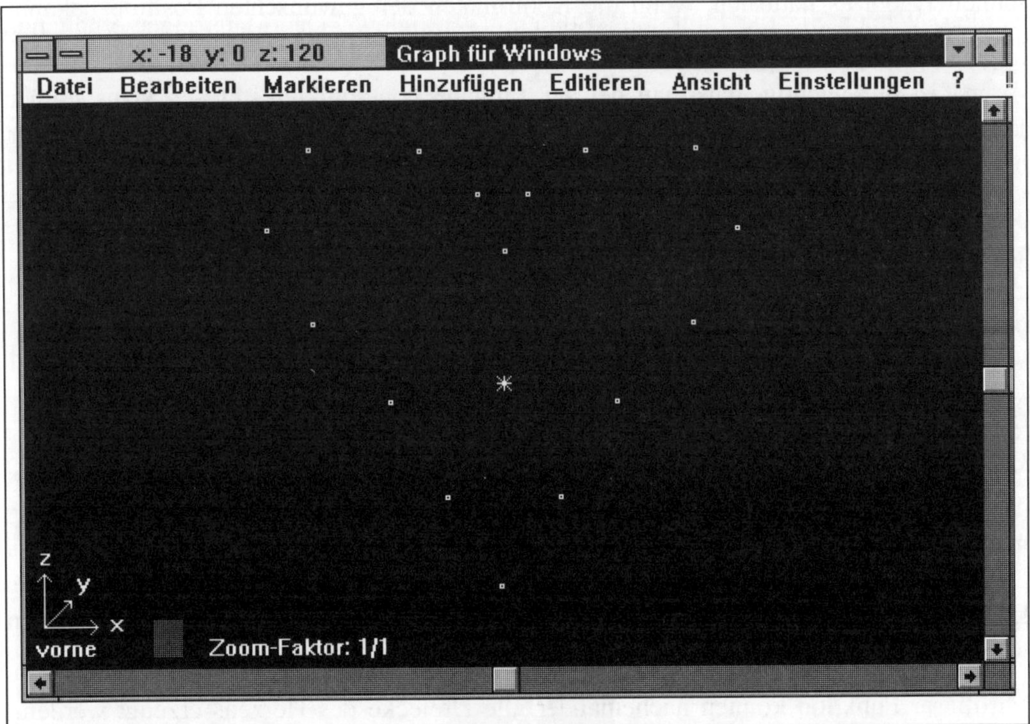

Bild 3.4: Der Umriß eines Herzens

Wechseln Sie mit den Tasten F2 und F3 die Blickrichtung. Man kann deutlich erkennen, das sich alle Punkte in einer Ebene befinden. In diesen Moden folgt auch die Y-Koordinate den Bewegungen des Mauszeigers. Je nach gewählter Blickrichtung ist jeweils eine andere Koordinate konstant. Wechseln Sie mit der Taste «F1» zurück in die «Z-X»-Darstellung.

3.5.2 Erzeugen von Dreiecken

So schön das Herzchen nun auch sein mag, für den Raytracer ist es nach wie vor unsichtbar. Denn Punkte dienen ihm lediglich als mögliche Aufhängepunkte für Dreiecke. Nur Dreiecke sind im späteren Raytracing-Bild sichtbar.

Damit das Herz sichtbar wird, muß dessen Innenfläche durch Dreiecke dargestellt werden. Wählen Sie die Funktion «Editieren/Verbinden». Der Mauszeiger erhält nun folgende Form:

Bild 3.5: Diese Form des Mauszeigers zeigt an, daß einzelne Punkte ausgewählt werden sollen

Klicken Sie nun nacheinander drei unterschiedliche Punkte mit der linken Maustaste an. Achten Sie darauf, daß sich jeder Punkt nach dem Anklicken sofort rot färbt. Ist das nicht der Fall, war der Mauszeiger zu weit von dem Punkt entfernt und der Vorgang muß wiederholt werden. Nach dem Anklicken des dritten Punktes erscheint sofort ein Dreieck am Schirm. Sie können nun auf gleichem Wege weitere Dreiecke erzeugen. Durch einen Druck auf die rechte Maustaste kann die Funktion wieder verlassen werden. Der Mauszeiger erhält nun seine ursprüngliche Form zurück.

Mit dieser Funktion können nacheinander alle Dreiecke des Herzens erzeugt werden.

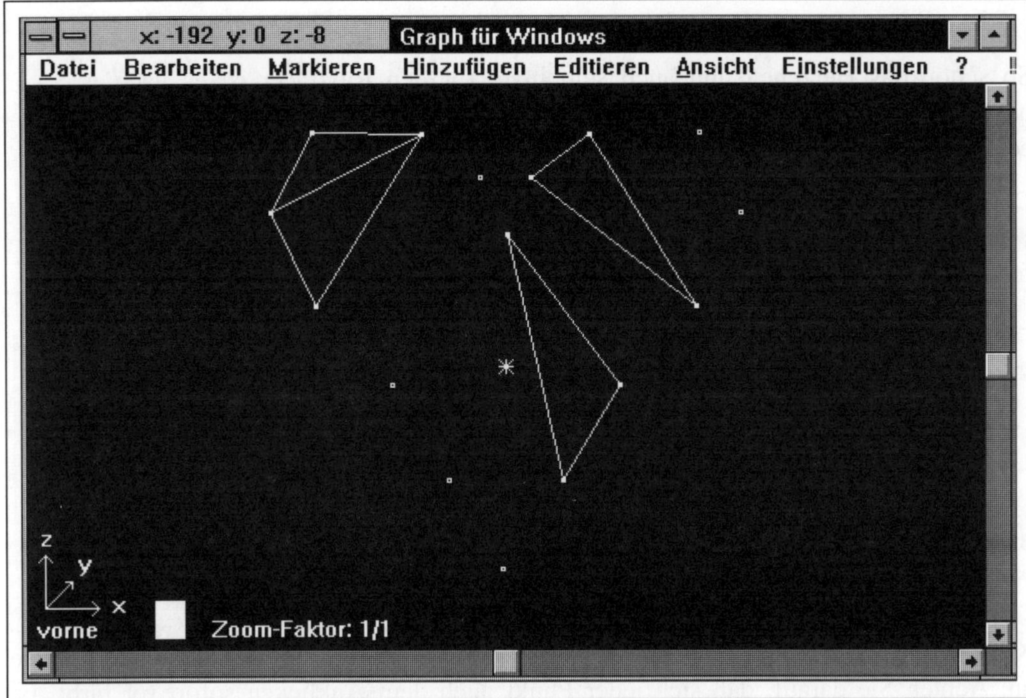

Bild 3.6: Das Innere des Herzens wird nacheinander mit Dreiecken gefüllt

Um das Innere eines Umrisses mit Dreiecken zu füllen, gibt es noch eine weitere, einfachere Methode. Zuvor müssen aber die so mühsam erzeugten Dreiecke wieder gelöscht werden.

Wählen Sie dazu die Funktion «Bearbeiten/Dreiecke löschen». Wieder ist nur noch der Umriß des Herzens am Schirm zu sehen.

Wählen Sie nun die Funktion «Editieren/Polygon». Der Mauszeiger ändert seine Form und fordert Sie dadurch auf, einzelne Punkte auszuwählen. Klicken Sie nun nacheinander im Uhrzeigersinn die einzelnen Punkte des Umrisses an. Achten Sie darauf, daß sich jeder Punkt nach dem Anklicken sofort rot färbt. Beenden Sie die Funktion nach dem Anklicken des letzten Punktes mit der rechten Maustaste. Das Herzchen wird nun automatisch mit Dreiecken gefüllt.

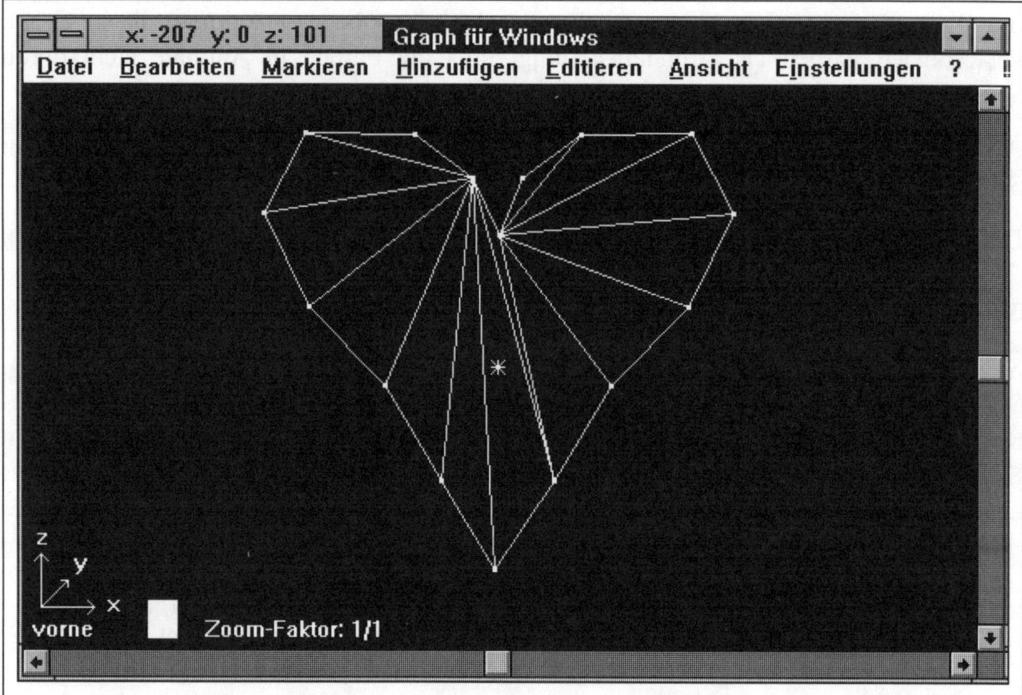

Bild 3.7: Der Umriß einer Figur kann automatisch mit der Funktion «Editieren/Polygon» mit Dreiecken gefüllt werden

3.5.3 Löschen von einzelnen Dreiecken

Wählen Sie das Kommando «Editieren/Trennen». Sie können nun analog zur Funktion «Editieren/Verbinden» jeweils nacheinander drei Eckpunkte anklicken. Nach Anklicken des dritten Punktes wird das zugehörige Dreieck gelöscht. Mit der rechten Maustaste können Sie die Funktion verlassen. Versuchen Sie, den Vorgang mit «Bearbeiten/Wiederherstellen» rückgängig zu machen.

3.5.4 Ändern der Zeichenfarbe

In der linken unteren Ecke des Fensters wird die augenblickliche Zeichenfarbe angezeigt. Nach dem Start von Graph wird diese Farbe auf rot gesetzt. Alle Dreiecke, die zum Objekt hinzugefügt werden, erhalten automatisch die augenblickliche Zeichenfarbe.

Graph stellt acht unterschiedliche Farben zur Verfügung. Die Verwendung unterschiedlicher Farben für ein Objekt bedeutet zunächst, daß unterschiedlich gefärbten Objektteilen später unterschiedliche Oberflächenstrukturen zugewiesen werden können. Jedes Objekt kann also bis zu acht völlig verschiedene Oberflächenarten besitzen, die sich mit Animate frei definieren lassen. Davon abgesehen benutzt Animate die in Graph verwendeten Farben als Grundeinstellung, falls die Farben in Animate nicht durch anderen Oberflächen-Definitionen ersetzt werden.

Ändern Sie die Zeichenfarbe mit «Einstellungen/Zeichenfarbe» auf Gelb und erzeugen Sie einige Dreiecke. Die Dreiecke erscheinen nun in gelb auf dem Schirm.

Die Zeichenfarbe läßt sich auch mit den Tasten «ALT+0» bis «ALT+7» direkt wählen.

3.5.5 Manuelles Ändern von Dreieck-Farben

Selbstverständlich lassen sich die Farben eines Dreiecks auch nachträglich ändern. Wählen Sie eine neue Zeichenfarbe und rufen Sie anschließend die Funktion «Editieren/Dreiecke einfärben». Analog zum Erzeugen oder Löschen von Dreiecken können Sie nun jeweils die drei Eckpunkte eines Dreiecks anklicken. Nach dem dritten Punkt erhält das Dreieck die neue Zeichenfarbe. Auf diese Weise lassen sich nacheinander mehrere Dreiecke einfärben. Mit einem Druck auf die rechte Maustaste können Sie die Funktion beenden.

Bitte beachten Sie, das nur ein Drahtgittermodell des Objekts gezeichnet wird. Da die Dreiecke nacheinander gezeichnet werden, kann es vorkommen, das die Kanten eines Dreiecks durch die später gezeichneten Kanten von anders gefärbten Nachbardreiecken überschrieben werden. In diesem Fall scheint das Dreieck eine andere Farbe als die ihm ursprünglich zugeordnete zu besitzen. Die korrekte Einfärbung eines Dreiecks läßt sich nur in der Ganzkörperdarstellung überprüfen.

3.5.6 Hinzufügen von Grundelementen

Über das Menü «Hinzufügen» stellt Graph einige Grundelemente zur Verfügung. Dazu gehören Rechtecke, Quader, Zylinder, Scheiben und Kugeln. Gleichzeitig besteht die Möglichkeit, von Diskette vordefinierte Objekt hinzuzuladen.

Rufen Sie die Funktion «Hinzufügen/Rechteck» auf. Der Mauszeiger nimmt die gleiche Form wie bei der Funktion «Hinzufügen/Punkte» an. Sie weist darauf hin, daß Sie einen beliebigen Punkt im Raum anklicken können. Bewegen Sie den Mauszeiger in die Schirmmitte und drücken Sie die linke Maustaste. Bewegen Sie die Maus nun aus dem Zentrum heraus, während Sie die Taste gedrückt halten. Auf diese Weise ziehen Sie einen Rahmen auseinander, der anzeigt, wo das Rechteck entstehen wird. Durch Loslassen der Taste wird das Rechteck fixiert und erscheint dann augenblicklich in der aktuellen Zeichenfarbe.

Die räumliche Orientierung des Rechtecks wird abhängig von der augenblicklichen Blickrichtung stets so gewählt, daß das Rechteck flach auf dem Schirm zu liegen kommt. Die Eckpunkte erhalten zusätzlich die augenblickliche Tiefenkoordinate des Mauszeigers.

Dazu ein Beispiel:

Löschen Sie zunächst den Objektspeicher mit der Funktion «Datei/Neu». Wählen Sie mit der Taste «F2» die «Y-X»-Darstellung. Bewegen Sie den Mauszeiger in das untere Viertel des Bildschirms. Wechseln Sie mit der Taste «F1» wieder in die «Z-X»-Darstellung und erzeugen Sie ein Rechteck an einer beliebigen Stelle am Schirm. Gehen Sie nun wieder in die «Y-X»-Darstellung, bewegen Sie den Mauszeiger in das obere Viertel des Bildschirms. Springen Sie mit «F1» zurück in die «Z-X»-Darstellung und fügen Sie ein zweites Rechteck hinzu. Kontrollieren Sie das Resultat in der «Y-X»-Darstellung am Schirm:

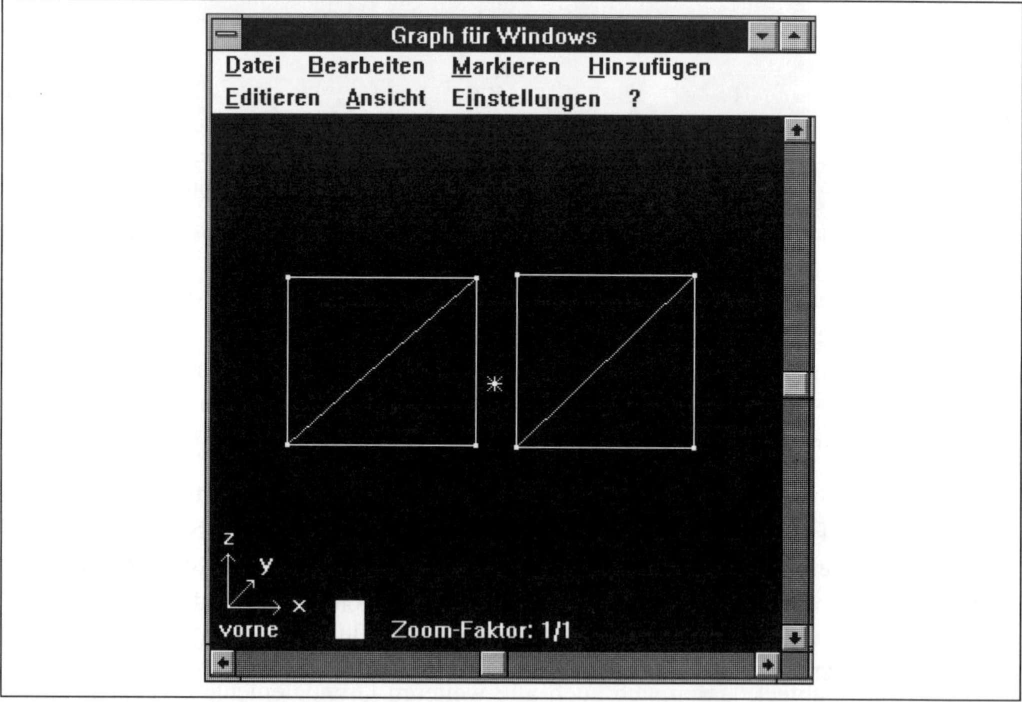

Bild 3.8: Zwei Rechtecke in der «Z-X»-Darstellung

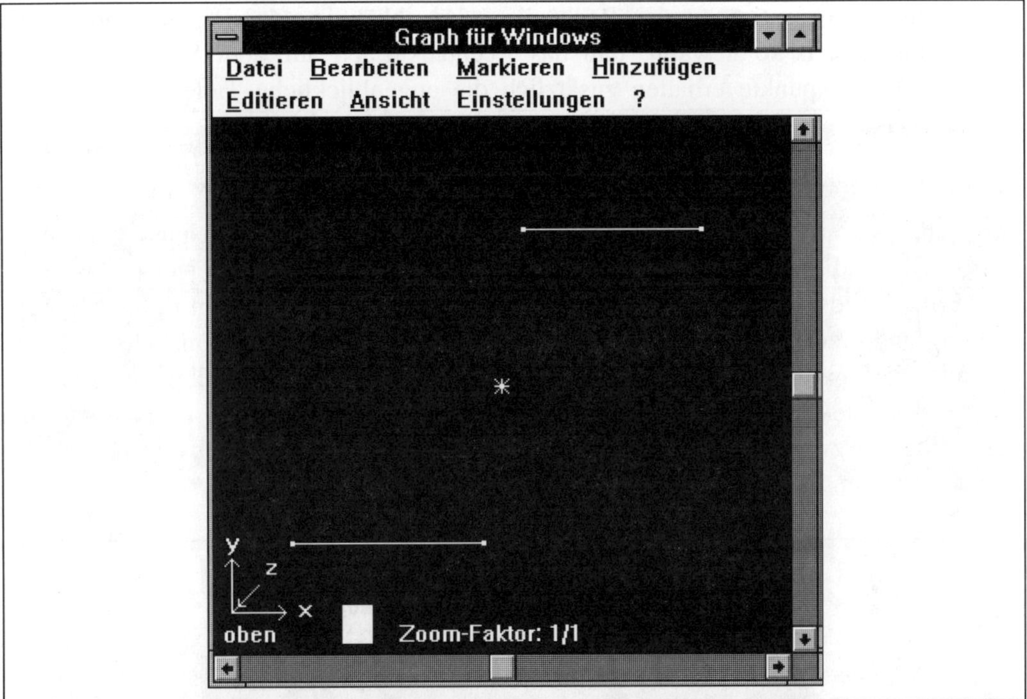

Bild 3.9: In der «Y-X»-Darstellung erkennt man die unterschiedlichen Tiefenkoordinaten der Rechtecke

Die Rechtecke erhalten jeweils jene Y-Koordinate, auf der sich der Mauszeiger zuletzt vor dem Wechseln vom «Y-X»-Modus in den «Z-X»-Modus befand. Beim Umschalten der Darstellungsmodi wird der jeweilige Wert der neuen Tiefenkoordinate eingefroren. Oft ist es hilfreich, wenn man die Anzeige der Mauskoordinaten mit «Einstellungen/Mauskoordinaten» aktiviert.

Größe und Position eines Rechtecks können aber auch von Hand eingegeben werden. Rufen Sie die Funktion «Hinzufügen/Rechteck» auf und drücken Sie die «Return»-Taste. Es erscheint daraufhin eine Dialog-Box am Schirm, über die Sie die Lage des Mittelpunktes und die Größe des Rechtecks eingeben können. Nach dem Schließen der Dialog-Box mit dem «OK»-Schalter erscheint das Rechteck am Schirm.

Analog zum Rechteck lassen sich auch alle weiteren Grundelemente erzeugen. Entweder wird der Umriß mit der Maus unter Drücken der linken Maustaste auseinandergezogen oder Form und Position werden durch Drücken der «Return»-Taste direkt eingegeben. Eine Ausnahme ist die Funktion «Hinzufügen/Quader», bei der auf jeden Fall eine Dialog-Box erscheint, in die – je nach Blickrichtung – die Höhe, Breite oder Tiefe des Quaders eingegeben werden müssen.

Bitte lesen Sie auch zur Funktion «Hinzufügen/Kugel» die Ausführungen im Referenzteil des Manuals.

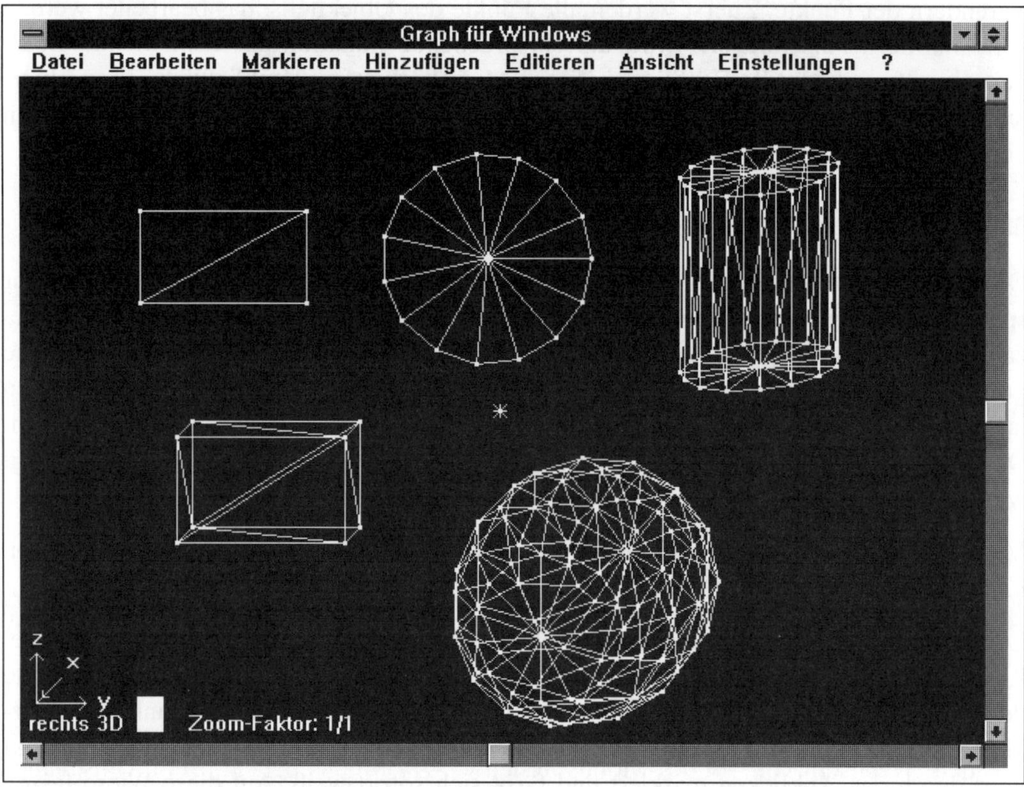

Bild 3.10: Die Grundelemente von Graph im 3D-Modus

Neben dem Hinzufügen von Grundelementen besteht zusätzlich die Möglichkeit, ein anderes Objekt von der Diskette hinzuzuladen. Rufen Sie «Hinzufügen/Objekt» auf. Am Schirm erscheint eine Datei-Dialog-Box. Wählen Sie durch einen Doppel-Klick auf den Dateinamen eine beliebige Objekt-Datei aus. Diese Datei wird nun zum bestehenden Objekt hinzugeladen. Auf diese Weise lassen sich zum Beispiel Namen aus einzelnen Buchstaben zusammensetzen. Bitte beachten Sie, daß sich mit Graph immer nur ein Objekt gleichzeitig bearbeiten läßt. Wird ein Objekt hinzugeladen, wird dieses dem im Speicher befindlichen hinzugefügt und ist dann fester Bestandteil des gesamten Objekts. Es werden also zwei Objekte zu einem zusammengefügt.

3.6 Bearbeiten von Objekten

Die Philosophie von Graph zum Bearbeiten von Objekt beruht auf dem Markieren und Verändern der Punkte. Zuerst werden alle Punkte des Objektteils, das bearbeitet werden soll, markiert. Anschließend wird die entsprechende Funktion aus dem Menü «Bearbeiten» aufgerufen. Alle Funktionen dieses Menüs arbeiten ausschließlich mit markierten Objektteilen. Aus diesem Grund muß zunächst näher auf das Markieren von Punkten eingegangen werden, bevor man an die Arbeit gehen kann.

3.6.1 Markieren von Objektteilen

Objektteile werden durch Markieren der entsprechenden Stützpunkte der Dreiecke zur späteren Bearbeitung ausgewählt. Dazu stehen Ihnen unter dem Menü «Markieren» zahlreiche Funktionen zur Verfügung. Unmarkierte Punkte werden am Schirm als kleine graue Rechtecke, markierte Punkte als weiße Rechtecke dargestellt. Markierungen lassen sich zwar einzeln setzen, können jedoch nur als Ganzes wieder gelöscht werden. Das Programm markiert automatisch alle Punkte, die zu einem Objekt hinzugefügt werden.

Mit der Funktion «Bearbeiten/Markierungen löschen» oder mit der Tastenkombination «ALT+M» lassen sich alle Markierungen von Punkten löschen.

Löschen Sie den Objektspeicher mit «Datei/Neu» und erzeugen Sie eine Scheibe. Löschen Sie alle Markierungen mit «Bearbeiten/Markierungen löschen». Alle Punkte der Scheibe ändern ihre Farbe von weiß auf grau. Rufen Sie nun die Funktion «Markieren/Punkte» auf. Klicken Sie nacheinander einige Punkte der Scheibe an. Jeder Punkt wird durch das Anklicken markiert und färbt sich sofort weiß. Auf diese Wiese lassen sich manuell alle Punkte markieren, die später bearbeitet werden sollen. Mit einem Druck auf die rechte Maustaste können Sie die Funktion beenden.

Soll das ganze Objekt bearbeitet werden, müssen alle Punkte markiert werden. Drücken Sie «ALT+M» und rufen Sie «Markieren/Alles» auf. Alle Punkte der Scheibe werden daraufhin markiert. Starten Sie nun die Funktion «Bearbeiten/Löschen». Wenn Sie die Dialog-Box mit «OK» schließen, werden alle Punkte der Scheibe entfernt und mit Ihnen auch alle Dreiecke.

Erzeugen Sie nun zwei Kugeln nebeneinander am Schirm und löschen Sie anschließend die Markierungen mit «ALT+M». Um eine der beiden Kugeln wieder löschen zu können, muß man zunächst alle Punkte dieser Kugel markieren.

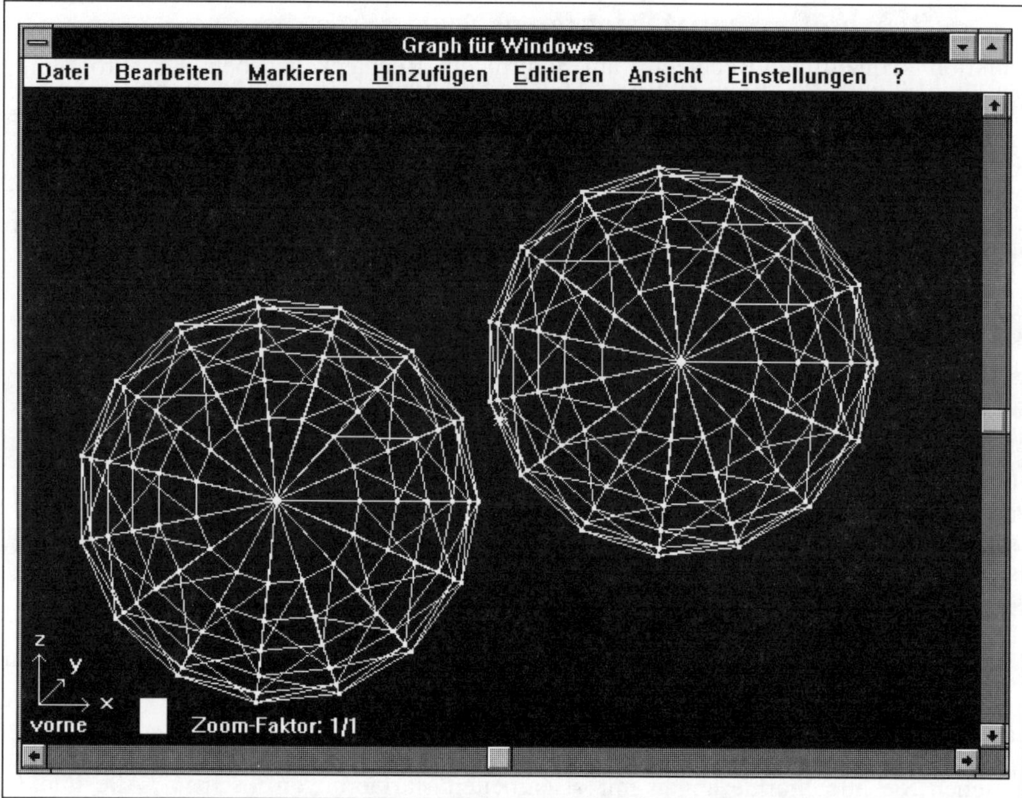

Bild 3.11: Ein Objekt aus zwei Kugeln

Das Objekt besteht zwar aus zwei Kugeln, die jedoch nicht über Dreiecke miteinander verbunden sind. Es handelt sich also um unabhängige Teile des Objekts. Um ein einzelnes, unabhängiges Objektteil zu identifizieren, genügt es bereits, einen einzigen Punkt des Teils anzugeben. Markieren Sie einen einzelnen Punkt der rechten Kugel mit Hilfe der Funktion «Markieren/Punkte». Rufen Sie nun die Funktion «Markieren/Verbundene Punkte» auf. Das Programm markiert alle Punkte, die über ein oder mehrere Dreiecke mit einem anderen markierten Punkt verbunden sind. Löschen Sie alle markierten Punkte mit der Taste «Entf» oder über das Menü «Bearbeiten/Löschen». Wie Sie sehen können, wird die gesamte rechte Kugel gelöscht. Das bedeutet, daß Graph alle Punkte der rechten Kugel anhand eines einzelnen markierten Punktes mit Hilfe der Dreiecke der Kugel gefunden und ebenfalls markiert hatte.

Machen Sie diesen Vorgang mit «Bearbeiten/Wiederherstellen» rückgängig. Dieses Kommando macht die letzte Änderung am Objekt rückgängig. Gleichzeitig werden alle Markierungen an Punkten gelöscht.

Rufen Sie das Kommando «Markieren/In Rechteck» auf. Sie können nun analog zur Funktion «Hinzufügen/Rechteck» am Schirm ein Rechteck angeben. Das Programm markiert alle Punkte, die sich innerhalb dieses Rechtecks befinden. Schließen Sie die linke Kugel in das Rechteck ein. Alle Punkte dieser Kugel sollten nun markiert sein. Wählen Sie eine neue Zeichenfarbe und rufen Sie die Funktion «Bearbeiten/Einfärben» auf. Die linke Kugel erscheint nun in der neuen Zeichenfarbe. Löschen Sie alle Markierungen.

Eine weitere Möglichkeit, Punkte zu markieren, bietet die Funktion «Markieren/Gleiche Farbe». Nach dem Aufruf erscheint eine Dialog-Box am Schirm, über die Sie die Nummer einer beliebigen Farbe zwischen 0 und 7 angeben können. Die Funktion markiert alle Eckpunkte von Dreiecken mit der angegebenen Farbe. Initialisiert wird das Eingabefeld mit dem Wert der augenblicklichen Zeichenfarbe. Lassen Sie den Wert unverändert und schließen Sie die Box über den «OK»-Schalter. Wieder sind nun alle Punkte der linken Kugel markiert.

Soviel zu den wichtigsten Funktionen aus dem Menü «Markieren». Die übrigen Funktionen werden im Referenzteil des Manuals ausführlich behandelt.

3.6.2 Ändern von Position und Ausrichten von Objekten oder Objektteilen

Laden Sie mit «Datei/Öffnen» die Objekt-Datei «A.OBT». Drücken Sie die Taste «F7», bis der Buchstabe ganz auf dem Schirm zu sehen ist. Alle Punkte des Objekts werden beim Laden automatisch markiert.

Rufen Sie nun die Funktion «Bearbeiten/Positionieren» auf. Der Mauszeiger nimmt daraufhin folgendes Aussehen an:

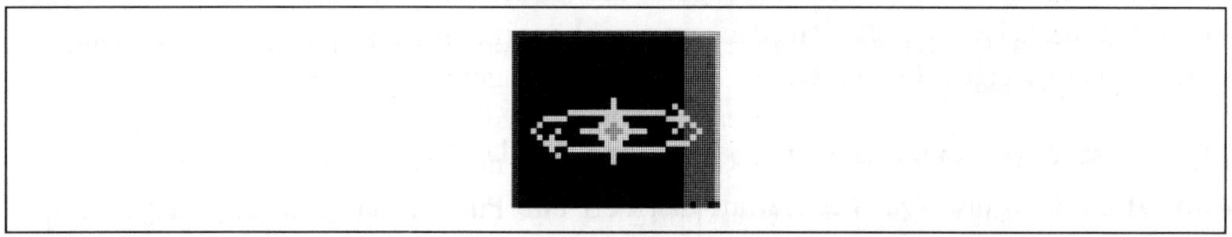

Bild 3.12: Dieser Mauszeiger fordert die Angabe eines Rotationszentrums

Um Rotationen des Objekts durchführen zu können, wird vom Programm ein Rotationszentrum benötigt. Dies ist im Prinzip ein beliebiger Punkt im Raum, um den dann das Objekt gedreht werden kann. Das Zentrum wird durch Anklicken einer Position im

Raum bestimmt, wobei auf den Wert der Tiefenkoordinate des Mauszeigers zu achten ist. Die Koordinaten des Zentrums lassen sich nach Drücken der «RETURN»-Taste auch von Hand eingeben. Geben Sie als Zentrum die Position (0,0,0) an.

Es erscheint am Schirm eine Dialog-Box, über die Sie Position, Ausrichtung und Größe des Objektes angeben können. Mit dem Pfeil-Schaltelementen «<» und «>» links und rechts neben den Eingabefeldern kann der Wert erhöht oder verringert werden.

Die Werte «Pos.X», «Pos.Y» und «Pos.Z» bestimmen den Offset, um den das Objekt verschoben werden soll.

«Rot.X», «Rot.Y» und «Rot.Z» bestimmen den Drehwinkel um die entsprechenden Achsen in Grad.

«Scl.X», «Scl.Y» und «Scl.Z» bestimmen den Größenfaktor, mit dem die einzelnen Koordinaten multipliziert werden sollen. Bei der Verdopplung der Größe eines Objekts müssen alle drei Werte auf zwei gesetzt werden. Durch die Verwendung unterschiedlicher Faktoren läßt sich das Objekt verzerren.

Der Schalter «Grob» kann durch Anklicken zwischen den Stellungen «Grob» und «Fein» umgeschaltet werden. Die Einstellung beeinflußt die Schrittweite bei Verwendung der «<»- und «>»-Kontrollelemente.

Der Schalter «auto» läßt sich durch Anklicken in die Stellung «manuell» bringen. Normalerweise wird nach jeder Änderung von einem der neuen Parameter das Objekt neu gezeichnet. Da das Neuzeichen bei umfangreichen Objekten einige Zeit in Anspruch nehmen kann, läßt sich dieser Vorgang unterdrücken, indem auf die Betriebsart «manuell» umgeschaltet wird. Dann wird das Schirmbild nur noch bei Bedarf durch Drücken des Knopfes «Zeichnen» neu aufgebaut.

Mit den unteren vier Knöpfen können Sie während des Positionierens die Blickrichtung auf das Objekt ändern.

Ändern Sie einige Parameter und beobachten Sie das Resultat am Schirm.

Schließen Sie die Dialog-Box mit «Abbruch». Das Objekt kehrt an seine Ausgangsposition zurück. Alle Markierungen werden gelöscht.

Laden Sie nun mit der Funktion «Hinzufügen/Objekt» einen zweiten Buchstaben hinzu. Der zweite Buchstabe kommt direkt über dem ersten zu liegen. Starten Sie die Funktion «Bearbeiten/Positionieren» und verschieben Sie den Buchstaben. Schließen Sie die Dialog-Box mit «OK».

Es ist vorteilhaft, vor dem Laden oder Hinzufügen neuer Objekte alle Markierungen an Punkten zu löschen, da man dann anschließend das neue Objektteil sofort an die richtige Position bringen kann.

Das Verschieben eines Objektes kann auch direkt mit der Maus vorgenommen werden. Löschen Sie alle Markierungen und fügen Sie eine Scheibe hinzu. Rufen Sie die Funktion «Bearbeiten/Verschieben» auf. Klicken Sie einen beliebigen Punkt der Scheibe an und bewegen Sie anschließend den Mauszeiger. Eine Kopie aller markierten Punkte folgt nun dem Mauszeiger. Mit einem zweiten Druck auf die linke Maustaste wird die neue Position fixiert.

3.6.3 Rotations-Körper erzeugen

Rotationskörper entstehen durch Rotation eines Umrisses um eine Mittelachse. Typische Rotationskörper sind Flaschen, Vasen oder Sektgläser. Diese Art von Objekten läßt sich mit Graph sehr einfach erzeugen.

Löschen Sie zunächst mit «Datei/Neu» den Objektspeicher. Rufen Sie anschließend die Funktion «Hinzufügen/Punkte» auf. Zeichnen Sie den Umriß eines Kelches durch Setzen von Punkten entlang der Umrißlinie. Wichtig ist die Reihenfolge der Punkte. Sie müssen Punkt für Punkt hintereinander entlang der gedachten Umrißlinie gesetzt werden. Anfangs- und Endpunkt sollten auf der gedachten Rotationsachse liegen.

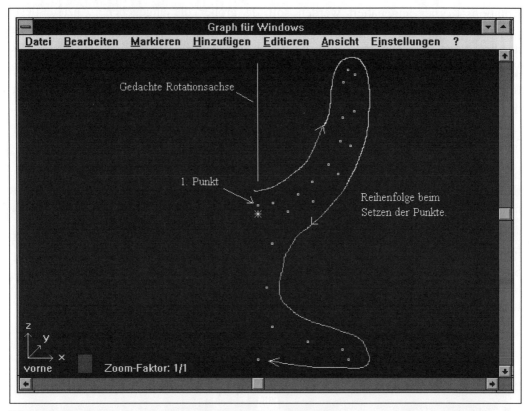

Bild 3.13: Der Umriß eines Kelchs wurde mit Punkten angenähert

Rufen Sie die Funktion «Bearbeiten/Rotations-Körper erzeugen» auf. Die Form des Mauszeigers ändert sich in folgendes Bild:

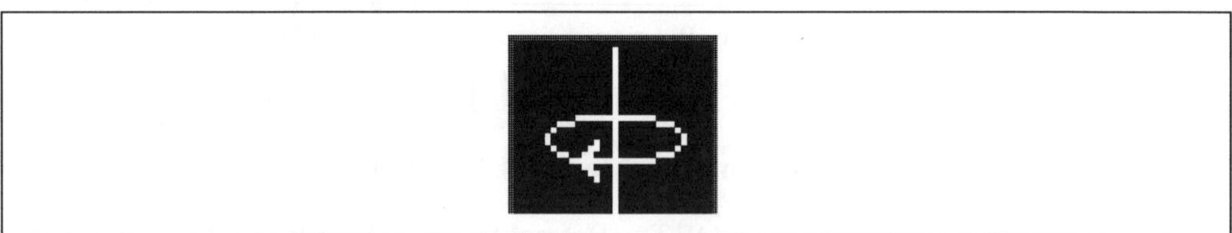

Bild 3.14: Bestimmen der Rotationsachse

Mit dem Mauszeiger bestimmen Sie die vertikale Rotationsachse. Bringen Sie den Mauszeiger auf die Achse und drücken Sie die linke Maustaste. Es erscheint eine Dialog-Box, über die Sie die Anzahl der Stützpunkte angeben können, mit der der

Rotations-Körper angenähert werden soll. Je größer die angegebene Anzahl, desto genauer wird der Körper angenähert. Gleichzeitig erhöht sich jedoch auch die Anzahl der benötigen Dreiecke und somit die Rechenzeit des Raytracers. Normalerweise sind Werte zwischen 10 und 20 absolut ausreichend. Sobald Sie die Dialog-Box mit «OK» schließen, wird der Rotationskörper erzeugt.

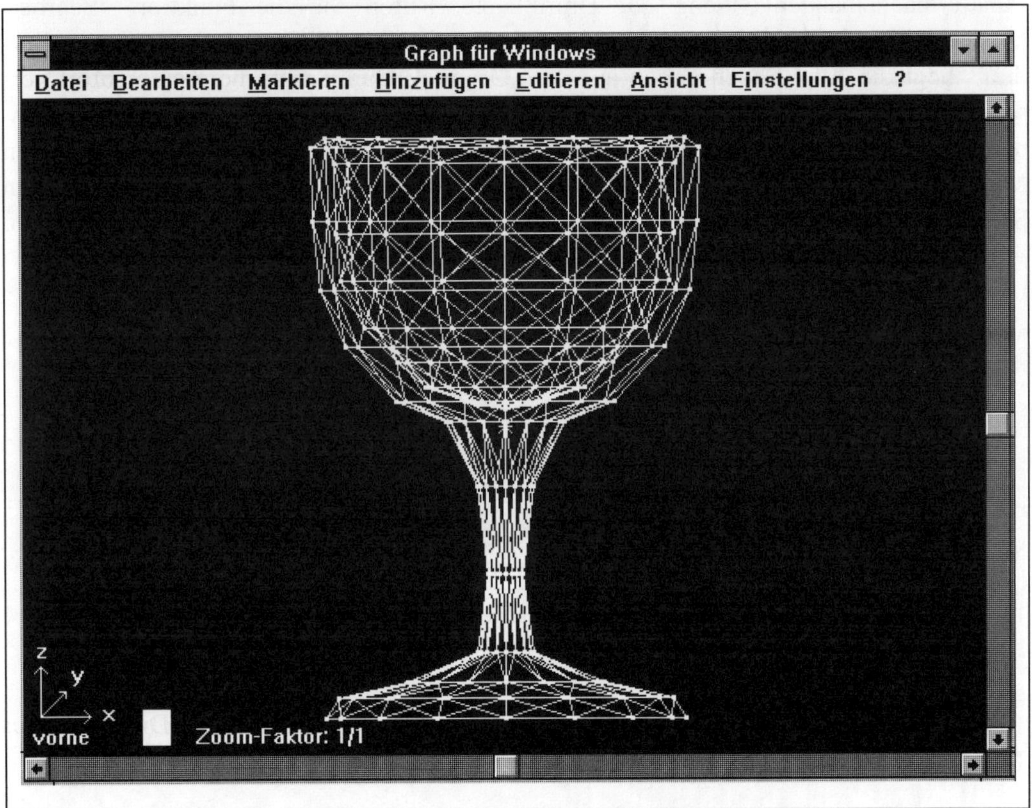

Bild 3.15: Fertiger Kelch mit der Funktion «Rotations-Körper erzeugen» erstellt

3.6.4 Erzeugen von räumlichen Objekten aus Flächen

Laden Sie das Objekt «FLACH_E.OBT». Betrachten Sie das Objekt aus allen Blickrichtungen (Umschalten mit den Tasten «F1»-«F3»). Schaut man von vorne auf das Objekt, kann man den Buchstaben «E» erkennen, von allen anderen Seiten ist das «E» nur als Linie sichtbar. Es handelt sich bei diesem Objekt also nur um eine Fläche in der Form des Buchstabens «E». Dieses Objekt kann schon mit dem Raytracer verwendet werden. Allerdings ist es ideal flach. Graph kann aus einer Fläche ein räumliches Objekt erzeugen, indem es den Umriß kopiert, verschiebt und anschließend Original und Kopie rundherum mit Dreiecken verbindet. Wie bei der Funktion «Rotations-Körper erzeugen» ist es jedoch wichtig, den Umriß in der richtigen Reihenfolge zu beschreiben, da das Programm von den Punkten alleine nicht auf den Umriß schließen kann.

Löschen Sie zunächst alle Markierungen und wechseln Sie mit «F1» in die «Z-X»-Darstellung. Wählen Sie die Funktion «Markieren/Punkte» und markieren Sie alle Punkte nacheinander entlang der Umrißkante. Rufen Sie die Funktion «Bearbeiten/Ziehen» auf. Graph kopiert nun den Umriß mit allen Dreiecken der Fläche. Allerdings liegt die Kopie noch genau auf dem Original. Damit sich die Kopie sofort verschieben läßt, ruft Graph anschließend automatisch die Funktion «Bearbeiten/Positionieren» auf. Bestimmen Sie ein beliebiges Rotationszentrum durch Drücken der linken Maustaste. Es erscheint die Dialog-Box zum Positionieren von Objektteilen. Klicken Sie auf den Schalter «3D» und erhöhen Sie den Wert «Y-Pos.» durch Klicken auf den «>»-Schalter. Das Objekt hat nun eine räumliche Struktur erhalten.

Löschen Sie den Objektspeicher und versuchen Sie den Vorgang mit der Datei «FLACH_A.OBT» zu wiederholen.

Sie werden feststellen, daß der Buchstabe «A» ungleich schwieriger zu bearbeiten ist. Im Gegensatz zum vorangegangenen Beispiel besitzt das «A» ein Loch in der Mitte. In diesem Fall müssen beide Umrisse, sowohl der innere als auch der äußere nacheinander bearbeitet werden. Markieren Sie zunächst die drei Punkte des inneren Umrisses und rufen Sie die Funktion «Bearbeiten/Ziehen» auf. Geben Sie für «Pos.Y» den Wert 500 ein und kontrollieren Sie das Ergebnis im 3D-Modus.

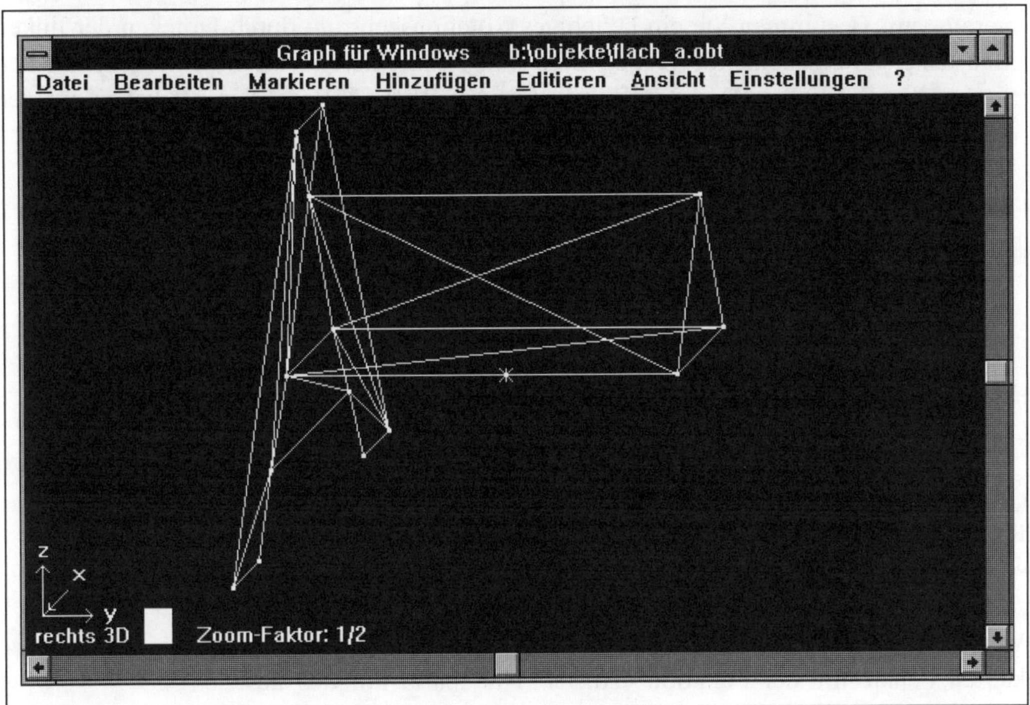

Bild 3.16: Der Umriß des Lochs wurde bereits räumlich erweitert

Löschen Sie alle Markierungen und wiederholen Sie den Vorgang mit dem äußeren Umriß.

Eigentlich wäre der Buchstabe nun fertig. Löschen Sie alle Markierungen und wechseln Sie mit «F2» in die «Y-X»-Darstellung und markieren Sie die oberen Punkte mit der Funktion «Markieren/In Rechteck».

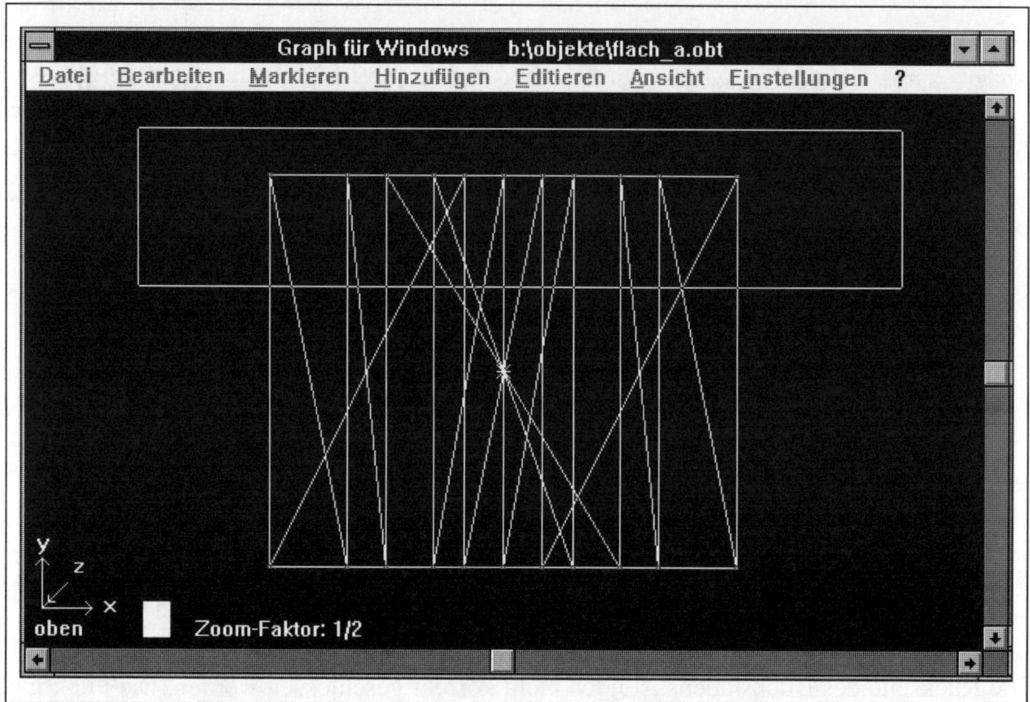

Bild 3.17: Markieren der oberen Punkte des Objekts mit der Funktion «Markieren/In Rechteck»

Wechseln Sie mit «F1» zurück in die «Z-X»-Darstellung und blenden Sie alle unmarkierten Punkte mit der Funktion «Ansicht/Nur mark. Punkte» aus.

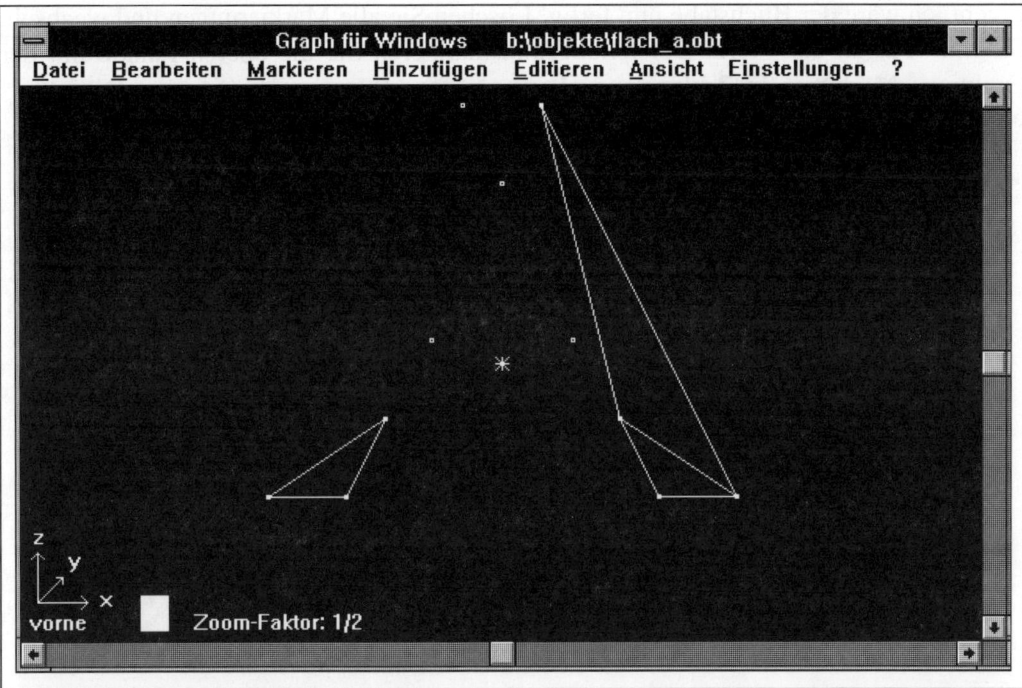

Bild 3.18: Fehlerhafte Rückseite des Objekts

Die Rückseite des Buchstabens ist noch nicht korrekt geschlossen worden. Die Funktion «Bearbeiten/Ziehen» kopiert zwar alle Dreiecke, die mit den Punkten des Umrisses verbunden waren. Da jedoch die meisten Dreiecke mit beiden Umrissen (dem äußeren und dem inneren) verbunden waren, wurden Sie bei beiden Schritten nicht mitkopiert.

Die fehlenden Dreiecke lassen sich mit den Funktionen «Editieren/Verbinden» oder «Editieren/Polygon» hinzufügen.

Soweit die Einführung zum Objekteditor Graph. Eine ausführliche Erklärung aller Funktionen finden Sie im Referenzteil des Manuals.

Referenzhandbuch

4 Animate für Windows

Animate ist ein skriptgesteuerter dreidimensionaler Szenen- und Animations-Editor. Mit ihm werden Bewegungen, Ausleuchtung der Szene, Kameraposition, Oberflächen-Definitionen und vieles mehr geplant und gesteuert.

4.1 Das Szenen-Fenster

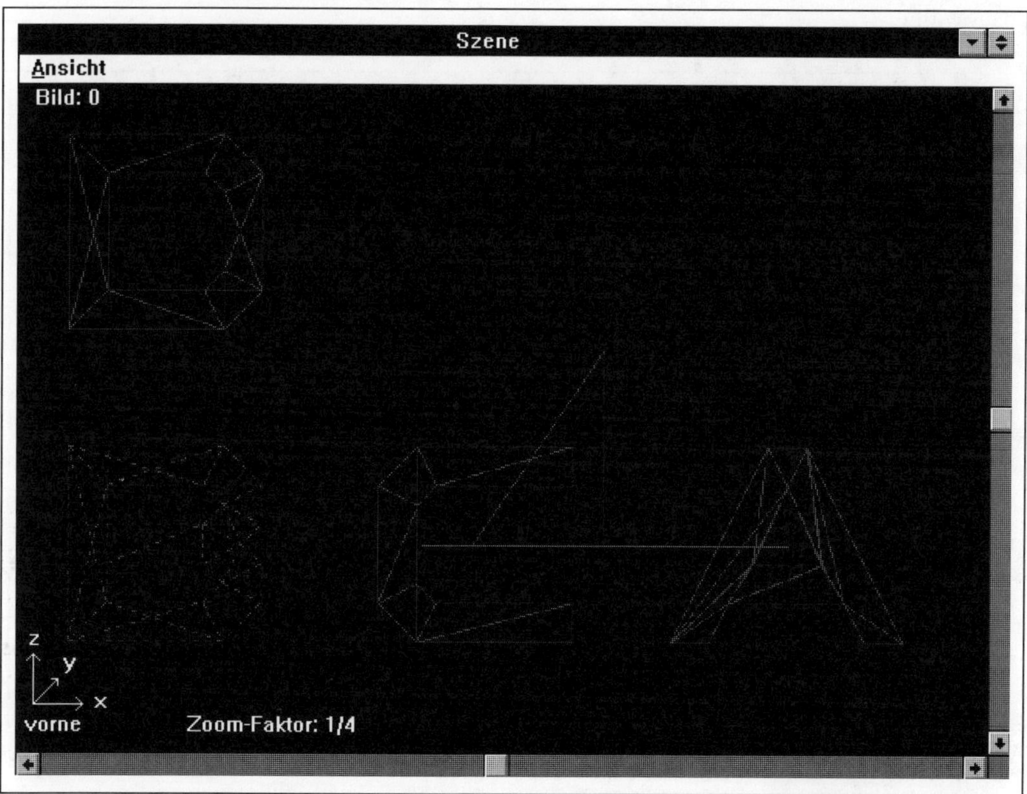

Bild 4.1: Das Szenen-Fenster von Animate

Das Szenen-Fenster dient zur Darstellung eines Drahtgittermodells des ausgewählten Bildes. Sie können die Szene aus mehreren Blickrichtungen oder durch die Kamera betrachten. Eine Ganzkörperdarstellung wie unter Graph steht nicht zur Verfügung.

Die Objekte werden mit den bereits unter Graph zugeordneten Farben gezeichnet. Ein ausgewähltes Objekt wird gestrichelt gezeichnet.

In der linken oberen Ecke befindet sich die Nummer des im Fenster angezeigten Bildes. In der unteren Ecke finden Sie ein Koordinatensystem, dem Sie die von der jeweiligen Blickrichtung abhängigen Verläufe der einzelnen Achsen entnehmen können. Rechts daneben wird der Zoom-Faktor ausgegeben. Mit dem vertikalen und horizontalen Rollbalken können Sie den Bildausschnitt verschieben. Die Stellung der Rollbalken hat verständlicherweise keinen Einfluß auf die Kamera-Ansicht der Szene, da diese einzig und allein von Position und Ausrichtung der Kamera abhängt.

Die Blickrichtung auf die Szene wird über das Menü «Ansicht» des Szenen-Fensters ausgewählt.

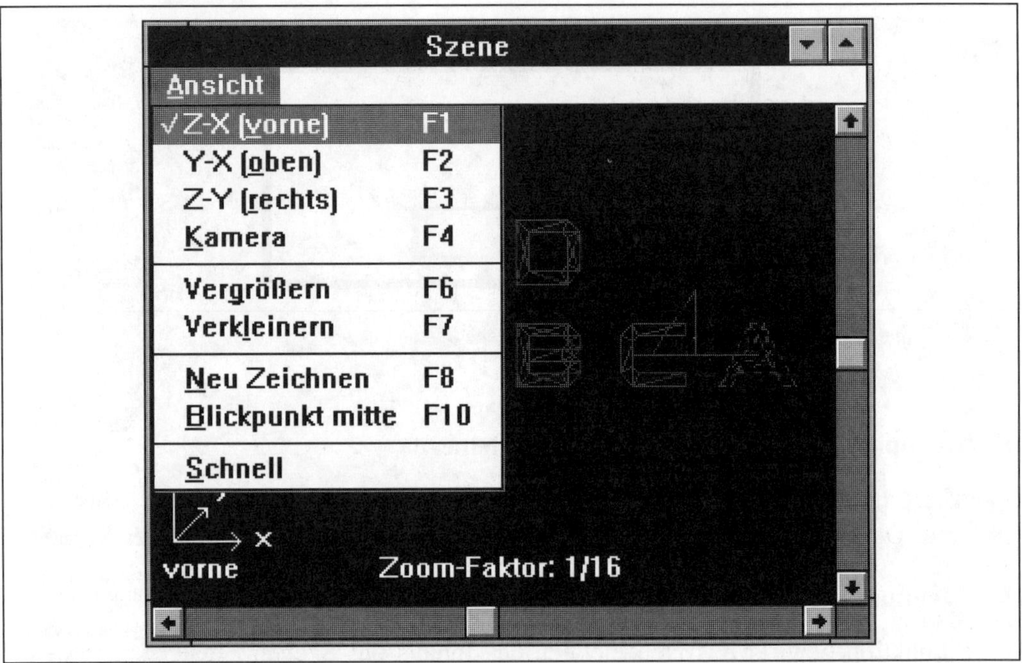

Bild 4.2: Das «Ansicht»-Menü des Szenen-Fensters

Die Menüpunkte «Z-X», «Y-X» und «Z-Y»

Über diese Menüpunkte läßt sich eine globale Ansicht auf die Szene wählen. Die Szene kann von vorne, von oben oder von rechts dargestellt werden. Ein kleiner Haken links neben dem Menüpunkt kennzeichnet die augenblickliche Blickrichtung.

Der Menüpunkt «Kamera»

Alternativ zur globalen Ansicht auf die Szene kann mit diesem Menüpunkt eine vierte Ansicht aktiviert werden. Hierbei wird die Szene aus der Sicht der Kamera gezeigt. Gleichzeitig erhält man auf diese Weise eine Drahtgitterdarstellung des späteren Raytracing-Bildes. Um eine möglichst unverzerrte Abbildung des späteren Bildes zu erhalten, wird das Szenen-Fenster bei dieser Funktion automatisch auf ein Seitenverhältnis von 4/3 gebracht. Wird dann wieder eine andere Darstellung gewählt, erhält das Fenster seine ursprüngliche Größe zurück.

Voraussetzung für diese Funktion ist selbstverständlich das Vorhandensein einer Kamera selbst. Wählt man diese Funktion, ohne daß eine Kameraposition definiert wurde, erhält man folgende Fehlermeldung:

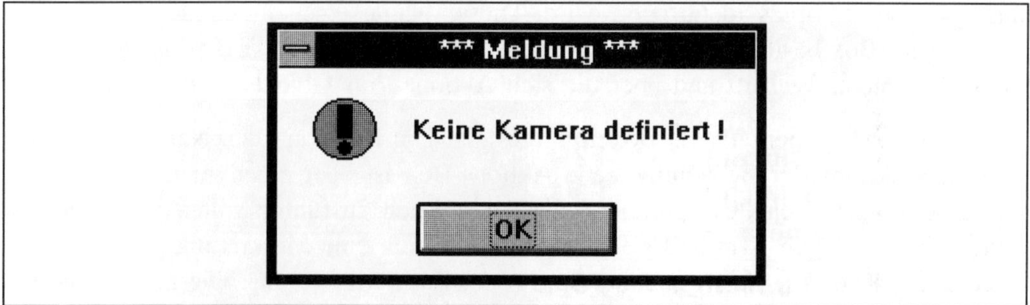

Bild 4.3: Ohne Kamera keine Kamera-Ansicht der Szene

Die Menüpunkt «Vergrößern» und «Verkleinern»

Über diese beiden Menüpunkte läßt sich der Zoom-Faktor im Bereich von 1 bis 1/128 variieren. Der Zoom-Faktor hat keinen Einfluß auf die Kamera-Ansicht der Szene.

Der Menüpunkt «Neu Zeichnen»

Diese Funktion bewirkt das Neuzeichnen des Inhalts des Szenen-Fensters.

Der Menüpunkt «Blickpunkt mitte»

Diese Funktion setzt den Zoom-Faktor und beide Rollbalken auf ihre Ausgangswerte zurück.

Der Menüpunkt «Schnell»

Wurde diese Option gewählt, wird nur noch jedes fünfte Dreieck eines Objektes gezeichnet. Diese Maßnahme beschleunigt den Bildschirmaufbau erheblich, ohne die Funktionalität der Darstellung wesentlich zu beeinflussen. Der Menüpunkt ist mit einem Haken gekennzeichnet, falls die Option aktiviert wurde.

4.2 Das Skript zu einer Animation

Wie Schauspieler in einem Spielfilm führen in Animate Objekte zu festgelegten Zeitpunkten bestimmte Aktionen und Bewegungen aus. Alle Vorgänge werden in das Skript eingetragen. Jedes Objekt besitzt eine Objekt-Box, die am linken Rand des Skript-Fensters dargestellt wird. Jedes Objekt erhält einen eigenen Namen, an Hand dessen es innerhalb des Skriptes identifiziert wird. Dieser Name erscheint in der Objekt-Box. Jede Objekt-Box besitzt eine eigene Zeitachse, die von der Objekt-Box ausgehend von links nach rechts verläuft und über die sich Aktionen für Objekte eintragen lassen.

Aktionen werden ebenfalls als Boxen dargestellt. Die Box trägt den Namen einer spezifischen Aktion oder Bewegung. Jede Aktions-Box ist über einen Arm mit der Zeitachse desjenigen Objektes verbunden, das die Aktion ausführen soll. An der Verbindungsstelle zwischen Arm und Zeitachse befindet sich eine Markierung in Form eines viereckigen Knopfes, die sogenannte Start- oder Ende-Markierung. Die horizontale Position der Markierung bestimmt den Zeitpunkt bzw. das Bild, in dem die Aktion ausgeführt werden soll. Der Anfang bzw. das Ende einer Aktion bezieht sich auf das Bild, unter dessen Kontroll-Box sich die entsprechende Markierung befindet.

Einige Aktionen besitzen nur einen Arm, der den Zeitpunkt festlegt, zu dem die Aktion ausgeführt werden soll. Ein Beispiel dafür ist die Aktion «Plazieren». Zum angegebenen Zeitpunkt bzw. im entsprechenden Bild wird das Objekt an die von der Aktion festgelegte Position gebracht. Andere Aktionen besitzen zwei Arme, die den Zeitraum bestimmen, in dem die Aktion aktiv ist. Bewegungen finden über mehrere Bilder statt. Die Aktion «Bewegen nach» bewegt ein Objekt über die durch Start- und Ende-Markierung festgelegte Anzahl von Einzelbildern. Die Bewegung erfolgt von der Position, die das Objekt im Anfangsbild besaß, zu einer von der Aktion vorgegebenen Endposition. Aus Anfangs- und Endposition berechnet das Programm alle Zwischenschritte.

4.3 Die Kontroll- und Bedienungselemente des Skript-Fensters

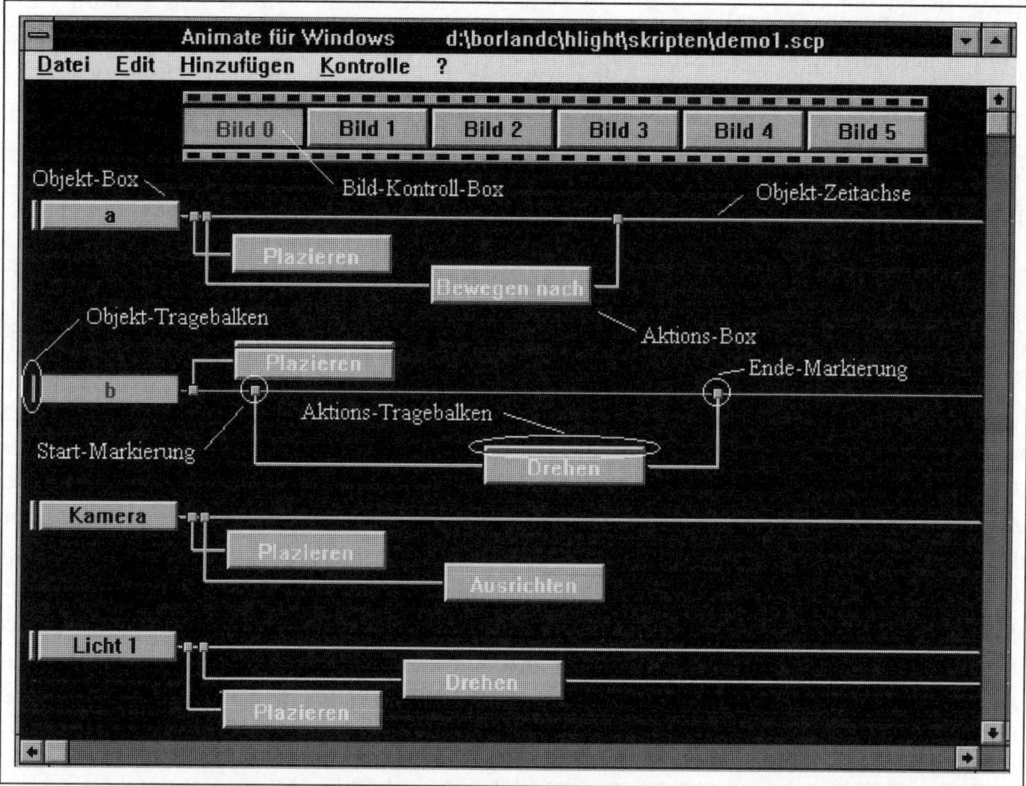

Bild 4.4: Das Skript-Fenster mit Objekt- und Aktions-Boxen

Am rechten und am unteren Rand des Skript-Fensters befinden sich zwei Rollbalken, mit denen der am Fenster gezeigte Ausschnitt des Skriptes verschoben werden kann. Neben diesen für Windows-Programme üblichen Kontrollelementen verfügt das Skript-Fenster noch über weitere Bedienungs- und Kontrollelemente zum Bearbeiten des Skriptes.

Am oberen Rand des Skript-Fensters befinden sich die Bild-Kontroll-Boxen, deren Numerierung von links nach rechts ansteigt. Jede Bild-Box repräsentiert ein Einzelbild der späteren Animation. Beim Anklicken einer Bild-Box wird diese aktiv, und die Schrift färbt sich rot. Gleichzeitig wechselt das Bild im Szenen-Fenster und zeigt eine Drahtgitterdarstellung des ausgewählten Bildes.

Zum Bearbeiten und Verändern lassen sich auch Objekte oder Aktionen durch Anklicken ihrer Boxen auswählen. Sobald eine Objekt-Box angeklickt wird, färbt sich der Name rot, und im Szenen-Fenster wird das zugehörige Objekt gestrichelt gezeichnet. Am linken Rand der Objekt-Box befindet sich ein Tragebalken. Mit diesem Balken kann die Objekt-Box im Fenster vertikal verschoben werden und mit ihr sowohl die Zeitachse als auch alle zugehörigen Aktionen. Diese Maßnahme kann zum Beispiel notwendig sein, um am Schirm Platz für andere Objekte oder Aktionen zu schaffen. Bringen Sie den Mauszeiger auf den Tragebalken und drücken Sie die linke Maustaste. Solange Sie die Taste gedrückt halten, läßt sich die Box vertikal verschieben. Durch Loslassen der Taste wird die Box an ihrer momentanen Position fixiert.

Sobald eine Objekt-Box ausgewählt worden ist, lassen sich auch dem Objekt zugeordnete Aktionen bearbeiten. Über diesen Aktionen erscheint ebenfalls ein Tragebalken, mit dem Sie die Aktion im Fenster beliebig verschieben können. Diese dient lediglich dazu, die Übersichtlichkeit des Skriptes zu erhalten. Einen Einfluß auf die Funktion hat das Verschieben der Aktions-Box am Schirm nicht. Anders verhält es sich jedoch mit den Start- und Ende-Markierungen. Diese lassen sich ebenfalls mit Hilfe der Maus durch Anklicken und Gedrückthalten der linken Maustaste entlang der Zeitachse verschieben. Sobald Sie eine Markierung verschieben, wird die Bild-Kontroll-Box, unter der sich die Markierung im Augenblick befindet, grau unterlegt, um die Positionierung zu erleichtern. Wenn Sie die Markierung über die äußerste linke oder rechte Bild-Kontroll-Box hinausbewegen, beginnt das Skript automatisch in die entgegengesetzte Richtung zu laufen. Auf diese Weise kann die Markierung auch problemlos zu Bildern verschoben werden, die momentan nicht am Schirm dargestellt werden.

Die Änderung der Start- oder Ende-Markierung einer Aktion hat einen unmittelbaren Einfluß auf die gesamte Animation und zieht eine Neuberechnung aller Objekt-Positionen sowie das Neuzeichnen des Szenen-Fensters nach sich.

4.4 Die Funktionen von Animate

Die Funktionen von Animate wurden zu vier Menüs zusammengefaßt.

Das «Datei»-Menü enthält Funktionen zum Laden und Speichern von Skripten, zum Einstellen von Skript-Parametern und nicht zuletzt das Softwareinterface zum Raytracing/Render-Modul Hlight.

Im «Edit»-Menü finden Sie die Funktionen zum Löschen und Verändern von Objekten und Aktionen.

Mit den Funktionen des Menüs «Hinzufügen» wird das Skript um Objekte, Oberflächen-Definitionen und Aktionen erweitert.

Das Menü «Kontrolle» bietet eine Auswahl von Funktionen zum Überwachen der Animation.

4.4.1 Die Kommandos des «Datei»-Menüs

Das «Datei»-Menü enthält Kommandos zum Laden und Speichern der Skript-Dateien, zum Abrufen und Einstellen von Skript-Parametern und zum Erzeugen von Szenen-Dateien für den Raytracer.

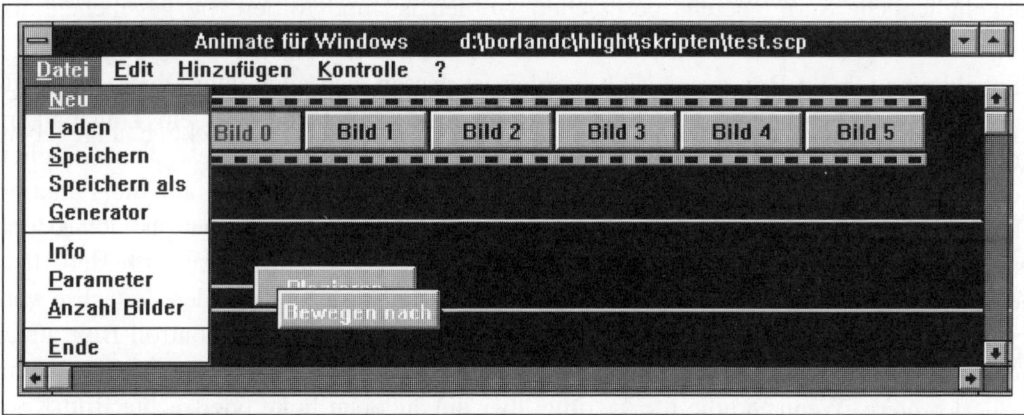

Bild 4.5: Die Kommandos des «Datei»-Menüs

Der Menüpunkt «Neu»

Dieses Kommando löscht das augenblickliche Skript aus dem Speicher und setzt alle Einstellungen auf ihre Anfangswerte zurück. Da dieser Vorgang nicht rückgängig gemacht werden kann, muß die Funktion zusätzlich über eine Dialog-Box bestätigt werden. Ist das alte Skript seit der letzten Änderung nicht gesichert worden, erscheint zusätzlich eine Dialog-Box, die Sie an das Speichern des veränderten Skriptes erinnert.

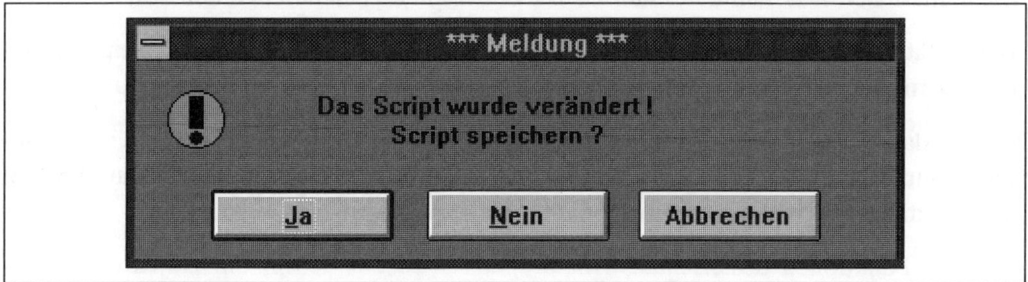

Bild 4.6: Die Dialog-Box erinnert an das Speichern ungesicherter Daten

Wenn Sie die Dialog-Box mit «Ja» verlassen, wird das Skript unter dem aktuellen Namen gespeichert. Ist kein gültiger Name vorhanden, so erscheint am Schirm eine Datei-Dialog-Box, über die das Skript gespeichert werden kann. Die Erweiterung «.scp» wird vom Programm selbständig an den angegebenen Dateinamen angehängt, sofern keine andere Erweiterung vorhanden ist.

Der Menüpunkt «Laden»

Mit dieser Funktion laden Sie eine Skript-Datei. Zuvor prüft das Programm, ob das augenblickliche Skript bereits gespeichert worden ist, und fordert Sie gegebenenfalls über eine Dialog-Box zum Speichern des Skriptes auf.

Anschließend erscheint eine Datei-Dialog-Box. Wählen Sie die gewünschte Datei aus. Skript-Dateien besitzen die Erweiterung «.scp». Diese muß ausdrücklich angegeben werden.

Sobald Animate das Skript und alle zugehörigen Objekte geladen hat, aktualisiert es die Skript- und Szenen-Fenster. Der Dateiname des Skriptes erscheint in der Titelleiste des Skript-Fensters.

Der Menüpunkt «Speichern»

Diese Funktion aktualisiert die Skript-Datei, indem es das im Speicher befindliche Skript unter dem in der Titelleiste des Skript-Fensters angegebenen Dateinamen speichert.

Solange dem Skript kein gültiger Dateiname zugeordnet wurde, ist diese Funktion nicht zugänglich. In diesem Fall ist ein Abspeichern nur über die Funktion «Speichern als» möglich.

Der Menüpunkt «Speichern als»

Mit dieser Funktion läßt sich das im Speicher befindliche Skript unter Angabe eines Dateinamens speichern. Nach dem Aufruf erscheint eine Datei-Dialog-Box am Schirm. Wählen Sie den Dateinamen, unter dem das Skript gespeichert werden soll.

Skript-Dateien besitzen die Erweiterung «.scp». Wird der Dateiname ohne Erweiterung angegeben, hängt Animate automatisch ein «.scp» an den Namen an.

Konnte das Skript erfolgreich gespeichert werden, wird der Name dem Skript zugeordnet und erscheint in der Titelleiste des Skript-Fensters. Unter diesem Namen können Sie nun das Skript jederzeit mit der Funktion «Speichern» sichern.

Der Menüpunkt «Generator»

Diese Funktion bildet die Schnittstelle zum Raytracing- und Rendermodul Hlight. Der Raytracer erhält eine Szenenbeschreibung für jedes Bild in Form einer Textdatei, die mit Hilfe dieser Funktion generiert werden kann.

Unmittelbar nach dem Aufruf erscheint eine Dialog-Box am Schirm, über die Sie einstellen können, für welche Bilder Sie Szenen-Dateien generieren möchten.

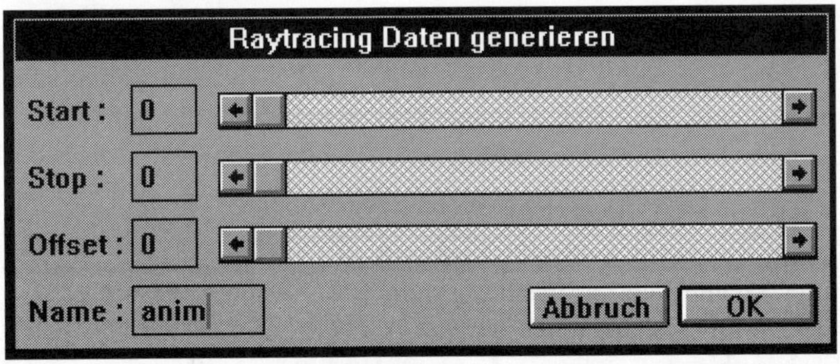

Bild 4.7: Dialog-Box zum Erstellen von Szenen-Dateien

Angegeben werden jeweils Start- und End-Bild der Animations-Sequenz, für die Szenen-Dateien erzeugt werden sollen. Über die Editier-Felder und Rollbalken lassen sich die Nummern für Start- und End-Bild eingeben. Die Nummer des End-Bildes kann nicht kleiner als die des Startbildes gewählt werden.

Des weiteren wird der Rumpfname der Animations-Sequenz benötigt. Dieser Name darf aus maximal 5 Buchstaben bestehen. Aus Rumpfnamen und Bildnummer entsteht dann der Name der entsprechenden Szenen-Datei. Wählt man zum Beispiel den Rumpfnamen «test» und die Bilder 8 bis 12, erhält man folgende Szenen-Dateien:

test008.sce, test009.sce, test010.sce, test011.sce, test012.sce

Jede dieser Dateien enthält die komplette Beschreibung des entsprechenden Einzelbildes, an Hand dessen Hlight später das fertige Bild berechnen kann.

Wollen Sie die gesamte Animation berechnen lassen, bringen Sie den Kontrollknopf des oberen Rollbalkens in die äußerst linke und den des unteren Rollbalkens in die äußerst rechte Position.

Soll nur ein einzelnes Bild berechnet werden, wählen Sie für Start- und End-Bild die Nummer des gewünschten Bildes.

Sollte im Skript keine Kamera definiert sein, erhalten Sie eine Fehlermeldung und die Funktion wird abgebrochen.

Der Parameter «Offset» wird zu den einzelnen Bildnummern addiert. Normalerweise sollte er auf Null gesetzt werden. Dieser Parameter ist hilfreich, wenn man mehrere Szenen aneinanderhängen möchte. Die einzelnen Szenen lassen sich mit unterschiedlichen Skripten erstellen und über einen Offset der Bildnummern aneinanderhängen, so daß eine kontinuierlich durchnumerierte Folge von Einzelbildern entsteht.

Der Menüpunkt «Info»

Über diesen Menüpunkt können Sie Informationen über die augenblickliche Größe des Skripts sowie über die noch freien Systemressourcen abrufen.

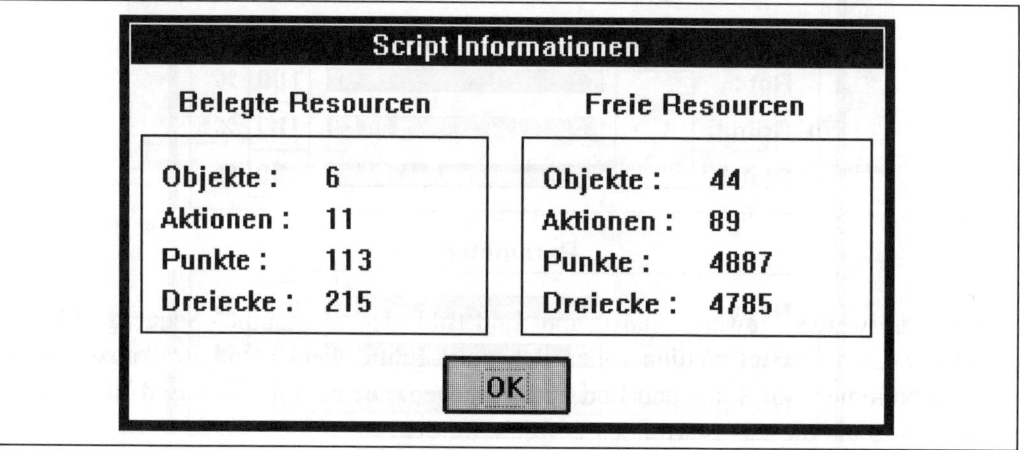

Bild 4.8: Die Funktion «Info» gibt Auskunft über die Größe des augenblicklichen Skripts

Der Menüpunkt «Parameter»

Über diesen Menüpunkt können Sie einige grundsätzliche Einstellungen der Animation vornehmen. Man bedient sich dabei einer Dialog-Box:

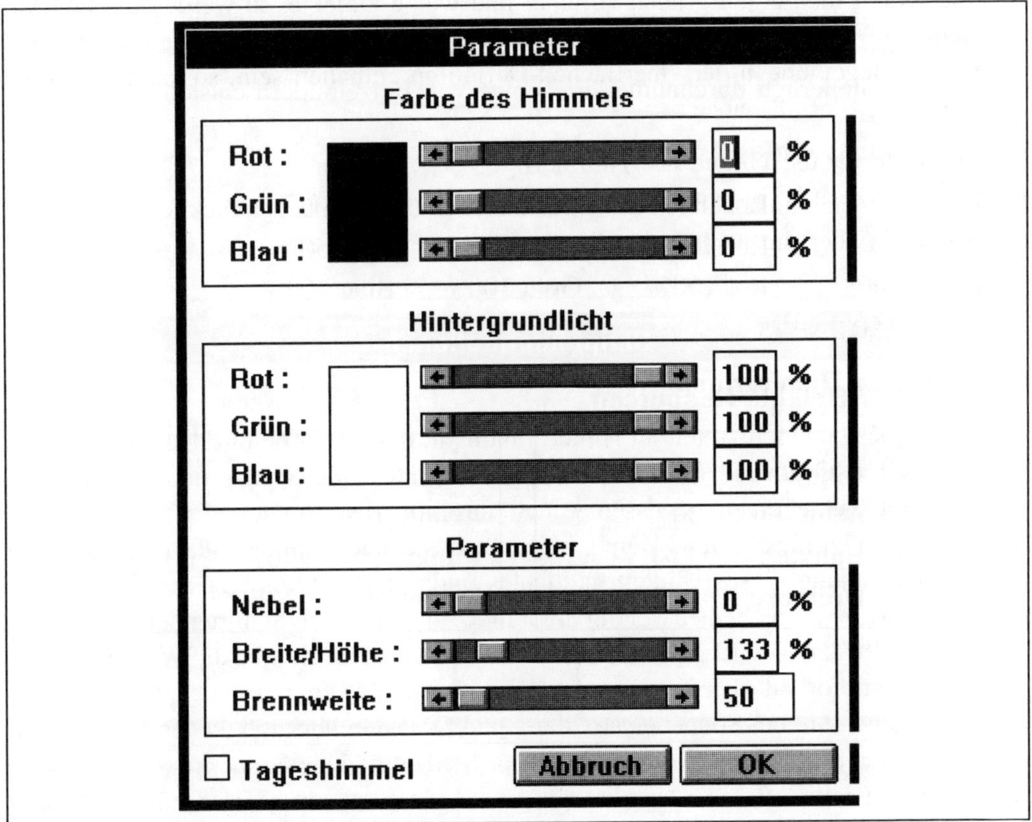

Bild 4.9: Einstellung der Grundparameter einer Animation

Parametersatz Farbe des Himmels

Mit den drei Schiebereglern Rot, Grün und Blau kann man hiermit die Himmelsfarbe einstellen. Diese ist dann sichtbar, wenn das Rendermodul oder das Raytracingmodul für ein Pixel kein Objekt feststellen kann, das dort dargestellt werden könnte. Die Himmelsfarbe ist überall gleichmäßig hell, wenn «Tageshimmel» nicht ausgewählt wurde.

Für die Himmelsfarben gibt es keine empfehlenswerten Werte. Die Farben sollten harmonisch die Szene ergänzen. Häufig wird Weiß verwandt (Rot 100%, Grün 100%, Blau 100%). Zu beachten ist, daß die Himmelsfarbe etwas anderes ist, als das sogenannte Hintergrundlicht. Die Himmelsfarbe hat keine Auswirkung auf die Beleuchtung der Objekte. Wählt man einen grünen Himmel und weiße Objekte, so werden die Objekte trotzdem weiß und nicht grün dargestellt. Sollte jedoch für diese Objekte ein gewisser Anteil an Spiegellicht in der Oberflächen-Definition enthalten sein, so kann der grüne Himmel doch Einfluß haben.

Beispielwerte für die Farben des Himmels:

Nacht:	Rot 0%	Grün 0%	Blau 0%
Diskothek:	Rot 100%	Grün 0%	Blau 50%
Werbefotografie (weißer Hintergrund):	Rot 100%	Grün 100%	Blau 100%

Parametersatz Hintergrundlicht

Jede Szene besitzt einen Anteil an Hintergrundlicht, dessen Farbe mit den drei Prozentwerten für Rot, Grün und Blau gewählt werden kann. Das Hintergrundlicht entsteht, indem alle Objekte einen gewissen Anteil des von den Lichtquellen empfangenen Lichtes wieder zurückwerfen. Damit beleuchten sie auch umliegende Objekte. Eine globale Berechnung dieses Hintergrundlichtes und der Beeinflussung der Objekte untereinander ist sehr rechenaufwendig und muß in mehreren Schritten erfolgen. Das zugehörige Verfahren wird Radiosity genannt und ist in Highlight für Windows nicht enthalten. Man kommt aber fast genauso gut mit Schätzwerten zurecht. Bei jeder natürlichen Szene, d.h. bei Sonneneinstrahlung und Objekten aller möglichen Farben wird man als Hintergrundlicht reines Weiß wählen. Stellt man eine Szene in einer Rotlicht-Bar dar, so ist reines Rot die angebrachte Farbe. Zu beachten ist, daß mit diesen drei Parametern lediglich die Farbe des Hintergrundlichtes gewählt wird, seine Auswirkung auf die einzelnen Objekte kann individuell bestimmt werden. Siehe hierzu auch den Parameter Hintergrund bei Oberflächen. Neben der Hintergrundbeleuchtung ist das Hintergrundlicht auch ausschlaggebend bei der Berechnung von Nebel. In einer Szene mit gelbem Hintergrundlicht ist auch der Nebel gelb. Vorstellbar wäre dies zum Beispiel bei einer Nachtszene, wo der Nebel von einer gelben Straßenlaterne beleuchtet wird.

Beispielwerte für die Parameter des Hintergrundlichtes:

Tageshelligkeit:	Rot 100%	Grün 100%	Blau 100%
Rotlicht-Bar:	Rot 100%	Grün 0%	Blau 0%
Nacht, orange Straßenlaterne:	Rot 100%	Grün 80%	Blau 50%

Parametersatz Parameter

Parameter Nebel

Mit diesem Parameter kann einer Szene Nebel hinzugefügt werden. Je höher die eingegebene Prozentzahl ist, desto dichter wird der Nebel in der Szene. Es sollte darauf geachtet werden, daß sehr geringe Werte für den Nebel sich kaum auswirken, sondern lediglich Rechenkapazität beanspruchen. Es empfehlen sich deshalb Werte zwischen 20% und 100% beziehungsweise 0%. Ebenfalls wichtig ist die Tatsache, daß die Farbe des Nebels von der eingegebenen Hintergrundfarbe abhängt. Wählt man für die Hintergrundfarbe nur sehr kleine Werte, so wird der Nebel ungewöhnlich dunkel.

Beispiele zum Parameter Nebel: Die folgenden Bilder enthalten jeweils die gleiche Szene, jedoch mit drei verschiedenen Nebelintensitäten: 0%, 80%, 100%. Die Hintergrundfarbe ist reines Weiß.

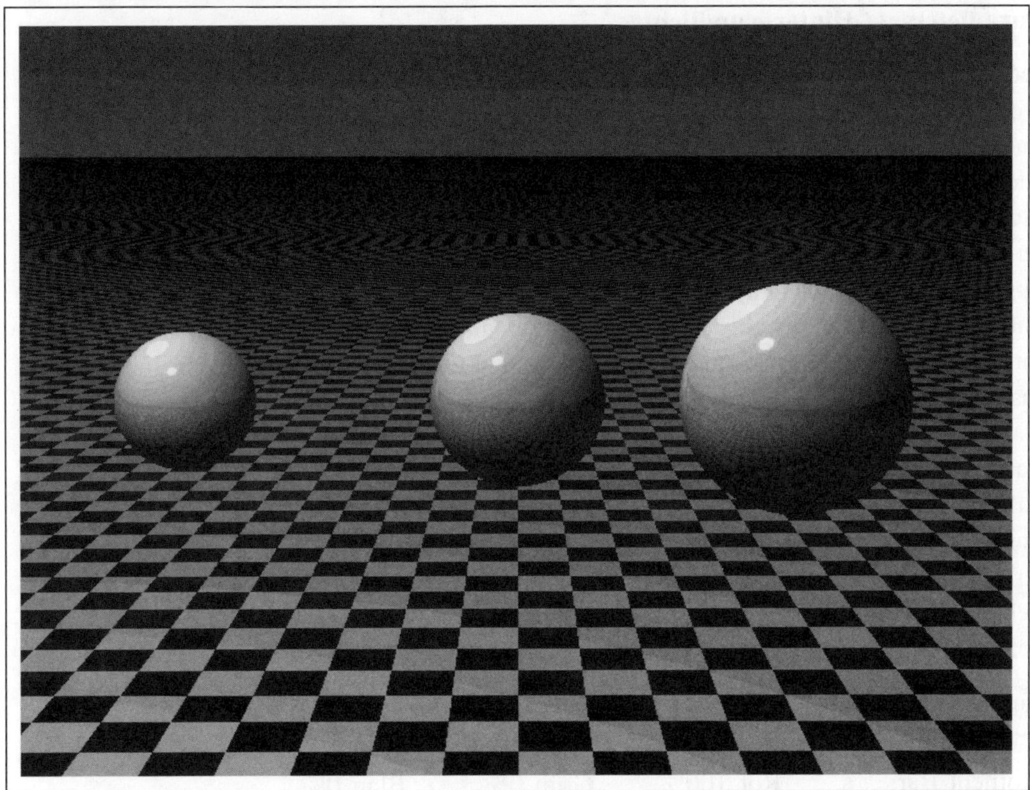

Bild 4.10: Eine Szene ohne Nebel

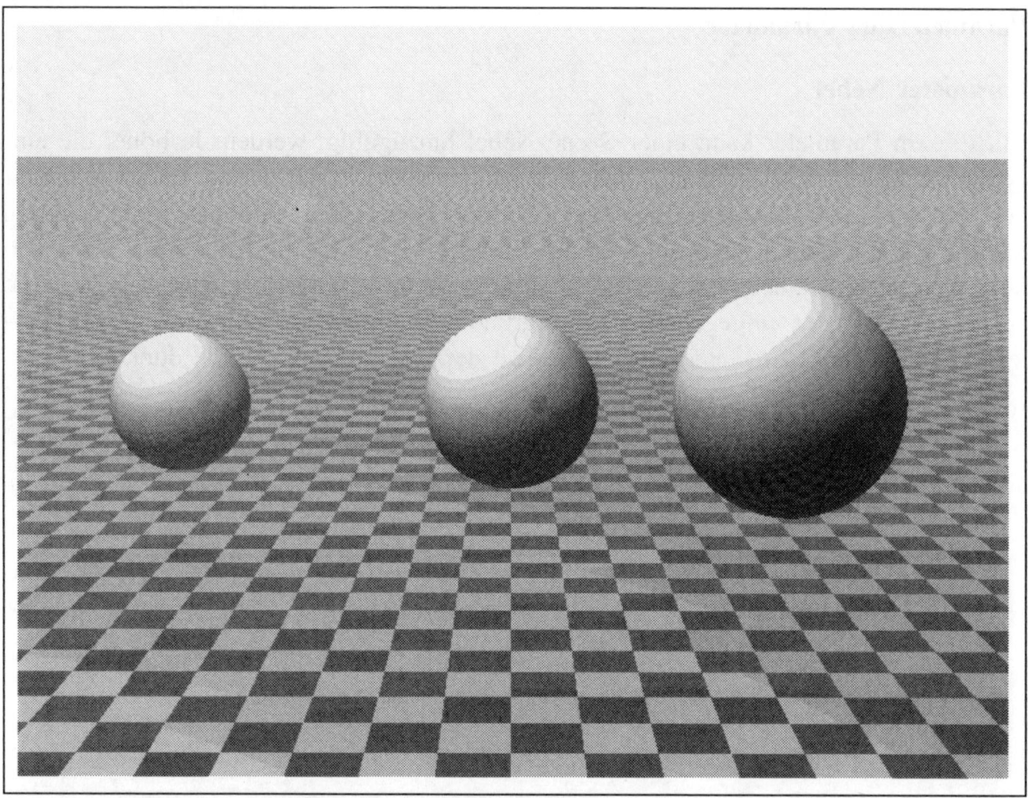

Bild 4.11: Dieselbe Szene mit 80%igem Nebel

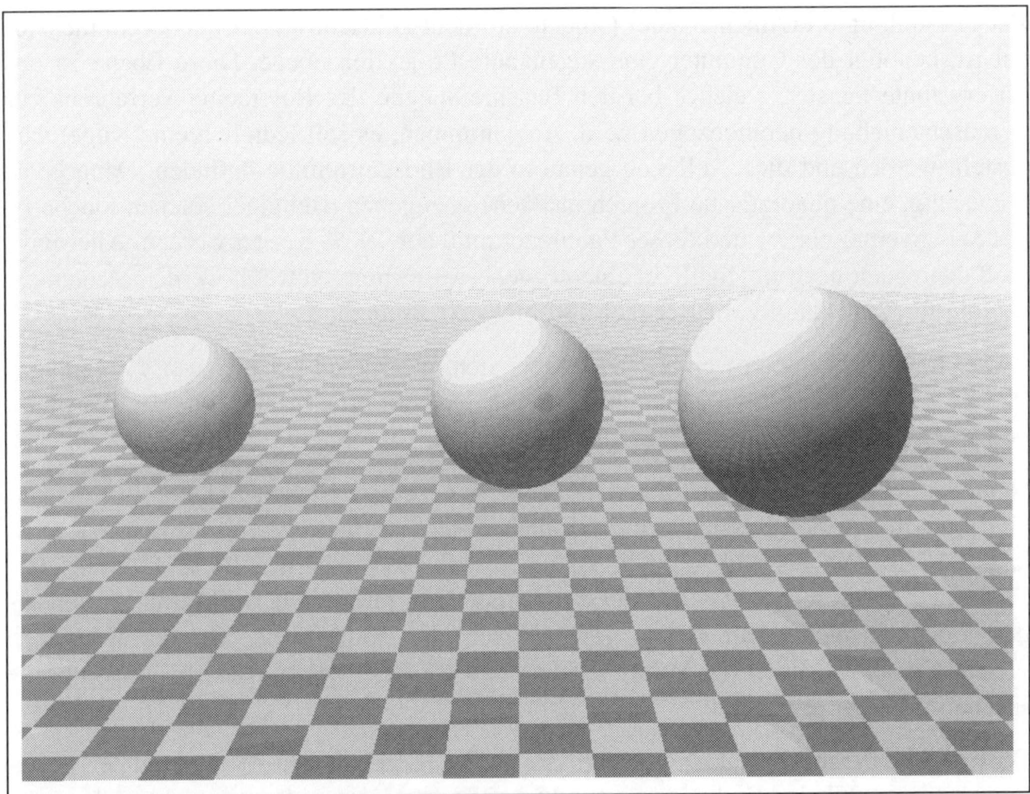

Bild 4.12: Die drei Kugeln im dichtest möglichen Nebel

Parameter Breite/Höhe

Falls eine Szene in einer vorgegebenen VGA-Auflösung berechnet werden und das Bild unverzerrt im entsprechenden VGA-Modus abgebildet werden soll, muß an dieser Stelle der Wert 133% eingegeben sein. Eine Auflösung von 320 mal 200 hat jedoch ein anderes Seitenverhältnis. Sollte es unter Windows dargestellt werden, so liefert Highlight nur mit einer Einstellung von 160% ein verzerrungsfreies Bild.

Diesen Parameter zu verändern ist nur erfahrenen Anwendern von Highlight anzuraten. Solange Bilder dargestellt werden sollen, deren Seitenverhältnis etwa dem des Bildschirms entspricht, muß dieser Wert auch nicht verändert werden. Sollte dies doch der Fall sein, etwa bei der Berechnung eines quadratischen Bildes, was nicht unbedingt praxisfern sein muß, so spielt dieser Parameter folgende Rolle.

Zur Darstellung dreidimensionaler Objekte auf dem Bildschirm, der nur zweidimensional ist, benötigt der Computer eine sogenannte Projektionsebene. Diese Ebene ist das oft erwähnte Fenster, welches bei den Beschreibungen des Raytracing-Verfahrens zur Veranschaulichung herangezogen wird. Angenommen, es soll lediglich eine Kugel dargestellt werden und diese soll sich genau in der Bildschirmmitte befinden. Dann ist es notwendig, eine quadratische Projektionsfläche anzugeben. Bei einer solchen Fläche ist das Seitenverhältnis 1:1 und dieser Parameter muß auf 100% gesetzt werden. Allerdings muß dann auch noch in Highlight eine «Eigene Auflösung» gewählt werden. Angemessen hierfür wäre dann zum Beispiel 480 mal 480 Bildpunkte.

Dieser Effekt kann noch weiter getrieben werden, wenn man beispielsweise eine ganze Person im Hochkantformat abbilden möchte. Dann sollte für Breite/Höhe der Wert 50% und in Highlight eine Auflösung von 240 mal 480 Bildpunkten gewählt werden.

Noch einmal zur Verdeutlichung: Dieser Wert bezeichnet jenen Faktor, um den das Grafikprogramm den Bereich der horizontalen Achse länger abtastet als den der vertikalen Achse. Die Projektionsfläche ist um diesen Faktor breiter als seine Höhe. Die Zahl hat nur insofern etwas mit der zur Darstellung gewählten Auflösung zu tun, als das Verhältnis der Seiten von Projektionsfläche beziehungsweise der der Bildfläche gleich sein sollte – unter der Voraussetzung, daß die Pixel des Bildschirms quadratische Flächeneinheiten darstellen.

Wird dieser Parameter falsch gewählt, so ist das Ergebnis ein in horizontaler beziehungsweise vertikaler Richtung gestauchtes Bild. Kugeln sind dann nicht mehr rund, sondern ellipsenförmig.

Parameter Brennweite

Die Brennweite bezeichnet den Abstand der Projektionsfläche zum Beobachter und ist orientiert am Darstellungsverhältnis von Kleinbildkameras. Dementsprechend ist 50 eine Normalobjektiv, was als Standardwert angenommen wird.

Beispielbilder zum Parameter Brennweite: Die folgenden Bilder enthalten die gleiche Szene: einmal mit einer Brennweite von 50, im anderen Fall mit einer Brennweite von 500. Im zweiten Bild ist der Beobachter etwa 10mal soweit vom Objekt entfernt wie im ersten.

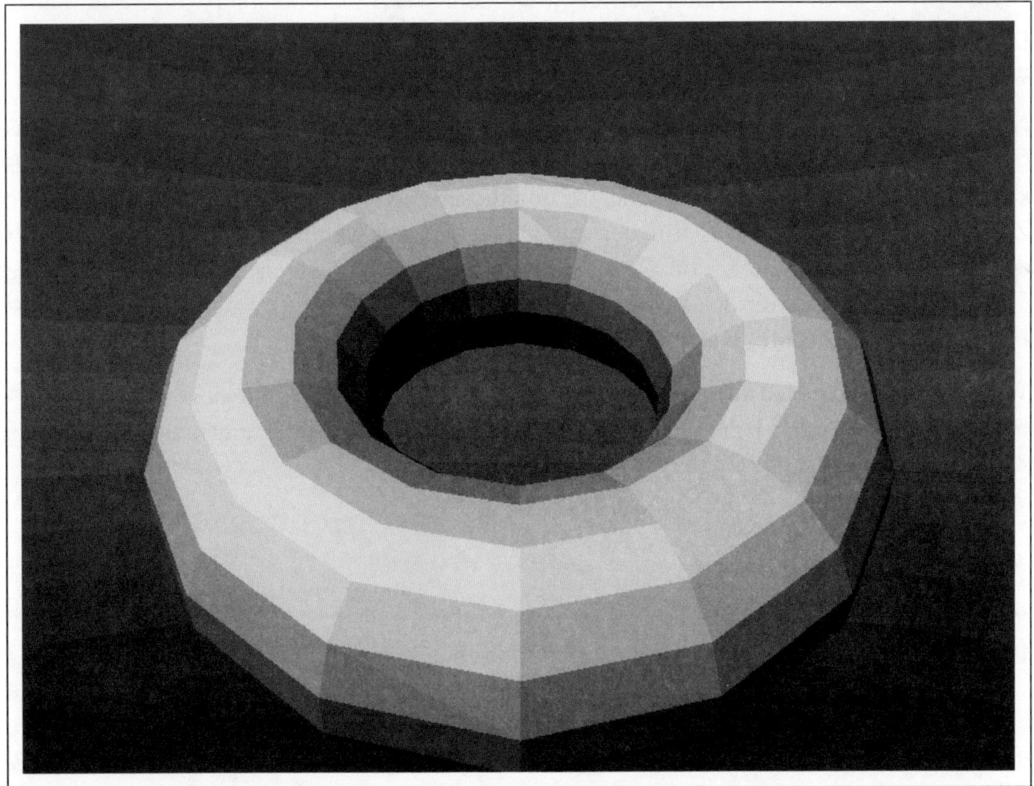

Bild 4.13: Ein Torus aus der Nähe mit kleiner Brennweite betrachtet

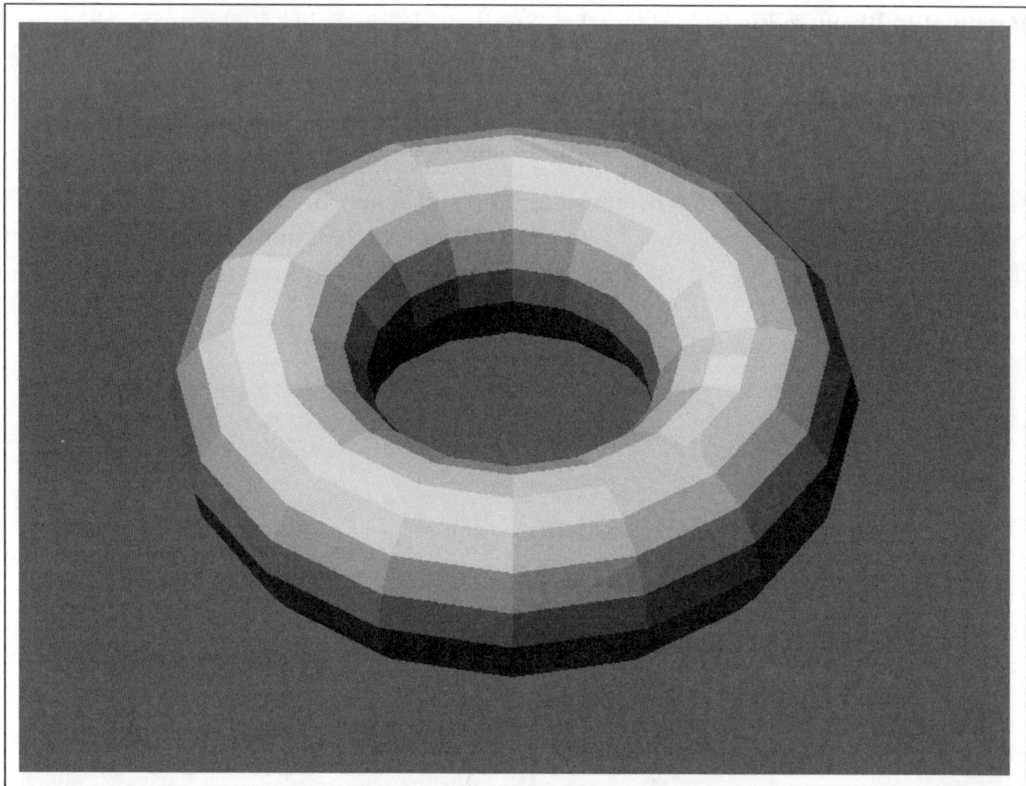

Bild 4.14: Ein Torus aus großer Entfernung mit großer Brennweite betrachtet

Auswahlfeld Tageshimmel

Wird dieses Feld ausgewählt, so produziert Highlight an jenen Bereichen des fertigen Bildes ohne Objekte Farbschattierungen statt einer einheitlichen Farbe sowie einen weißen Horizont. Die Himmelsfarbe wird mit den drei Schiebereglern für Rot, Grün und Blau bestimmt. Die Helligkeit nimmt zum Zenith hin ab. Zum Horizont hin wird die Himmelsfarbe zunehmend milchiger und am Horizont ist es dann tatsächlich weiß. Wird diese Form von Himmelsfarbe gewählt, so empfiehlt sich stets das Laden eines Bodens, denn sonst wird sichtbar, daß die Himmelsfarbe symmetrisch in den Boden hinein und in den Himmel hinauf dargestellt wird.

Am Horizont, also in der x-y-Ebene hat die Himmelsfarbe den maximalen Wert. Die Abnahme der Farbintensität erfolgt sowohl nach unten als auch nach oben. Technischer ausgedrückt nimmt die Farbintensität mit dem Absolutbetrag der globalen z-Variablen ab. Beinhaltet die Szene beispielsweise keinen Boden und ist die Kamera in Höhe 0 (z-Koordinate ist 0) waagrecht ausgerichtet (x- und y-Rotation gleich 0), so enthält das fertige Bild einen farbigen horizontalen Streifen, der in beide Richtungen (oben und unten) dunkler wird. Ein solche Darstellung mit rein weißem Horizont ohne Objekte ist auf dem zugehörigen Bild dargestellt.

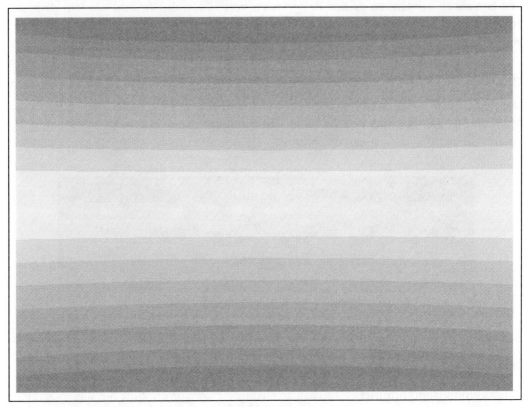

Bild 4.15: Bei Tageshimmel schwächt sich die Farbe zum Zenith hinab

Der Menüpunkt «Anzahl der Bilder»

Animate verarbeitet Animationen mit einer Länge von maximal 150 Bildern (Nr. 0-149). Da bei einer Veränderung im Skript jeweils die Positionen aller Objekte in allen Bildern neu berechnet werden, ist es aus Zeitgründen vorteilhaft, die Anzahl der von Animate zu verwaltenden Bilder auf die tatsächliche Größe der geplanten Animation zu begrenzen. Gleichzeitig wird durch diese Maßnahme Hauptspeicher gespart. Da sich dieser Wert nachträglich jederzeit ändern läßt, kann er bedenkenlos auf einen minimalen Wert von 20 gesetzt werden.

Vor dem Aufruf prüft das Programm, in welchem Bild sich die letzte Start- oder Ende-Markierung einer Aktions-Box befindet. Die Nummer dieses Bildes ist gleichzeitig die untere Grenze des zu wählenden Wertes.

Bild 4.16: Einstellen der von Animate zu verwaltenden Anzahl von Bildern

Der Menüpunkt «Ende»

Dieses Kommando beendet die Arbeit mit Animate. Zuvor erinnert Sie das Programm daran, eventuelle Änderungen im Skript zu speichern.

4.4.2 Die Kommandos des «Edit»-Menüs

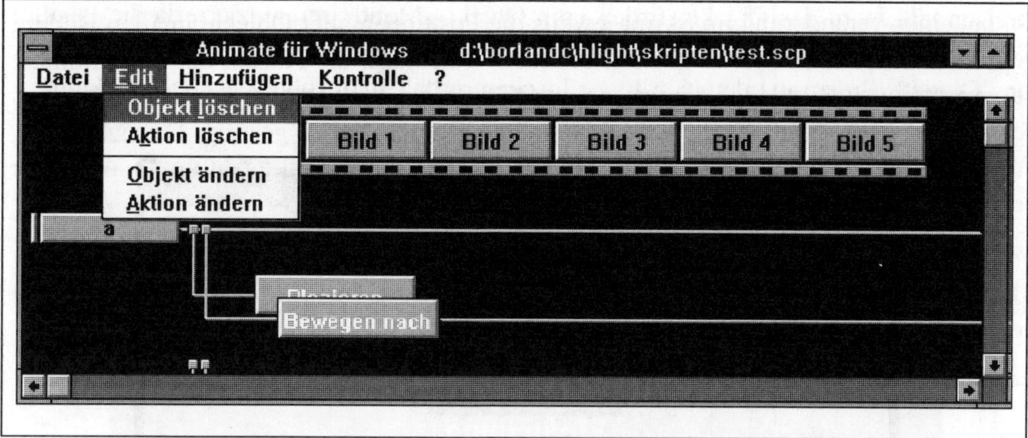

Bild 4.17: Das «Edit»-Menü

Der Menüpunkt «Objekt löschen»

Mit dieser Funktion können Sie Objekte und auch Oberflächen aus dem Skript löschen. Markieren Sie dazu die entsprechende Objekt- oder Oberflächen-Box durch Anklicken mit der linken Maustaste und rufen Sie anschließend die Funktion auf. Da dieser Vorgang nicht mehr rückgängig zu machen ist, muß er zusätzlich über eine Dialog-Box bestätigt werden.

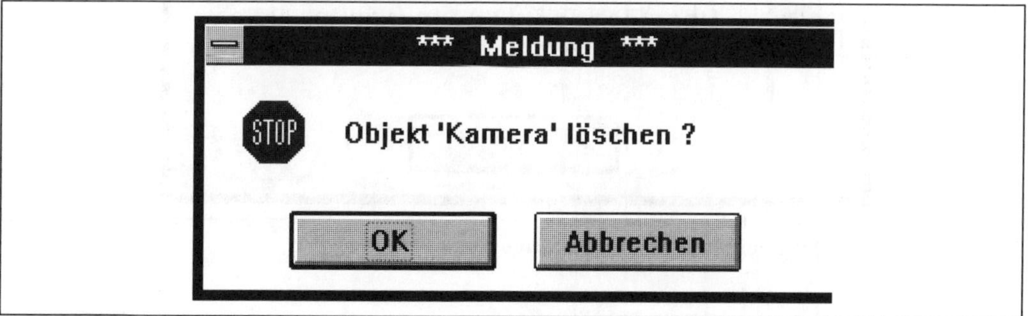

Bild 4.18: Das Löschen eines Objektes muß zusätzlich über eine Dialog-Box bestätigt werden

Mit dem Objekt werden auch gleichzeitig alle Aktionen des Objektes aus dem Skript entfernt.

Ein Objekt kann nur gelöscht werden, wenn es nicht von anderen Objekten als Referenz verwendet wird. Wenn man zum Beispiel ein Objekt «Mond» um ein Objekt «Erde» kreisen läßt, wird das Objekt «Erde» vom Objekt «Mond» referenziert, da die Position von Objekt «Mond» von der Position des Objektes «Erde» abhängt. Versucht man nun das Objekt «Erde» aus dem Skript zu löschen, erhält man folgende Fehlermeldung:

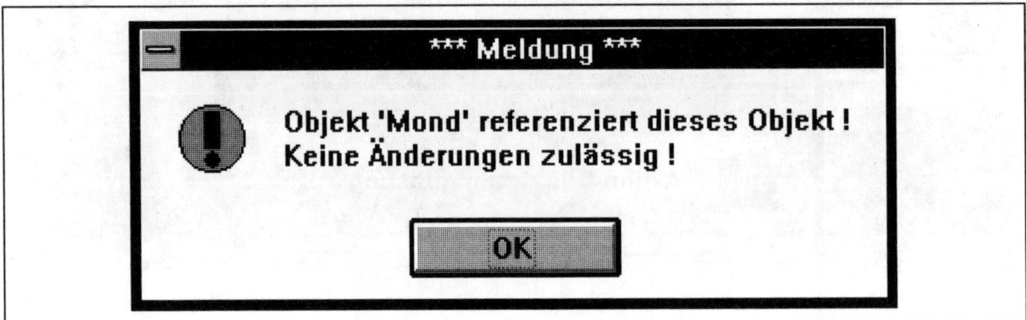

Bild 4.19: Die Änderung eines von anderen Objekten referenzierten Objektes ist nicht zulässig

Ein ähnliches Problem entsteht beim dem Versuch, eine Oberfläche zu löschen, die noch immer einem Objekt über eine «Setze Farben»-Aktion zugewiesen ist. In dem Fall erhalten Sie folgende Fehlermeldung:

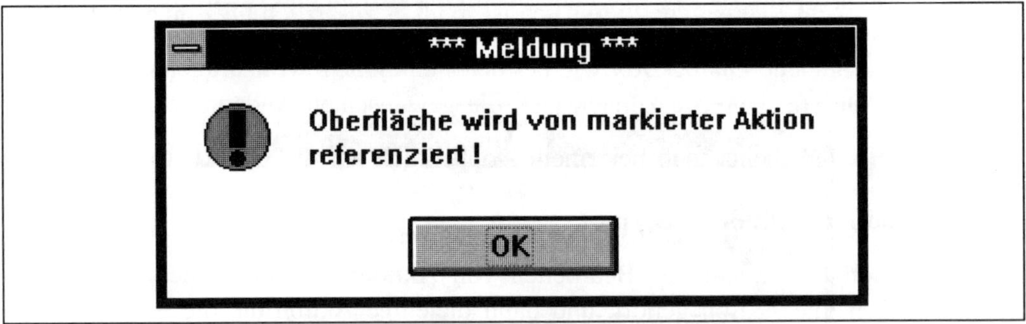

Bild 4.20: Fehlermeldung beim Löschen einer referenzierten Oberfläche

Um die Aktion ausfindig zu machen, die die zu löschende Oberfläche referenziert, wird diese von Animate im Fehlerfall automatisch markiert. Mit der Funktion «Kontrolle/Finde Aktion» können Sie den Ausschnitt des Skriptes in dem Fenster zur Anzeige bringen, der die markierte Aktion enthält.

Der Menüpunkt «Aktion löschen»

Über diesen Menüpunkt können Sie einzelne Aktionen eines Objekts löschen. Klicken Sie zunächst das Objekt an, zu dem die Aktion gehört, und dann jene Aktion, die Sie löschen möchten. Rufen Sie anschließend die Funktion «Aktion löschen» auf. Da dieser Vorgang nicht mehr rückgängig zu machen ist, muß er zusätzlich über eine Dialog-Box bestätigt werden.

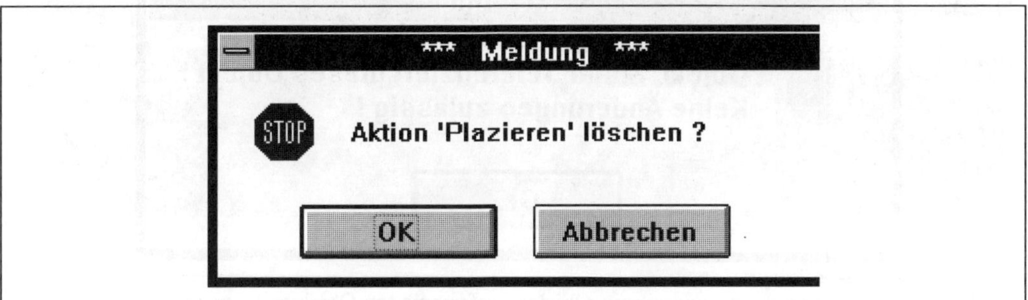

Bild 4.21: Das Löschen einer Aktion ist zusätzlich über eine Dialog-Box zu bestätigen

Der Menüpunkt «Objekt ändern»

Mit diesem Kommando lassen sich nachträglich Name und Aussehen eines Objektes ändern. Klicken Sie die Box des zu ändernden Objektes an und rufen Sie die Funktion auf. Je nachdem, ob Sie ein Objekt oder eine Oberfläche gewählt haben, erscheint nun am Schirm die gleiche Dialog-Box wie bei den Funktionen «Hinzufügen/Objekt» oder «Hinzufügen/Oberfläche». Sie können jetzt die gewünschten Änderungen vornehmen.

Die Dialog-Box erscheint auch bei einem Doppelklick auf die Objekt-Box.

Der Menüpunkt «Aktion ändern»

Diese Funktion ermöglicht das Bearbeiten von Aktionen. Klicken Sie zunächst das Objekt, zu dem die Aktion gehört, und dann diejenige Aktion an, die Sie bearbeiten möchten. Am Schirm erscheint nun die gleiche Dialog-Box, wie sie auch beim Hinzufügen der Aktion zum Skript verwendet wurde. Die Änderungen können analog vorgenommen werden. Bei Aktionen mit zwei Armen unterbleibt jedoch die Nachfrage nach dem End-Bild, da es sich durch Verschiebung der Ende-Markierung verändern läßt.

Eine Aktion kann auch durch einen Doppelklick auf die zugehörige Box bearbeitet werden.

4.4.3 Die Kommandos des «Hinzufügen»-Menüs

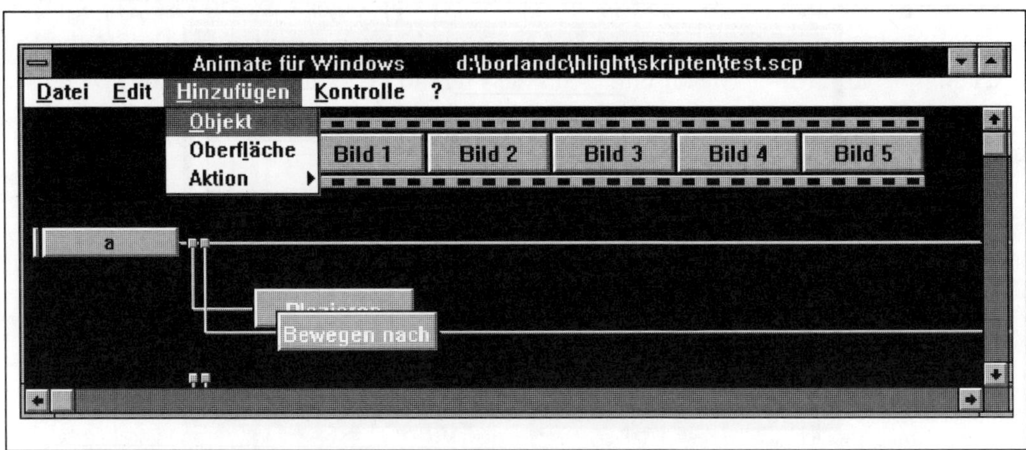

Bild 4.22: Das «Hinzufügen»-Menü

Der Menüpunkt «Objekt»

Mit dieser Funktion erzeugen Sie ein neues Objekt. Ein Objekt besteht aus zwei Komponenten, dem Objektnamen und der Objektdefinition. Der Objektname dient zur eindeutigen Identifizierung eines Objektes innerhalb des Skripts. Die Objektdefinition bestimmt Form und Aussehen des Objekts und erfolgt durch Laden einer mit Graph erzeugten Objekt-Datei. Theoretisch hätte man den Objektnamen durch den Dateinamen der Objekt-Datei ersetzen können. Durch Trennung beider Namen läßt sich jedoch dieselbe Objekt-Datei im Skript mehrfach für unterschiedliche Objekte verwenden. Zum Beispiel können Sie ein Zimmer mit mehreren Stühlen, die alle auf der gleichen Objekt-Datei basieren, einrichten. Als Objektnamen wählt man dann jeweils unterschiedliche Namen wie zum Beispiel «Stuhl1», «Stuhl2» etc..

Nach Aufruf der Funktion erscheint eine Dialog-Box am Schirm:

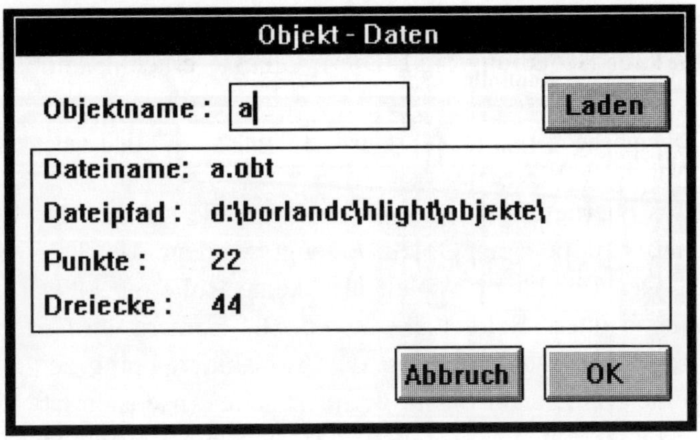

Bild 4.23: Dialog-Box zur Beschreibung eines Objekts

Über das Editier-Feld können Sie einen beliebigen Namen eingeben, solange dieser im Skript noch unbekannt ist. Animate beachtet bei Namen die Groß- und Kleinschreibung, d.h. «Stuhl» ist nicht gleich «stuhl». Anschließend muß noch eine Objekt-Datei für dieses Objekt ausgewählt werden. Klicken Sie dazu den Kontroll-Schalter «Laden» an. Es erscheint nun eine Datei-Dialog-Box am Schirm, über die Sie eine Objekt-Datei auswählen können. Wenn Sie eine Objekt-Datei ausgewählt haben, erscheinen ihre Daten wie Dateiname, Pfad, Anzahl der Punkte und Dreiecke in der Dialog-Box.

Der «OK»-Schalter der Dialog-Box wird erst aktiv, wenn sowohl ein Objektname angegeben als auch eine Datei geladen wurde. Wenn Sie die Dialog-Box mit «OK» beenden, prüft das Programm, ob der angegebene Objektname bereits im Skript existiert. Gegebenenfalls erhalten Sie eine Fehlermeldung:

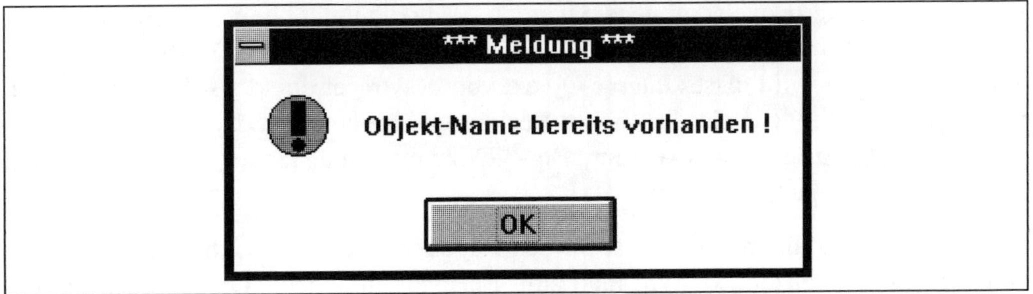

Bild 4.24: Fehlermeldung bei der Namensgebung: Alle Objekte müssen unterschiedliche Namen erhalten

Andernfalls erscheint eine neue Objekt-Box mit dem angegebenen Namen am Schirm.

Normalerweise werden alle Objekte von Animate in gleicher Weise bearbeitet. Eine Ausnahme sind hierbei sogenannte interne Objekte, die entweder für Animate oder für Hlight von besonderer Bedeutung sind. Diese Objekte erkennt Animate an ihrem Dateinamen.

Interne Objekte sind:

Kamera.obt: Dieses interne Objekt stellt für Animate die Kamera dar. Um eine Kamera zu definieren, muß lediglich ein Objekt erzeugt werden, das diese Objekt-Datei als Definition erhält. Der Objektname spielt also keine Rolle, er sollte jedoch zweckmäßigerweise «Kamera» oder «Betrachter» lauten. Die Kamera wird am Schirm als «Papierflieger» dargestellt, dessen Spitze in die Aufnahmerichtung zeigt. Verständlicherweise kann nur eine Kamera im Skript definiert sein. Ansonsten läßt sich die Kamera wie jedes andere Objekt auch verwenden, d.h. sie kann Bewegungen ausführen, sich um andere Objekte drehen oder auf Objekte gerichtet werden.

Licht.obt: Dieses interne Objekt stellt für Animate eine Lichtquelle dar. Erhält ein Objekt diese Objekt-Datei als Objektdefinition, wird sie als Lichtquelle interpretiert. Dies hat einige Auswirkungen auf diverse Aktions-Boxen, da hier nicht nur die Position, sondern auch die Farbe und Stärke der Lichtquelle definiert werden. Es können beliebig viele Lichtquellen im Skript definiert werden. Zur besseren Übersicht sollten Objektnamen gewählt werden wie zum Beispiel «Licht1», «Licht2» etc. Bedenken Sie jedoch, daß jede zusätzliche Lichtquelle zusätzliche Rechenzeit des Raytracers erfordert. Normalerweise sollte man mit 1 bis 3 Lichtquellen im Skript auskommen.

Boden.obt: Dieses Objekt bezeichnet eine unendlich ausgedehnte Fläche. Da sich ein solches Objekt mit Graph nicht erzeugen läßt, muß dieses interne Objekt verwendet werden. Auch am Schirm erscheint nur ein Viereck mit begrenzter Größe. Der Raytracer erkennt jedoch das Objekt und behandelt es wie eine unendliche Fläche.

Kugel.obt: Obwohl auch Graph Kugeln zur Verfügung stellt, sollte dieses Objekt zur Berechnung idealer Kugeln verwendet werden. Während unter Graph eine Kugel immer aus Dreiecken zusammengesetzt wird, was später den Raytracer pro Dreieck zusätzliche Rechenzeit kostet, wird dieses interne Objekt vom Raytracer direkt als Kugel berechnet, wodurch eine erhebliche Einsparung an Rechenzeit erreicht wird. Kugeln sollten unter Graph nur als Ausgangsobjekt, zum Beispiel zum Erstellen einer Halbkugel durch Löschen einer Kugelhälfte, dienen.

Haken.obt: Dieses interne Objekt ist für den Raytracer später unsichtbar. Es dient unter Animate als Referenzobjekt. Will man zum Beispiel ein anderes Objekt um einen unsichtbaren Mittelpunkt drehen lassen, plaziert man einen Haken im Mittelpunkt der Kreisbewegung und läßt dann das Objekt um diesen Haken kreisen.

Der Menüpunkt «Oberfläche»

Mit diesem Menüpunkt können Sie dem Skript eine neue Oberflächen-Definition hinzufügen. Oberflächen werden im Skript wie normale Objekte behandelt. Auch Sie können bestimmte Aktionen «durchführen», wie zum Beispiel das Ändern der Definition in einem bestimmten Bild oder den langsamen Übergang von einem Farbwert auf einen anderen.

Um die Oberflächen-Boxen von Objekt-Boxen unterscheiden zu können, wird der Name der Oberfläche gelb unterlegt.

Nach Aufruf der Funktion erscheint eine Dialog-Box am Schirm, über die Sie die neue Oberfläche benennen können.

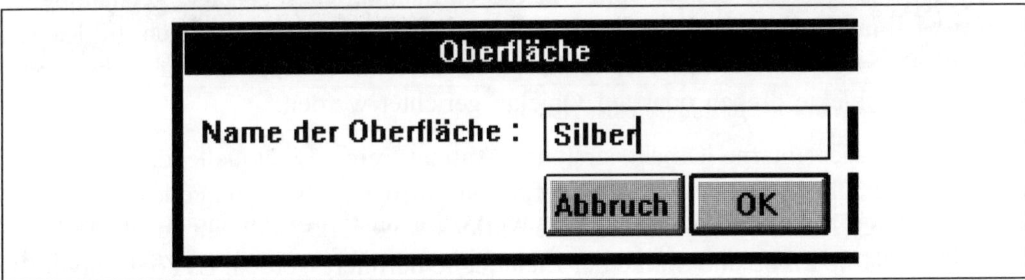

Bild 4.25: Erzeugen einer neuen Oberfläche

Der Name der Oberfläche darf im Skript ebenfalls kein zweites Mal vorkommen, sonst erhält man eine Fehlermeldung.

Neben den Namen werden zunächst keine weiteren Angaben benötigt. Der Name dient nur zur Handhabung und Identifizierung der Oberfläche im Skript. Er sagt noch nichts über die Beschaffenheit der Oberfläche aus. Der Name sollte zwar in einer Beziehung zur Oberfläche stehen, theoretisch ist es jedoch auch möglich eine gläserne Oberfläche unter dem Namen «Silber» in das Skript einzutragen. Die genaue Definition der Oberfläche erfolgt erst über eine «Definieren»-Aktion.

Neben selbstdefinierten Oberflächen sind unter Animate bereits acht voreingestellte Farben bekannt: Rot, Grün, Blau, Gelb, Weiß, Lila, Grau und Schwarz. Diese Farben entsprechen den unter Graph gewählten Grundfarben eines Objektes. Ihre Namen dürfen ebenfalls nicht für Objekte oder Oberflächen verwendet werden.

Der Menüpunkt «Aktion»

Dieser Menüpunkt aktiviert ein zusätzliches Untermenü.

Bild 4.26: Untermenü zum Hinzufügen einer Aktion

Um ein Objekt oder eine Oberfläche eine Aktion ausführen zu lassen, müssen Sie zunächst die entsprechende Box durch Anklicken auswählen. Zusätzlich muß die Nummer des Bildes bestimmt werden, in dem diese Aktion stattfinden soll. Klicken Sie dazu die Bild-Kontroll-Box des entsprechenden Bildes an.

Je nachdem, ob Sie eine Oberfläche oder ein Objekt ausgewählt haben, stehen in dem Untermenü unterschiedliche Aktionen zur Auswahl. Nach Aufrufen eines Menüpunktes erscheint eine entsprechende Dialog-Box am Schirm, über die Sie die Aktion näher beschreiben müssen. Haben Sie eine Aktion gewählt, die über einen ganzen Zeitraum aktiv ist, also eine Start- und eine Ende-Markierung besitzt, erscheint zuvor noch eine zusätzliche Dialog-Box, in der Sie den Ort der Ende-Markierung bestimmen müssen.

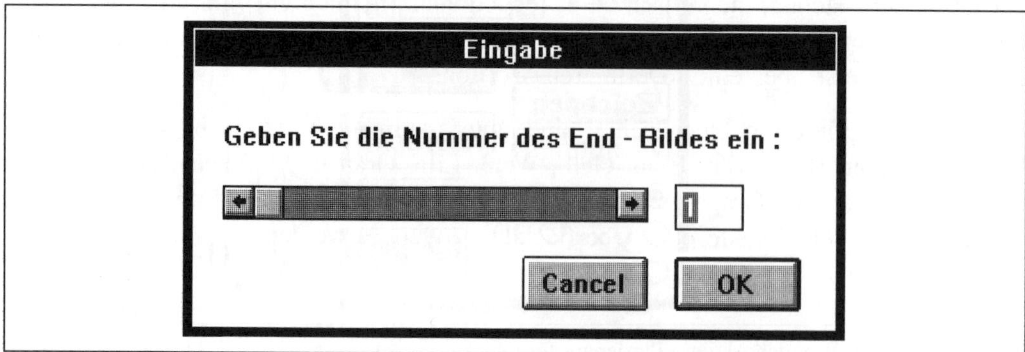

Bild 4.27: Dialog-Box zur Bestimmung des End-Bildes einer Aktion

Die Nummer des End-Bildes kann entweder direkt über das Eingabefeld oder mit Hilfe des Rollbalkens bestimmt werden. Die Nummer muß immer höher als die Nummer des Start-Bildes sein.

Die Start- und Ende-Markierungen lassen sich nachträglich jederzeit mit der Maus am Schirm verschieben.

Die Aktion «Plazieren»

Diese Aktion plaziert ein Objekt in einem durch die Start-Markierung angegebenen Bild an einer beliebigen Stelle. Gewünschte Position, Ausrichtung und Größe können über eine Dialog-Box editiert werden.

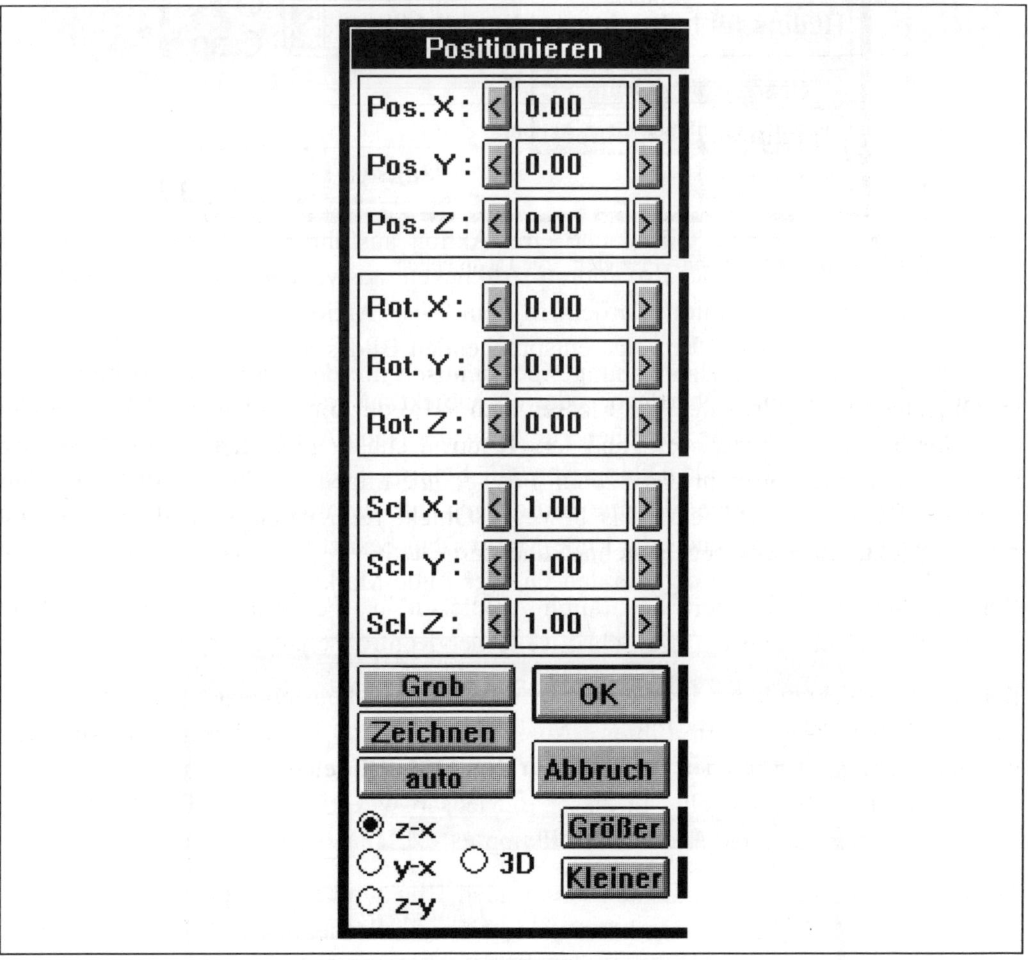

Bild 4.28a: Dialog-Box der Aktion «Plazieren» für Objekte

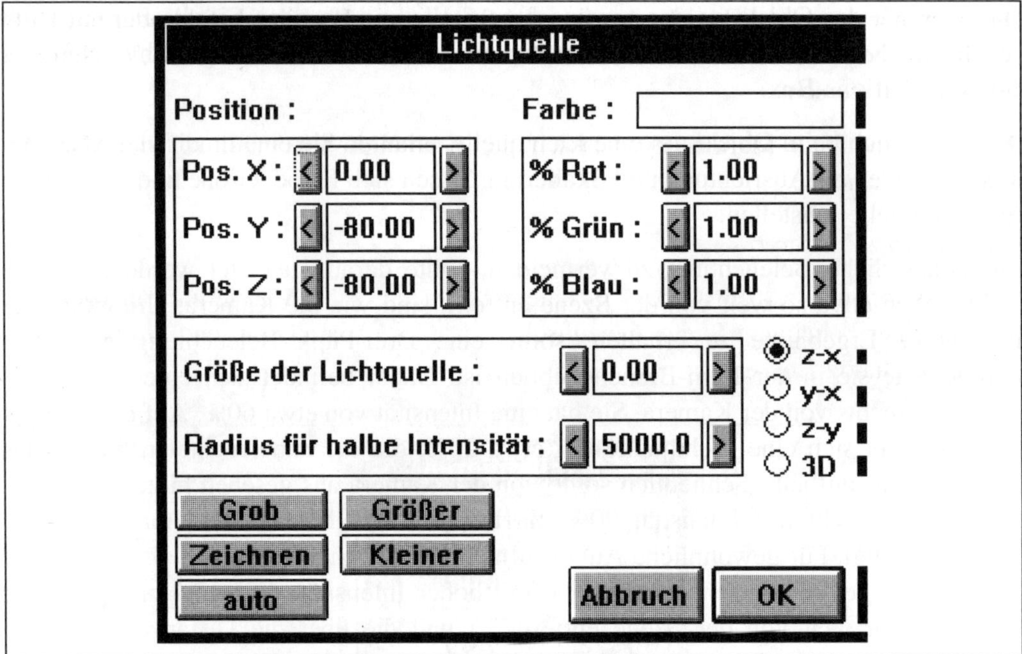

Bild 4.28b: Dialog-Box der Aktion «Plazieren» für Lichtquellen

Bedienungselemente und Handhabung sind identisch mit der Funktion «Positionieren» im Objekteditor Graph. Alle Werte lassen sich entweder direkt über die Editier-Felder oder durch Anklicken der «<»- und «>»-Kontrollschalter einstellen. Jede Bewegung des Objektes wird sofort in das Szenen-Fenster übertragen und kann dort kontrolliert werden. Wenn andere Objekte das bewegte Objekt referenzieren, wird die Position dieser Objekte ebenfalls neu berechnet und dargestellt.

Der Schalter «Grob» ändert sich durch Anklicken in «Fein» und umgekehrt. Diese Einstellung bezieht sich auf die Schrittweite der Kontrollschalter «<» und «>».

Bei großen Objekten kann das Neuzeichnen des Szenen-Fensters nach jeder Bewegung zu erheblichen Wartezeiten führen. Aus diesem Grund kann diese Funktion auch manuell durchgeführt werden. Klicken Sie dazu auf den Schalter «auto». Dieser wechselt daraufhin nach «manuell». In dieser Betriebsart wird das Szenen-Fenster nur noch bei Bedarf durch Betätigen des Kontrollknopfes «Zeichen» aufgefrischt.

Mit den unteren Kontrollelementen lassen sich Blickwinkel und Zoom-Faktor verändern. Mit der «3D»-Einstellung können Sie sich die Szene aus der Sicht der Kamera zeigen lassen. Dies ist natürlich nur möglich, wenn eine Kamera definiert wurde.

Plazieren Sie das Objekt an der gewünschten Stelle und beenden Sie die Funktion mit dem «OK»-Knopf. Am Schirm erscheint nun an der Zeitachse des ausgewählten Objekts die neue Aktions-Box.

Handelt es sich beim Objekt um eine Lichtquelle, erhalten Sie eine modifizierte Dialog-Box. Anstelle von Ausrichtung und Skalierung lassen sich Farbe, Größe und Reichweite der Lichtquelle einstellen.

Um unnatürliche Beleuchtung zu vermeiden, sollte darauf geachtet werden, daß die Lichtquellen etwa so weit von der Szene entfernt sind wie die Kamera. Um möglichst angenehme Ergebnisse zu erhalten, sollte eine Drei-Punkt-Beleuchtung eingesetzt werden, wie sie in der Film-Branche üblich ist. Dabei befindet sich eine Lichtquelle links oder rechts von der Kamera. Sie hat eine Intensität von etwa 60%. Auf der anderen Seite befindet sich eine Lichtquelle mit etwa 20%, die die unbeleuchteten Stellen des Objekts etwas aufhellt. Schließlich sollte von der Kamera aus gesehen hinter der Szene ein weiteres Licht mit Intensität 90% plaziert werden, das scharfe Umrisse für die Objekte erzeugt. Für gewöhnliche Außenaufnahmen, in denen die Sonne als Lichtquelle fungieren sollte, genügt eine Lichtquelle mit hoher Intensität, die verhältnismäßig zur Kamera recht weit von der Szene entfernt ist und die über die Distanz nicht abgeschwächt wird. Siehe hierzu auch Radius für halbe Intensität. Zu beachten ist jedoch, daß jede weitere Lichtquelle die Darstellung eines Bildes verlangsamt.

Mit den Reglern Rot, Grün und Blau kann die Farbe der Lichtquelle und ihre Intensität eingestellt werden. Zu beachten ist, daß bei der Ausleuchtung kleiner Details in der Szene durch ein Spotlicht allzu hohe Werte für die Lichtquelle eine Überbelichtung bewirken. Ebenfalls ist von sehr bunten Lichtquellen abzuraten, da sie eine unnatürliche «Disco-Atmosphäre» erzeugen. Um einer Szene eine Stimmung zu verleihen, sollte minimal oranges Licht (0.95,0.95,0.90) als warmes Licht in Innenräumen oder aber leicht blaues Licht (0.90,0.90,0.95) für kaltes Licht verwendet werden.

Die Größe der Lichtquelle hat einen Einfluß auf die Streuung des Schattens, wenn beim Raytracing der Parameter «Schatten» auf mehr als 1 gesetzt wird. Wird als Durchmesser der Lichtquelle Null gewählt, so erzeugt sie glatte Schlagschatten. Dieser Einfluß hat keine Wirkung unter Rendering, da dies keine Schatten erzeugt. Der Radius der Lichtquellen sollte im wesentlichen nicht über die Größe des kleinsten Objektes hinausreichen. Ansonsten sind alle Werte einsetzbar.

Mit dem Parameter «Radius für halbe Intensität» wird dem Licht ein Abschwächungsfaktor zugewiesen. Ist dieser Parameter gleich Null, so wird das Licht nicht abgeschwächt und hat auf beliebige Distanzen die gleiche Intensität. Andernfalls gibt dieser Radius an, nach welcher Distanz die Lichtquelle nur noch ihre halbe Intensität besitzt. Nach zweimaligem Durchreisen dieser Distanz hat sie nur noch ein Viertel der Intensität usw. Diese Funktion ist eine Alternative zum Abdunkeln der Lichtquellen mit den Schiebereglern für Rot, Grün und Blau. Sie sollte nicht zur Modellierung von Flutlichtern der Sonne und Spots verwendet werden. Für Lampen in einem Raum ist sie jedoch sehr gut geeignet.

Die Aktion «Bewegen nach»

Diese Aktion bewegt ein Objekt an eine festgelegte Position, und zwar über eine durch Start- und Ende-Markierung festgelegte Anzahl von Bildern. Nach dem Aufruf des Menüpunktes muß zunächst die Nummer des End-Bildes angegeben werden. Daraufhin erscheint die gleiche Dialog-Box wie bei der Aktion «Plazieren». Beachten Sie jedoch, daß das Szenen-Fenster nun das Drahtgittermodell des End-Bildes zeigt, damit man die Position des Objektes am Ende der Bewegung auf die Positionen der restlichen Objekte abstimmen kann. Über die Dialog-Box wird die Endposition des Objektes bestimmt.

Die resultierende Bewegung erfolgt dann von der Position des Objektes in dem durch die Start-Markierung gekennzeichneten Bild zu der über die Dialog-Box angegebenen End-Position. Alle Zwischenphasen werden automatisch berechnet.

Um eine geradlinige Bewegung eines Objektes vom Punkt A nach Punkt B zu beschreiben, muß das Objekt zunächst im Startbild mit Hilfe der Aktion «Plazieren» an den Punkt A gebracht werden. Anschließend erfolgt dann die Angabe der Endposition B mit Hilfe der Aktion «Bewegen nach». Die Aktion «Bewegen nach» legt also die Endposition eines Objektes im markierten End-Bild fest. Die Bestimmung der Ausgangsposition der Bewegung im Start-Bild muß über eine zusätzliche Aktion erfolgen. Wird diese Ausgangsposition nachträglich geändert, bewegt sich das Objekt von der neuen Position aus zum angegebenen Endpunkt.

Die Aktion «Setze Farben»

Unter Graph können einem Objekt bis zu acht unterschiedliche Farben zugeordnet werden. Diese Farben dienen dazu, Bereiche unterschiedlicher Oberflächenstruktur eines Objektes zu markieren. Gleichzeitig dienen die zugewiesenen Farben als voreingestellte Oberflächenfarbe. Diese Aktion ändert die Farbzuweisungen eines Objektes. Wählen Sie zunächst das Bild durch Anklicken der entsprechenden Kontroll-Box aus, in dem die Aktion in Kraft treten soll. Nach dem Aufruf erscheint eine Dialog-Box mit den in diesem Bild bisher gütigen Farbzuweisungen. Beachten Sie, daß sich die Farbzuweisung theoretisch mit Hilfe dieser Aktion nun in jedem Bild setzten läßt. Eine Farbzuweisung ist also jeweils nur bis zur nächsten «Setzte Farben»-Aktion eines Objektes gültig.

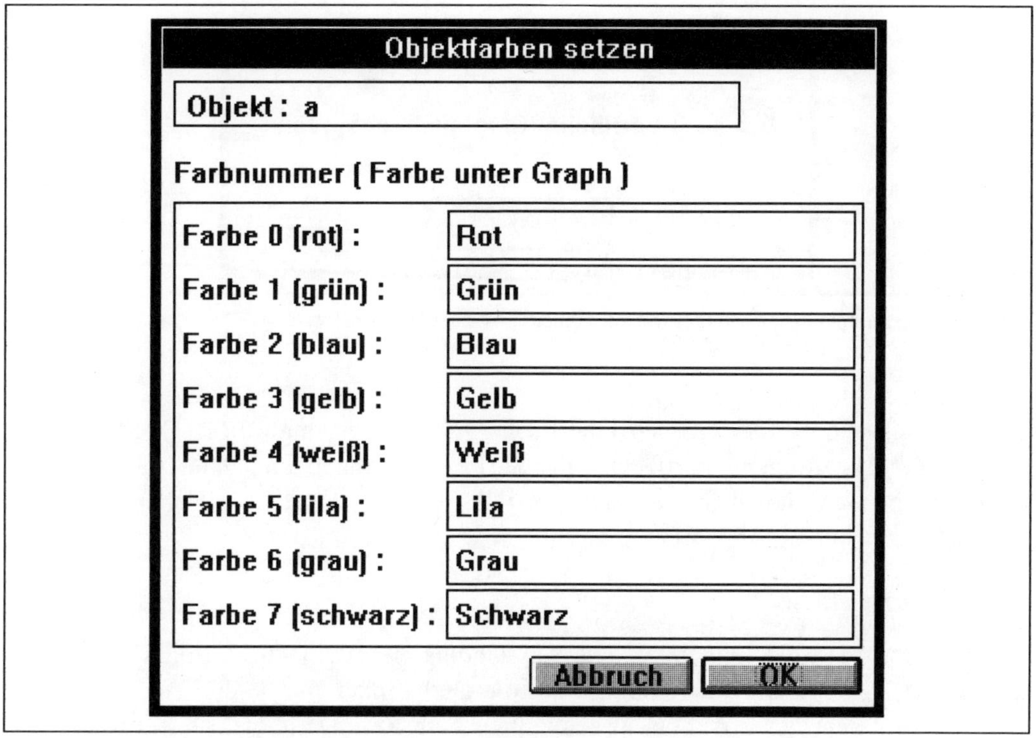

Bild 4.29: Dialog-Box zur Farbzuweisung eines Objektes

Die acht möglichen Oberflächenfarben sind untereinander numeriert aufgeführt, in Klammern deren Darstellung in Graph und im Szenen-Fenster. In den Editier-Feldern daneben finden Sie die für diese Farben zur Zeit gültigen Zuweisungen. Diese Zuweisungen können nun durch Namen von im Skript bekannten Oberflächen ersetzt werden. Beachten Sie, daß Animate auf die Groß- und Kleinschreibung von Namen achtet. «Glas» ist somit nicht gleich «glas». Wenn eine unbekannte Oberfläche angegeben wird, erfolgt eine Fehlermeldung und der Cursor wird neben den unbekannten Namen gesetzt. Auch ohne gesonderte Definition sind in Animate folgende acht Grundfarben bereits vordefiniert und können jederzeit verwendet werden: Rot, Grün, Blau, Weiß, Gelb, Lila, Grau und Schwarz.

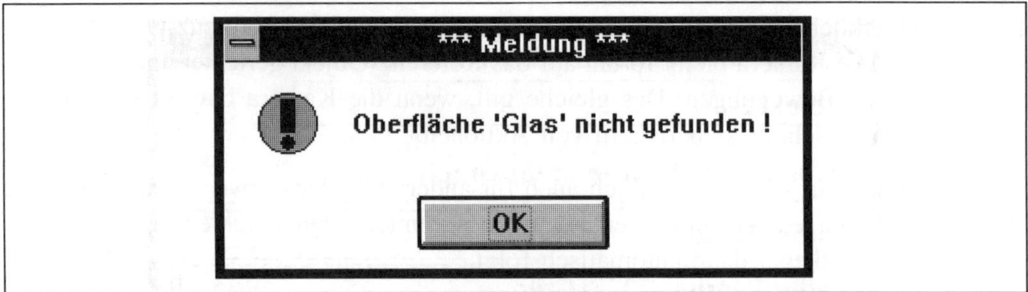

Bild 4.30: Fehlermeldung bei der Zuweisung einer unbekannten Farbe

Um ein Objekt mit einer eigenen Oberfläche zu versehen, muß diese Oberfläche zunächst mit «Hinzufügen/Oberfläche» ins Skript eingetragen und dann mit Hilfe der «Setze Farben»-Aktion dem Objekt zugewiesen werden. Eine Oberflächen-Definition läßt sich von beliebig vielen Objekten gleichzeitig verwenden.

Aktion «Ausrichten»

Diese Aktion friert die augenblickliche Ausrichtung eines Objektes bezüglich eines Referenz-Objektes ein. Die Ausrichtung bzw. die Drehwinkel um die drei Achsen werden nach Inkrafttreten dieser Aktion ausschließlich vom Referenz-Objekt beeinflußt.

Die Funktion kann zum Beispiel dazu benutzt werden, die Kamera fest auf ein bestimmtes Objekt zu richten und den Bewegungen dieses Objektes automatisch folgen zu lassen. Richten Sie die Kamera zunächst mit Hilfe einer «Plazieren»-Aktion auf das gewünschte Objekt. Achten Sie darauf, daß der Drehwinkel um die Y-Achse auf 0 bleibt. Fügen Sie dann die Aktion «Ausrichten» hinzu. Es erscheint daraufhin eine Dialog-Box, in der Sie den Namen des Objektes angeben müssen, auf das Sie die Kamera ausrichten möchten.

Bild 4.31: Dialog-Box zum Ausrichten eines Objektes

Die augenblickliche Ausrichtung der Kamera in Bezug auf das Referenz-Objekt ist nun gespeichert. Die Kamera bleibt fortan auf das Referenz-Objekt gerichtet und folgt automatisch dessen Bewegungen. Das gleiche gilt, wenn die Kamera bewegt wird. Lesen Sie dazu den Abschnitt «Überlagern von Aktionen».

Diese Aktion kann selbstverständlich auch für andere Objekte verwendet werden. Zum Beispiel läßt sich ein Scheinwerfer auf ein bestimmtes Objekt richten, dessen Bewegungen der Lichtkegel dann automatisch folgt.

Aktion «Drehen»

Diese Aktion läßt ein Objekt eine Drehbewegung um ein anderes Objekt ausführen. Als Ausgangspunkt der Drehung dient die Position des Objekts bzgl. des Referenz-Objekts in dem Bild, in dem die Aktion in Kraft tritt. Aus dem Abstand des Objekts zu seinem Referenz-Objekt wird der Radius berechnet und die Position des Referenz-Objektes als Mittelpunkt der Drehung verwendet. Bewegt sich das Referenz-Objekt während der Drehbewegung, verschiebt sich also der Mittelpunkt der Drehung, bewegt sich das Objekt mit. Mit dieser Aktion läßt sich zum Beispiel ein Mond realisieren, der sich um einen Planeten dreht, der sich wiederum selber im Raum bewegt.

Klicken Sie zunächst das Objekt an, das die Drehbewegung ausführen soll, und wählen Sie anschließend das Bild durch einen Klick in jener Kontroll-Box aus, in dem die Bewegung beginnen soll. Rufen Sie nun den Menüpunkt auf. Am Schirm erscheint eine Dialog-Box, über die Sie das End-Bild der Drehung angeben können. Im Anschluß daran erscheint die eigentliche Dialog-Box zur Kontrolle der Drehung. Wie schon bei der Aktion «Bewegen nach» wechselt der Inhalt des Szenen-Fensters auf ein Drahtgittermodell des End-Bildes, damit man die Position des Objektes am Ende der Drehung auf die Positionen der restlichen Objekte abstimmen kann.

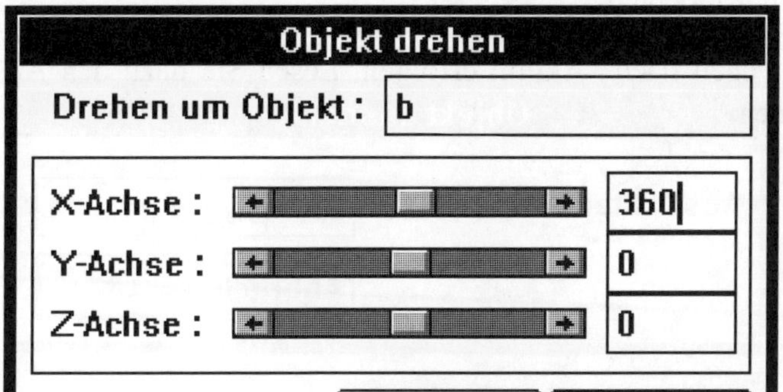

Bild 4.32: Dialog-Box der Aktion «Drehen»

Als erstes ist der Name des Referenz-Objekts einzutragen, um das die Drehung erfolgen soll. Solange dieses Feld leer oder der angegebene Name im Skript unbekannt ist, erhalten Sie bei jeder Änderung der Winkelangaben eine Fehlermeldung.

Über die Editier-Felder oder mit Hilfe der Rollbalken können die Endwinkel der Drehung um die drei Achsen bestimmt werden. Jede Änderung der Winkel läßt sich sofort im Szenen-Fenster kontrollieren. Die Angabe der Winkel erfolgt in Grad. 360 Grad entsprechen einer Volldrehung, 720 Grad einer Zweifachdrehung etc.

Damit sich ein Objekt A um ein Objekt B drehen läßt, muß Objekt A zunächst mit Hilfe einer «Plazieren»-Aktion zur Anfangsposition der Drehbewegung gebracht werden. Anschließend wird die Aktion «Drehen» hinzugefügt, das Objekt B als Referenz angegeben und die Drehwinkel eingetragen.

Wenn Sie ein Objekt um einen unsichtbaren Mittelpunkt drehen wollen, wird anstelle des Objekts B das interne Objekt «haken» in der Mitte der Drehung plaziert. Dieses Objekt kann unter Animate wie jedes andere Objekt verwendet werden, ist jedoch für den Raytracer unsichtbar. Lesen Sie bitte zu diesem Thema auch die Ausführungen über interne Objekte unter dem Menüpunkt «Hinzufügen/Objekt».

Aktion «Verbinden»

Diese Aktion schafft eine starre Verbindung zwischen einem Objekt und einem Referenz-Objekt. Diese Verbindung könnte man sich als imaginären «Greifarm» denken, der vom Referenz-Objekt ausgeht und das zugeordnete Objekt ergreift. Bewegt sich das Referenz-Objekt, bewegt sich das zugeordnete Objekt mit, dreht sich das Referenz-Objekt, beschreibt das zugeordnete Objekt einen Bogen um das Referenz-Objekt. Allerdings beeinflußt diese Aktion lediglich die Position des zugeordneten Objekts, nicht aber seine Ausrichtung bzw. seine Drehung. Man muß sich also das Objekt am Ende des «Greifarms» als ideal drehbar gelagert denken. Es folgt zwar den Bewegungen des Arms, dreht sich jedoch nicht mit. Auf Wunsch kann diese Drehung zusätzlich mit Hilfe einer «Bewegen nach»-Aktion erfolgen. Lesen Sie dazu den Abschnitt «Überlagern von Aktionen».

Diese Aktion benötigt lediglich die Angabe des Referenz-Objekts.

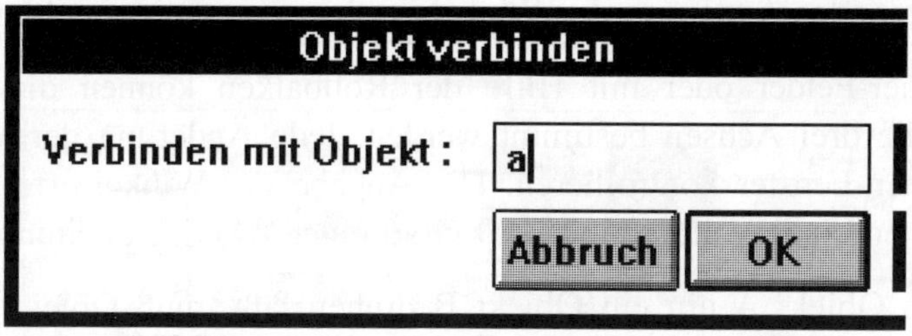

Bild 4.33: Verbinden zweier Objekte

Aktion «Definieren»

Im Gegensatz zu den vorangegangenen Aktionen, die nur von Objekten ausgeführt werden können, bezieht sich diese Aktion auf Oberflächen. Um eine eigene Oberfläche im Skript zu definieren, muß zunächst der Name der Oberfläche mit Hilfe von «Hinzufügen/Oberfläche» im Skript eingetragen werden. Daraufhin erscheint eine Oberflächen-Box mit einer Zeitachse. Die Oberfläche kann zwar nun bereits Objekten zugewiesen werden, welche Art von Oberfläche sich aber hinter dem Namen verbirgt, ist noch nicht näher definiert. Mit der Aktion «Definieren» erfolgt die komplette Beschreibung einer Oberfläche. Sie sollte im ersten Bild vorgenommen werden.

Mit dieser Aktion kann die Oberflächen-Definition aber auch in jedem beliebigen Bild komplett geändert und auf völlig neue Werte gesetzt werden.

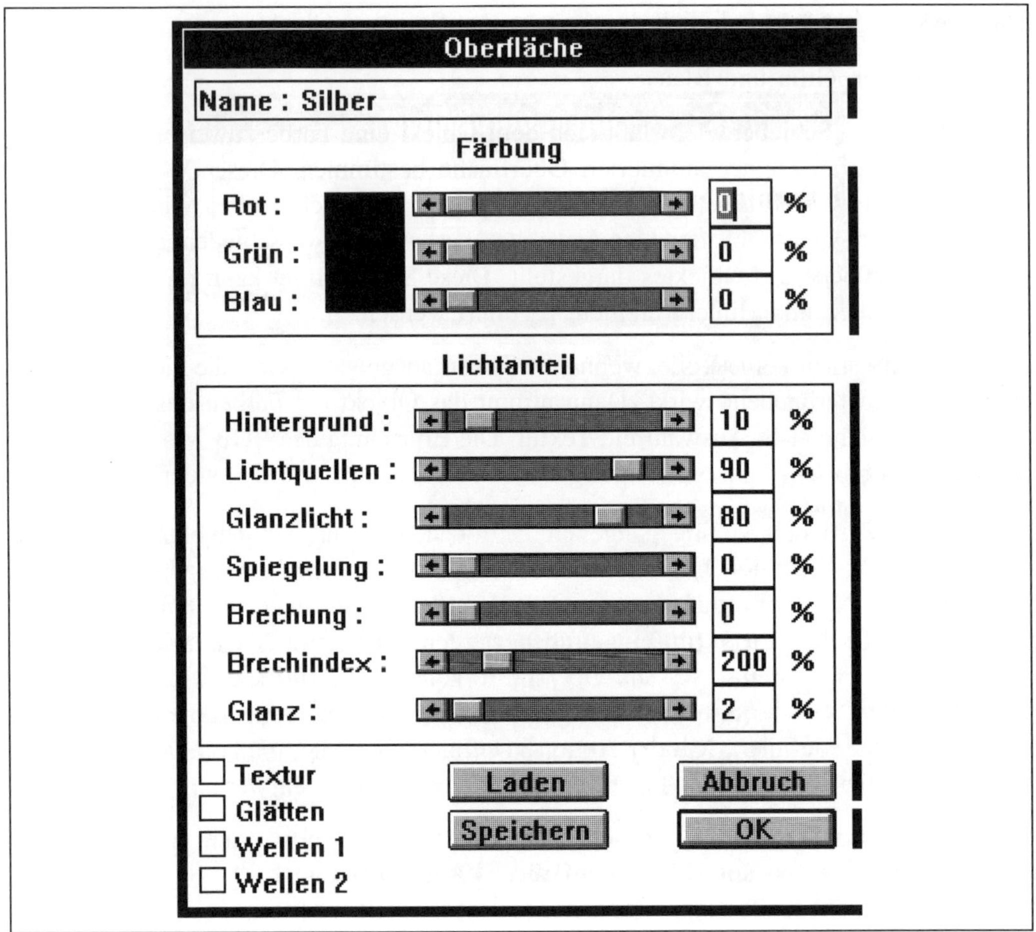

Bild 4.34: Dialog-Box zur Oberflächen-Definition

Funktion Laden

Diese Funktion bringt einen Dateirequester auf den Bildschirm, durch den sich die eingestellten Informationen über eine Oberfläche abspeichern lassen. Dies ist sehr nützlich für den Fall, daß eine Oberfläche zur Perfektion gebracht wurde. Sie kann durch Speichern und Laden in die andere Szene wieder zum Einsatz gebracht werden.

Funktion Speichern

Erlaubt das Laden von selbstdefinierten oder der von Highlight vordefinierten Oberflächen mittels eines Dateirequesters.

Parametersatz Färbung

Parameter Rot, Grün und Blau

Mit diesen drei Schiebereglern läßt sich dem Objekt eine Farbe zuweisen beziehungsweise die Endfarbe einer animierten Oberfläche bestimmen. Dieser Wert bezeichnet jedoch nur die Grundfarbe. Durch das Hinzufügen von Lichtquellen wird das Objekt noch schattiert, das heißt, der hier gewählte Wert wird in verschiedenen Helligkeiten auf der Oberfläche des Objektes dargestellt. Diese Schattierung kann mit den Parametern Lichtquellen und Hintergrundlicht reguliert werden.

Die Farbwahl spielt keine Rolle, wenn eine Textur ausgewählt wird, die nicht als Gravur dient, sondern farbgebend wirkt. Dann nimmt das Objekt die Farben des Texturbildes an. Näheres siehe auch Auswahlfeld Textur. Die Erprobung des RGB-Modells, also der additiven Farbmischung ist für Anfänger meist ungewohnt. Die folgenden Mischfarben bilden einen guten Ausgangspunkt.

Beispiele für Farbwerte:

Gelb:	Rot 100%	Grün 100%	Blau 0%
Magenta:	Rot 100%	Grün 0%	Blau 100%
Cyan:	Rot 0%	Grün 100%	Blau 100%
Weiß:	Rot 100%	Grün 100%	Blau 100%
Fliederlila:	Rot 80%	Grün 35%	Blau 100%
Messing:	Rot 100%	Grün 90%	Blau 15%
Hautfarbe:	Rot 100%	Grün 75%	Blau 40%
Lachs:	Rot 100%	Grün 55%	Blau 45%
Mint:	Rot 0%	Grün 100%	Blau 65%
Stahlblau:	Rot 30%	Grün 30%	Blau 60%
Olivgrün:	Rot 35%	Grün 55%	Blau 30%

Parametersatz Lichtanteil

Parameter Hintergrund

Ambientes Licht nennt man jenes Licht, das von allen Stellen der Oberfläche gleichmäßig stark zurückgeworfen wird. Es wird in Wirklichkeit dadurch hervorgerufen, daß alle Gegenstände nicht nur von den Lichtquellen, sondern auch von anderen Gegenständen einen Lichtanteil empfangen. Dieses auch Hintergrundlicht genannte Licht kann bei den Szenenparametern bestimmt werden. Der für jede Oberfläche charakteristische Anteil an ambienten Licht ist eine Prozentzahl, die angibt, wieviel Hintergrundlicht stets von der Oberfläche zurückgeworfen werden soll. Ihr Wert variiert in der Regel zwischen 5% und 50%. Das zurückgeworfene Licht ist jedoch nicht nur vom Hintergrundlicht, sondern auch von der Eigenfarbe des Objektes abhängig. Verzichtet man ganz auf diffuses Licht, so erhält man ein Objekt, das überall nur die eigene Farbe in der gleichen Helligkeit aufweist und in diesem Sinne keine Schattierung besitzt. Dieser Effekt kann genutzt werden, um beispielsweise einen Selbstleuchter, etwa eine Neonröhre zu entwerfen. Hierfür wählt man Weiß als Farbe, keine Textur und setzt den Anteil von ambientem Licht auf 100%. Die Werte Lichtquellen und Glanzlicht werden auf 0% gesetzt.

In seltenen Fällen kann man natürlich ganz auf den Einfluß des Umgebungslichtes verzichten, z.B. dann, wenn eine Szene im Weltraum dargestellt werden soll. Auf den bekannten Aufnahmen der Erde vom Mond aus ist die im Schatten liegende Seite stets vollkommen schwarz. Das ist einleuchtend, denn es fehlen umliegende Planeten beziehungsweise diese sind viel zu weit entfernt, um einen nennenswerten Lichtbeitrag zu liefern.

Angenommen, es soll eine Szene am Strand dargestellt werden. Dort scheint idealerweise die Sonne sehr intensiv und der Anteil an ambientem Licht sollte hier bei allen Objekten recht niedrig sein. Wird dagegen die gleiche Szene an einem regnerischen grauen Tag dargestellt, so trägt das Umgebungslicht im Verhältnis wesentlich mehr zur Ausleuchtung eines Objektes bei, da die direkte Sonneneinstrahlung entfällt. Hier wäre also ein recht hoher Wert für ambientes Licht angebracht. Es ist demzufolge wichtig, nicht nur die Stärke des ambienten Lichtes abzuschätzen, sondern auch das Verhältnis von direkter und Umgebungsbeleuchtung ist.

Im folgenden Bild sind drei Kugeln ausschließlich mit Hintergrundlicht beleuchtet. Die restlichen Lichtanteile betragen 0%. Die Werte für die drei Kugeln: 15%, 50% und 95%.

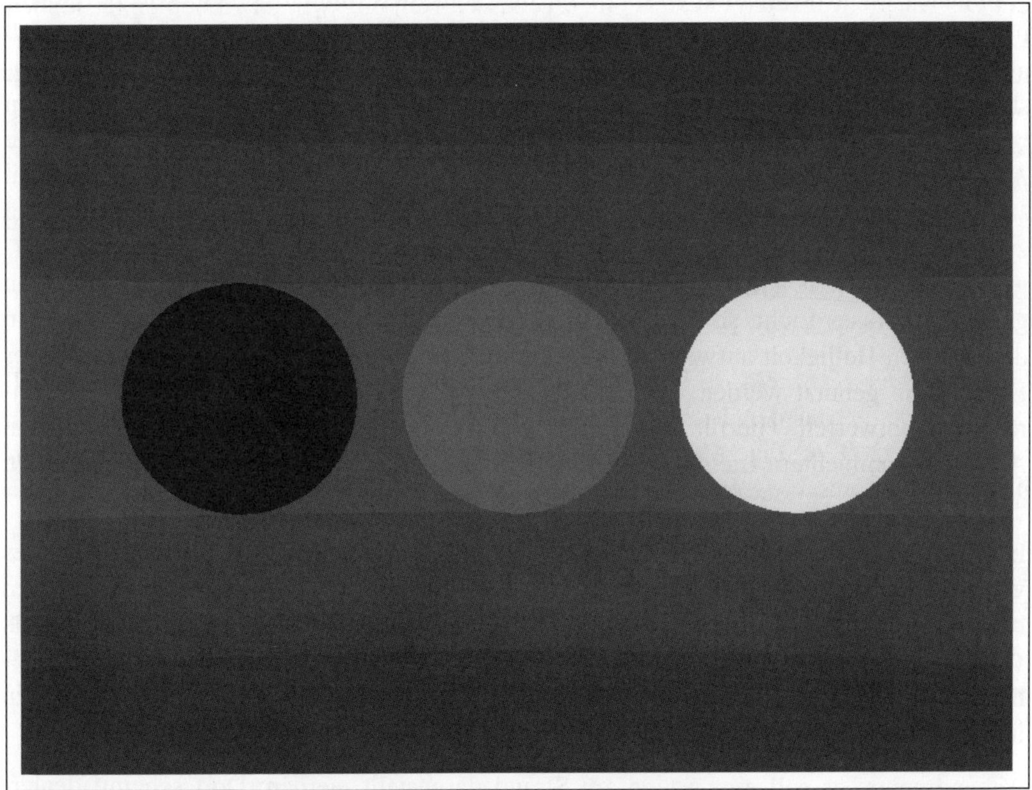

Bild 4.35: Drei Kugeln mit unterschiedlichen Werten für Hintergrundlicht

Beispielwerte für den Parameter Hintergrund:

Objekt bei Nacht, Straßenlaterne	0%
Objekt bei Sonnenschein	5%
Objekt bei Wolken	20%
Objekt in einem Fotostudio	40%

Parameter Lichtquellen

Diffuses Licht ist das, was man im normalen Sprachgebrauch unter der Beleuchtung eines Objektes versteht. Eine Oberflächennormale, also jene Richtung, die direkt von der Oberfläche wegzeigt, hat stets einen gewissen Neigungswinkel zu den eintreffenden Lichtstrahlen einer Lichtquelle. Je größer dieser Winkel, desto niedriger die Beleuchtung. Weniger technisch und mehr anschaulich ist diese Situation an einem Basketball in der prallen Sonne. Der Punkt, der der Sonne direkt zugewandt ist, ist am hellsten. Von diesem Punkt aus nimmt die Helligkeit in alle Richtungen ab bis zu einer Art Äquator. «Unterhalb» des Äquators ist die Helligkeit immer gleich groß (siehe ambientes Licht). Von der Sonne kommt kein Licht mehr an diese Stellen des Basketballs, sie werden vom Ball selbst abgeschattet. Das für jede Oberfläche einstellbare diffuse Licht ist eine Prozentzahl. Unter normalen Umständen hat sie im Vergleich zum ambienten Licht recht hohe Werte. Es empfehlen sich Zahlen zwischen 60% und 100%.

Gibt man hier 100% ein, so heißt das jedoch nicht, daß das Objekt überall gleich hell ist, sondern daß an den Lichtquellen zugewandten Stellen die Farbe des Objekts in voller Helligkeit zu Tage tritt. An abgeschatteten Stellen wird das Objekt nur mit ambientem Licht ausgeleuchtet.

Insgesamt ist damit der Anteil des diffusen Lichts von seinem Wert, der Farbe der Lichtquellen und der Eigenfarbe des Objektes abhängig. Ein weißer Ball ist bei gelbem Licht gelb, wohingegen ein rotes Auto auch unter wirklich weißem Sonnenlicht immer noch rot schattiert ist. Es gibt allerdings auch Ausnahmen, nämlich die Glanzlichter. Dies ist nachzulesen unter dem Parameter Glanz.

Im folgenden Bild sind 3 Kugeln ausschließlich mit Hintergrundlicht und Lichtquellen beleuchtet. Das Hintergrundlicht beträgt 15%. Die restlichen Lichtanteile betragen 0%. Die Werte für den Parameter Lichtquellen der drei Kugeln: 20%, 60% und 95%.

Bild 4.36: Veranschaulichung des Parameters Lichtquellen

Beispielwerte für den Parameter Lichtquellen:

glattes Plastik	100%
farbiger Stoff	90%
Kreide	100%
Papier	95%
rauhes Gummi	80%

Parameter Glanzlicht

Spekularlicht ist das technische Wort für die Glanzlichter, im Englischen auch highlights genannt. Sie geben diesem Programm seinen Namen. Ihr Erscheinen liegt folgendem physikalischen Erfahrungswert zugrunde. Jede Oberfläche hat sogenannte Mikrofacetten. Dies sind winzig kleine, absolut glatte Oberflächenbruchstücke, die als eine Art perfekter Spiegel dienen. Sie werfen das von den Lichtquellen kommende Licht direkt zurück, ohne daß dieses die Farbe der Oberfläche annimmt. An den entsprechenden Stellen des Objektes sieht der Beobachter also starke Aufhellungen, die die Farbe der Lichtquelle besitzen und nicht die des Objektes. Ganz besonders deutlich ist dieser Effekt bei Oberflächen aus Plastik. Hier sind die Glanzlichter besonders scharf gezogen.

Der anzugebende Prozentwert für das Spekularlicht erhält in der Praxis jeden erdenklichen Wert, also 0% bis 100%. Allerdings ist zu beachten, daß dieser Wert nur die Helligkeit der auftretenden Glanzlichter bestimmt und nicht deren Schärfe. Letzteres erfolgt mit dem Parameter Glanz. Um eine natürliche Szene des Alltagslebens darzustellen, sind sehr hohe Werte meist ungeeignet, da Objekte selten die volle Helligkeit der Lichtquellen als Glanzlichter aufweisen.

Im folgenden Bild sind 3 Kugeln mit verschiedenen den Werten 20%, 60% und 95% für den Parameter Glanzlicht dargestellt. Die übrigen Parameter: Hintergrund 15%, Lichtquellen 50%, Glanz 2%.

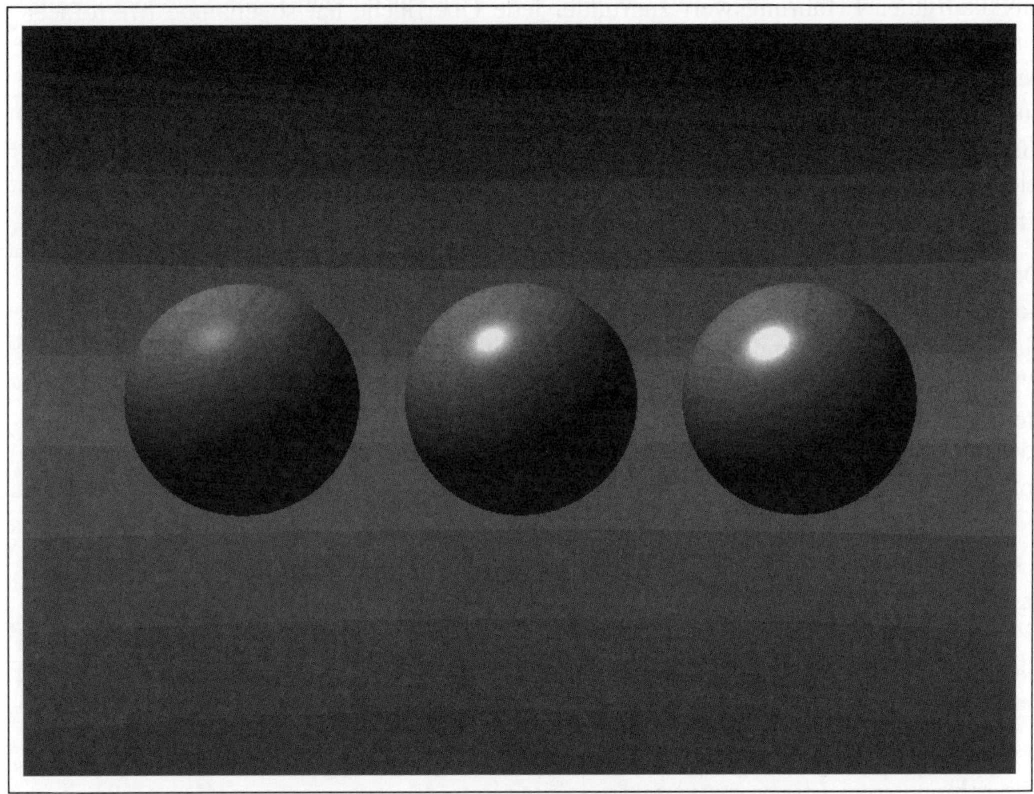

Bild 4.37: Die Glanzlichter haben drei verschiedene Helligkeiten

Beispielwerte Parameter Glanzlicht:

poröse und natürliche Oberflächen	0%
Papier	40%
unpolierte Metalle	70%
Glas	85%
polierte Metalle	95%

Parameter Spiegelung

Dieser Parameter hat nur Einfluß bei Bildern, die mit Raytracing erzeugt werden. Hierzu muß in Highlight für Windows der Menüpunkt Erstellen - Raytracing gewählt werden. Rendering wird zwar ein Bild erzeugen, dieses enthält jedoch keine Spiegelungen auf den Oberflächen. Trotz allem ist zu empfehlen, ein Rendering-Bild oder eine Rendering-Animation für Testzwecke zu erzeugen, da dies bei weitem nicht soviel Zeit in Anspruch nimmt. Fehler in der Positionierung und Bewegung lassen sich dann noch korrigrieren, bevor das sehr rechenintensive Raytracing notwendig ist. Dieses sollte nur dann eingesetzt werden, wenn die Animation oder das Bild im Rendering-Modus perfekt ist.

Mit dieser Prozentzahl läßt sich zu der Standardbeleuchtung, also Hintergrund, Lichtquellen und Glanzlicht des Objektes die Komponente sich spiegelnden Lichtes hinzuaddieren. Dieser Effekt ist in natura von glatten Oberflächen wie Glas, hartem Plastik und natürlich von gewöhnlichen Spiegeln her bekannt. Die Farbe des auf dem Objekt sichtbaren Spiegellichtes ist sowohl von der Farbe des Objektes selbst sowie von der des gespiegelten Lichtes abhängig. Eine lilafarbene Kugel zum Beispiel, also rotes und blaues Licht, ist in einem gelben Spiegel, der nur rotes und grünes Licht darstellt, tatsächlich nur in Rot zu sehen. Empfehlenswerte Werte für diesen Parameter liegen für opake Objekte mit glatter Oberfläche im Bereich zwischen 10% und 30%, für spieglende Objekte zwischen 75% und 100%. Glasoberflächen liegen oftmals auch zwischen 30% und 75%. Zu beachten ist bei letzteren genauso wie bei Flüssigkeiten, daß diese durchscheinend, also transparent sind und deshalb gebrochenes Licht enthalten müssen.

Unter Raytracing erhöht dieser Parameter, sobald er größer als 0% ist, die Zeit, die zur Berechnung des Bildes notwendig ist, drastisch. Da sehr niedrige Werte für diesen Parameter, also etwa 1% bis 4% das Resultat mehr oder weniger unangetastet lassen, jedoch die Berechnung um einiges verlängern, sollten diese nicht verwendet werden.

Im folgenden Bild sind 3 Kugeln mit verschiedenen Werten für den Parameter Spiegelung dargestellt: 15%, 55% und 95%. Im Hintergrund ist ein Boden-Objekt mit einer Textur als Farbe. Die übrigen Parameter: Hintergrund 15%, Lichtquellen 30%, Glanzlicht 75%, Glanz 10%.

Bild 4.38: Das widergespiegelt Licht ist in den Kugeln unterschiedlich hell

Beispielwerte für Spiegelung:

Rauhe bis matte Oberflächen	0%
Billardkugel	15%
Oberfläche eines glatten Sees	50%
Weihnachtskugeln, (Einfärben mit Rot, Grün und Blau)	90%
Spiegel im Badezimmer	95%
frisches flüssiges Quecksilber, (idealer Spiegel)	100%

Parameter Brechung

Dieser Parameter (ebenso wie der Parameter Spiegelung) hat nur Einfluß bei Bildern, die mit Raytracing erzeugt werden. Hierzu muß in Highlight für Windows der Menüpunkt Erstellen - Raytracing gewählt werden. Rendering wird zwar ein Bild erzeugen, dieses enthält jedoch kein durch Lichtbrechung entstandenes Licht auf den Oberflächen. Trotz allem ist zu empfehlen, ein Rendering-Bild oder eine Rendering-Animation für Testzwecke zu erzeugen, da dies bei weitem nicht soviel Zeit in Anspruch nimmt. Fehler in der Positionierung und Bewegung lassen sich dann noch korrigieren, bevor das sehr rechenintensive Raytracing das Endresultat erzeugt. Raytracing sollte nur dann eingesetzt werden, wenn die Animation oder das Bild im Rendering-Modus perfekt ist.

Aus dem Physikunterricht ist bekannt, daß durchscheinende Oberflächen das Licht brechen, mit anderen Worten seine Richtung ändern können. Dies liegt grundsätzlich daran, daß das Licht in verschiedenen Medien, beispielsweise dem Vakuum, in Gasen oder in Flüssigkeiten unterschiedliche Geschwindigkeiten besitzt. Anschaulich wird dies beispielsweise durch eine Kompanie von Soldaten, die zuerst auf festem Boden läuft, dann in ein sumpfiges Gelände überwechselt. Dort können die Soldaten nicht so schnell marschieren. Abhängig vom Winkel, unter dem sie in den Sumpf marschieren, werden Soldaten, die den Sumpf zuerst erreichen, früher abgebremst als andere und dadurch wird die Marschrichtung geändert.

Zurück zu den Lichtstrahlen. Bei Oberflächen, die lichtdurchlässig sind, ist der Effekt gebrochenen Lichtes zu beobachten. Glas und Wasser sind die dafür bekanntesten Beispiele. Ab und zu werden jedoch auch Diamanten oder Luftblasen in Computergrafiken verwandt. Diese verschiedenen Oberflächen kann man durch den Parameter Brechungsindex unterscheiden. Der Parameter Brechung bestimmt, wieviel des gebrochenen Lichtes am darzustellenden Objekt sichtbar ist. Wählt man 100%, so werden alle gebrochenen Lichtstrahlen in voller Helligkeit sichtbar. Zu beachten ist hierbei, daß sich die Farbe des gebrochenen Lichtes von der Farbe des Objektes an der Ein- oder Austrittsstelle abhängt. Dafür kommt sowohl eine einheitliche Färbung wie auch eine Textur sowie Gravur in Frage. Gravur verändert jedoch nicht die Farbe, sondern die Brechung.

Wie bei der Spiegelung verlangsamt die Berechnung von gebrochenem Licht die Fertigstellung des Bildes beträchtlich. Kommt gebrochenes Licht ins Spiel, so sollte dieser Parameter entweder 0% oder mehr als 30% betragen. Dazwischen liegende Werte machen sich im Resultat nicht so stark bemerkbar, aber hängen dem Computer einen zusätzlichen Klotz ans Bein.

Mit Rendering erstellte Bilder enthalten kein gebrochenes Licht. Trotzdem sollten sie zum Einsatz gebracht werden, um Korrekturen in Positionierung und Bewegung der Objekte zu vervollkommnen. Nur das endgültige Resultat sollte mit Raytracing berechnet werden.

Durchscheinende Objekte besitzen für gewöhnlich keine Eigenfarbe. Die Parameter Hintergrund und Lichtquellen erhalten deswegen bei Einsatz von gebrochenem Licht für gewöhnlich sehr niedrige Werte. Höhere Werte führen zur Überbelichtung des Objektes. Da die Oberflächen dieser Objekte jedoch meist recht glatt ist, ist für den Parameter Glanzlicht ein Wert zwischen 70% und 100% angemessen und für den Parameter Spiegelung jeder sinnvolle Wert, also 0% oder 20% bis 100% angebracht.

Im folgenden Bild sind 3 Kugeln mit verschiedenen Werten für den Parameter Brechung dargestellt: 15%, 55% und 95%. Im Hintergrund ist ein Boden-Objekt mit einer Textur als Farbe. Die übrigen Parameter: Hintergrund 15%, Lichtquellen 10%, Glanzlicht 75%, Glanz 10%, Brechindex 1,5.

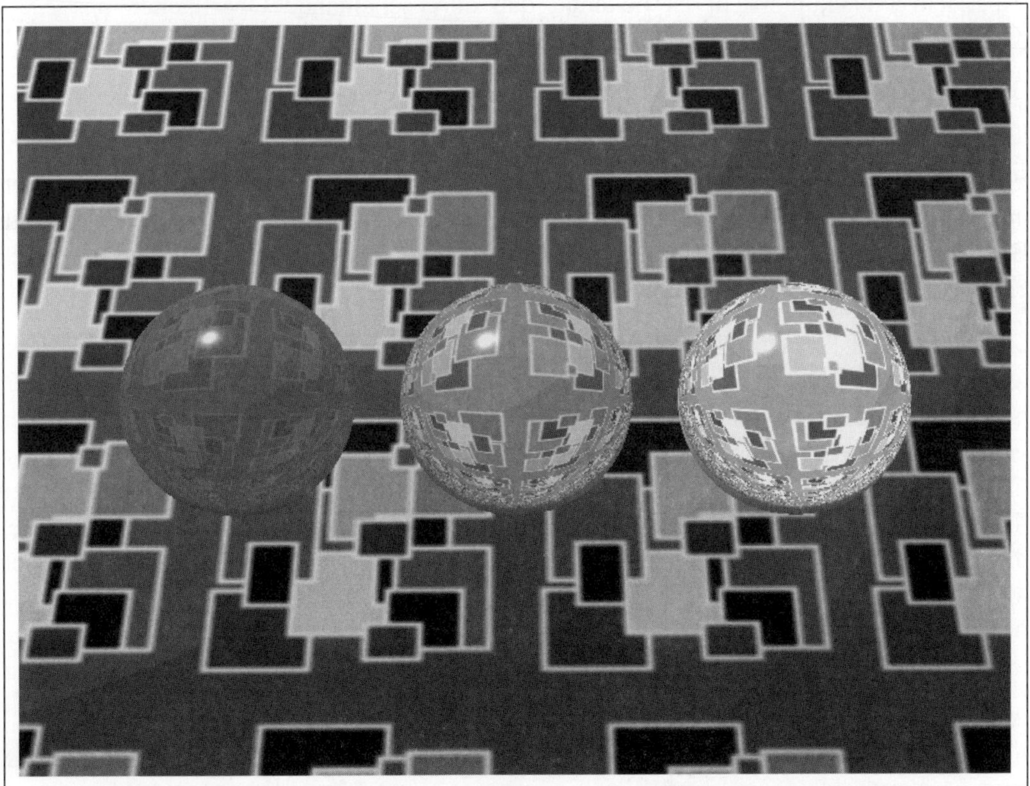

Bild 4.39: Veranschaulichung des Parameters Brechung

Beispielwerte für Parameter Brechung:

Glas	92%
Wasser	88%
Diamant	99%

Parameter Brechindex

Dieser Parameter kommt nur zur Geltung, wenn gebrochenes Licht in der Szene dargestellt werden soll. Diese Prozentzahl bestimmt den Brechungsindex einer Oberfläche. Die Werte dafür sind in verschiedenen physikalischen Tabellen wiedergegeben, beschränken sich in der Praxis jedoch auf die Brechindizes von Luft mit Wasser, Glas oder Diamant. Um Lupeneffekte zu verfeinern, sind auch andere Werte denkbar. Eine Erhöhung dieses Parameters verstärkt den Lupeneffekt, solange er größer als 100% ist, eine Erniedrigung schwächt ihn ab. Werte unterhalb von 100% sind äußerst selten. Beispielsweise besitzen Luftblasen in einer Unterwasserszene den Kehrwert des Brechindex von Wasser.

Es ist zu betonen, daß gebrochenes Licht die Erzeugung von Bildern stark verlangsamt und bei Rendering-Bildern nicht dargestellt wird. Dieser Parameter ist also stets mit Bedacht einzusetzen. Näheres dazu findet sich bei den Parametern Spiegelung und Brechung.

Im folgenden Bild sind 3 Kugeln mit verschiedenen den Werten 75% bzw. 180% bzw. 240% für den Parameter Brechindex dargestellt. Im Hintergrund ist ein Boden-Objekt mit einer Textur als Farbe. Die übrigen Parameter: Hintergrund 15%, Lichtquellen 10%, Glanzlicht 75%, Glanz 10%, Brechung 95%

Bild 4.40: Der Lupeneffekt wird deutlich bei verschiedenen Brechindizes

Beispielwerte für Parameter Brechindex:

Seifenblase	1,0 = 100%
Plexiglas	1,5 = 150%
Kronglas	1,6 = 160%
Wasser, Eis	1,3 = 130%
Diamant	2,4 = 240%
Luftblasen unter Wasser	0,77 =77%

Parameter Glanz

Dieser Parameter wirkt im Zusammenhang mit Glanzlicht. Je größer er ist, desto schärfer werden die von den Lichtquellen hervorgerufenen Glanzeffekte gezogen. Praktisch ist jeder einstellbare Wert einsetzbar. Rauhe Oberflächen wirken am besten mit Werten zwischen 10% und 20%. Glatte Oberflächen sollten Werte zwischen 40% und 80% erhalten. Die Farbe der Highlights auf den Oberflächen hängt lediglich von der Farbe der Lichtquellen ab. Eine weiße Lichtquelle erzeugt z.B. auf einer grünen Kugel einen weißen Punkt.

Im folgenden Bild sind 3 Kugeln mit verschiedenen den Werten 2%, 10% und 60% für den Parameter Glanz dargestellt. Die übrigen Parameter: Hintergrund 15%, Lichtquellen 50%, Glanzlicht 75%.

Bild 4.41: Die Schärfe der Glanzlichter unterscheidet sich auf allen Kugeln

Beispielwerte für Parameter Glanz:

Holz	3%
Computergehäuse	10%
Hartplastik	80%
Glas	85%
Diamant	90%

Auswahlfeld Texturen

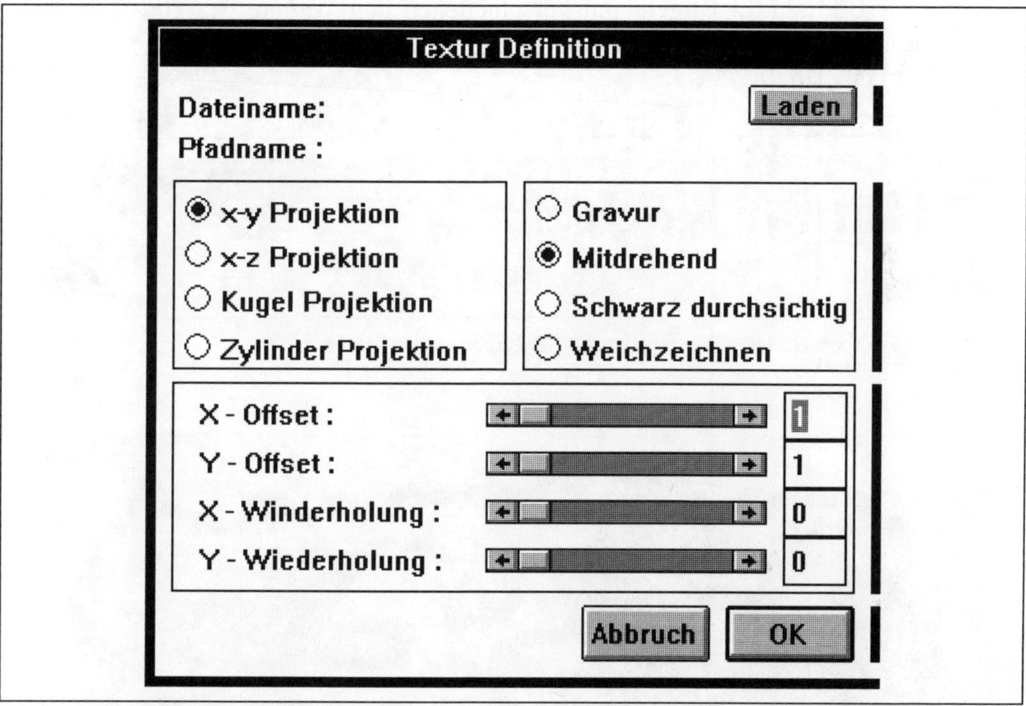

Bild 4.42: Dialog-Box zur Definition von Oberflächen-Texturen

Dieses Auswahlfeld zeigt an, ob der Oberfläche eine Textur zugewiesen ist. Ist es nicht ausgewählt und wird angeklickt, so kann der Oberfläche eine Texturdatei zugewiesen werden. Die Parameter der Textur kann im Texturrequester eingestellt werden. Im folgenden sind vier Texturflächen und ein Bild mit vier Objekten dargestellt, die mit verschiedenen Techniken eingefärbt wurden.

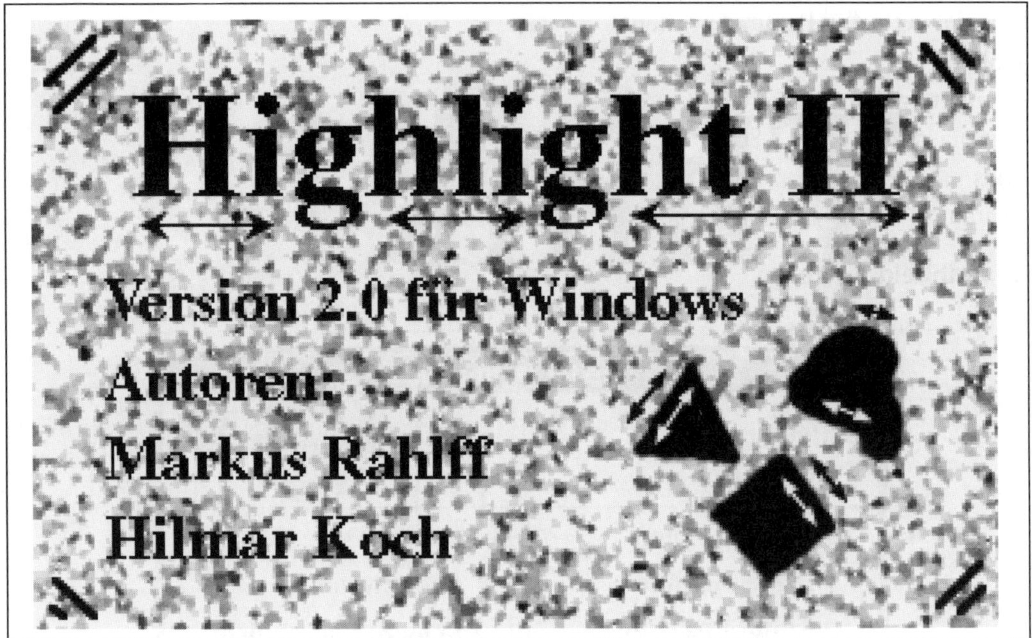

Bild 4.43: Ein etwas veraltetes Werbeplakat für Highlight

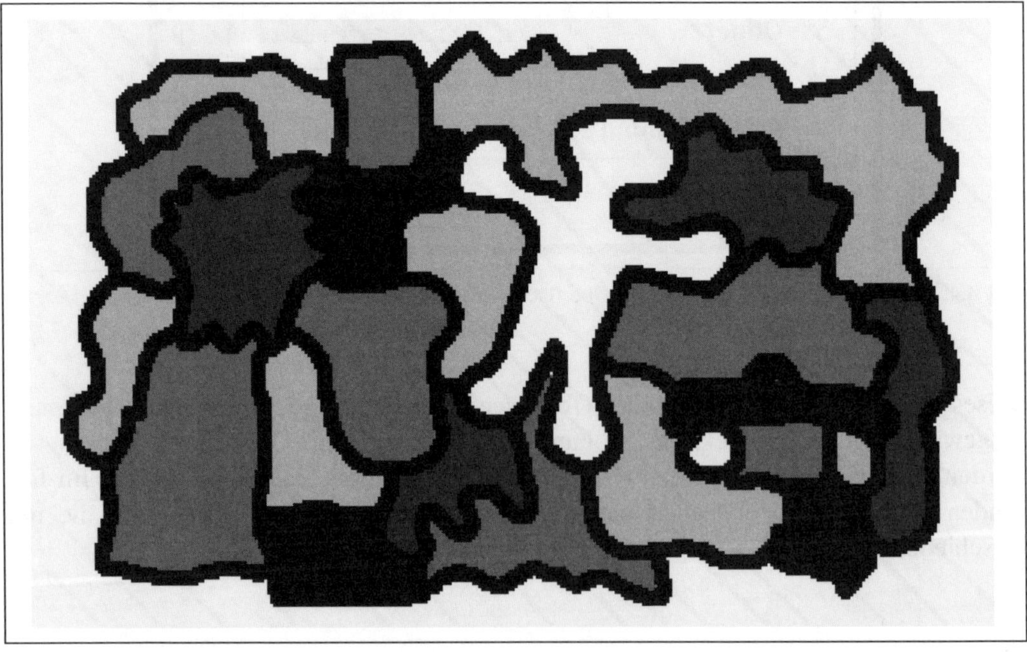

Bild 4.44: Ein wenig Graffiti nach Keith Haring

Bild 4.45: Dies soll zum Nachdenken anregen

Bild 4.46: Einige geometrische Formen

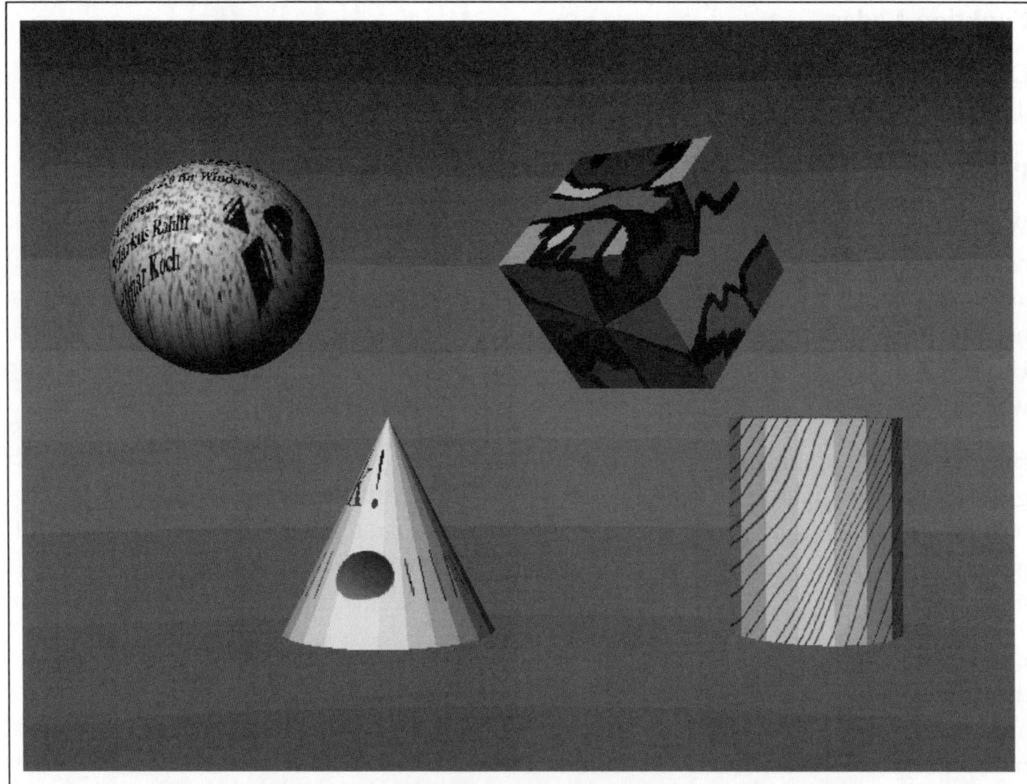

Bild 4.47: Die vier oben dargestellten Bilder dienen hier als Texturen

Texturrequester: Textfeld Dateiname

Dieses Feld zeigt den aktuellen Dateinamen der Targadatei an, die als Vorlage für die Textur dienen soll. Zu Beginn enthält es die Information *.TGA, um anzuzeigen, daß nur Targadateien verwendet werden können. Hier kann ein Name von Hand eingegeben werden, oder er wird übertragen, wenn eine Datei mit der Funktion Laden ausgewählt wurde.

Textfeld Pfadname

Hier wird der zu einer Datei gehörige Pfadname angezeigt. Zu Beginn verweist dieser Pfadname auf das Texturenverzeichnis im Highlight-Hauptverzeichnis. Wird eine Datei mit der Funktion Laden ausgewählt, so erscheint in diesem Feld der dazugehörige Pfadname. Die Pfadnamen für Texturen werden getrennt vom Dateinamen gespeichert. Beim Übertragen von Projekten muß dies beachtet werden.

Funktion Laden

Diese Funktion ruft einen Dateirequester auf, in dem die Datei angegeben werden kann, die die Textur enthält.

Projektionsarten: x-y-Projektion

Wird dieses Feld gewählt, so führt Highlight eine Parallelprojektion mit der angegebenen Textur durch (nur Targadateien sind als Texturvorlagen zugelassen). Dies heißt mit anderen Worten, daß das Objekt mit dem Bild wie durch einen Diaprojektor von oben bestrahlt wird. «Von oben» bezieht sich in diesem Falle auf die Sichtweise in Graph. Um die genaue Projektionsfläche zu erkennen, muß man in Graph in die F2-Darstellung wechseln.

Bei der x-y-Projektion fallen die Koordinate für die x-Abtastung der Textur mit der globalen x-Koordinate und jene für die y-Abtastung mit der negativen globalen y-Koordinate zusammen. Mit anderen Worten: In der F2-Darstellung von Graph ist der Nullpunkt zur Texturdarstellung die linke obere Ecke jenes Rechtecks, welches das Objekt vollkommen abdeckt. Die x-Richtung wächst nach rechts, die y-Richtung nach unten.

Die Größe der Textur und die des Objektes spielen zwar eine Rolle, jedoch werden die Bilder automatisch skaliert. Wird z. B. ein quadratisches Texturbild von oben auf ein Auto projiziert, so wird es zur längeren Seite des Autos hin gestreckt. Dies wird im dargestellten Bild zur x-y-Projektion illustriert.

Wichtig ist an dieser Stelle zu bemerken, daß zur Skalierung der Texturen immer das ganze Objekt als Vorlage dient und nicht nur der Teil des Objektes, der in der Farbe der definierten Oberfläche eingefärbt ist. Dies hat Vor- und Nachteile. Ein Nachteil, der jedoch umgehbar ist, liegt darin, daß zum Beispiel die Textur für ein Flaschenetikett so entworfen werden muß, daß links und rechts vom interessanten zu projizierenden Teil des Etiketts noch genug Platz ist. Dieser Freiraum wird sozusagen ins Leere projiziert, da die Dreiecke des Objektes an diesen Stellen eben andere Farbwerte besitzen. Andererseits kann ein Objekt gänzlich mit einer Textur eingefärbt werden, während zwei verschiedene Farben auf diese Textur verweisen. Dies kann nützlich sein, wenn z.B. am Rand des Zylinders eine Glättung vorgenommen werden soll, an Boden- und Deckenfläche jedoch nicht. Dies ist mit dieser Methode ohne weiteres möglich, ohne daß Sprünge in der Textur entstehen.

Projektion von Texturen hat zur Folge, daß die gesamte Farbinformation eines Bildes durchdringende Wirkung hat. Eine x-y-Projektion ist also nicht nur von oben, sondern auch unterhalb eines Objektes sichtbar, dort allerdings seitenverkehrt.

Diese Projektion kann auch Streifen an Oberflächen hervorrufen, die senkrecht zur Projektionsrichtung verlaufen. Ein an den globalen Koordinatenachsen ausgerichteter Würfel z. B. stellt ein Bild auf der Ober- und Unterseite dar und ist am Rand durch den Rahmen des Texturbildes eingefärbt. Dieser Effekt ist auf dem Bild auch erkennbar.

X-y-Projektionen wie auch x-z-Projektionen sind Parallelprojektionen und bewirken die geringste Verzerrung des gewählten Bildes. Sie ist damit ideal geeignet für Objekte, die nur auf einer einigermaßen ebenen Seite des Objekts eine Textur enthalten sollen.

Das folgende Bild zeigt drei Objekte, die mit x-y-Projektion und Textur versehen sind.

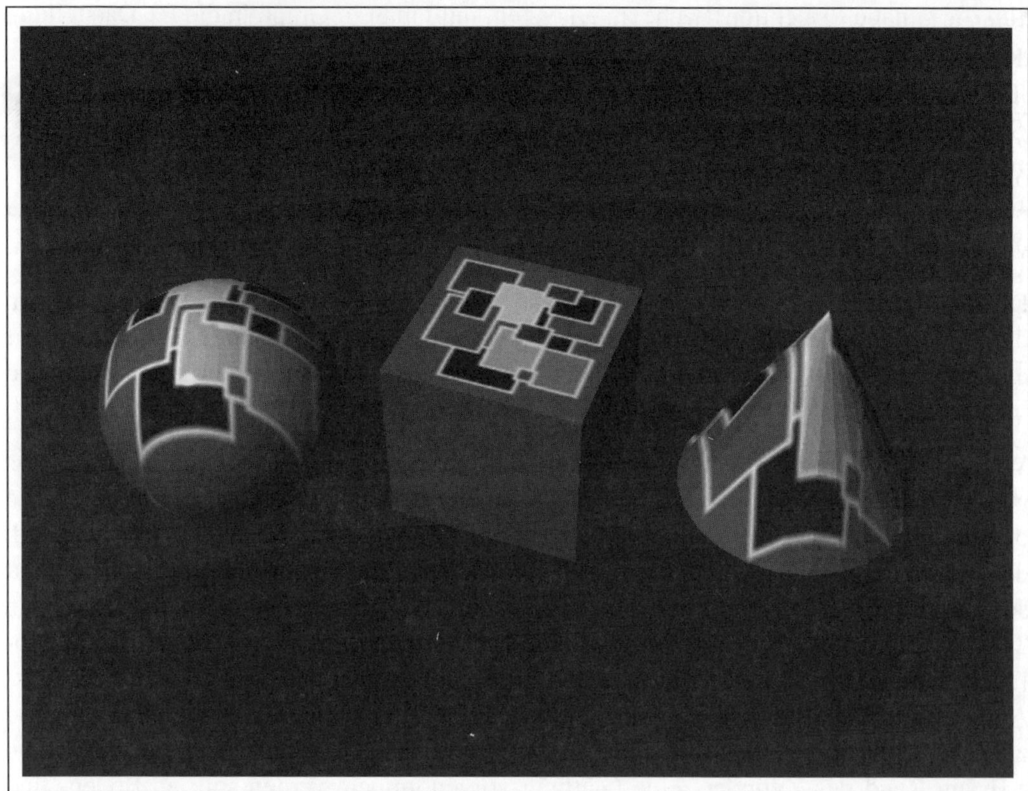

Bild 4.48: Einige Objekte mit x-y-Projektion einer Textur

Beispiele für x-y-Projektionsarten:

Schachbrett: Dem Objekt Boden wird eine Oberfläche zugewiesen, die eine Textur enthält. Parameter der zugehörigen Textur: x-y-Projektion; Wiederholungen 1 und 2 jeweils 1; Offset 1 und 2 jeweils 0.0; Schwarz nicht durchsichtig; mitdrehend; keine Farbweichzeichnung; keine Gravur. Als Texturdatei muß ein 2-mal-2-Bild erzeugt werden, das im linken unteren und im rechten oberen Bildpunkt die eine Farbe, meist Schwarz und in den verbleibenden Punkten die andere Farbe, für gewöhnlich Weiß enthält.

Geburtstagstorte: Die Geburtstagstorte soll eine Schokoladenglasur besitzen und einen bunten Glückwunsch mit Farbe. Hierzu wird dem Objekt, am besten einem sehr kurzen Kreiszylinder, eine Oberfläche mit Textur zugewiesen. Parameter der zugehörigen Textur: x-y-Projektion; Wiederholungen 1 und 2 jeweils 1; Offset 1 und 2 jeweils 0.0; Schwarz nicht durchsichtig; mitdrehend; Farbweichzeichnung; keine Gravur. Das Texturbild ist relativ einfach zu erzeugen: Auf braunem Hintergrund wird mit grellen Farben der Geburtstagswunsch eingetragen. Das Bild muß nicht kreisrund ausgeschnitten werden, da die Torte keine Ecken besitzt und dort auch keine Farbe projiziert werden kann. Der braune Hintergrund bewirkt, daß die Torte auch eine Schokoladenglasur am Rand besitzt.

Projektionsarten: x-z-Projektion

Wird dieses Feld gewählt, so führt Highlight ganz analog wie bei der x-y-Projektion eine Parallelprojektion mit der angegebenen Textur durch. Nur Targadateien sind als Texturvorlagen zugelassen. Das Objekt wird mit dem Bild wie durch einen Diaprojektor von vorne bestrahlt. «Von vorne» bezeichnet jene Sichtweise in Graph, mit der das Programm startet. In der F1-Darstellung von Graph ist damit die eigentliche Projektionsfläche des Objektes sichtbar.

Bei der x-z-Projektion fallen die Koordinate für die x-Abtastung der Textur mit der globalen x-Koordinate und jene für die y-Abtastung mit der negativen globalen z-Koordinate zusammen. Das heißt, daß in der F1-Darstellung von Graph der Nullpunkt zur Texturdarstellung die linke obere Ecke jenes Rechtecks ist, welches das Objekt vollkommen abdeckt. Die x-Richtung wächst nach rechts, die y-Richtung nach unten.

Die Größe der Textur und die des Objektes spielen zwar eine Rolle, jedoch werden die Bilder automatisch skaliert. Wird z. B. ein Gesicht als Texturbild gewählt und auf einen Würfel von vorne projiziert, so wird das Gesicht in die Breite gezogen. Dies liegt daran, daß ein Bild eines Kopfes mit Hals und Haaren wesentlich höher als breit ist. Diese Ungleichheit wird von Highlight durch Skalierung in eine oder mehrere Richtungen ausgeglichen. Diese Verzerrungen werden im Bild zur x-z-Projektion illustriert.

Wichtig ist an dieser Stelle zu bemerken, daß zur Skalierung der Texturen immer das ganze Objekt als Vorlage dient und nicht nur der Teil des Objektes, der in der Farbe der definierten Oberfläche eingefärbt ist. Dies hat Vor- und Nachteile. Ein Nachteil, der jedoch umgehbar ist, liegt darin, daß zum Beispiel die Textur für ein Flaschenetikett so entworfen werden muß, daß links und rechts vom interessanten zu projizierenden Teil des Etiketts noch genug Platz ist. Dieser Freiraum wird sozusagen ins Leere projiziert, da die Dreiecke des Objektes an diesen Stellen eben andere Farbwerte besitzen. Andererseits kann ein Objekt gänzlich mit einer Textur eingefärbt werden, während zwei verschiedene Farben auf diese Textur verweisen. Dies kann nützlich sein, wenn z.B. am Rand des Zylinders eine Glättung vorgenommen werden soll, an Boden- und Deckenfläche jedoch nicht. Dies ist mit dieser Methode ohne weiteres möglich, ohne daß Sprünge in der Textur entstehen.

Projektion von Texturen hat zur Folge, daß die gesamte Farbinformation eines Bildes durchdringende Wirkung hat. Eine x-z-Projektion ist also nicht nur von vorne, sondern auch auf der Rückseite eines Objektes sichtbar, dort allerdings seitenverkehrt.

Die Parallelprojektion kann auch Streifen an Oberflächen hervorrufen, die senkrecht zur Projektionsrichtung verlaufen. Ein an den globalen Koordinatenachsen ausgerichteter Würfel z. B. stellt ein Bild auf der Vorder- und Rückseite dar und ist am Rand durch den Rahmen des Texturbildes eingefärbt.

X-y-Projektion wie auch x-z-Projektion sind Parallelprojektionen und bewirken die geringste Verzerrung des gewählten Bildes. Sie ist damit ideal geeignet für Objekte, die nur auf einer einigermaßen ebenen Seite eine Textur enthalten sollen.

Das folgende Bild zeigt drei Objekte, die jeweils mit einer Textur in x-z-Projektion versehen sind.

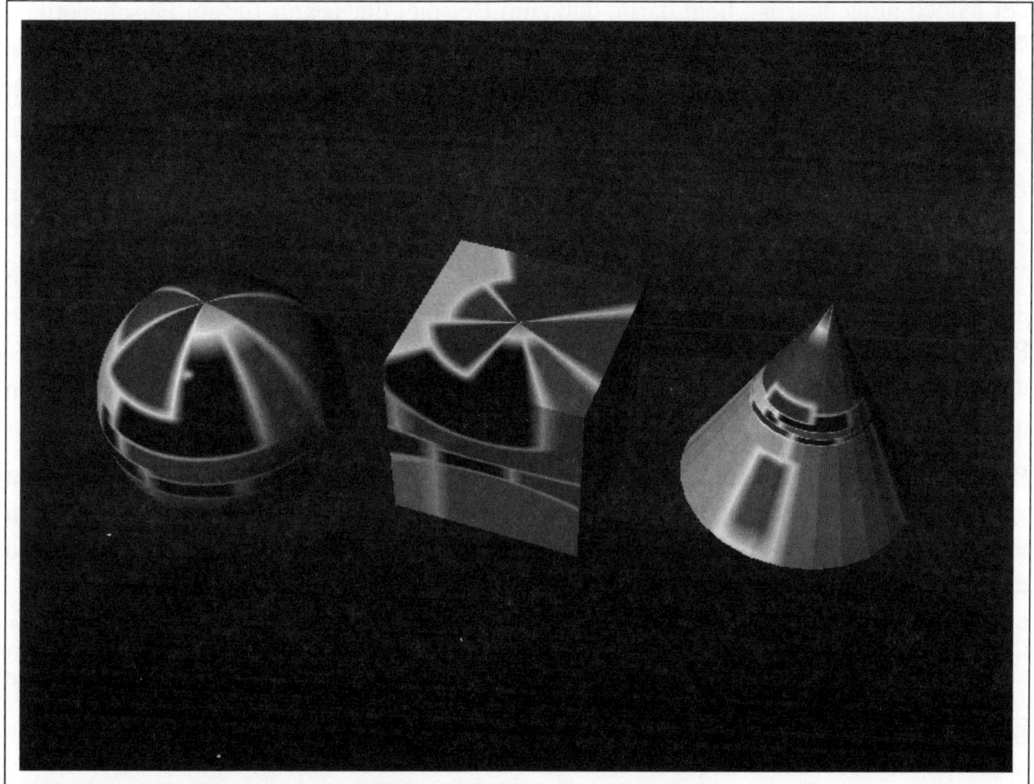

Bild 4.49: Einige Objekte mit x-z-Projektion einer Textur

Beispiele zur x-z-Projektion:

Grabstein: Einem Quader wird eine Oberfläche zugewiesen, die eine Textur enthält. Parameter der zugehörigen Textur: x-z-Projektion; Wiederholungen 1 und 2 jeweils 1; Offset 1 und 2 jeweils 0.0; Schwarz nicht durchsichtig; mitdrehend; keine Farbweichzeichnung; keine Gravur. Als Texturdatei dient ein hellgrauer Hintergrund oder besser ein Bild von poliertem Granit mit einer dunkelgrauen Aufschrift: «R.I.P. ...» usw.

Fernsehbildschirm: Der Fernseher soll ein Bild von den letzten Landtagswahlen enthalten. Hierzu verwendet man am besten ein Objekt, das lediglich aus einem Quader mit einer nach außen gewölbten Mattscheibe in einer anderen Farbe besteht. Dieser wird eine Oberfläche mit Textur zugewiesen. Parameter der zugehörigen Textur: x-z-Projektion; Wiederholungen 1 und 2 jeweils 1; Offset 1 und 2 jeweils 0.0; Schwarz nicht durchsichtig; mitdrehend; Farbweichzeichnung; keine Gravur. Das Texturbild kann von Hand mit einem Zeichenprogramm gezeichnet werden und muß dann als Targadatei gespeichert werden.

Projektionsarten: Kugel-Projektion

Die Kugel- oder sphärische Projektion erlaubt das Einfärben eines Objektes wie in einem Rundumkino. Zu beachten ist, daß nur Targadateien als Texturvorlagen zugelassen sind. Das Objekt wird mit dem Bild vom Mittelpunkt des Objektes aus durch einen durchdringenden Farbstrahl eingefärbt. Die Texturfläche wird durch diese Methode automatisch auf alle Oberflächenteile des Objektes skaliert, die die entsprechende Farbe besitzen, die auf die Texturoberfläche verweisen. Es spielt somit keine Rolle, ob eine perfekte Kugel oder eine sehr verwachsene Kartoffel als Objekt dient. Lediglich an den Polen sind Verzerrungen des Texturbildes zu erkennen, da hier der obere und der untere Rand des Bildes zu einem Punkt zusammengezogen wird. Diese Verzerrungen werden im Bild zur Kugel-Projektion illustriert.

In der Kugel-Projektion ist die x-Richtung, die zur Abtastung eines Bildes herangezogen wird, eine Polarkoordinate, nämlich der Winkel, den der Punkt in der F2-Projektion von Graph mit der positiven x-Achse einschließt. Die y-Koordinate ist der Winkel, den die zum Abtastpunkt zeigende Richtung mit der x-y-Ebene einschließt. Der Nullpunkt liegt in der Mitte des oberen Rands des umschließenden Rechtecks in der F1-Darstellung. Auf diesen Punkt wird die gesamte Information des oberen Rands des Texturbildes zusammengezogen. Die x-Richtung wächst von diesem Punkt aus gegen den Uhrzeigersinn in der F2-Darstellung. Die y-Richtung wächst auch gegen den Uhrzeigersinn, allerdings in der F3-Darstellung.

Wichtig ist an dieser Stelle zu bemerken, daß zur Skalierung der Texturen immer das ganze Objekt als Vorlage dient und nicht nur der Teil des Objektes, der in der Farbe der definierten Oberfläche eingefärbt ist. Dies hat Vor- und Nachteile. Ein Nachteil, der jedoch umgehbar ist, liegt darin, daß die Texturvorlagen ihrer Größe nach dem Objekt angepaßt werden müssen. Soll zum Beispiel eine Landkarte auf eine Weltkugel gezeichnet werden, wobei für die Südhalbkugel und für die Nordhalbkugel verschiedene Vorlagen als Textur dienen sollen, so genügt es nicht, nur die Textur für die eine Hälfte zu zeichnen. Das entsprechende Bild muß einen ebenso breiten Streifen für die Nord- sowie für die Südhälfte besitzen. Dieser Freiraum für die andere Hälfte wird sozusagen ins Leere projiziert, da die Dreiecke des Objektes an diesen Stellen eben andere Farbwerte besitzen. Es ist unumgänglich, in Graph die untere Hälfte der Kugel mit einer anderen Farbe wie die obere Hälfte einzufärben, wenn für sie eine andere Textur verwandt werden soll. Andererseits kann ein Objekt gänzlich mit einer Textur eingefärbt werden, während zwei verschiedene Farben auf diese Textur verweisen. Dies kann nützlich sein, wenn z.B. am Rand des Zylinders eine Glättung vorgenommen werden soll, an Boden- und Deckenfläche jedoch nicht. Dies ist mit dieser Methode ohne weiteres möglich, ohne daß Sprünge in der Textur entstehen.

Projektion von Texturen hat zur Folge, daß die gesamte Farbinformation eines Bildes durchdringende Wirkung hat. Eine Kugel-Projektion färbt die Schale einer ausgehöhlten Melone sowohl innen wie auch außen.

Kugel-Projektion ist ideal geeignet für Kugeln und für Objekte, die einigermaßen kugelförmige Gestalt besitzen und die auf allen Seiten eingefärbt oder graviert werden sollen. Bei der Erstellung der Texturen ist immer zu beachten, daß Verzerrungen entstehen. Der obere und der untere Bildrand wird stets zu Punkten an den Polen zusammengezogen.

Das folgende Bild zeigt drei Objekte, die jeweils mit einer Textur in Kugel-Projektion versehen sind.

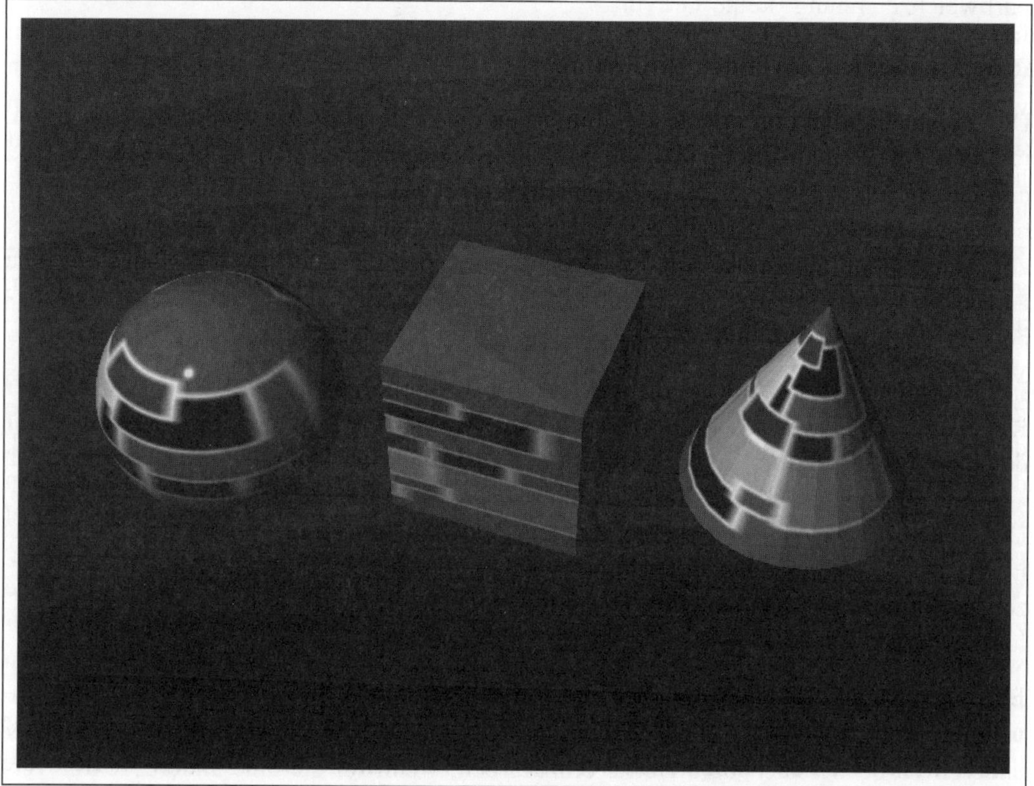

Bild 4.50: Einige Objekte mit Kugel-Projektion einer Textur

Beispiele zur Kugel-Projektion:

Billardkugel: Es gilt, eine schwarze Billardkugel mit einem weißen Punkt und einer 8 zu modellieren. Parameter der zugehörigen Textur: Kugel-Projektion; Wiederholungen 1 und 2 jeweils 1; Offset 1 und 2 jeweils 0.0; Schwarz nicht durchsichtig; mitdrehend; keine Farbweichzeichnung; keine Gravur. Das Texturbild kann von Hand mit einem Zeichenprogramm gezeichnet werden. Mit dem Kreiswerkzeug wird ein weißer Kreis auf einen schwarzen Hintergrund gemalt. Mit dem Textwerkzeug kann noch die 8 eingezeichnet werden. Das Bild muß schließlich als Targadatei gespeichert werden.

Oberfläche eines Asteroiden: Ausgehend von einer Kugel in Graph kann man durch Verschieben und Rotieren einiger Punkte einen unförmigen Klumpen als Objekt entwerfen. Die darauf angewandte Textur sollte die bekannten Mondkrater enthalten, jedoch zum oberen und unteren Bildrand horizontal gestreckt sein, um der Verzerrung entgegenzuwirken. Parameter dieser Textur: Kugel-Projektion; Wiederholungen 1 und 2 jeweils 1; Offset 1 und 2 jeweils 0.0; Schwarz nicht durchsichtig; mitdrehend; keine Farbweichzeichnung; keine Gravur.

Projektionsarten: Zylinder Projektion

Die Zylinder-Projektion erlaubt das Einfärben eines Objektes mit ähnlichen Prinzipien, mit den ein Weitwinkelobjektiv ein verhältnismäßig breites und nicht so hohes Bild aufnehmen kann. Diese Objektive können Winkel bis zu 180° aufnehmen. Die zu behandelnde Projektionsart strahlt von einer Achse ausgehend in alle Richtungen senkrecht zur Achse einen Farbstrahl aus. Das Objekt wird dadurch konzentrisch eingefärbt. Die Achse, an der die Projektion orientiert wird, ist die durch den Mittelpunkt des anschließenden Rechtecks laufende zur z-Achse in Graph parallele Achse.

In der Zylinder-Projektion ist die x-Richtung für die Abtastung des Bildes wie in der Kugel-Projektion eine Polarkoordinate. Gemessen wird der Winkel, den der Punkt, für den eine Farbe bestimmt werden soll, in der F2-Projektion von Graph mit der positiven x-Achse einschließt. Die y-Koordinate ist identisch mit der negativen z-Koordinate. Der Nullpunkt liegt in der oberen rechten Ecke des objektumschließenden Rechtecks in der F1-Darstellung. Die x-Richtung wächst von diesem Punkt aus gegen den Uhrzeigersinn in der F2-Darstellung. Die y-Richtung wächst nach unten in der F1-Darstellung.

Bei einer Kugel z.B. sind die Pole die Punkte, an denen die z-Werte den Radius annehmen. Der Äquator ist jener Kreis, an dem z gleich 0 ist. Die Texturfläche wird durch diese Methode automatisch auf alle Oberflächenteile des Objektes skaliert, die die entsprechende Farbe besitzen, die auf jene Oberfläche verweisen, in der die Textur eingetragen ist. Es spielt somit keine Rolle, ob ein Besenstiel oder eine Litfaßsäule als Objekt dient. Das Bild ist gleichmäßig über die Oberfläche verteilt. Lediglich auf

Boden- und Deckenflächen des Zylinders sind Verzerrungen des Texturbildes zu erkennen, da hier Flächenstücke senkrecht zur Projektionsrichtung stehen. Dadurch entstehen Streifen von der Achse nach außen hin. Im Bild zur Kugel-Projektion wird dieser Effekt deutlich.

An dieser Stelle ist zu betonen, daß nur Targadateien als Texturvorlagen zugelassen sind. Zur Skalierung der Texturen wird stets das ganze Objekt als Vorlage verwendet und nicht nur der Teil des Objektes, der in der Farbe der definierten Oberfläche eingefärbt ist. Dies hat Vor- und Nachteile. Ein Nachteil, der jedoch umgehbar ist, liegt darin, daß die Texturvorlagen ihrer Größe nach dem Objekt angepaßt werden müssen. Soll zum Beispiel eine Getränkedose auf einer Seite mit Bier- und auf der anderen Seite mit Limowerbung ausgestattet sein, so genügt es nicht, die Werbung im Malprogramm zu zeichnen und auf das ganze Bild zu skalieren. Vielmehr muß das entsprechende Bild einen ebenso breiten Streifen für die Rückseite der Dose besitzen. Dieser Freiraum für die andere Hälfte wird sozusagen ins Leere projiziert, da das Objekt an diesen Stellen eben andere Farbwerte besitzen. In Graph muß den beiden Hälften der Getränkedose – normalerweise ein einfacher Zylinder – verschiedene Farbwerte zugewiesen werden. Andererseits kann ein Objekt gänzlich mit einer Textur eingefärbt werden, während zwei verschiedene Farben auf diese Textur verweisen. Dies kann nützlich sein, wenn z.B. am Rand des Zylinders eine Glättung vorgenommen werden soll, an Boden- und Deckenfläche jedoch nicht. Dies ist mit dieser Methode möglich, ohne daß Sprünge in der Textur entstehen.

Zylinder-Projektion ist ideal geeignet für zylindrische Objekte, die rundherum eingefärbt oder graviert werden sollen. Bei der Erstellung der Texturen ist immer zu beachten, daß Verzerrungen entstehen. Der obere und der untere Bildrand färben die Boden- und die Deckenflächen ein. Deshalb sollte die unterste und oberste Zeile des Texturbildes jeweils nur eine Farbe aufweisen.

Das folgende Bild zeigt drei Objekte, die jeweils mit einer Textur in Zylinder-Projektion versehen sind.

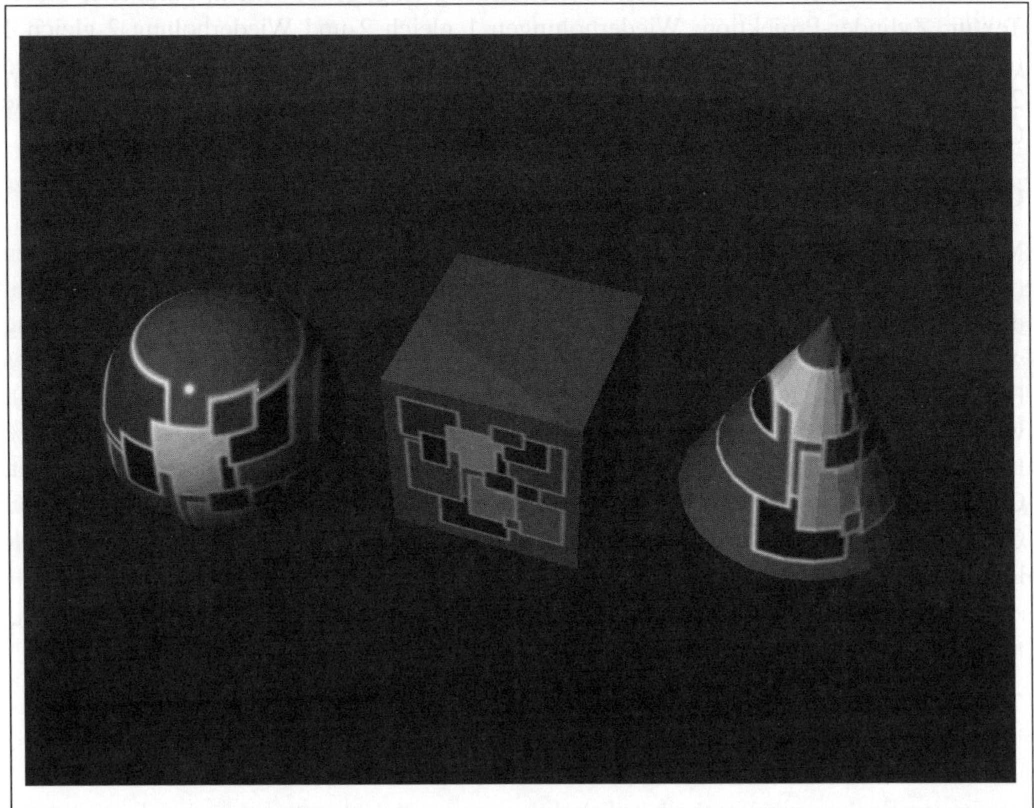

Bild 4.51: Einige Objekte mit Zylinder-Projektion einer Textur

Beispiele zur Zylinder-Projektion:

Wasserball: Es gilt, einen bunten, segmentartig gefärbten Wasserball zu modellieren. Als Objekt dient die Standard-Kugel von Animate. Parameter der zugehörigen Textur: Zylinder-Projektion; Wiederholungen 1 wird auf 3 gesetzt und Wiederholung 2 erhält den Wert 1; Offset 1 und 2 jeweils 0.0; Schwarz nicht durchsichtig; mitdrehend; keine Farbweichzeichnung; keine Gravur. Das Texturbild ist in diesem Fall nur 2 mal 1 Bildpunkte groß. Diese Bildpunkte erhalten die Farben Rot bzw. Weiß. Die Textur muß im Targaformat gespeichert werden.

Litfaßsäule: Einem Zylinder wird eine Oberfläche mit Textureigenschaften zugewiesen. Die zugehörige Textur ist eine Ansammlung von Werbungsschildern. Der obere und der untere Rand ist weiß, um der Streifenbildung entgegenzuwirken. Parameter dieser Textur: Zylinder-Projektion; Wiederholungen 1 gleich 2 und Wiederholung 2 gleich 1 (damit erhält die Säule die gleichen Plakate auf Vorder- und Rückseite); Offset 1 und 2 jeweils 0.0; Schwarz nicht durchsichtig; mitdrehend; keine Farbweichzeichnung; keine Gravur.

Gravur

Mit dieser Funktion wird ebenfalls eine Textur auf vier verschiedene wählbare Arten (x-y, x-z, Zylinder, Kugel) auf die Oberfläche projiziert, jedoch verändert sie dort nicht die Farbe, sondern die Richtung der Oberflächennormalen. Durch diese Verbiegung wird der Einfluß der Lichtquellen auf das Objekt verändert. Je nach Helligkeit des Pixels, das im Gravurbild dem Punkt des einzufärbenden Objektpunktes entspricht, wirkt dies, als ob kleine Hügel und Löcher auf der Oberfläche entstehen. Bei 50% Helligkeit bleibt die Oberfläche unbeeinflußt. Die Farbe kann durch die Regler Rot, Grün und Blau bestimmt werden. Es ist ratsam, bei dieser Funktion auf Texturen mit Grauschattierungen anstatt auf Farbbilder zurückzugreifen. Dies erleichtert das Modellieren.

Das folgende Bild demonstriert zwei Kugeln mit der gleichen Textur. Im einen Fall dient die Vorlage als Textur, im anderen Fall als Gravur.

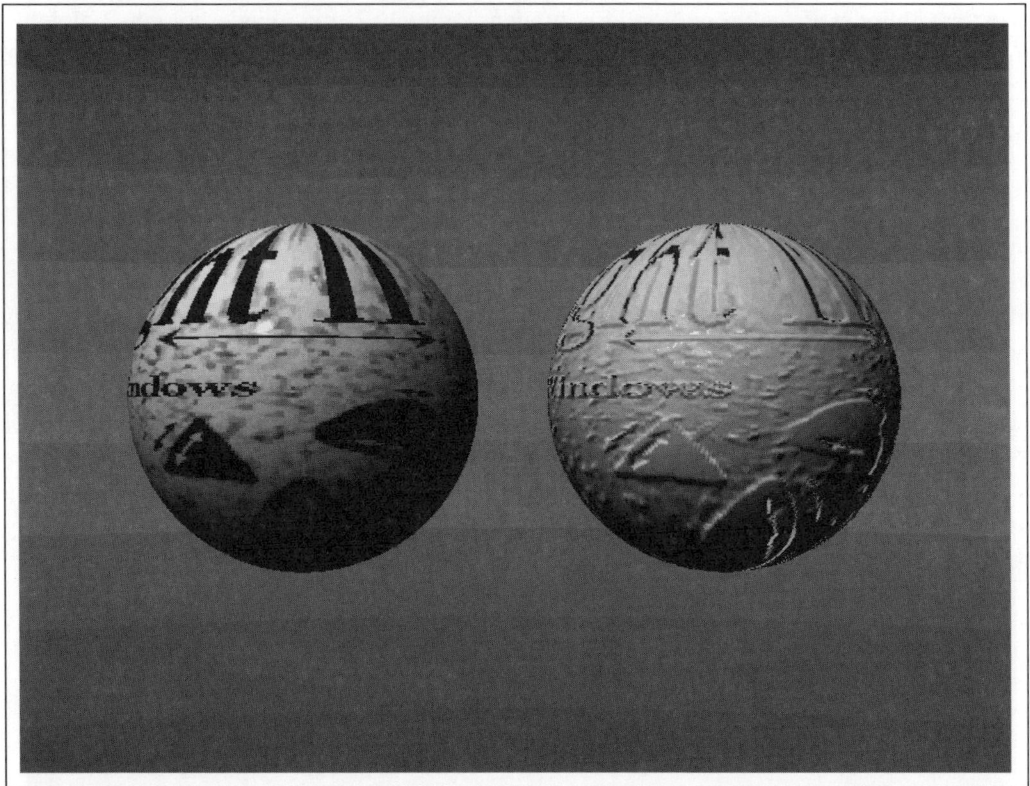

Bild 4.52: Hier dient das Werbeplakat einmal als Textur, zum anderen als Gravur

Mitdrehend

Dieses Auswahlfeld bestimmt, ob die Textur auf die absoluten oder die relativen Koordinaten des Objektes projiziert wird. Sollte die Textur als fester Bestandteil eines sich drehenden Objektes wirken, so sollte mitdrehend markiert sein. Ist es nicht markiert, so wirken die Texturen als wären sie von außen auf das Objekt projiziert. Wenn sich das Objekt dreht, bleibt die Ausrichtung der Textur an globalen Koordinaten orientiert, sprich der Projektor zur Farbgebung dreht sich nicht automatisch mit.

Folgendes Bild zeigt zwei gedrehte Würfel, beide mit der gleichen Textur versehen. Bei dem rechten Würfel ist das Auswahlfeld Mitdrehend ausgewählt, beim linken Würfel nicht.

Bild 4.53: Durch die Funktion Mitdrehend bleibt die Textur auf der Oberfläche haften

Schwarz durchsichtig

Ist dieses Feld ausgewählt und wirkt die Textur nicht als Gravur, so werden an jenen Stellen, an denen reines Schwarz auf die Oberfläche projiziert wird, Löcher in das Objekt geschnitten. Dies eignet sich gut zur Erzeugung sehr komplexer Objekte. Beispielsweise würde die Erzeugung eines Gitters in Graph sehr viele Dreiecke beanspruchen, was die zur Berechnung des Bildes benötigte Zeit vervielfacht. Stattdessen wird einer quadratischen Fläche, die nur aus zwei Dreiecken besteht, ein Gitter aus einem Zeichenprogramm aufprojiziert. Für jedes schwarze Pixel wird ein Loch in die Oberfläche gestanzt. Dadurch wird sehr viel Rechenzeit eingespart. Problematisch ist hierbei, daß Highlight keine massiven Körper, sondern nur Oberflächen speichert. Durch das Schneiden in die Oberflächen wird dieser Effekt deutlich, da die Oberflächen wie hauchdünnes Papier im Raum stehenbleiben. Die Objekte werden als hohl entlarvt.

Die folgenden beiden Objekte unterscheiden sich lediglich dadurch, daß in der rechten Textur die Farbe schwarz als durchsichtig dargestellt wird.

Bild 4.54: Die Funktion Schwarz dursichtig schneidet Löcher in die Oberfläche

Weichzeichnen

Mit dieser Funktion wird die Farbabtastung der Texturen einem Filter unterzogen. Farbwerte zwischen zwei Pixeln, die auf die Oberfläche projiziert werden, werden interpoliert. Bei Benutzung einer Schachbrettextur, die nur 2 mal 2 Bildpunkte groß ist, hat diese Funktion ihre wohl drastischste Auswirkung. Die schwarzen und weißen Felder werden bei Einsatz von Weichzeichnen durch ein graues Gitter mit sehr weichen Farbübergängen ersetzt.

Das Verfahren interpoliert die abzurufende Information linear anhand der umgebenden vier Punkte. Angenommen, die vier umliegenden Punkte sind rot, gelb, blau und grün gefärbt (im Uhrzeigersinn, rechts oben beginnend). Dann berechnet Highlight zuerst den Zwischenwert von Gelb (100%, 100%, 0%) und Blau (0%, 0%, 100%), was Grau (50%, 50%, 50%) ergibt bzw. den von Grün (0%, 100%, 0%) und Rot (100%, 0%, 0%) mit einem dunklen Orange (50%, 50%, 0%) als Resultat. Diese beiden Ergebnisse werden wiederum interpoliert und das Gesamtergebnis ist ein leicht gelbliches Grau (50%, 50%, 25%). Dies gilt natürlich nur für jenen Punkt, der genau in der Mitte zwischen den vier anderen liegt. Andere Punkte haben andere Schattierungen. Je dichter sie an einem Randpunkt liegen, desto mehr entspricht ihre Farbe der des Randpunktes. Soll Information vom rechten oder vom oberen Rand abgetastet werden, so verwendet Highlight zur Zwischenwertberechnung die gegenüberliegenden Seiten, also den unteren bzw. den linken Bildrand.

Zwei Kugeln mit Schachbrett-Textur: Im einen Fall wurde Weichzeichnen gewählt, im anderen nicht.

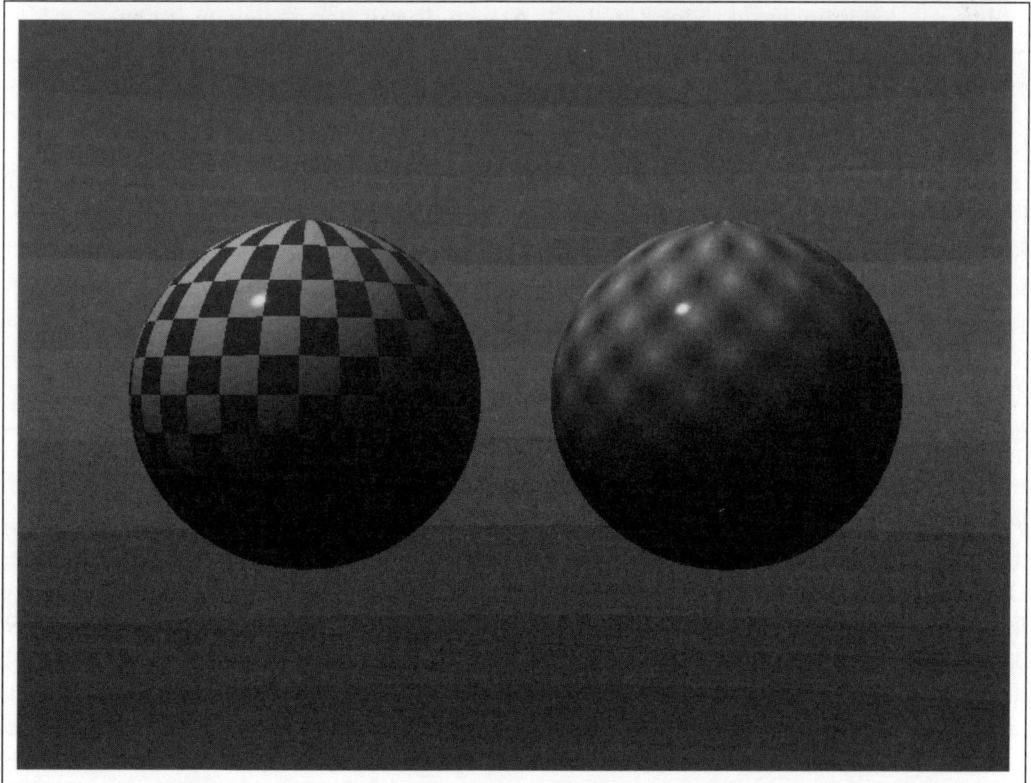

Bild 4.55: Weichzeichnen berechnet Farbübergänge während der Oberflächeneinfärbung

X-Offset und Y-Offset

Mit diesen Parametern kann die Textur auf der Oberfläche verschoben werden, ohne daß das Objekt bewegt werden muß. Dies ist für manche Informationen erforderlich. Die Werte bestimmen, welcher Teil des Bildes im Nullpunkt der Oberfläche zu liegen kommt. Werden hier z.B. die Werte 50% und 50% gewählt, so liegt genau die Mitte der ersten Wiederholung des Texturbildes im Nullpunkt. Mit x- und y-Richtungen werden in diesem Fall die Koordinaten bezeichnet, die zur Bildabtastung dienen. Je nach Texturtyp haben sowohl der Nullpunkt wie auch die x- und y-Richtungen verschiedene Bedeutungen.

Bei der x-y-Projektion fällt die Koordinate für die x-Abtastung der Textur mit der globalen x-Koordinate und jene für die y-Abtastung mit der negativen globalen y-Koordinate zusammen. Mit anderen Worten: In der F2-Darstellung von Graph ist der Nullpunkt zur Texturdarstellung die linke obere Ecke jenes Rechtecks, welches das Objekt vollkommen abdeckt. Die x-Richtung wächst nach rechts, die y-Richtung nach unten.

Bei der x-z-Projektion fällt die Koordinate für die x-Abtastung der Textur mit der globalen x-Koordinate und jene für die y-Abtastung mit der negativen globalen z-Koordinate zusammen. Das heißt, daß in der F1-Darstellung von Graph der Nullpunkt zur Texturdarstellung die linke obere Ecke jenes Rechtecks ist, welches das Objekt vollkommen abdeckt. Die x-Richtung wächst nach rechts, die y-Richtung nach unten.

In der Kugel-Projektion ist die x-Richtung eine Polarkoordinate, der Winkel den der Punkt in der F2-Projektion von Graph mit der positiven x-Achse einschließt. Die y-Koordinate ist der Winkel, den die zum Abtastpunkt zeigende Richtung mit der x-y-Ebene einschließt. Der Nullpunkt liegt in der Mitte des oberen Rands des umschließenden Rechtecks in der F1-Darstellung. Auf diesen Punkt wird die gesamte Information der oberen Rands des Texturbildes zusammengezogen. Die x-Richtung wächst von diesem Punkt aus gegen den Uhrzeigersinn in der F2-Darstellung. Die y-Richtung wächst auch gegen den Uhrzeigersinn, allerdings in der F3-Darstellung.

In der Zylinder-Projektion ist die x-Richtung wie in der Kugel-Projektion eine Polarkoordinate, der Winkel, den der Punkt in der F2-Projektion von Graph mit der positiven x-Achse einschließt. Die y-Koordinate ist identisch mit der negativen z-Koordinate. Der Nullpunkt liegt in der oberen rechten Ecke des objektumschließenden Rechtecks in der F1-Darstellung. Die x-Richtung wächst von diesem Punkt aus gegen den Uhrzeigersinn in der F2-Darstellung. Die y-Richtung wächst nach unten in der F1-Darstellung.

X-Wiederholung und Y-Wiederholung

Diese beiden Zahlen bestimmen, wie oft die Texturvorlage entlang der Abtast-x- und y-Koordinaten wiederholt werden soll. In beiden Fällen ist 0 als Eingabe nicht erlaubt. Bei Boden-Objekten muß diese Zahl nicht eingestellt werden, hier wird die Textur über die gesamte Ebene gezogen. Wird trotzdem eine höhere Zahl als Eins gewählt, so wird das Bild entlang der entsprechenden Koordinate halb so groß und doppelt so oft abgebildet.

Mit x- und y-Richtungen werden in diesem Fall die Koordinaten bezeichnet, die zur Bildabtastung dienen. Je nach Texturtyp haben sowohl der Nullpunkt, wie auch die x- und y-Richtungen verschiedene Bedeutungen. Wo der Nullpunkt liegt und in welche Richtungen die Koordinaten wachsen, kann in der Referenz zu X-Offset und y-Offset nachgelesen werden.

Auswahlfeld Glätten

Wird dieses Feld gewählt, so wird die zugehörige Oberfläche einer Glättung unterzogen. Unter bestimmten Voraussetzungen können die für dreidimensionale Computerbilder so markanten Ecken und Kanten etwas abgeschliffen werden. Der Effekt wird deutlich durch folgendes Bild erläutert, in welchem das linke Objekt und das rechte Objekt absolut identisch sind und nur das rechte geglättet wurde.

Diese Technik hat ihre Grenzen. Beispielsweise ist vom Glätten von Oberflächen, die spitzere Winkel als 135° enthalten, abzuraten. Wenn größere Flächeneinheiten einigermaßen flach gehalten werden sollen, so müssen Stützflächen eingeführt werden. Bei einem Kelch zum Beispiel, der zwar schön rund geformt ist, jedoch einen zylinderartigen Fuß besitzen soll, müssen oberhalb und unterhalb der langen Dreiecke des Stieles noch kürzere, dazu parallele Dreiecke angefügt werden, um zu verhindern, daß der Fuß durch diese Funktion leicht nach innen gewölbt dargestellt wird.

Das ganze Verfahren beruht auf linearer Interpolation der Oberflächennormalen. Die Oberflächennormalen, also jene Richtungen, die für einen bestimmten Punkt senkrecht zur Oberfläche stehen, beeinflussen die Schattierung des Objektes und die Richtung, in welche das gespiegelte und gebrochene Licht wandert. Unter normalen Umständen wird pro Dreieck der Oberfläche nur eine Normale berechnet. Deshalb wirkt sie glatt. Wird die Funktion Glätten gewählt, so wird für jeden Randpunkt der Dreiecke eine Normale berechnet und für die Punkte, die auf der Dreiecksfläche liegen, werden die Normalen linear interpoliert.

Im folgenden Bild sind zwei gleichartige Objekte dargestellt, wobei bei dem linken der beiden die Funktion Glätten gewählt wurde. Dies funktioniert hier gut, da das Objekt keine Winkel von weniger als 135° enthält.

Bild 4.56: Einem Objekt wird durch Glättung der technische Eindruck genommen

Auswahlfelder Wellen 1 und Wellen 2

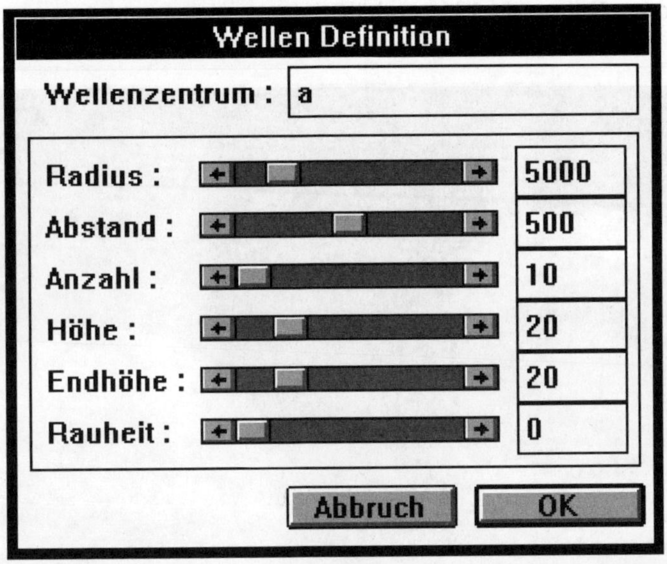

Bild 4.57: Dialog-Box zur Kontrolle von Oberflächenwellen

Das Anklicken eines dieser Felder wählt oder löscht die entsprechende Wellenfunktion 1 oder 2. Durch die Wellenfunktionen kann die Oberfläche so moduliert werden, daß sie wellig wirkt. Ist das Feld zuerst nicht gewählt und wird dann angeklickt, so erscheint ein Wellenrequester auf dem Bildschirm, mit dem die entsprechende Wellenfunktion verändert und kontrolliert werden kann. Die Wirkung der einzelnen Parameter wird im folgenden beschrieben. Werden beide Wellenfunktionen gleichzeitig eingesetzt, so treten Interferenzen auf. Dies bedeutet, daß sich Wellentäler und Wellenberge der verschiedenen Funktionen gegenseitig aufheben. Dies ist beim klassischen Einsatz der Wellenfunktion – einem fallenden Tropfen – nicht wünschenswert. Hier sollte immer nur eine Wellenfunktion verwendet werden. Bei Meeresoberflächen wirken absolut konzentrische gleichmäßige Wellenkämme sehr unnatürlich. Hier kann durch den Einsatz der zwei Wellenzentren geholfen werden.

Das folgende Bild enthält drei spiegelnde Kugeln, wobei die Wellenzentren jeweils an den Nordpolen liegen. Die linke Kugel ist ohne den Einfluß von Wellen, die mittlere mit einem Wellenzentrum und die rechte mit zwei Wellenzentren versehen.

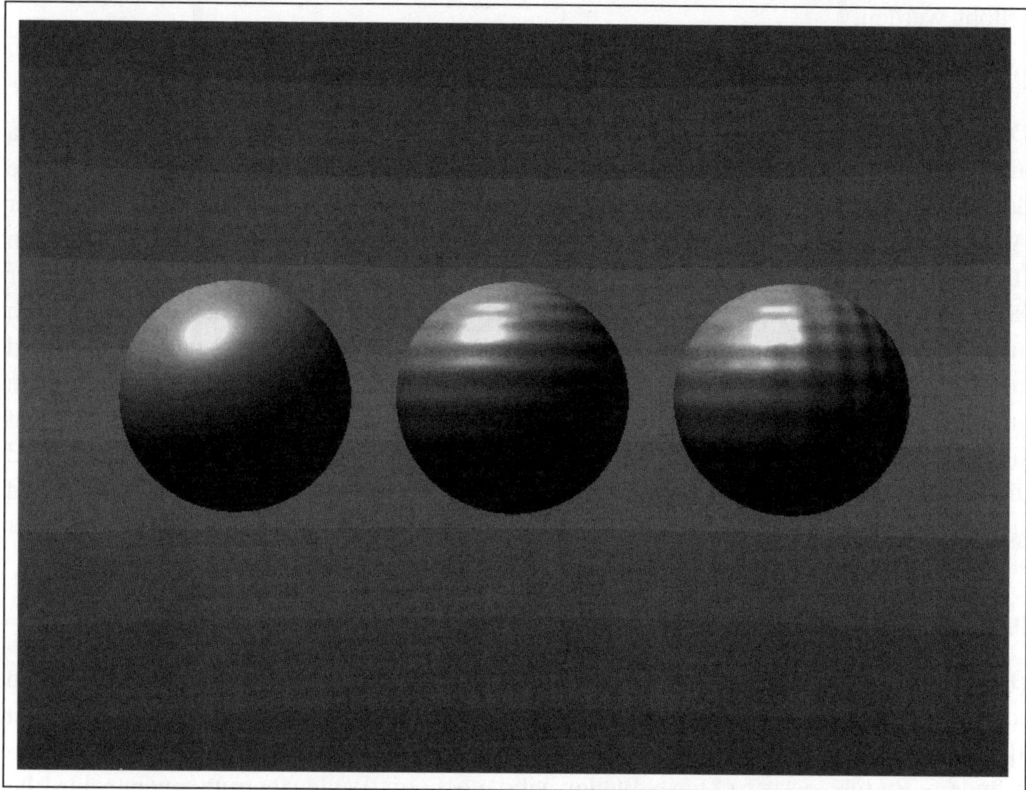

Bild 4.58: Die drei Kugeln werden beeinflußt durch kein, ein oder zwei Wellenzentren

Position

Hier kann der Name eines Objektes eingegeben werden. Der Nullpunkt dieses Objektes bestimmt das Wellenzentrum für die zu bearbeitende Oberfläche.

Parameter Radius

Diese Zahl beschreibt den Radius, in dem die Wellenfunktion wirksam sein soll in gleichen Längeneinheiten wie Graph oder Animate sie verwenden. Der Radius muß von der Objektgröße abhängig gemacht werden. Befindet sich das Wellenzentrum genau auf der Oberfläche des Objektes, so muß als Radius der Durchmesser des Objektes eingegeben werden, um seine Wirksamkeit auf das ganze Objekt auszudehnen. Ist der

Radius für die gesamte Oberfläche wirksam, so bedeutet dies noch nicht, daß überall Wellenstrukturen auftreten, da dies noch vom Abstand und von der Anzahl der Wellen abhängt. Der Radius ist der Ansatzpunkt für die erste Wellenfront. Sollen sich die Wellenfronten über das Objekt ausbreiten, so muß im Laufe der Animation der Radius erhöht werden.

Parameter Abstand

Dieser Parameter bezeichnet den Abstand zwischen den einzelnen Wellenkämmen. Da alle Wellenkämme den gleichen Abstand haben, wird mit dieser Zahl auch die Breite der Wellen in Highlight-Einheiten bezeichnet. Ist der Abstand multipliziert mit der Anzahl größer als der Radius, so sind nicht alle Wellen sichtbar. Dieser Effekt kann für Animationen ausgenutzt werden. Ein Beispiel: Durch einen Tropfen, der ins Wasser fällt, werden zwei Wellen ausgelöst, die sich vom Auftreffpunkt des Tropfens nach außen ausbreiten sollen. Dafür setzt man den Parameter Anzahl auf 2 und den Abstand auf 200. Beginnend mit Radius Null läßt man den Radius im Laufe der Animation anwachsen. Da 2*200=400 größer ist als Null, sind die Wellen zu Beginn noch nicht sichtbar. Dies ist der Fall, wenn der Tropfen noch in der Luft ist. Beim Auftreffen wird die Erhöhung des Radius gestartet. Wächst der Radius in jedem Bild um 20, so sind sie beiden Wellenkämme bereits nach 20 Bildern sichtbar. Dadurch entsteht der Effekt sich ausbreitender Wellen.

Parameter Anzahl

Die Anzahl bestimmt, wie viele Wellenkämme innerhalb des Radius wirksam sein sollen. Nicht alle Wellenkämme sind immer sichtbar, da bei einem kleinen Radius nicht alle Wellen in den Wirkbereich, also die Kugel um das Wellenzentrum mit entsprechendem Radius passen. Diese Wellen sind noch im Wellenzentrum «versteckt». Ist der Radius groß genug, so beginnen sie sich auszubreiten.

Parameter Höhe und Endhöhe

Diese Parameter beschreiben die Intensität der ersten und der letzten Welle. Ist nur ein Wellenkamm vorhanden, so ist dieser nach der Definition der erste Kamm und seine Höhe wird durch den Parameter Höhe reguliert. Die Höhen werden nicht in Highlight-Einheiten gemessen, da sie nicht physisch vorhanden sind, sondern durch Normalenmodulation simuliert werden. Deshalb lassen sich diese Parameter nur mit Prozentzahlen regulieren. Sehr hohe Werte von über 80% sind nicht empfehlenswert, da sie nicht mehr natürlich wirken. Normalerweise sind die Standardeinstellungen 30% und 20% günstig.

Die beiden folgenden Bilder enthalten ein Boden-Objekt mit jeweils einem Wellenzentrum in der Mitte. In beiden Fällen sind 10 Wellenkämme dargestellt. Im ersten Fall ist jedoch die Höhe 10% und die Endhöhe 60%, im zweiten Fall ist die Höhe gleich 60% und die Endhöhe gleich 10%.

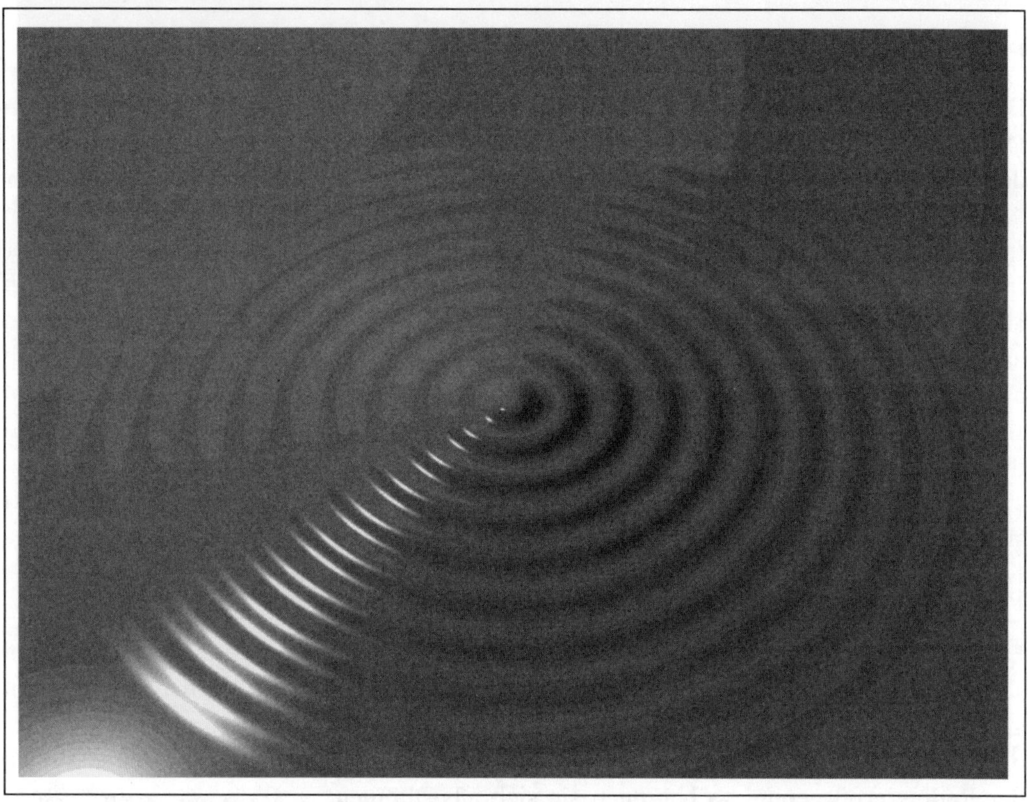

Bild 4.59: Die Wellen verstärken sich zur Mitte hin

Bild 4.60: Hier werden die Wellen nach außen hin größer

Parameter Rauheit

Diese Funktion erzeugt Turbulenzen und Störungen in der sehr glatten Wellen-Oberfläche. Für Animationen sind hohe Werte der Rauheit nicht zu empfehlen, da sie nur dem Zufall unterliegen und deshalb in der Abfolge der Bilder nicht natürlich erscheinen. Für Standbilder können aber sehr natürlich wirkende Effekte mit dieser Funktion erzielt werden.

Aktion «Ändern zu»

Diese Aktion ändert kontinuierlich die Parameter einer Oberflächen-Definition innerhalb der durch die Start- und Ende-Markierung angegebenen Bilderzahl auf einen neuen Wert. Auf diese Weise lassen sich zum Beispiel Oberflächen realisieren, die mit der Zeit ihre Farbe, ihr Glanzverhalten oder ihre Struktur ändern. Gleichzeitig wird diese Funktion zur Animation von Texturen und Wellen benötigt.

Die Aktion ist in ihrer Funktion der Aktion «Bewegen nach» für Objekte sehr ähnlich. Nach dem Aufruf des Menüpunktes erscheint die gleiche Dialog-Box wie zum Definieren einer Oberfläche. Geben Sie hier die Parameter an, die die Oberfläche im letzten Bild annehmen soll. Animate berechnet anschließend einen fließenden Übergang der Oberflächenparameter, ausgehend vom Zustand der Oberfläche im ersten Bild der Aktion bis hin zu den für das letzte Bild angegebenen Werten. Ein solcher Übergang wirkt sich dann auf alle Objekte aus, denen über «Setze Farben» diese Oberfläche zugewiesen wurde.

Um einen zeitlichen Farbübergang zu definieren, muß zunächst mit der Aktion «Definieren» eine Oberfläche geschaffen werden, um anschließend den Übergang mit «Ändern zu» anfügen zu können.

Beachten Sie, daß sich diese Aktion nur auf die Zahlenwerte der Oberflächen-Definition auswirkt. Die Angabe einer neuen Textur-Bild-Datei oder das Aktivieren von Wellen etc. wird erst im End-Bild in die Oberflächen-Definition übernommen.

4.4.4 Die Kommandos des «Kontrolle»-Menüs

Dieses Menü stellt Funktionen zur Kontrolle der Animation zur Verfügung. Neben dem Abspielen der Animation im Szenen-Fenster lassen sich auch verschiedene Informationen über Objekte und Oberflächen abrufen.

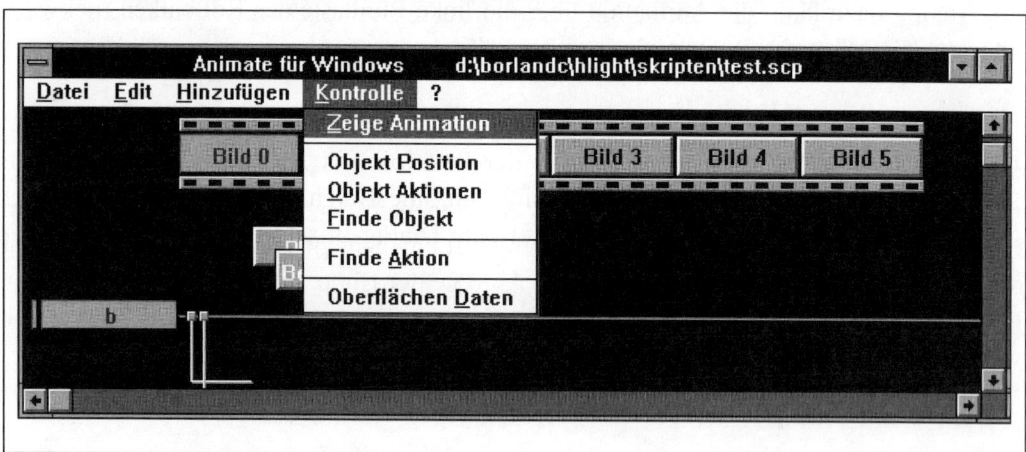

Bild 4.61: Das «Kontrolle»-Menü

Der Menüpunkt «Zeige Animation»

Mit dieser Funktion können Sie die Animation als Drahtgittermodell im Szenen-Fenster ablaufen lassen. Wählen Sie dazu zunächst im Szenen-Fenster einen geeigneten Blickwinkel und den richtigen Zoom-Faktor aus. Rufen Sie anschließend diese Funktion auf. Am Schirm erscheint eine Dialog-Box, mit der Sie nacheinander die gewünschte Bildfolge auf den Schirm bringen können.

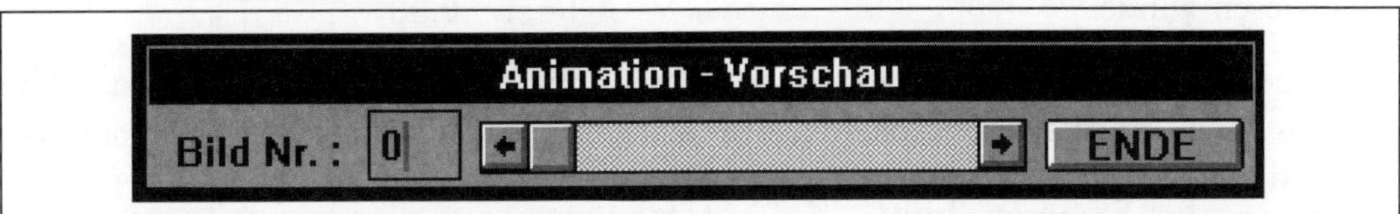

Bild 4.62: Dialog-Box zum Abspielen der Animation

Über das Editier-Feld oder mit Hilfe des Rollbalkens kann eine beliebige Bildnummer eingestellt werden. Das Drahtgittermodell dieses Bildes erscheint im Szenen-Fenster. Wenn Sie die rechte Pfeiltaste des Rollbalkens betätigen, schaltet die Darstellung im Szenen-Fenster ein Bild weiter. Wenn Sie die Pfeiltaste gedrückt halten, läuft die Animation Bild für Bild im Szenen-Fenster ab. Die Abspielgeschwindigkeit hängt von Anzahl und Größe der Objekte sowie von der Rechenleistung des verwendeten Rechners ab. Analog dazu kann die Animation über die linke Pfeiltaste des Rollbalken rückwärts abgespielt werden.

Der Menüpunkt «Objekt Position»

Unabhängig von der visuellen Kontrolle der Position und Ausrichtung eines Objekts über das Szenen-Fenster ist es oftmals hilfreich, alle Daten eines Objektes numerisch überprüfen zu können. Dieses Menü öffnet eine Dialog-Box, die alle relevanten Daten eines Objektes enthält.

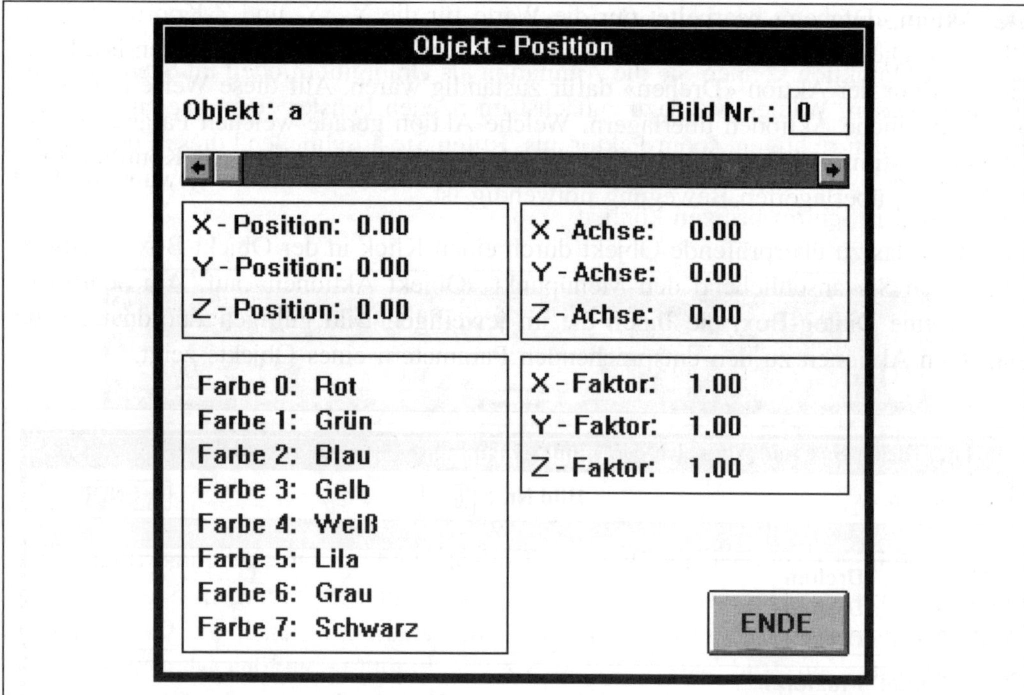

Bild 4.63: Über diese Dialog-Box lassen sich alle relevanten Daten eines Objekts abrufen

Zuerst ist das zu überprüfende Objekt durch einen Klick in die Objekt-Box anzuwählen. Nach Aufruf des Menüpunktes erscheint die Dialog-Box. Über das Editier-Feld oder über den Rollbalken läßt sich die Nummer des Bildes einstellen, in dem man die Daten über das Objekt abrufen möchte.

Der Menüpunkt «Objekt Aktionen»

Die augenblickliche Position, Ausrichtung und Größe eines Objektes wird mit Hilfe von neun Zustands-Parametern bestimmt. Es sind dies die X-, Y- und Z-Position, die drei Drehwinkel um die Objektachsen und die drei Faktoren der Größe. Animate berechnet die Objekt-Parameter, beginnend mit Bild Nr 0 nacheinander mit steigender Bildnummer. Dabei merkt es sich, welche Aktionen augenblicklich für die Berechnung der einzelnen Parameter zuständig sind. Jede Aktion bestimmt die Parameter so lange, bis sie von einer neuen Aktion abgelöst wird. Allerdings haben nicht alle Aktionen Einfluß auf alle neuen Parameter.

Die Aktion «Drehen» bearbeitet nur die Werte für die X-, Y- und Z-Koordinate eines Objektes. Die übrigen sechs Parameter werden weiterhin von den Aktionen bearbeitet, die auch vor der Aktion «Drehen» dafür zuständig waren. Auf diese Weise lassen sich unterschiedliche Aktionen überlagern. Welche Aktion gerade welchen Parameter eines Objekts bestimmt, läßt sich mit dieser Funktion überprüfen, was zur Kontrolle einer komplexen, überlagerten Bewegung notwendig ist.

Zuerst ist das zu überprüfende Objekt durch einen Klick in der Objekt-Box auszuwählen. Rufen Sie anschließend den Menüpunkt «Objekt Aktionen» auf. Am Schirm erscheint eine Dialog-Box, die Ihnen die im jeweiligen Bild gültigen Zuordnungen der einzelnen Aktionen zu den entsprechenden Parametern eines Objekts zeigt.

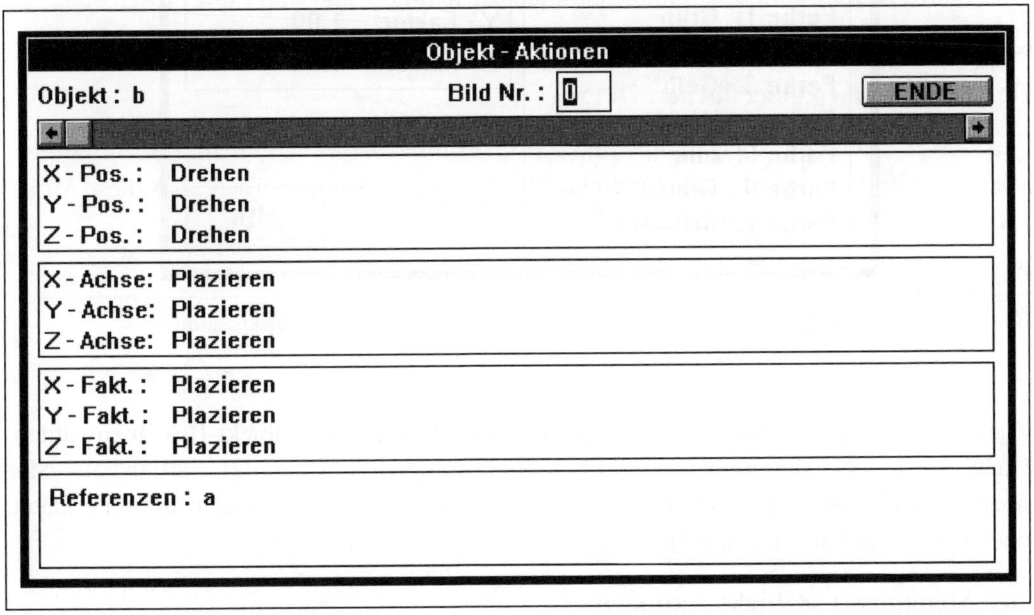

Bild 4.64: Die neun Zustandsparameter eines Objektes können von unterschiedlichen Aktionen bestimmt werden

Über das Editier-Feld oder über den Rollbalken läßt sich die Nummer des Bildes einstellen, aus dem man die Parameter-Zuordnungen abrufen möchte.

Im obigen Beispiel folgte auf eine «Plazieren»-Aktion, die alle neun Parameter setzt, eine «Drehen»-Aktion, die nur die Positions-Parameter verändert. Beide Aktionen überlagern sich also. Während die «Drehen»-Aktion die ersten drei Parameter bestimmt, gelten die von der «Plazieren»-Aktion vorgegebenen Werte weiterhin für die restlichen sechs Parameter.

Der Menüpunkt «Finde Objekt»

In sehr komplexen Szenen ist es unter Umständen schwierig, das durch Anklicken der Box ausgewählte Objekt durch Verschieben des Bildausschnitts im Szenen-Fenster zur Anzeige zu bringen. Diese Funktion verschiebt den Bildausschnitt des Szenen-Fensters so, daß sich das ausgewählte Objekt im Mittelpunkt befindet.

Der Menüpunkt «Finde Aktion»

Diese Funktion wählt den Bildausschnitt im Skript-Fenster so, daß sich die augenblicklich markierte Aktion im Mittelpunkt befindet. Diese Funktion ist zum Beispiel dann sehr hilfreich, wenn eine Aktions-Fehlermeldung erscheint. In diesem Fall wird die fehlerhafte Aktion vom Programm automatisch markiert und kann mit dieser Funktion sofort zur Anzeige gebracht werden.

Der Menüpunkt «Oberflächen Daten»

Analog zur Funktion «Objekt Position» können über dieses Kommando die in einem speziellen Bild gültigen Parameter einer Oberfläche abgerufen werden. Auf diese Weise lassen sich Farbübergänge Bild für Bild kontrollieren.

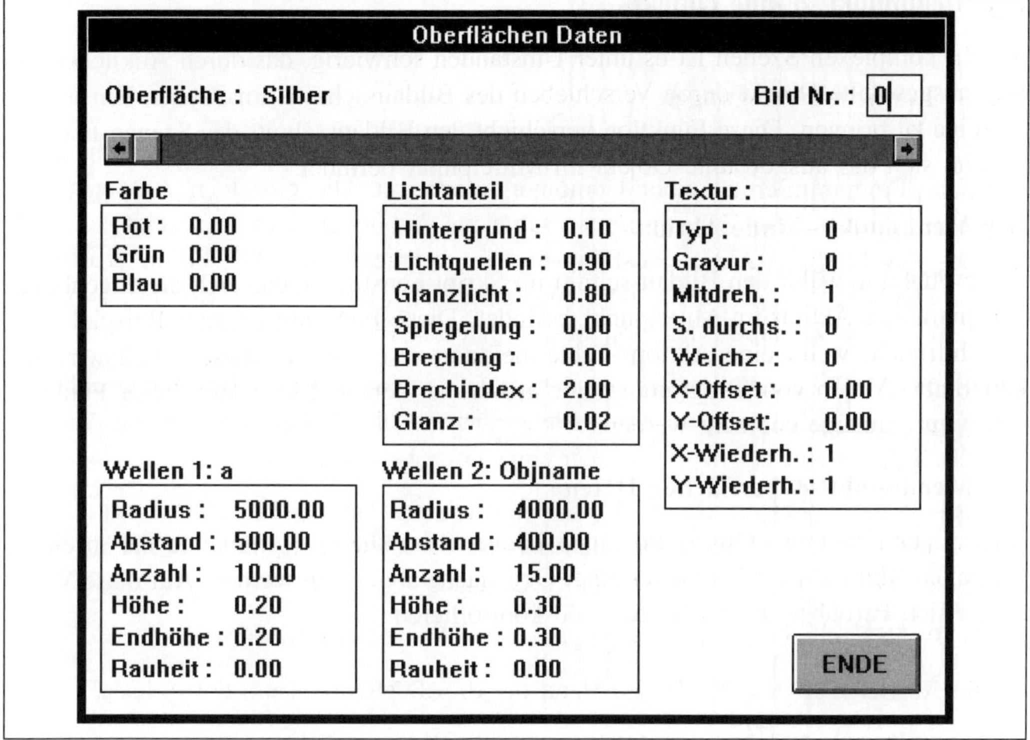

Bild 4.65: Dialog-Box zur Kontrolle der Parameter einer Oberflächen-Definition

Zuerst ist die zu überprüfende Oberfläche durch einen Klick in die Oberflächen-Box auszuwählen. Nach Aufruf des Menüpunktes erscheint obige Dialog-Box. Über das Editier-Feld oder über den Rollbalken läßt sich die Nummer desjenigen Bildes einstellen, aus dem man die Daten über die Oberfläche abrufen möchte.

4.5 Aktionen im Skript

4.5.1 Einfache Bewegungen

Die Steuerung einer Objektbewegung mit Hilfe von Aktionen erlaubt eine sehr übersichtliche Programmierung einer Computer-Animation. Die einzelnen Aktionen sind über einen Arm mit der Zeitachse eines Objektes verbunden. Der Arm zeigt somit an, welches Objekt diese Aktion ausführt und in welchem Bild die Aktion ausgeführt werden soll. Die Aktion wird in dem Bild ausgeführt, unter dessen Kontroll-Box sich der Arm auf der Zeitachse des Objektes befindet.

Um die zur Verfügung stehenden Möglichkeiten zur Kontrolle von Bewegungsabläufen voll nutzen zu können, muß an dieser Stelle kurz auf die Vorgehensweise von Animate beim Berechnen von Objekt-Positionen eingegangen werden.

Für jedes neue Objekt im Skript wird automatisch ein Parameter-Feld angelegt, das für jedes einzelne Bild der Animation alle Zustands-Parameter eines Objekts enthält. Neun Parameter bestimmten den Zustand eines Objektes:

a) Die Position des Objekts an Hand seiner X-, Y- und Z-Koordinaten.

b) Die Ausrichtung des Objekts an Hand der drei Drehwinkel um die Achsen.

c) Die Größe des Objektes an Hand der drei Skalierungs-Faktoren.

Bei jeder Änderung im Skript werden diese neuen Parameter für alle betroffenen Objekte und für alle Bilder neu berechnet.

Dazu geht Animate wie folgt vor. Zuerst werden 9 Zustands-Variablen initialisiert: die Koordinaten und die Drehwinkel mit dem Wert 0, die Skalierungs-Faktoren mit dem Wert 1. Jede Zustands-Variable erhält zusätzlich einen Verweis auf eine Aktion, der zu Beginn ebenfalls auf Null gesetzt wird.

Anschließend arbeitet sich Animate, beginnend mit Bild Nr 0, entlang der Zeitachse des Objekts vor bis zum letzten Bild der Animation. Trifft es dabei auf die Start-Markierung einer Aktion, erhält jede der neun Zustands-Variablen, die von dieser Aktionen betroffen sind, einen entsprechenden Verweis auf eben diese Aktion. Dieser Verweis bleibt gültig, bis er durch einen Verweis auf eine andere Aktion ersetzt wird.

Die Berechnung der neuen Parameter findet zwar nach jeder gefundenen Aktion statt, sie werden aber erst in das Parameter-Feld des Objekts übertragen, wenn alle Aktionen, deren Arme sich unter der entsprechenden Bild-Kontroll-Box befindet, abgearbeitet worden sind. Dieser Vorgang ist vor allem dann von Bedeutung, wenn ein Objekt mehrere Aktionen in einem Bild ausführen soll. Dazu ein Beispiel:

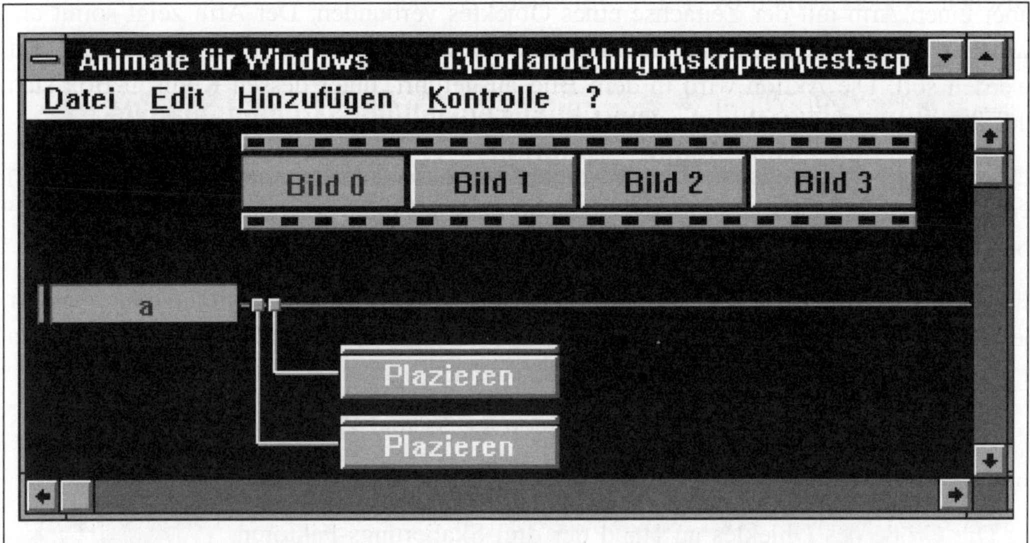

Bild 4.66: Zweimal die Aktion «Plazieren» in einem Bild

In diesem Fall soll das Objekt zwei «Plazieren»-Aktionen innerhalb des Bildes ausführen. Da sich das Objekt verständlicherweise nicht an zwei Stellen gleichzeitig aufhalten kann, wird nur eine von beiden zur Ausführung kommen. Da sich Animate von links nach rechts entlang der Zeitachse vorarbeitet, stößt es zunächst auf die linke Start-Markierung. Alle neun Zustands-Variablen erhalten einen Verweis auf die linke Aktion, und die Zustands-Variablen werden neu berechnet.

Anschließend setzt Animate die Suche fort und stößt auf die zweite Aktion, deren Start-Markierung sich rechts von der ersten befindet. Wieder findet eine Zuweisung statt, wobei die vorangegangene vollständig ersetzt wird. Gleichzeitig werden die Zustands-Variablen neu berechnet.

Die Berechnung der Parameter erfolgt, indem intern über die einzelnen Verweise die Rechenroutinen der entsprechenden Aktion aufgerufen werden. Die Ergebnisse werden in die neun Zustands-Variablen übertragen. Befindet sich keine weitere Markierung im

Bereich der Bild-Kontroll-Box, werden die Zustands-Variablen in das Parameter-Feld des Objekts übertragen. Nun wird die Suche entlang der Zeitachse in Bild Nummer 1 fortgesetzt.

Dieses Beispiel ist natürlich unsinnig, da die erste Aktion komplett von der zweiten überschrieben wurde. Ebensogut könnte man die erste Aktion vollständig aus dem Skript löschen. Anders verhält es sich im folgenden Beispiel:

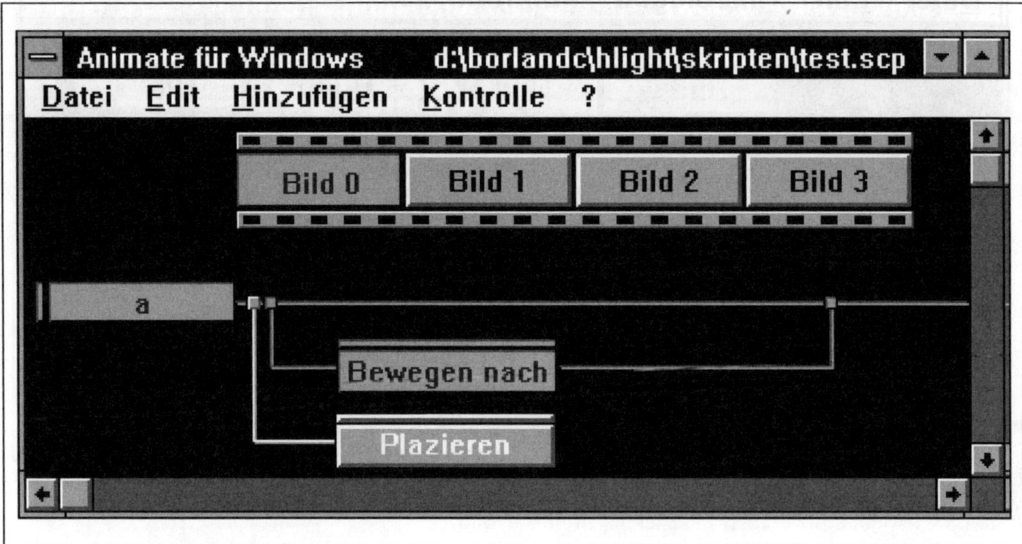

Bild 4.67: Zwei unterschiedliche Aktionen in einem Bild

Obwohl auf den ersten Blick kein großer Unterschied zum vorangegangenen Beispiel besteht, macht diese Anordnung von Aktionen einen Sinn. Zuerst bearbeitet Animate die Aktion «Plazieren». Diese Aktion bestimmt die absolute Position eines Objekts im Raum. Alle neun Zustandsvariablen werden gesetzt. Anschließend folgt die Aktion «Bewegen nach». In der Definition der Aktion ist lediglich die gewünschte End-Position des Objektes gespeichert. Als Start-Position verwendet die Aktion «Bewegen nach» den augenblicklichen Inhalt der Zustands-Variablen und berechnet daraus einen linearen Übergang der Werte. Gleichzeitig erhalten alle neun Zustands-Variablen einen Verweis auf die «Bewegen nach»-Aktion.

Da in Bild 1 keine Aktionen eingetragen sind, werden die alten Verweise zur Berechnung der neuen Zustandsvariablen verwendet. Die Berechnung wird folglich von der Aktion «Bewegen nach» durchgeführt.

Dieses Beispiel zeigt, daß es auf die Reihenfolge von Start-Markierungen innerhalb des Geltungsbereichs einer Bild-Kontroll-Box ankommt. Vertauscht man die Start-Markierungen der beiden Aktionen aus obigen Beispiel, so führt das Objekt keine Bewegung aus, sondern verharrt auf der durch die Aktion «Plazieren» vorgegebenen Position:

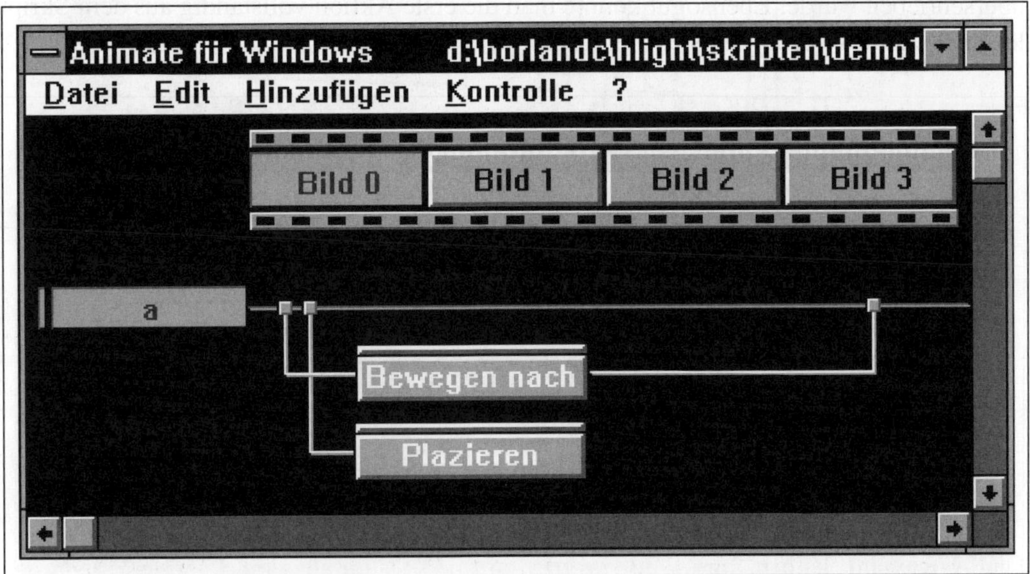

Bild 4.68: Sinnlose Anordnung zweier Aktionen

Die Ende-Markierung dient lediglich zur Festlegung des End-Bildes der Bewegung. Die Zuordnung der einzelnen Zustands-Variablen auf die Aktionen wird nicht verändert. Daß das so ist, zeigt sich, wenn man zum Beispiel in Bild 2 eine weitere «Plazieren»-Aktion einfügt.

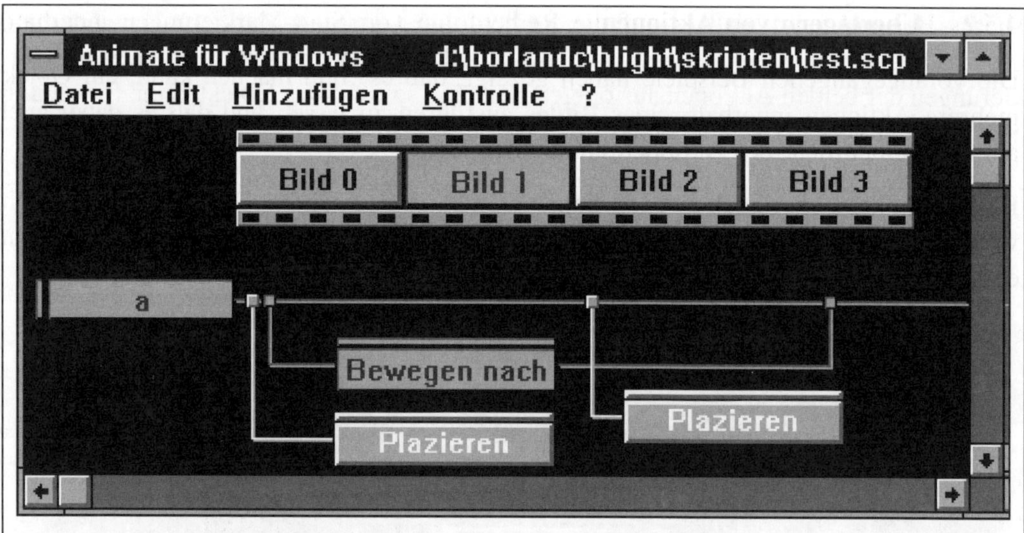

Bild 4.69: Nachfolgende Aktionen überschreiben alle vorangegangen

Wenn man man ein Objekt und die Box des Bildes Nr 2 durch Anklicken auswählt, danach die Aktion «Hinzufügen/Aktion/Plazieren» aufruft, erscheint die bekannte Dialog-Box am Schirm. Ihre Werte werden mit den Daten aus dem Parameter-Feld des Objektes zu Bild 2 initialisiert. Man erhält also die augenblickliche Position des Objekts als Startwerte für die «Plazieren»-Aktion. Das Objekt kann nun an eine beliebige Stelle im Raum gebracht werden.

Insgesamt erhält man folgenden Bewegungsablauf:

Bild 0: Objekt befindet sich auf der durch die erste «Plazieren»-Aktion definierten Position.

Bild 1: Das Objekt macht sich auf den Weg zu der durch die «Bewegen nach» angegebenen Endposition.

Bild 2: Das Objekt befindet sich nun auf der durch die zweite «Plazieren»-Aktion vorgegebenen Position.

Nach Bild 2 ändert das Objekt seine Lage nicht mehr, da die Aktion in Bild 2 alle vorhergehenden Aktionen überschrieben hat.

4.5.2 Überlagern von Aktionen

Die vorangegangenen Beispiele haben gezeigt, daß es Sinn machen kann, ein Objekt mehrere Aktionen innerhalb eines Bildes ausführen zu lassen und daß es dabei auch auf die Reihenfolge der Aktionen ankommen kann.

Ein Objekt kann aber auch zwei Aktionen gleichzeitig ausführen. Dies ist dann möglich, wenn eine Aktion nicht alle neun Zustands-Parameter des Objekts bearbeitet. Hier nun eine Übersicht, welche Aktionen welche Parameter beeinflussen:

	Position X,Y,Z	Ausrichtung X,Y,Z	Größe X,Y,Z
Plazieren	X	X	X
Bewegen nach	X	X	X
Setze Farben			
Ausrichten		X	
Drehen	X		
Verbinden	X		

Während die Aktionen «Plazieren» und «Bewegen nach» jeweils alle neun Zustands-Parameter beeinflussen, bearbeitet die Aktion «Ausrichten» lediglich die Drehwinkel, während die Aktionen «Drehen» und «Verbinden» nur die Position des Objekts beeinflussen.

Aktionen, die nicht die gleichen Zustandsparameter bearbeiten, lassen sich problemlos kombinieren. Auch können zum Beispiel Aktionen, die nur einen Teil der Zustands-Parameter bearbeiten, nur einen Teil einer vorangegangenen Aktion überlagern. Welcher Parameter letztlich welcher Aktion zugeordnet ist, kann mit der Funktion «Kontrolle/Objekt Aktionen» überprüft werden.

Dazu ein Beispiel: Eine Kamera soll sich vom Punkt A nach Punkt B bewegen und dabei auf ein bestimmtes Objekt gerichtet bleiben. Die Bewegung wird über eine «Bewegen nach»-Aktion definiert. Läßt man darauf eine «Ausrichten»-Aktion folgen, übernimmt diese Aktion die Berechnung der Drehwinkel und sorgt für eine ständige Ausrichtung der Kamera auf das gewünschte Objekt.

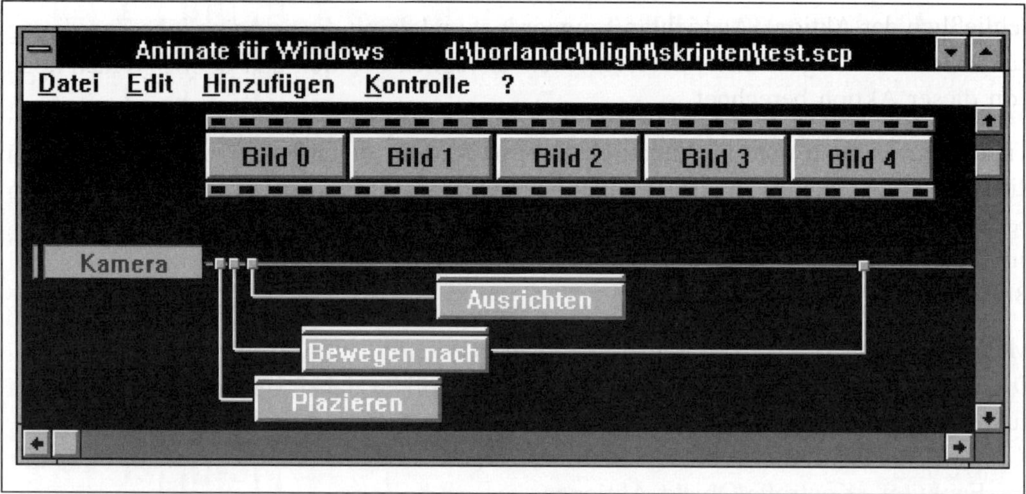

Bild 4.70: Überlagern von Aktionen innerhalb eines Bildes

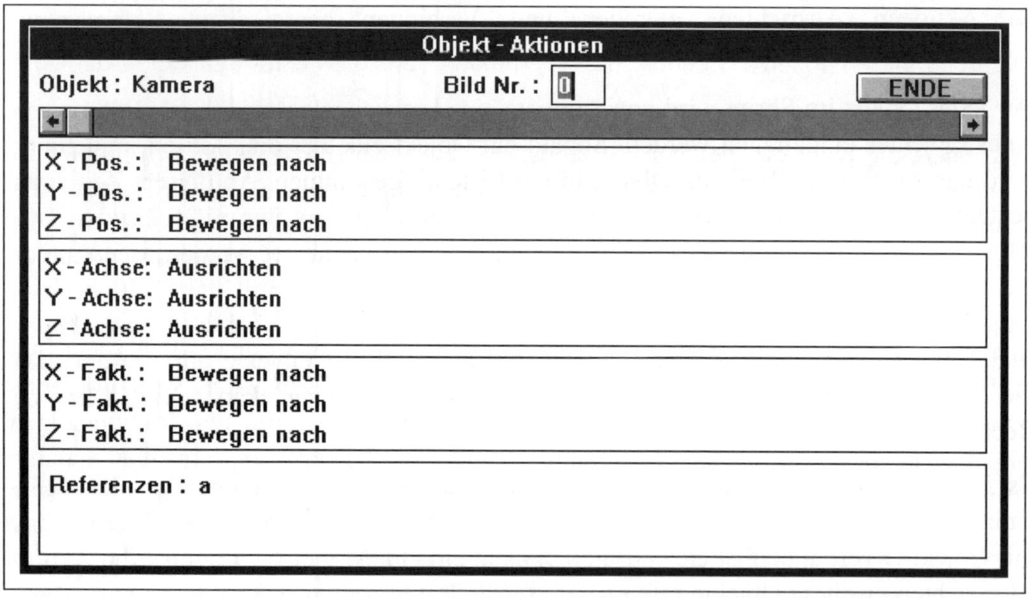

Objekt - Aktionen

Objekt : Kamera Bild Nr. : 0 ENDE

X - Pos. : Bewegen nach
Y - Pos. : Bewegen nach
Z - Pos. : Bewegen nach

X - Achse: Ausrichten
Y - Achse: Ausrichten
Z - Achse: Ausrichten

X - Fakt. : Bewegen nach
Y - Fakt. : Bewegen nach
Z - Fakt. : Bewegen nach

Referenzen : a

Bild 4.71: Die Überlagerung kann mit der Funktion «Kontrolle/Objekt Aktionen» überprüft werden

Mit der Aktion «Plazieren» wird die Kamera auf das gewünschte Objekt gerichtet und die Start-Position für die Bewegung festgelegt. Anschließend wird die Bewegung der Kamera mit Hilfe der Aktion «Bewegen nach» definiert. Die Drehwinkel werden schließlich der Aktion «Ausrichten» zugeordnet und damit die ursprüngliche Zuordnung zur Aktion «Bewegen nach» überschrieben. Lediglich Position und Größe werden noch von dieser Aktion berechnet.

Theoretisch könnte man nun noch eine vierte Aktion folgen lassen, wie zum Beispiel die Aktion «Drehen». In diesem Fall würde diese Aktion die Position der Kamera bestimmen, die Aktion «Ausrichten» die Drehwinkel und die Aktion «Bewegen nach» nur noch die Parameter für die Größe (diese hat für der Kamera natürlich keinerlei Bedeutung).

Mehrere Aktionen lassen sich also überlagern. Wichtig ist dabei aber die Reihenfolge. Die Aktionen «Plazieren» und «Bewegen nach» sollten dabei immer als erste im Bild ausgeführt werden, weil diese Aktionen alle neun Zustands-Parameter neu zuordnen. Kontrollieren Sie die Zuordnung der einzelnen Zustands-Parameter gegebenenfalls mit der Funktion «Kontrolle/Objekt Aktionen».

4.5.3 Referenzieren von Objekten

Die Aktionen «Ausrichten», «Drehen» und «Verbinden» benötigen als Referenz ein zweites Objekt.

Für jedes Objekt im Skript wird von Animate eine Liste angelegt, in die alle Referenzen eines Objektes eingetragen werden. Sobald ein Objekt eine der drei Aktionen ausführt, wird das zugehörige Referenz-Objekt in die Liste aufgenommen. Ab diesem Zeitpunkt besteht eine Verbindung zwischen einem Objekt und den von ihm referenzierten Objekten, denn die Position eines Objektes kann erst neu berechnet werden, wenn zuvor die Positionen aller Referenz-Objekte berechnet worden sind. Soll die Position eines Objektes neu berechnet werden, wird zunächst die Liste auf Referenz-Objekte durchsucht und gegebenenfalls zuerst eine Neuberechnung dieser Objekte durchgeführt. Da diese Objekte wiederum andere Objekte referenzieren können, kann es zu längeren Rechenzeiten kommen.

Es ist mit Animate möglich, eine ganze Referenz-Kette aufzubauen. Beispielsweise kann sich Objekt A um Objekt B drehen, das sich wiederum um Objekt C dreht, das mit Objekt D verbunden ist etc. Zusätzlich kann ein Objekt gleichzeitig über die Aktion «Ausrichten» weitere Objekte referenzieren. Alle Referenzen werden von Animate automatisch verwaltet. Dabei ist jedoch darauf zu achten, daß keine Referenz-Schleifen auftreten. Dies geschieht zum Beispiel, wenn Objekt A Objekt B referenziert, das seinerseits Objekt C referenziert, das wiederum mit Objekt A verbunden ist. Dies stellt Animate vor eine unlösbare Aufgabe. Denn um die Position von Objekt A berechnen zu können muß zuerst die Position von Objekt B berechnet werden. Diese hängt jedoch von Objekt C ab, das wiederum die Position von Objekt A zur Berechnung benötigt.

Es entsteht ein Teufelskreis, denn eine Berechnung ist unmöglich. Animate ist in der Lage, solche Referenz-Schleifen aufzuspüren. In diesem Fall erhalten Sie eine Fehlermeldung am Schirm.

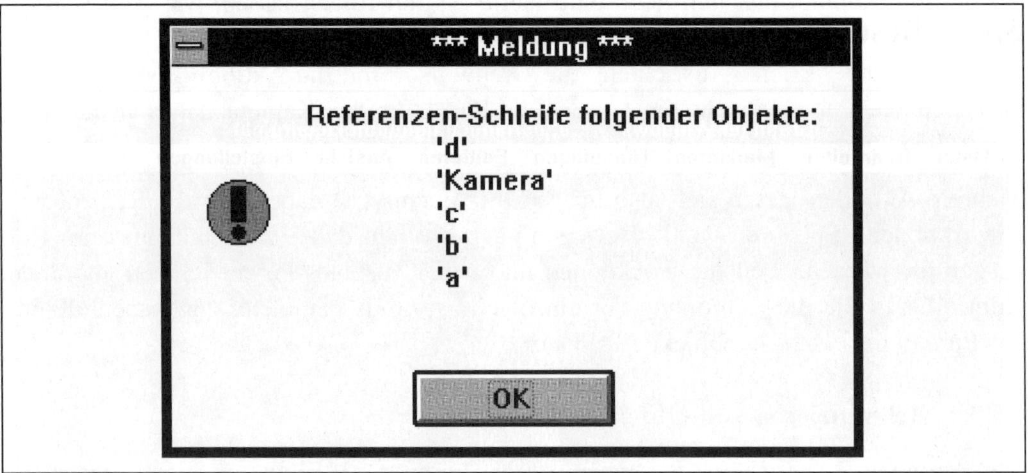

Bild 4.72: Fehlermeldung beim Auftreten einer Referenz-Schleife

Die Dialog-Box führt alle Objekte auf, deren Position aufgrund ihrer gegenseitigen Abhängigkeiten nicht berechnet werden kann. Die Referenz-Schleife muß durch Löschen oder Ändern der betreffenden Aktion durchbrochen werden

Durch Löschen einer referenzierenden Aktion wird auch automatisch die Referenz aus der Liste des betreffenden Objekts entfernt.

5 Graph für Windows

5.1 Beschreibung des Arbeitsfensters

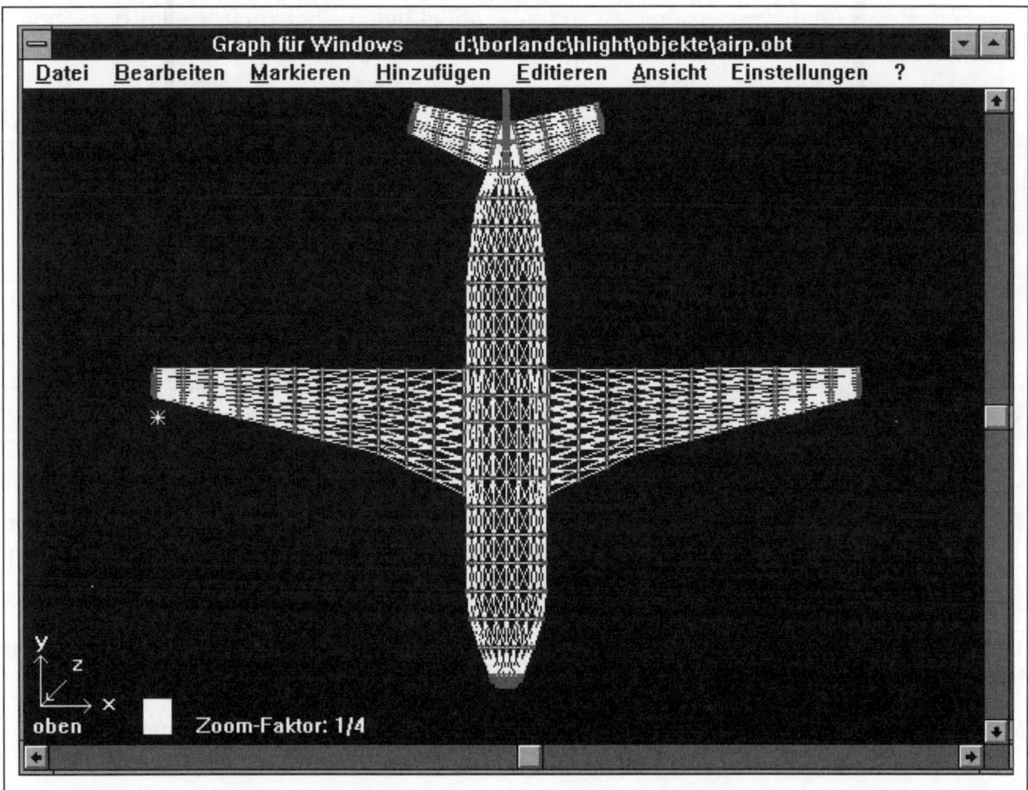

Bild 5.1: Das Arbeitsfenster von Graph

Das Fenster verfügt über die für Windows üblichen Bedienungselemente zum Schließen, Verschieben und Verändern der Fenstergröße. Mit dem vertikalen und horizontalen Rollbalken läßt sich der anzuzeigende Bildschirmausschnitt wählen. Ein Klick mit der Maus in den Rollbalken rechts oder links vom Knopf verschiebt den Bildausschnitt unabhängig vom gewählten Zoom-Faktor um eine Zehntel Bildschirmlänge in die entsprechende Richtung. Ein Klick auf die Pfeilelemente verschiebt den dargestellten Bildschirmausschnitt um eine Viertel Bildschirmlänge. Der Knopf erlaubt nur eine sehr grobe Einstellung, da die Rasterung hier sehr groß ist. Schon eine leichte Bewegung verschiebt den Bildausschnitt um mehrere Bildschirmlängen.

Zusätzlich werden in der linken unteren Ecke des Fensters einige Informationen eingeblendet. Das Koordinatensystem zeigt den von der gewählten Blickrichtung abhängigen Verlauf der einzelnen Achsen an. Darunter wird die aktuelle Blickrichtung ausgegeben. Rechts daneben erscheinen die augenblickliche Zeichenfarbe und der Zoom-Faktor.

Der Koordinatenursprung an der Position (0,0,0) wird am Schirm mit einem Stern gekennzeichnet. Durch Verschieben des Bildausschnitts verändert sich auch die relative Lage des Koordinatenursprungs am Schirm.

5.2 Die Kommandos von Graph

Alle Funktionen von Graph sind zu acht Menüs zusammengefaßt worden:

Das Menü «Datei» enthält Funktionen zum Laden und Speichern von Objekten, zum Anlegen eines neuen Objektes und zum Abrufen von Objektinformationen.

Das Menü «Bearbeiten» beinhaltet alle Funktionen, die auf markierte Objektteile angewendet werden. Darunter fallen unter anderem das Löschen, Verschieben, Positionieren, Einfärben und Kopieren von markierten Punkten.

«Markieren» enthält zahlreiche Funktionen zum Markieren von Objektteilen. Um Objekte verändern zu können, müssen die zu bearbeitenden Teile zuvor mit Hilfe dieser Funktionen markiert werden.

Mit Hilfe des Menüs «Hinzufügen» lassen sich vordefinierte Grundelemente oder gespeicherte Elemente zu einem Objekt hinzufügen.

Die Funktionen des Menüs «Editieren» arbeiten unabhängig von markierten oder unmarkierten Objektteilen. Hauptsächlich werden mit diesen Funktionen einzelne Dreiecke bearbeitet.

Über das Menü «Ansicht» wird der im Fenster zu zeigende Objektausschnitt kontrolliert. Über dieses Menü lassen sich Blickrichtung, Zoom-Faktor, Blickpunkt und vieles mehr einstellen.

Über den Menü-Punkt «Einstellungen» lassen sich einige hilfreiche Optionen aktivieren wie zum Beispiel ein Fadenkreuz oder die Ausgabe der aktuellen Mausposition.

5.2.1 Die Kommandos des Datei-Menüs

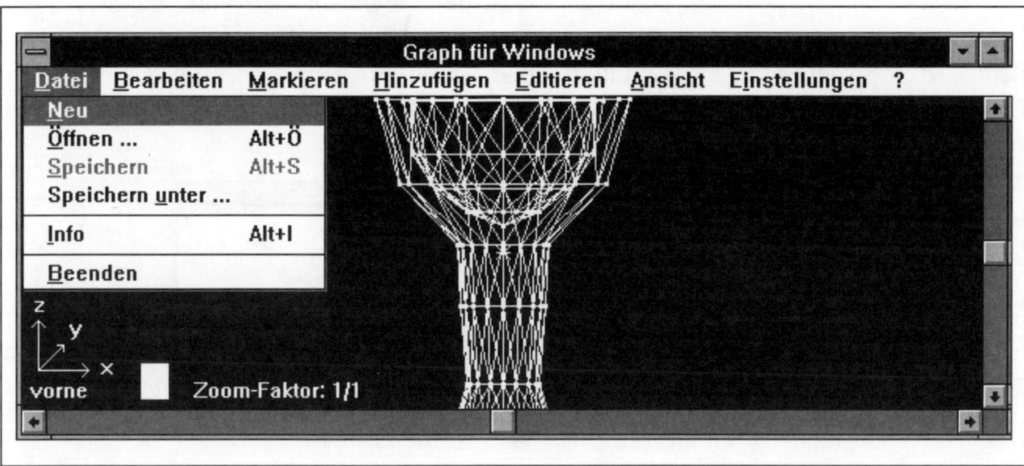

Bild 5.2: Das Datei-Menü

Menü-Punkt «Neu»

Diese Funktion löscht das augenblickliche Objekt aus dem Speicher. Zuvor erscheint zur Sicherheit folgende Dialogbox:

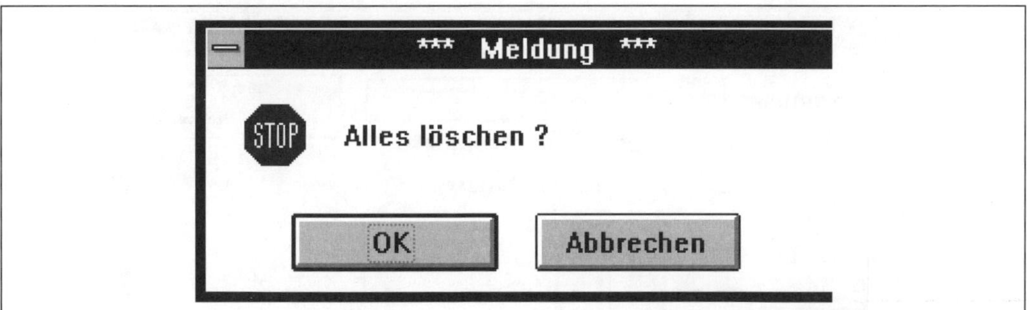

Bild 5.3: Über diese Dialogbox muß der Befehl vor der Ausführung noch einmal bestätigt werden

Wählen Sie «OK», wenn Sie fortfahren möchten oder «Abbrechen», wenn Sie die Funktion nicht ausführen wollen. Ein trotz der Abfrage unabsichtlich gelöschtes Objekt kann mit der Funktion «Bearbeiten/Wiederherstellen» zurückgeholt werden.

Menü-Punkt «Öffnen»

Mit dieser Funktion wird ein neues Objekt in den Objektspeicher von Graph geladen. Ein im Speicher befindliches Objekt wird gelöscht. Wurde dieses Objekt jedoch seit dem letzten Speichervorgang verändert, fragt Graph zuvor nach, ob Sie das geänderte Objekt zu speichern beabsichtigen.

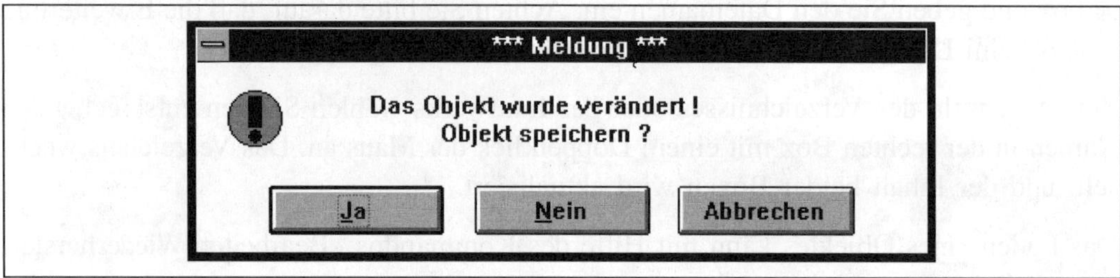

Bild 5.4: Das Programm erinnert Sie daran, veränderte Objekte zu speichern

Wählen Sie «Ja», wenn Sie das Objekt vor den Ladevorgang speichern möchten. Besitzt das Objekt noch keinen gültigen Dateinamen, erscheint eine Datei-Dialogbox. Das Objekt kann nun wie unter «Datei/Speichern unter» gesichert werden.

Zum Laden eines Objektes erscheint eine Datei-Dialogbox:

Datei-Übersicht
Dateiname:
Öffnen
Aktuell: d:\borlandc\hlight\objekte
Abbruch
Dateien:
Verzeichnisse:
a.obt
airp.obt
b.obt
boden.obt
c.obt
d.obt
e.obt
f.obt
g.obt
h.obt
[..]
[-a-]
[-b-]
[-c-]
[-d-]
[-e-]

Bild 5.5: Dialogbox zum Laden von Objekten

Die Bedienung der Dialogbox entspricht der Windows-Konvention. Wählen Sie eine Objekt-Datei aus der linken Box an, indem Sie den entsprechenden Dateinamen mit der Maus anklicken. Der Dateiname wird dann automatisch in die Editorbox übertragen. Gleichzeitig wird der «Öffnen»-Schalter aktiv. Durch Betätigen des aktiven «Öffnen»-Schalters oder einen Doppelklick auf einen Dateinamen wird die Datei geladen. Sie können aber auch den Dateinamen von Hand eingeben. Klicken Sie dazu in die Editorbox und geben Sie den Dateinamen ein. Achten Sie bitte darauf, daß die Erweiterung «.obt» beim Laden nicht automatisch vom Programm angefügt wird.

Zum Wechseln des Verzeichnisses oder des Laufwerks wählen Sie den entsprechenden Namen in der rechten Box mit einem Doppelklick der Maus an. Das Verzeichnis wechselt, und der Inhalt beider Boxen wird aktualisiert.

Das Laden eines Objektes kann mit Hilfe des Kommandos «Bearbeiten/Wiederherstellen» rückgängig gemacht werden.

Menü-Punkt «Speichern»

Dieser Menü-Punkt bleibt so lange deaktiviert, bis ein Objekt mit einem gültigen Dateinamen geladen oder mit «Speichern unter» gesichert worden ist. Danach wird ein im Speicher befindliches Objekt bei Aufruf dieser Funktion unter dem aktuellen Dateinamen gesichert.

Menüpunkt «Speichern unter»

Mit dieser Funktion läßt sich ein neues Objekt sichern oder ein bestehendes Objekt unter anderem Namen speichern. Nach Aufruf dieser Funktion erscheint eine Datei-Dialogbox. Wählen Sie nun den Namen, unter dem Sie das Objekt speichern wollen. Wenn Sie einen Dateinamen von Hand eingeben, wird die Erweiterung «.obt» automatisch an den Namen angehängt, soweit keine andere angegeben wurde.

Existiert bereits eine Datei unter dem angegebenen Namen, fragt das Programm nach, ob Sie diese vorhandene Datei überschreiben möchten.

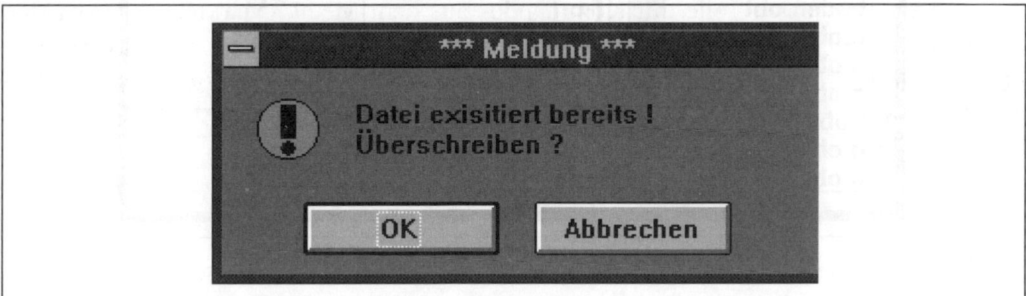

Bild 5.6: Das Überschreiben einer vorhandenen Datei muß extra bestätigt werden

Nach erfolgreichem Speichern des Objektes erscheint der neue Dateiname in der Titelleiste des Arbeitsfensters.

Menüpunkt «Info»

Über dieses Kommando können die Größe eines Objektes und die noch freien Speicherressourcen von Graph abgerufen werden.

Bild 5.7: Information über die Größe eines Objektes

Menüpunkt «Beenden»

Mit diesem Kommando beenden Sie die Arbeit mit Graph. Wurde das aktuelle Objekt seit der letzten Speicherung verändert, erfolgt eine Nachfrage, ob das Objekt vor Verlassen des Programms gesichert werden soll. Alternativ zu diesem Menüpunkt können Sie auch «Schließen» aus dem System-Menü wählen.

5.2.2 Die Kommandos des Menüs «Bearbeiten»

Alle Kommandos dieses Menüs können nur auf markierte Objektteile angewendet werden. Um also ein Objekt mit diesen Funktionen bearbeiten zu können, müssen Sie zuvor die gewünschten Teile mit Kommandos aus dem Menü «Markieren» auswählen. Markiert werden ausschließlich die Punkte eines Objektes. Inwieweit sich das gewählte Kommando auf die mit den Punkten verbundenen Dreiecke auswirkt, wird im einzelnen beschrieben.

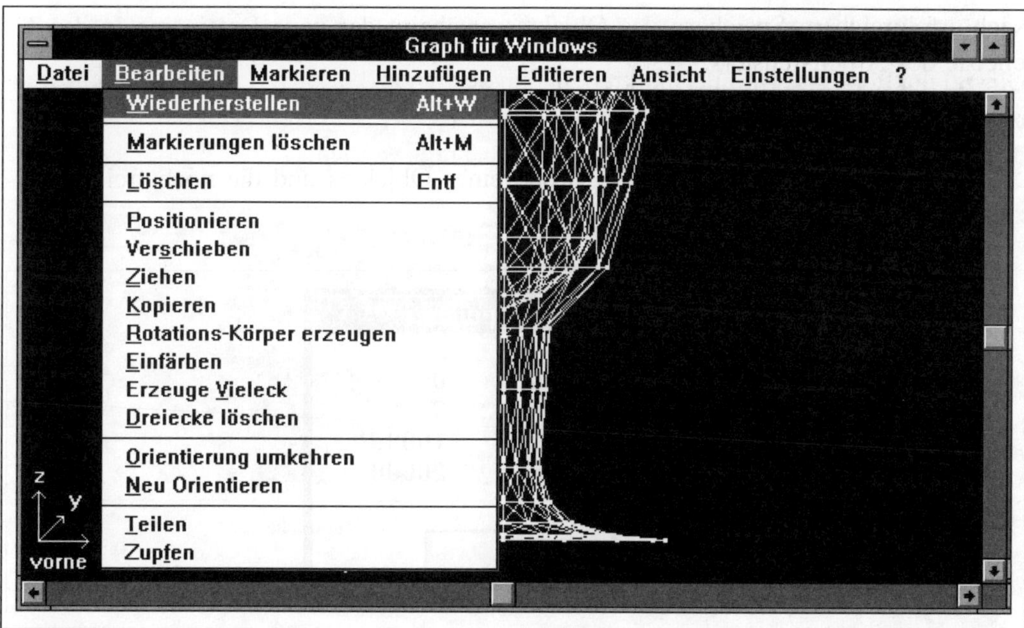

Bild 5.8: Das Menü «Bearbeiten»

Menüpunkt «Wiederherstellen»

Graph verfügt neben dem Objektspeicher zusätzlich über einen temporären Objektspeicher. Vor jeder Aktion wird das augenblickliche Objekt in diesem temporären Speicher kopiert. Mit diesem Kommando läßt sich der Objektspeicher mit dem temporären Speicher austauschen. Auf diese Wiese kann jeweils die letzte Aktion rückgängig gemacht werden. Zusätzlich kann auch ein Aufruf von «Wiederherstellen» durch einen erneuten Aufruf zurückgenommen werden.

Für den Fall, daß der temporäre Speicher leer ist, ist dieser Menüpunkt deaktiviert und kann nicht aufgerufen werden.

Punkt-Markierungen werden nicht gespeichert. Ein Aufruf von «Wiederherstellen» löscht grundsätzlich alle Markierungen.

Menüpunkt «Markierungen löschen»

Dieses Kommando löscht alle Punkt-Markierungen. Dieser Vorgang kann nicht mehr rückgängig gemacht werden.

Menüpunkt «Löschen»

Diese Funktion entfernt alle markierten Punkte. Dreiecke mit mindestens einem markierten Eckpunkt werden ebenfalls gelöscht. Das Löschen von Punkten muß sicherheitshalber zusätzlich über eine Dialogbox bestätigt werden.

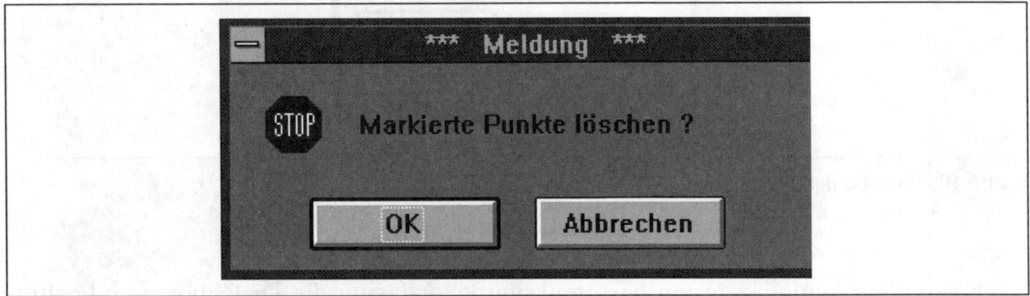

Bild 5.9: Das Kommando «Löschen» muß zusätzlich über eine Dialogbox bestätigt werden

Menüpunkt «Positionieren»

Mit diesem Kommando lassen sich alle markierten Teile eines Objekts verschieben, um einen beliebigen Mittelpunkt drehen, vergrößern oder auch verkleinern. Direkt nach dem Aufruf fordert Sie das Programm zunächst auf, das Rotationszentrum zu bestimmen, indem es den Mauszeiger zu einem spezifischen Symbol wandelt. Führen Sie den Mauszeiger zur gewünschten Position und klicken Sie das Rotationszentrum an. Die Funktion kann durch Betätigen der rechten Maustaste abgebrochen werden.

Das Rotationszentrum sollte im allgemeinen im Mittelpunkt des Objektes liegen. Beachten Sie dabei auch die Tiefenkoordinate der Mausposition. Korrigieren Sie diese gegebenenfalls durch Umschalten der Blickrichtung.

Sie können die Koordinaten auch über eine Dialogbox von Hand eingeben, indem Sie die «RETURN»-Taste betätigen.

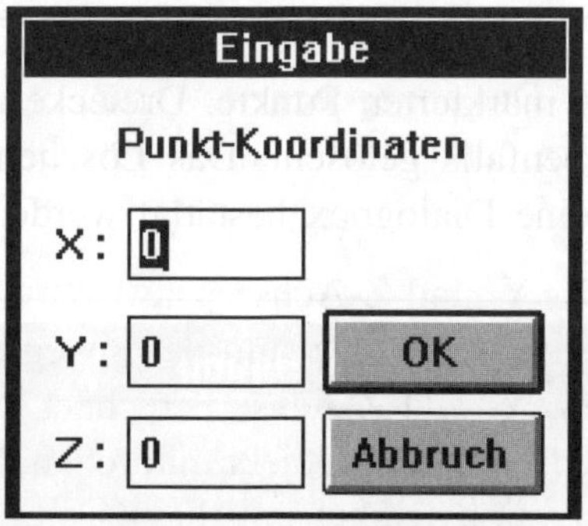

Bild 5.10: Eingabe des Rotationszentrums von Hand

Nachdem das Rotationszentrum bestimmt wurde, erscheint die Dialogbox zum Positionieren des Objektes am Schirm.

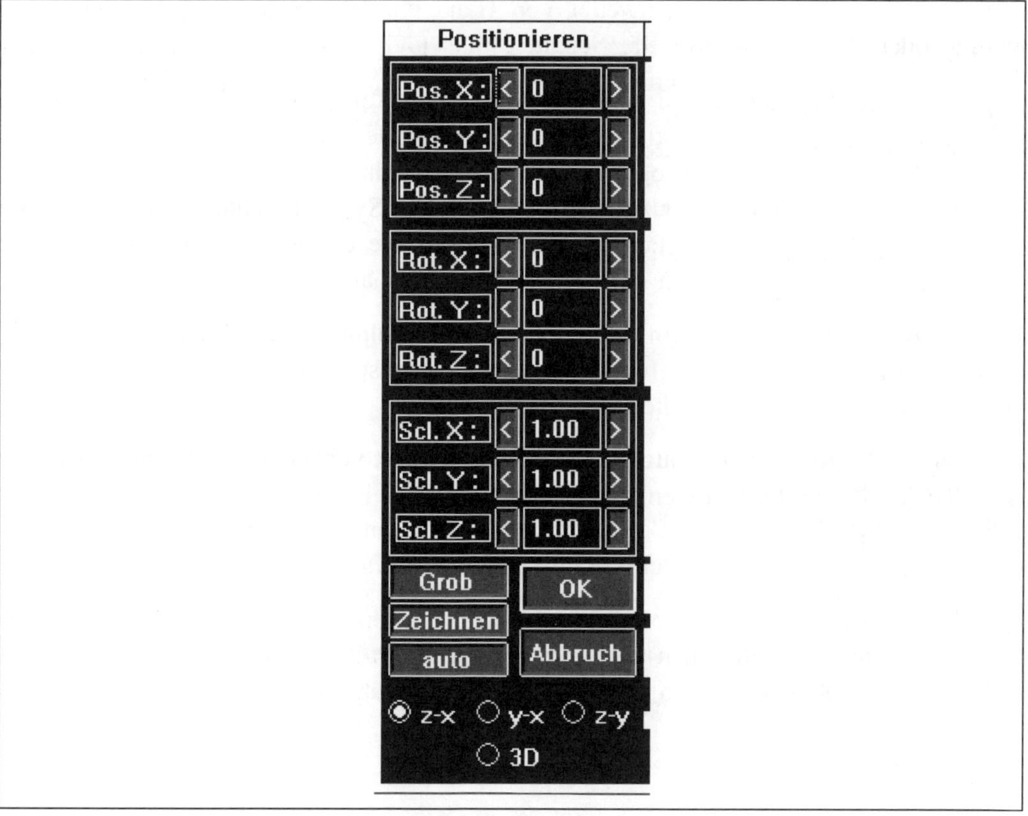

Bild 5.11: Dialogbox zum Ändern der Objektposition

9 Parameter bestimmen Position und Aussehen eines Objektes. Das sind:

a) Die Koordinaten X, Y, Z. Die angegebenen Werte entsprechen nicht der absoluten Position des Objektes, sondern den Offsets, um die das Objekt entlang der drei Achsen verschoben werden soll.

b) Die Drehwinkel um die X-,Y- und Z-Achse. Die Drehwinkel werden in Grad angegeben. Die Drehung eines Objektes erfolgt um das angegebene Rotationszentrum und wird nacheinander für die X-, Y- und Z-Achse berechnet. Man beachte, daß die Drehachsen starr sind und sich nicht mit dem Objekt mitdrehen. Das Ergebnis einer Rotation um die Y-Achse ist vom Rotationswinkel um die X-Achse abhängig. Man sollte aus diesem Grund bei Drehungen mit der Rotation des Objektes um die X-Achse beginnen.

c) Die Skalierung des Objektes entlang der drei Achsen. Das Objekt kann entlang aller drei Achsen mit unterschiedlichen Faktoren skaliert werden. Auf diese Weise läßt sich das Objekt verzerren. Wollen Sie das Objekt in seiner Größe verändern, müssen alle drei Werte auf den gleichen Wert gesetzt werden.

Die neun Parameter können entweder von Hand über die Editier-Felder eingegeben werden oder lassen sich über die Schalter links und rechts von den Editier-Feldern variieren. Die Schalter erhöhen oder verringern den Wert im Editier-Feld um einen festen Wert. Bei den X-, Y- und Z-Koordinaten paßt sich dieser Wert automatisch dem gewählten Zoom-Faktor des Displays an.

Am unteren Ende der Dialogbox befinden sich weitere Bedienungselemente:

«Grob»: Über diesen Schalter kann in die Betriebsart «Fein» und zurück gewechselt werden. Dies hat Einfluß auf die Positioniergenauigkeit bzw. auf die Größe des Wertes, um den sich der Wert in den Editier-Feldern beim Betätigen der entsprechenden Schalter ändern soll.

«auto»: Nach jeder Änderung von einem der neun Parameter wird das gesamte Objekt automatisch an der neuen Position am Schirm neu gezeichnet. Bei größeren Objekten kann das die Positionierung durch lange Wartezeiten beim Neuzeichnen behindern. Mit diesem Schalter kann in die Betriebsart «manuell» umgeschaltet werden. In diesem Modus wird das Schirmbild nicht automatisch neu aufgebaut.

«Zeichnen»: Dieser Schalter veranlaßt das Neuzeichnen des Objektes. Wurde die Betriebsart «manuell» (siehe oben) gewählt, können Sie mit diesem Schalter Änderungen in Position oder Größe des Objektes auf den Schirm übertragen.

Da das Menü nicht erreichbar ist, solange die Dialogbox aktiv ist, wurden zusätzlich Schalter zur Kontrolle der Blickrichtung in die Box integriert. Die Arbeitsweise entspricht den entsprechenden Menüpunkten. Durch Betätigen der Schalter schaltet die Darstellung in die gewählte Blickrichtung um. Diese bleibt auch nach Verlassen der Dialogbox erhalten.

Mit «Abbruch» können Sie die Positionierung des Objektes abbrechen. Das Objekt wird dann in seine ursprüngliche Lage zurückversetzt.

Wird die Funktion mit «OK» beendet, wird die Position aller Punkte des Objektes entsprechend der Angaben neu berechnet und gespeichert. Die alte Position wird gelöscht. Bei einem erneuten Aufruf von «Positionieren» sind aus diesem Grund auch die alten Werte nicht mehr vorhanden. Dieses System erlaubt jedoch, ein Objekt nacheinander um unterschiedliche Zentren zu drehen.

Generell ist zu beachten, daß die Position der Punkte im Programm als ganzzahlige Werte gespeichert wird. Aus diesem Grund kann es bei wiederholten Rotationen zu Rundungsfehlern kommen. Durch folgende Maßnahmen können die Auswirkungen jedoch reduziert werden:

- Entspricht eine Rotation nicht dem gewünschten Ergebnis, machen Sie den gesamten Vorgang vor einer erneuten Positionierung durch einen Aufruf von «Wiederherstellen» rückgängig.

- Vermeiden Sie zu kleine Objekte. Arbeiten Sie möglichst mit einem Zoom-Faktor kleiner als 1. Die Objekte lassen sich gegebenenfalls in «Animate» nachträglich auf die gewünschte Größe skalieren.

Menüpunkt «Verschieben»

Zusätzlich zum Menüpunkt «Positionieren» können Objekte am Schirm auch mit der Maus verschoben werden. Markieren Sie zunächst die Teile, die Sie verschieben möchten. Wählen Sie anschließend den Menüpunkt «Verschieben» und klicken Sie mit der linken Maustaste einen der markierten Punkte an. Die markierten Punkte folgen nun den Mausbewegungen. Ein erneutes Drücken der linken Maustaste fixiert die Punkte an der neuen Position. Durch Betätigen der rechten Maustaste kann die Funktion vorzeitig abgebrochen werden.

Menüpunkt «Ziehen»

Mit diesem Kommando läßt sich aus einem Umriß ein räumliches Objekt erzeugen. Die Funktion kopiert alle markierten Punkte und verbindet anschließend Original und Kopie entlang der Umrißlinie mit Dreiecken. Wird die Kopie dann verschoben, entsteht ein räumliches Objekt. Auf diese Weise läßt sich zum Beispiel aus einem Quadrat durch Verschieben ein Würfel erzeugen.

Vor dem Aufruf muß zunächst der Umriß markiert werden. Dies geschieht mit der Funktion «Markieren/Punkte». Zuvor sollten alle Markierungen gelöscht werden.

Da es nicht möglich ist, an Hand von markierten Punkten auf den genauen Verlauf der Umrißlinie zu schließen, müssen die Punkte des Umrisses nacheinander im Uhrzeigersinn markiert werden. Die Reihenfolge ist also für das Programm entscheidend. Die Software verbindet automatisch den letzten mit dem ersten Punkt, daher ist der Umriß immer geschlossen.

Nach dem Aufruf von «Ziehen» kopiert die Funktion den Umriß und verbindet die kopierten Punkte mit ihrem Original. Mit dem Umriß verbundene Dreiecke werden ebenfalls kopiert. Gleichzeitig markiert das Programm die kopierten Punkte und löscht die Markierungen an den Originalen. Auf diese Weise läßt sich die Kopie unabhängig vom Original bearbeiten.

Nach diesem Vorgang erfolgt automatisch ein Aufruf des Kommandos «Bearbeiten/Positionieren», damit die kopierten Punkte sofort verschoben werden können.

Nachdem Sie ein Rotationszentrum gewählt haben, erscheint die bereits von der Funktion «Positionieren» bekannte Dialogbox am Schirm. Sie können nun die Kopie wie gewohnt verschieben.

Am einfachsten erfolgt das «Auseinanderziehen» von Original und Kopie durch Aktivieren des «3D»-Modus mit Hilfe des entsprechenden Schalters der Dialogbox und durch anschließendes Verschieben entlang der Tiefenkoordinatenachse. Am Schirm läßt sich dann bereits die räumliche Struktur des Objektes erkennen.

Zur Erinnerung: Die Tiefenkoordinatenachse entspricht der Achse, die abhängig von der gewählten Blickrichtung in den Bildschirm hinein oder aus ihm heraus zeigt. Bei der Blickrichtung «Z-X», wenn man also von vorne auf das Objekt schaut, entspricht die Y-Achse der Tiefenkoordinatenachse.

Wenn Sie die Positionierung mit «Abbruch» beenden, wird nur das Verschieben der mit «Ziehen» erstellen Kopie abgebrochen. Auch ein Aufruf von «Wiederherstellen» macht lediglich die Verschiebung rückgängig.

Wollen Sie den Zustand vor dem Funktionsaufruf wieder herstellen, wählen Sie einfach «Bearbeiten/Löschen». Damit werden alle kopierten Punkte und mit ihnen ebenfalls die hinzugekommenen Dreiecke entfernt. Wichtig ist dabei, daß die Markierungen an den kopierten Punkten nicht aus Versehen gelöscht werden. Aus diesem Grund sollte das Positionieren über die Dialogbox immer mit «OK» abgeschlossen werden.

Menüpunkt «Kopieren»

Mit diesem Kommando läßt sich das Objekt als Ganzes oder in Teilen kopieren. Nach dem Aufruf kopiert die Funktion alle markierten Punkte sowie alle Dreiecke, deren drei Eckpunkte markiert sind. Wie bereits bei der Funktion «Ziehe» werden die kopierten Punkte markiert und die Markierungen am Original gelöscht. Anschließend ist «Positionieren» aufzurufen, damit die Kopie sofort bearbeitet werden kann.

Bitte beachten Sie, daß beim Rückgängigmachen der Funktion die gleichen Probleme wie schon bei der Funktion «Ziehen» auftreten. Schließen Sie also die Positionierung mit «OK» ab und löschen Sie anschließend die erstellte Kopie mit Hilfe von «Bearbeiten/Löschen».

Menüpunkt «Rotationskörper erzeugen»

Mit dieser Funktion wird ähnlich wie bei «Ziehen» aus einem Umriß ein räumliches Objekt erzeugt. Dies geschieht jedoch nicht durch Kopieren und Verschieben, sondern durch Rotation des Umrisses um eine vorgegebene Achse. Auf diese Weise lassen sich sehr schnell rotationssymmetrische Objekte wie zum Beispiel Flaschen oder Vasen erstellen.

Analog zur Funktion «Ziehen» müssen zunächst die Punkte des Umrisses nacheinander im Uhrzeigersinn markiert werden. Anschließend wird die Funktion aufgerufen. Der Mauszeiger verwandelt sich in ein Symbol, das Sie zur Eingabe einer vertikalen Achse auffordert. Um diese Achse wird der Umriß gedreht. Achten Sie hierbei auch auf die Tiefenkoordinate des Mauszeigers. Normalerweise sollten Rotationsachse und Umriß in derselben Ebene liegen. Bewegen Sie den Mauszeiger an die gewünschte horizontale Position (die vertikale Position spielt keinerlei Rolle) und betätigen Sie die linke Maustaste. Daraufhin erscheint eine Dialogbox am Schirm.

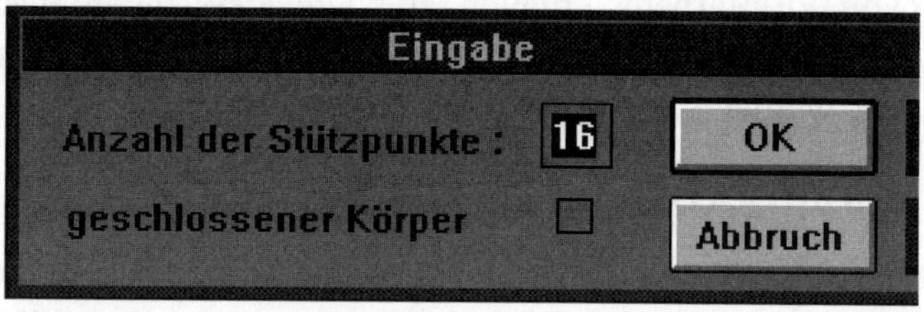

Bild 5.12: Dialogbox zum Erzeugen eines Rotationskörpers

Über die Dialogbox wird die Anzahl der Stützpunkte eingegeben, die die Funktion während der Rotation des Umrisses um die Achse erzeugen soll. Je größer die Anzahl der Stützpunkte, um so genauer wird der Rotationskörper angenähert. Gleichzeitig wächst jedoch auch die Anzahl der benötigten Dreiecke mit jedem zusätzlichen Stützpunkt. Da jedes Dreieck den Raytracer Rechenzeit kostet, muß hier ein Kompromiß zwischen Rechenzeit und Oberflächengenauigkeit geschlossen werden. Normalerweise sind 10 bis 20 Stützpunkte für eine hinreichend glatte Oberfläche ausreichend. Aktiviert man beim Raytracing zusätzlich das Phong-Shading zum Glätten der Oberfläche, erhält man einen fast ideal glatten Rotationskörper.

Ob es sich um einen offenen oder geschlossen Rotationskörper handelt, hängt von dessen Form ab. Läuft die Rotationsachse durch das Innere des Körpers, besitzt der Körper einen offenen Umriß, d.h. der letzte Punkt des Umrisses muß nicht mehr mit dem ersten verbunden werden. Da sich der «offene» Teil des Umrisses im Inneren des Körpers befindet, ist dieser nicht zu sehen. Dies gilt zum Beispiel für Vasen und Gläser.

Dreht man aber zum Beispiel einen Kreis um eine Achse außerhalb des Kreises, so entsteht ein Kringel. Die Rotationsachse befindet sich zwar im Zentrum des Kringels, schneidet aber nicht den Körper selbst. Bei dieser Art von Rotationskörpern muß die Option «geschlossener Körper» der Dialogbox aktiviert werden, damit während der Rotation der als letztes markierte Punkte des Umrisses mit dem ersten verbunden wird und keine Lücken im Objekt entstehen.

Nach Betätigen des «OK»-Schalters wird das Objekt erzeugt.

Menüpunkt «Einfärben»

Mit diesem Kommando lassen sich Teile eines Objektes neu einfärben. Markieren Sie als erstes die Teiles des Objektes, deren Farbe Sie ändern wollen. Wählen Sie dann über das Menü «Einstellungen/Zeichenfarbe» die gewünschte Farbe. Diese läßt sich auch direkt mit den Tasten «Alt+0» bis «Alt+7» auswählen. Die augenblickliche Farbe wird unten links im Fenster angezeigt.

Nach der Wahl von «Einfärben» erhalten alle Dreiecke, deren Eckpunkte markiert waren, die neue Farbe. Das Kommando kann über den Menüpunkt «Wiederherstellen» rückgängig gemacht werden.

Menüpunkt «Erzeuge Vieleck»

Da der Raytracer ausschließlich dreieckige Flächen bearbeiten kann, müssen auch komplizierte Flächen oder Polygone als Dreiecke dargestellt werden. Mit dieser Funktion lassen sich Polygone mit bis zu 80 Eckpunkten in Dreiecke zerlegen. Zuerst müssen die Eckpunkte des Polygons im Uhrzeigersinn beginnend mit einem beliebigen Punkt markiert werden. Anschließend wird das Kommando «Erzeuge Vieleck» aufgerufen. Das Polygon wird nun in Dreiecke zerlegt und dargestellt.

Bild 5.13: Polygon mit 36 Eckpunkten nacheinander im Uhrzeigersinn markiert

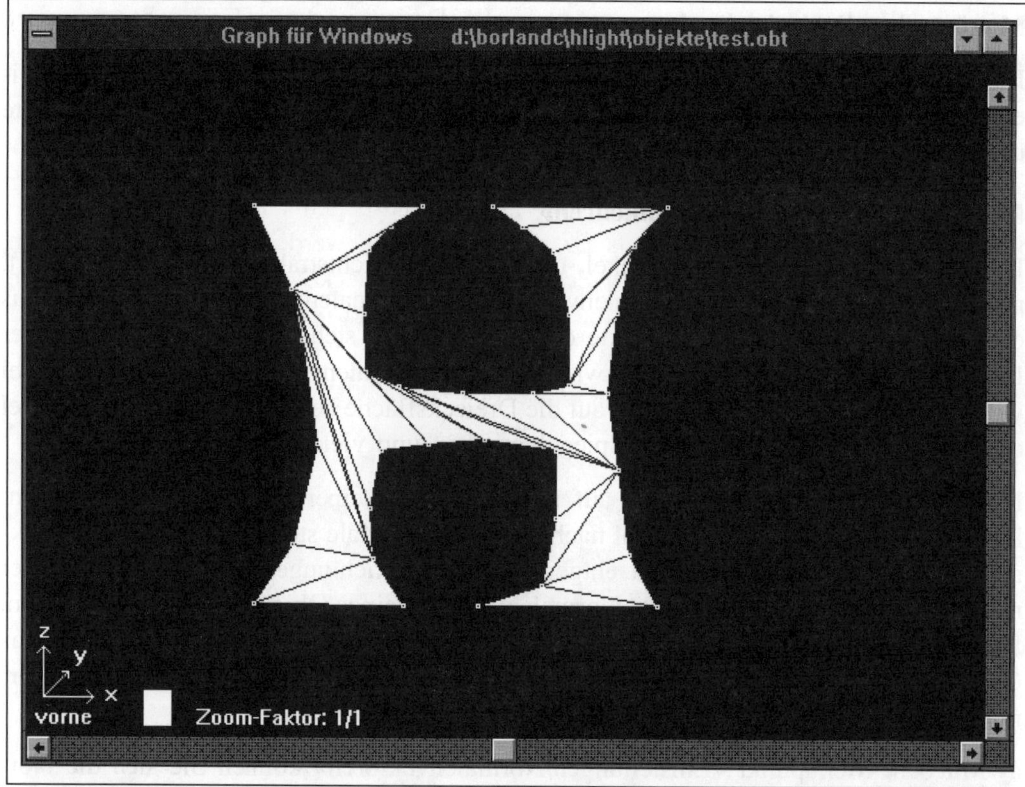

Bild 5.14: Polygon mit der Funktion «Erzeuge Vieleck» in Dreiecke zerlegt

Es kann unter Umständen vorkommen, daß das Polygon nicht zerlegt werden kann oder das Ergebnis fehlerhaft ist. In solchen Fällen ist als erstes die Tiefenkoordinate der einzelnen Eckpunkte zu untersuchen. Alle Eckpunkte des Polygons sollten möglichst in einer Ebene liegen.

Bei Polygonen mit einem sehr komplexen Umriß ist es auch manchmal hilfreich, das gesamte Polygon in mehreren Schritten durch wiederholten Aufruf der Funktion zu erstellen. Dies ist auch die einzige Möglichkeit, Polygone mit mehr als 80 Eckpunkten zu verarbeiten.

Dieser Menüpunkt ähnelt sehr stark der Funktion «Editieren/Polygon». Sie hat im Vergleich dazu jedoch den Vorteil, daß Polygone mit dieser Funktion direkt eingegeben werden können: Löschen Sie zunächst alle Markierungen. Wählen Sie dann «Hinzufügen/Punkte» und setzen Sie alle Eckpunkte des Polygons nacheinander im Uhrzeigersinn. Die neuen Punkte werden vom Programm automatisch markiert und ihre Reihenfolge gespeichert. Mit «Bearbeiten/Erzeuge Vieleck» wird die Arbeit abgeschlossen.

Menüpunkt «Dreiecke löschen»

Im Gegensatz zur Funktion «Löschen» werden mit diesem Kommando lediglich Dreiecke, nicht aber Punkte entfernt. Das Kommando löscht alle Dreiecke, deren Eckpunkte markiert waren. Die Eckpunkte selber bleiben erhalten.

Menüpunkt «Orientierung umkehren»

Der Raytracer berechnet den Winkel, unter dem ein Lichtstrahl auf ein Dreieck trifft, mit Hilfe des sogenannten Normalenvektors. Der Normalenvektor berechnet sich aus den Koordinaten der drei Eckpunkte des Dreiecks und steht immer senkrecht auf der Dreiecksfläche. Aus dem Winkel zwischen dem Normalenvektor und dem Lichtstrahl wird der Einfallswinkel des Lichtes auf die Dreiecksfläche bestimmt. Der Einfallswinkel des Lichts beeinflußt Glanzlicht, Spiegelverhalten und vieles mehr.

Leider kann der Normalenvektor auf zwei Arten auf einer Fläche senkrecht stehen: Einmal nach oben weisend, einmal nach unten. Beide Male steht der Vektor zwar senkrecht auf der Fläche, jedoch mit entgegengesetzten Richtungen. Damit der Raytracer richtig arbeiten kann, müssen alle Normalenvektoren eines Objektes nach außen zeigen. Ist das nicht der Fall, kann es zu Fehlern bei der Berechnung des Lichteinfalls auf das Objekt kommen. Bevor man ein Objekt speichert, sollte also kurz die Lage der Normalenvektoren überprüft werden. Dazu gibt es zwei Möglichkeiten:

a) Mit dem Menüpunkt «Einstellungen/Normalenvektoren» können Sie sich die Normalenvektoren aller Dreiecke grafisch darstellen lassen. Betrachten Sie das Objekt von allen drei Seiten und prüfen Sie, ob wirklich alle Vektoren nach außen zeigen.

b) Mit dem Menüpunkt «Ansicht/Ganzkörper» läßt sich ein Objekt als ganzer Körper darstellen, indem alle verdeckten Flächen entfernt werden. Hierzu wird ebenfalls der Normalenvektor verwendet. Werden sichtbare Flächen eines Objektes in dieser Darstellung nicht gezeichnet oder normalerweise verdeckte Flächen ausgegeben, so ist der Normalenvektor der entsprechenden Dreiecke falsch orientiert.

Um gegebenenfalls die Orientierung der Normalenvektoren von Dreiecken zu verändern, werden die Eckpunkte der entsprechenden Dreiecke markiert und deren Orientierung mit Hilfe von «Orientierung umkehren» korrigiert.

Die Dreiecke von mit Graph erzeugten Rotationskörper oder Grundelementen wie Kugeln oder Quader werden vom Programm automatisch korrekt orientiert. Lediglich von Hand erstellte Dreiecke oder Polygone müssen unter Umständen nachbearbeitet werden. Auch kann man die richtige Orientierung der Dreiecke von nachfolgender Funktion automatisch vornehmen lassen.

Menüpunkt «Neu orientieren»

Diese Funktion prüft die Orientierung aller markierten Dreiecke und führt Korrekturen automatisch durch. Normalerweise sollte das Objekt komplett markiert werden.

Der Algorithmus sucht das Dreieck mit der höchsten Z-Koordinate und orientiert dieses Dreieck so, daß dessen Normalenvektor nach oben zeigt. Anschließend werden alle benachbarten Dreiecke in gleicher Weise orientiert.

Die Funktion arbeitet zuverlässig, wenn folgende Punkte beim Entwurf eines Objektes beachtet werden:

a) Generell wird mit Graph ein Oberflächenmodell eines Objektes entworfen. Mit Hilfe von Dreiecken wird die gesamte Oberfläche des Objektes angenähert. Informationen über das Innere des Objektes liegen nicht vor und werden auch nicht benötigt, solange die Oberflächen-Beschreibung lückenlos ist. Die Oberflächen-Beschreibung sollte also vor allem oben keine Löcher aufweisen. Stellen Sie sich zum Beispiel eine Kugel vor, bei der die oberen zwei Drittel entfernt wurden. Übrig bleibt eine Schale, deren Inneres nicht mehr eindeutig bestimmt ist. Das Objekt ist oben offen und die Software kann nun nicht mehr einwandfrei feststellen, welche Vektoren nach außen zeigen, da bei jedem Dreieck beide Seiten quasi zur Oberfläche gehören. Bei einem geschlossenen Körper ist jeweils nur eine Seite eines Dreieckes Bestandteil der Oberfläche, die andere Seite zeigt ins Innere und ist somit nicht sichtbar.

b) Da das Innere des Objektes normalerweise nicht sichtbar ist, sollten sich im Inneren auch keine Dreiecke befinden. Gerade diese Dreiecke können jedoch zum Versagen des verwendeten Algorithmus» führen.

Bitte beachten Sie, daß obige Punkte lediglich den Algorithmus zur Orientierung der Dreiecke betrifft. Diese Einschränkungen gelten nicht für die Raytracing/Render-Software. Diese arbeitet immer korrekt, solange alle Dreiecke richtig orientiert sind.

In der Praxis hat sich jedoch gezeigt, das diese Funktion in fast allen Fällen einwandfrei arbeitet und eine Nachbearbeitung von Hand nur sehr selten notwendig wird.

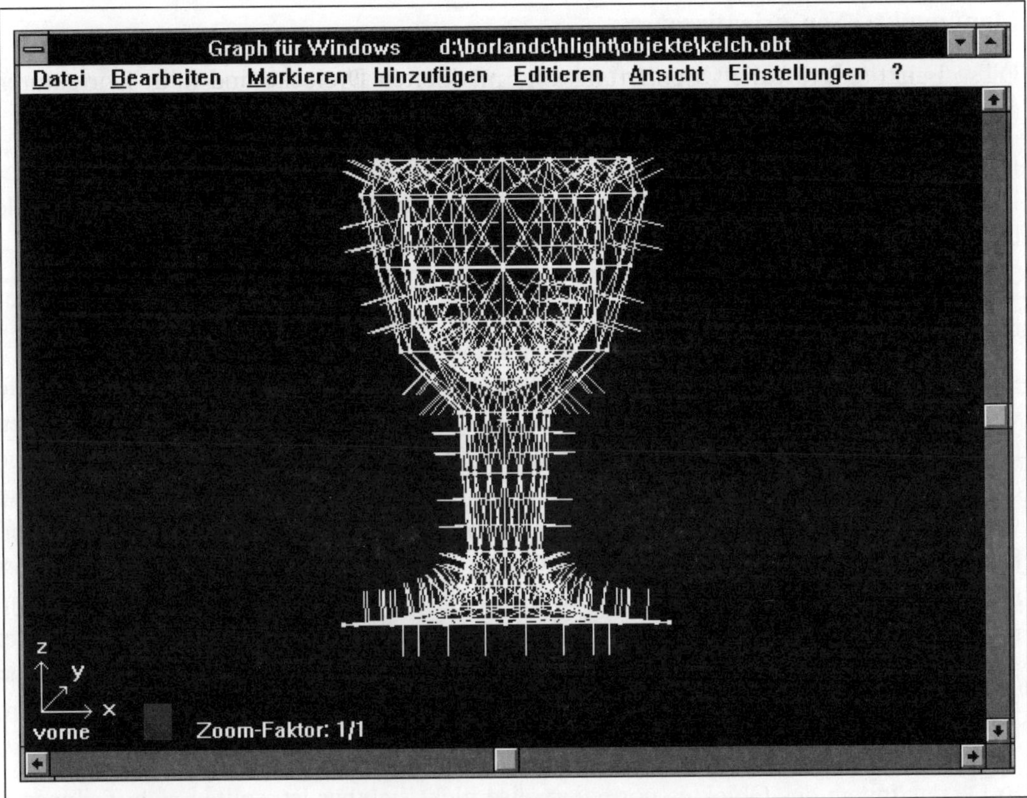

Bild 5.15: Modell eines Kelchs mit korrekt orientierten Dreiecken. Die Normalenvektoren weisen nach außen

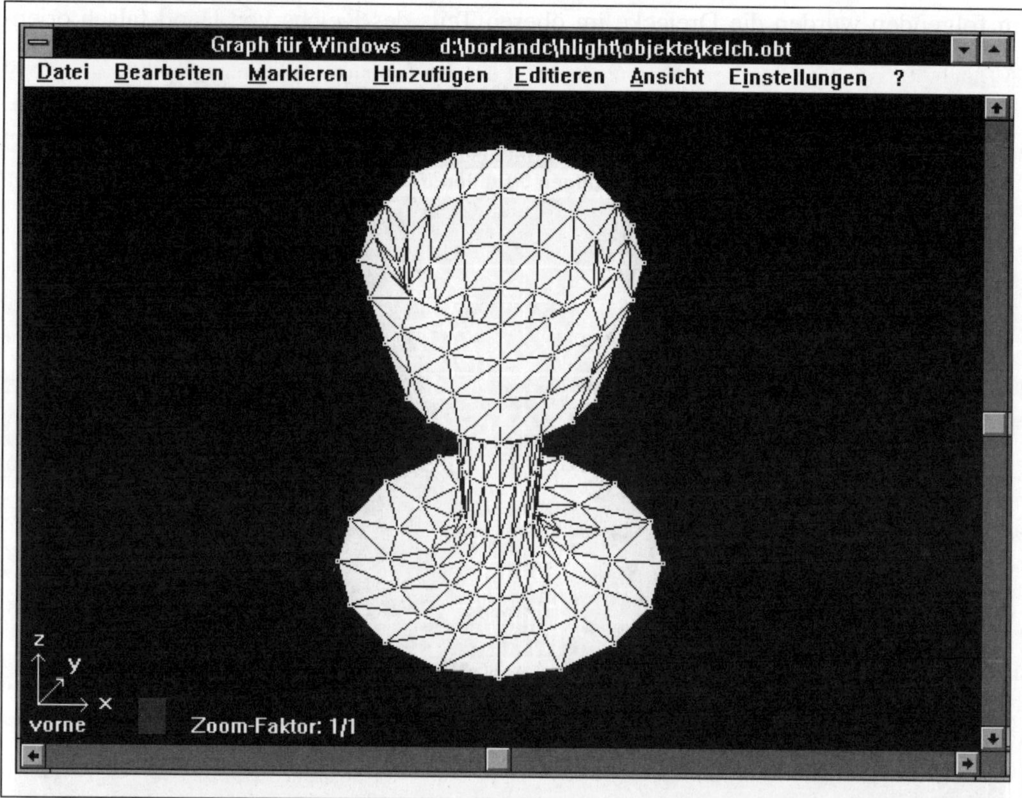

Bild 5.16: Ganzkörperdarstellung des Kelchs

Im folgenden wurden die Dreiecke im oberen Teils des Kelchs von Hand falsch orientiert.

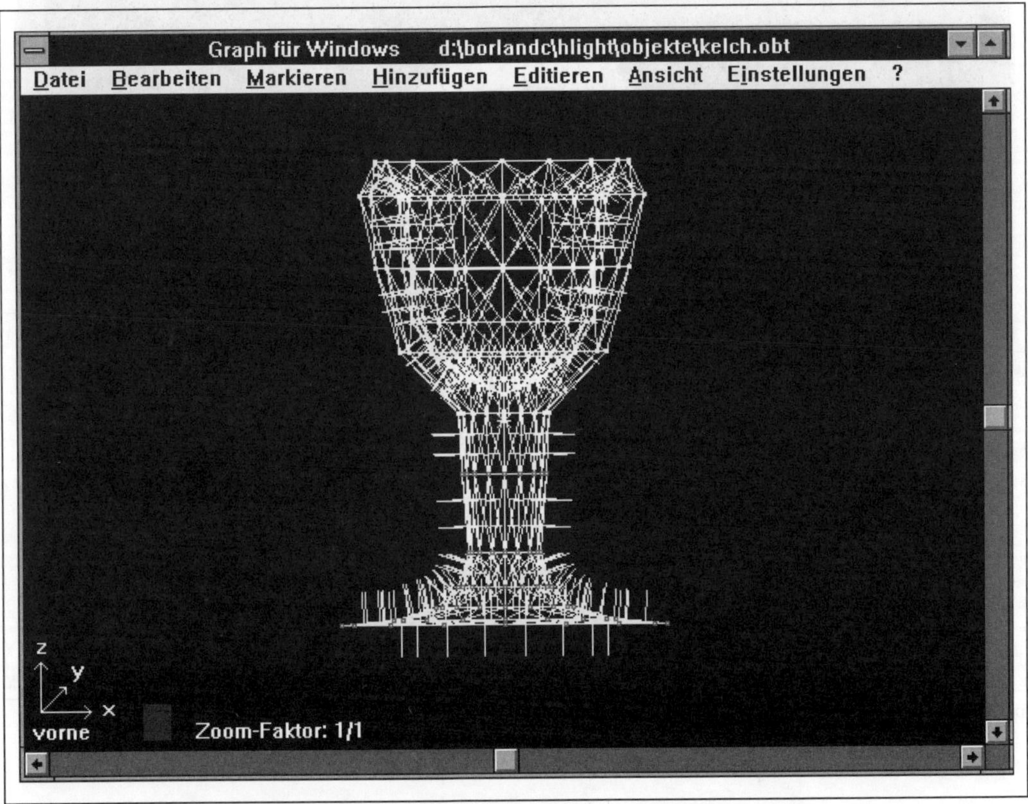

Bild 5.17: Die Normalenvektoren im oberen Teil des Kelchs weisen nach innen: Die Dreiecke sind falsch orientiert

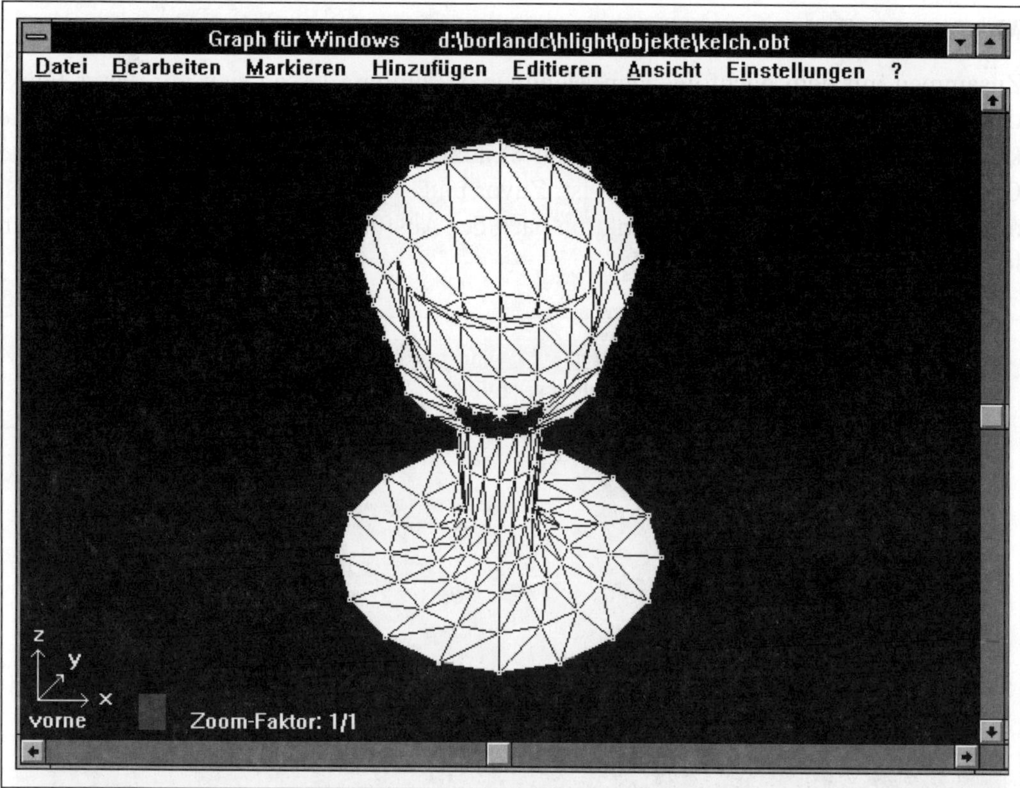

Bild 5.18: Auch die Darstellung als Ganzkörpermodell ist fehlerhaft

Menüpunkt «Teilen»

Zusammen mit dem nachfolgenden Menüpunkt «zupfen» lassen sich mit dieser Funktion fraktale Formen erzeugen. Die Funktion teilt jedes markierte Dreieck in 4 neue kleine Dreiecke auf. Dieser Vorgang kann weiter wiederholt werden, bis die gewünschte Größe der Dreiecke erreicht worden ist. Zuvor muß jedoch der zu bearbeitende Bereich neu markiert werden, da diese Funktion nach der Ausführung bestehende Markierungen löscht.

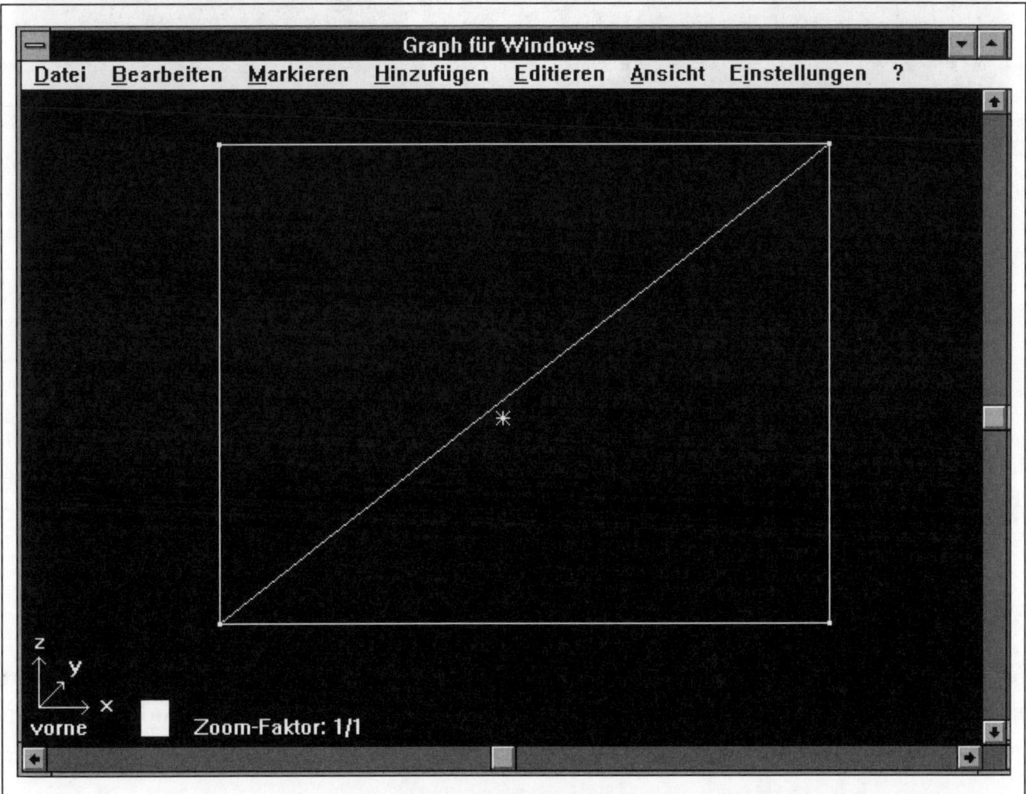

Bild 5.19: Normales Viereck vor dem Aufruf der Funktion «Teilen»

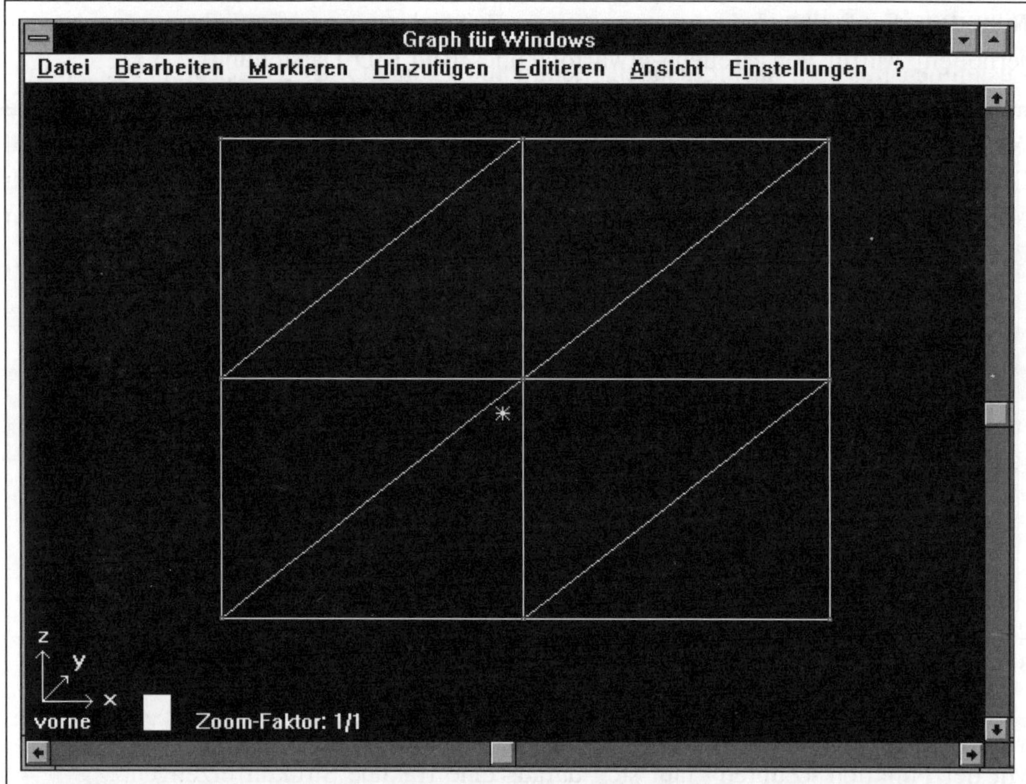

Bild 5.20: Normales Viereck nach dem Aufruf der Funktion «Teilen»

Menüpunkt «Zupfen»

Mit diesem Kommando lassen sich alle markierten Punkte um einen zufälligen Wert im Raum verschieben. Die maximale Distanz, um die ein Punkt verschoben werden soll, wird über eine Dialogbox eingegeben.

Eingabe

Zufalls-Faktor : 10

OK

Abbruch

Bild 5.21: Der Zufallsfaktor bestimmt die maximale Verschiebung eines Punktes im Raum

Teilt man das Rechteck im vorangegangen Beispiel weiter auf, erhält man nach wiederholtem Aufruf von «Teilen» etwa folgendes Bild (3D Darstellung):

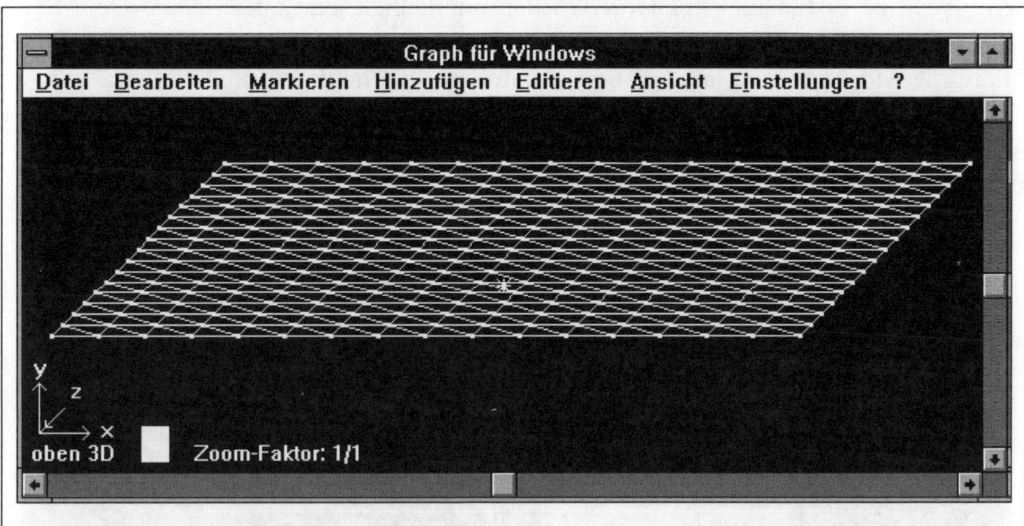

Bild 5.22: Rechteck durch einen wiederholten Aufruf von «Teilen» in kleine Dreiecke zerlegt

Mit der Funktion «Zupfen» läßt sich daraus eine fraktale Struktur erzeugen.

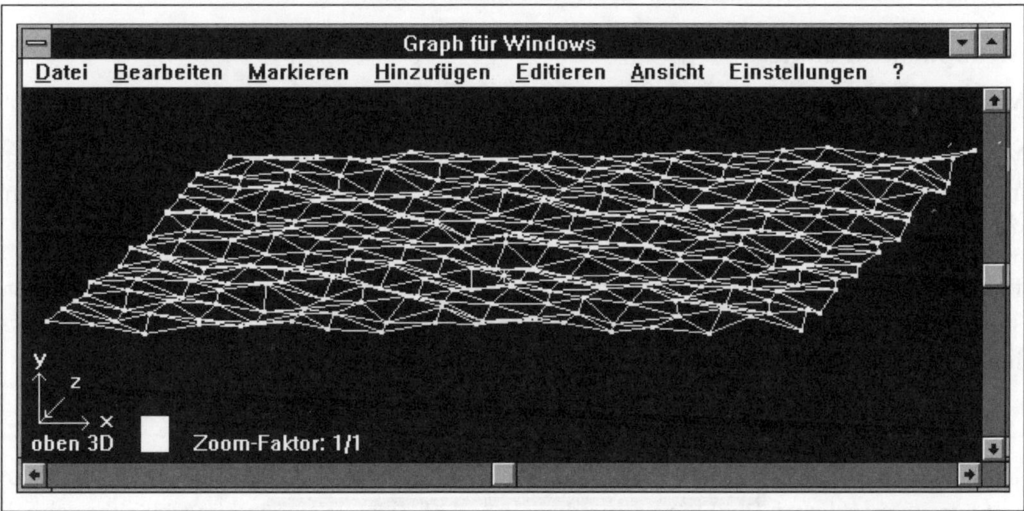

Bild 5.23: Durch eine zufällige Verschiebung der Punkte im Raum entsteht eine fraktale Struktur

5.2.3 Die Kommandos des Menüs «Markieren»

Da sich alle Funktionen des Menüs «Bearbeiten» nur auf markierte Objektteile anwenden lassen, ist es für ein effektives Arbeiten unerläßlich, die gewünschten Objektteile schnell und unkompliziert markieren zu können. Folgende Funktionen bieten Ihnen zahlreiche Möglichkeiten an. Auf dem Schirm werden markierte Punkte weiß, unmarkierte Punkte grau dargestellt. Obwohl sich ausschließlich Punkte markieren lassen, wird im folgenden auch vom Markieren von Dreiecken die Rede sein. In diesem Zusammenhang ist natürlich das Markieren der Eckpunkte eines Dreiecks gemeint.

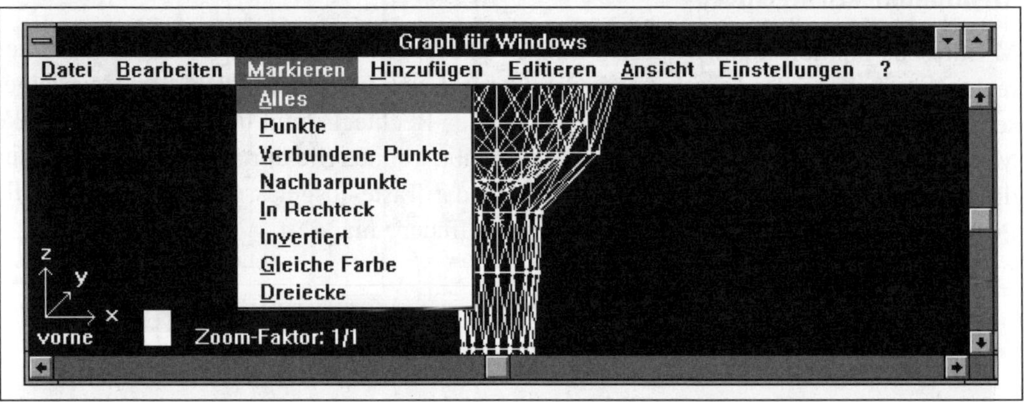

Bild 5.24: Das Menü «Markieren»

Menüpunkt «Punkte»

Nach Aufruf des Kommandos ändert der Mauszeiger seine Form und fordert Sie auf, einzelne Punkte zu markieren. Bewegen Sie den Mauszeiger auf einen Punkt und Drücken Sie die linke Maustaste, um den Punkt zu markieren. Der Punkt färbt sich weiß. Sie können nun nacheinander beliebig viele Punkt auswählen und auch in unterschiedliche Blickrichtungen wechseln. Hilfreich ist auch die 3D-Darstellung, um Punkte, die in allen anderen Darstellungsarten übereinanderliegend gezeichnet werden, sichtbar zu machen. Mit einem Druck auf die rechte Maustaste verlassen Sie die Funktion.

Menüpunkt «Verbundene Punkte»

Diese Funktion markiert alle Punkte, die über die Kanten eines oder mehrerer Dreiecke mit bereits markierten Punkten verbunden sind. Auf diese Weise lassen sich sehr schnell separate Objekteile markieren, die nicht über ein Dreieck mit anderen Teilen verbunden sind. Zuerst löscht man dazu alle Markierungen, wählt mit «Markieren/Punkte» einen einzigen Punkt des Objektteils aus und ruft dann die Funktion «Markieren/Verbundene Punkte» auf. Alle Punkte des Objektteils werden daraufhin markiert.

Menüpunkt «Nachbarpunkte»

Arbeitet analog zur vorangegangenen Funktion, markiert aber nur solche Punkte, die direkt über die Kanten nur eines Dreiecks mit einem anderen markierten Punkt verbunden sind, also nur die direkten Nachbarn von markierten Punkten.

Menüpunkt «In Rechteck»

Mit dieser Funktion können Sie am Schirm alle Punkte markieren, die innerhalb eines rechteckigen Bereichs liegen. Nach dem Aufruf der Funktion ändert der Mauszeiger seine Form. Wählen Sie nun einen Eckpunkt des Rechtecks und betätigen Sie die linke Maustaste. Solange die Maustaste gedrückt bleibt, können Sie durch Bewegen der Maus die Größe des Rechtecks verändern. Sobald die Taste losgelassen wird, werden alle Punkte, die sich im Inneren des Rechtecks befinden, markiert.

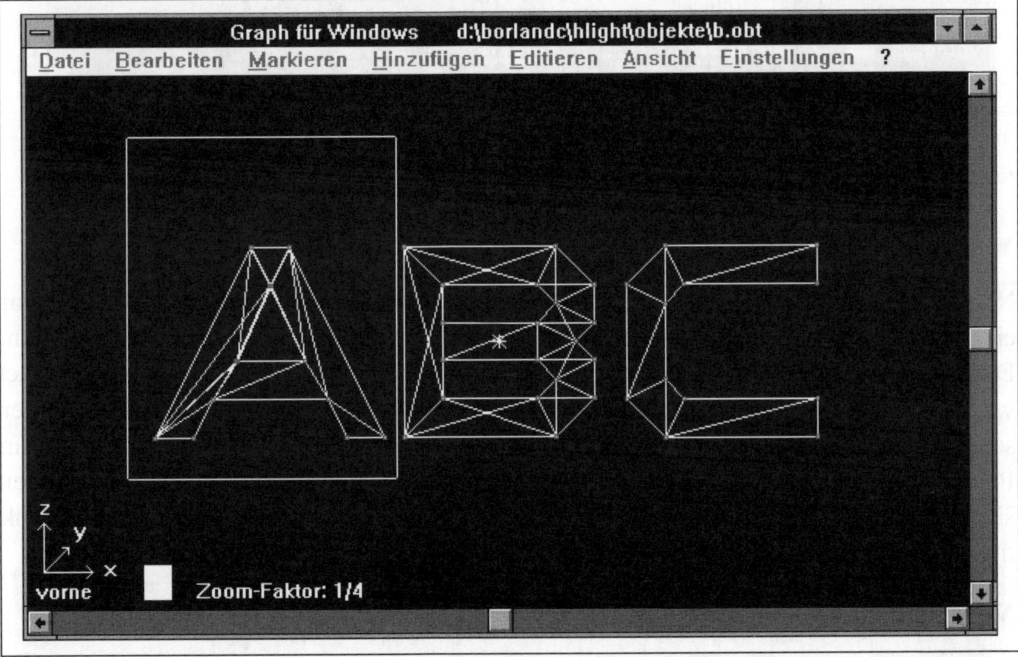

Bild 5.25: Markieren von Punkten, die innerhalb eines rechteckigen Bereichs liegen

Menüpunkt «Invertiert»

Über dieses Kommando lassen sich die Markierungen von Punkten austauschen. Die Markierungen von markierten Punkten werden gelöscht, alle anderen Punkte markiert. Dieses Kommando ist dann hilfreich, wenn der Aufbau des Objektes ein schnelles Kennzeichnen der Punkte zuläßt, die man nicht bearbeiten möchte. In dem Fall markiert man den Bereich des Objektes, der nicht verändert werden soll und tauscht dann die Markierungen mit Hilfe dieser Funktion aus.

Menüpunkt «Gleiche Farbe»

Mit dieser Funktion können Sie alle Dreiecke mit einer bestimmten Farbe markieren. Nach dem Aufruf erscheint eine Dialogbox am Schirm, über die Sie die Nummer (0-7) der gewünschten Farbe eingeben können. Initialisiert wird die Box mit der Nummer der augenblicklichen Zeichenfarbe.

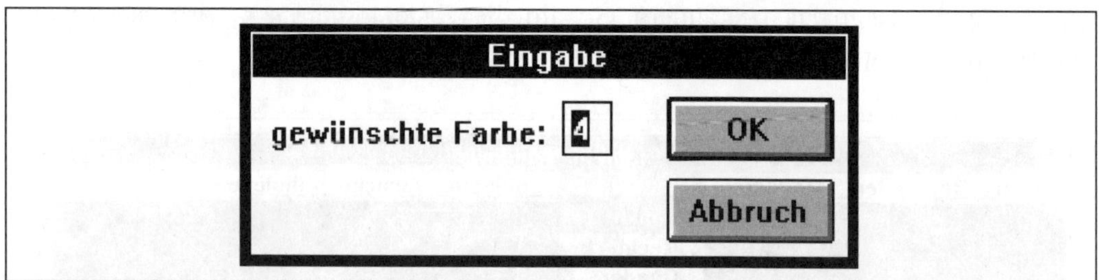

Bild 5.26: Auswählen aller Dreiecke mit einer beistimmten Farbe

Menüpunkt «Dreiecke»

Manchmal ist ein bestimmtes Dreieck zwar deutlich zu sehen, seine Eckpunkte sind aber mit bisherigen Methoden nicht ohne weiteres zugänglich. In diesem Fall bietet sich diese Funktion an. Mit ihr werden einzelne Dreiecke markiert. Nach dem Aufruf erscheint folgende Dialogbox:

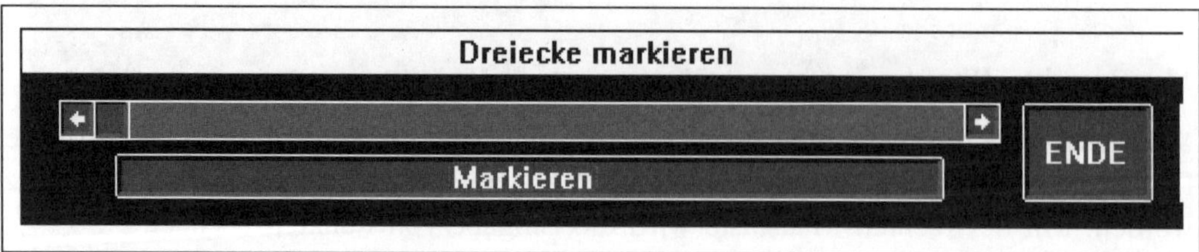

Bild 5.27: Markieren einzelner Dreiecke

Gleichzeitig leuchtet das erste Dreieck des Objektes auf. Durch Verschieben des Knopfes in der Laufleiste lassen sich einzelne Dreiecke auswählen. Einzelne Dreiecke werden dann durch Drücken des Kontrollknopfes markiert.

5.2.4 Die Kommandos des Menüs «Hinzufügen»

Unter diesem Menü sind Funktionen zusammengefaßt, mit denen Elemente zum Objekt hinzugefügt werden können. Die Möglichkeiten reichen von einfachen Punkten über geometrische Grundelemente bis hin zum Hinzuladen fertiger Objekte. Die meisten Elemente lassen sich sowohl mit der Maus als auch von Hand eingeben.

Werden räumliche Punkte oder Positionen mit der Maus eingegeben, ist auf die Tiefenkoordinate des Mauszeigers zu achten. Gegebenenfalls muß die Blickrichtung geändert werden, um die gewünschte Position mit der Maus zu erreichen.

Wollen Sie Größe und Position von Hand angeben, so drücken Sie nach Aufruf eines Menüpunktes die «RETURN»-Taste. Daraufhin erscheint eine Dialogbox, über die Sie alle Parameter von Hand eingeben können.

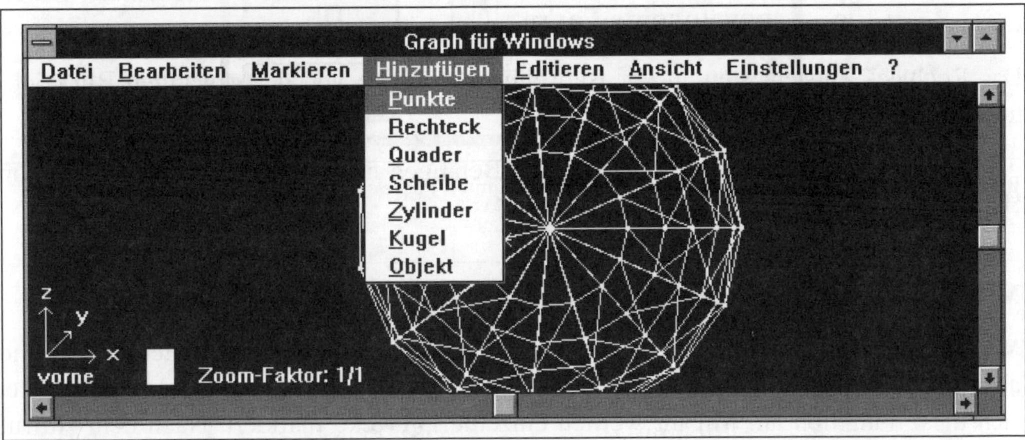

Bild 5.28: Das Menü «Hinzufügen»

Menüpunkt «Punkte»

Mit dieser Funktion werden normale Punkte zum Objekt hinzugefügt. Nach Aufruf der Funktion können hintereinander Punkte durch Betätigen der linken Maustaste gesetzt werden. Mit der rechten Maustaste wird die Eingabe von Punkten beendet.

Punktkoordinaten lassen sich nach dem Drücken der «RETURN»-Taste auch von Hand eingeben.

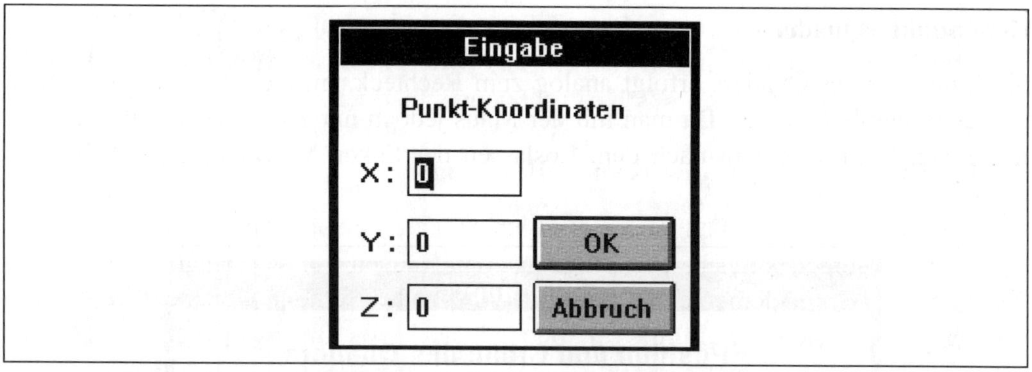

Bild 5.29: Hinzufügen eines Punktes über die Eingabe seiner Koordinaten

Menüpunkt «Rechteck»

Dieses Kommando fügt ein Rechteck zum Objekt hinzu. Bewegen Sie den Mauszeiger auf eine Ecke des geplanten Rechtecks und drücken Sie die linke Maustaste. Halten Sie die Taste gedrückt und ziehen Sie das Rechteck mit der Maus auseinander. Durch Loslassen der Taste wird das Rechteck fixiert.

Das Rechteck entsteht stets in der Bildschirmebene, die von der gewählten Blickrichtung abhängt.

Alle erforderlichen Parameter können nach Betätigen der «RETURN»-Taste auch von Hand eingegebenen werden.

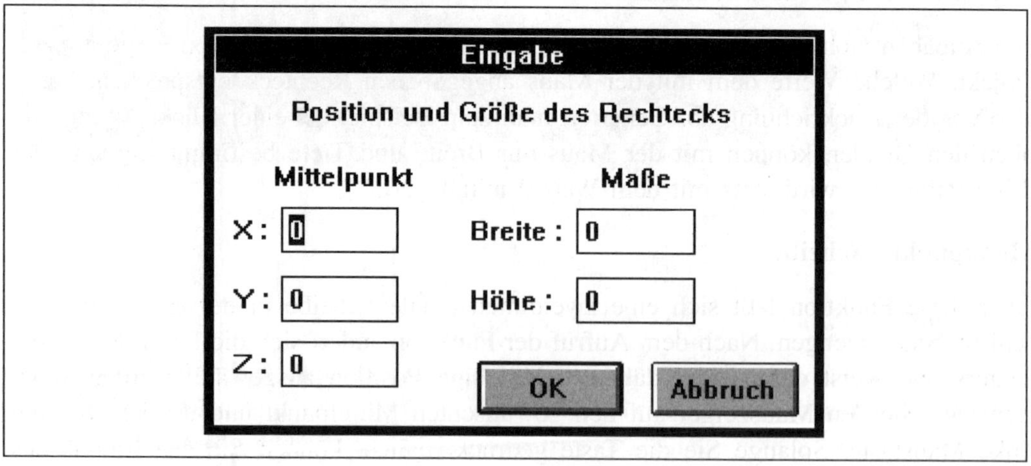

Bild 5.30: Eingabe der Parameter eines Rechtecks von Hand

Menüpunkt «Quader»

Die Eingabe eines Quaders erfolgt analog zum Rechteck. Im Gegensatz dazu entsteht aber eine räumliche Figur. Da man mit der Maus jedoch nur zwei von drei Parametern bestimmen kann, erscheint nach dem Loslassen der linken Maustaste eine Dialogbox am Schirm.

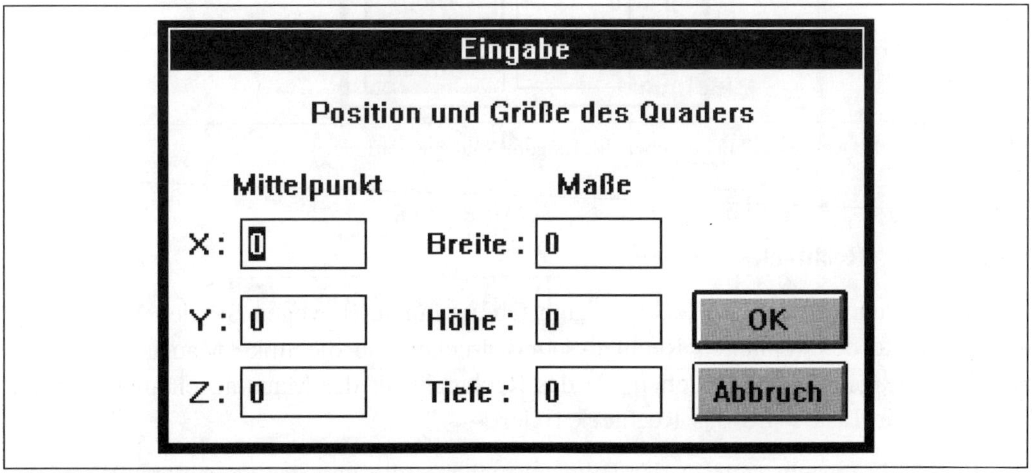

Eingabe

Position und Größe des Quaders

Mittelpunkt Maße

X: 0 Breite : 0

Y: 0 Höhe : 0 OK

Z: 0 Tiefe : 0 Abbruch

Bild 5.31: Dialogbox zum Erzeugen eines Quaders

Die Dialogbox wird automatisch mit allen bereits bekannten Daten, wie zum Beispiel Lage des Mittelpunktes, initialisiert.

Die Angaben Höhe, Breite und Tiefe beziehen sich auf einen Blick von vorne auf das Objekt. Welche Werte dem mit der Maus angegebenen Rechteck entsprechen, hängt also von der Blickrichtung ab. Generiert man zum Beispiel bei einer Blickrichtung von oben den Quader, können mit der Maus nur Breite und Tiefe bestimmt werden. Der dritte Parameter wird stets mit dem Wert 0 initialisiert.

Menüpunkt «Scheibe»

Über diese Funktion läßt sich eine zweidimensionale Scheibe in der aktuellen Bildschirmebene erzeugen. Nach dem Aufruf der Funktion ändert sich die Form des Mauszeigers und weist darauf hin, daß eine beliebige Position ausgewählt werden kann. Bewegen Sie den Mauszeiger auf den gewünschten Mittelpunkt und drücken Sie die linke Maustaste. Solange Sie die Taste gedrückt halten, können Sie den Radius des Kreises bestimmen. Durch Loslassen der Taste wird die Größe der Scheibe fixiert. Die Anzahl der Stützpunkte wird vom Programm automatisch dem Radius angepaßt.

Wollen Sie die Parameter von Hand eingeben, so betätigen Sie gleich nach dem Aufruf der Funktion die «RETURN»-Taste. Es erscheint eine Dialogbox, über die alle Parameter eingegeben werden können.

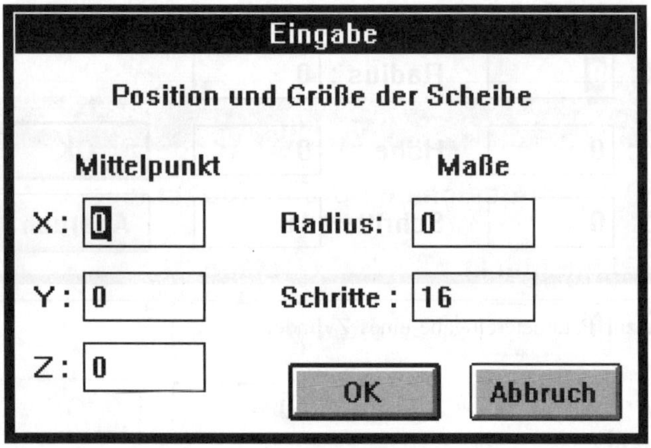

Bild 5.32: Dialogbox zur Parametereingabe für eine Scheibe

Menüpunkt «Zylinder»

Diese Funktion stellt einen Zylinder als Grundelement zur Verfügung. Mit der Maus können Sie den rechteckigen Umriß des Zylinders bestimmen. Starten Sie die Funktion und bewegen Sie den Mauszeiger auf einen Eckpunkt des zu erstellenden Umrisses. Drücken Sie nun die linke Maustaste und ziehen Sie den Umriß auseinander, während Sie die Taste gedrückt halten. Nach dem Loslassen der Taste wird der Umriß fixiert und der Zylinder am Schirm gezeichnet. Die Lage des Zylinders im Raum ist von der gewählten Blickrichtung abhängig. Der neue Zylinder liegt jeweils so im Raum, daß er in der augenblicklichen Blickrichtung als rechteckige Silhouette zu sehen ist. Die dargestellte Breite entspricht zugleich dem Durchmesser des Zylinders.

Betätigen Sie nach Aufruf der Funktion die «RETURN»-Taste, lassen sich die Parameter auch von Hand eingeben.

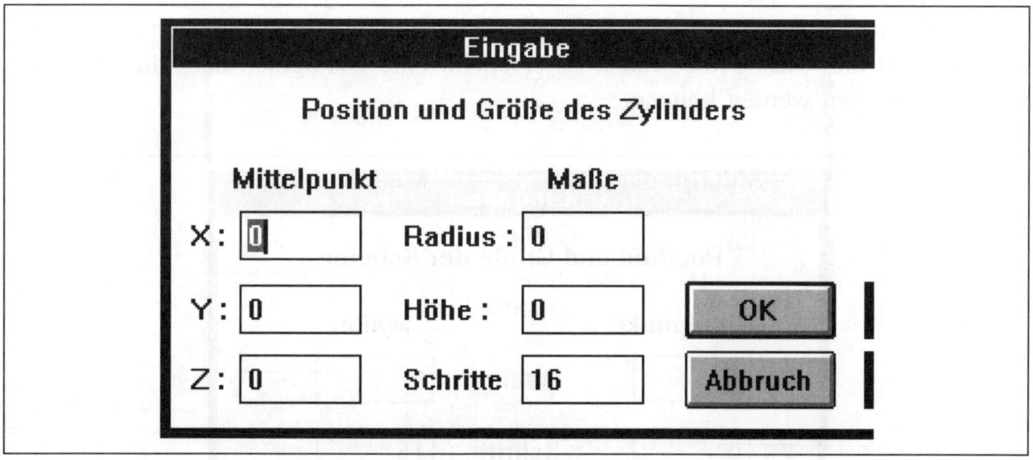

Eingabe

Position und Größe des Zylinders

Mittelpunkt Maße

X: 0 Radius : 0

Y: 0 Höhe : 0 OK

Z: 0 Schritte 16 Abbruch

Bild 5.33: Dialogbox zur Parametereingabe eines Zylinders

Menüpunkt «Kugel»

Mit diesem Kommando läßt sich eine Kugel erzeugen. Nach dem Aufruf der Funktion ändert sich die Form des Mauszeigers und fordert Sie auf, eine beliebige Position auszuwählen. Bewegen Sie den Mauszeiger auf den gewünschten Mittelpunkt und drücken Sie die linke Maustaste. Solange Sie die Taste gedrückt halten, können Sie den Radius der Kugel verändern. Durch Loslassen der Taste wird der Radius fixiert. Die Anzahl der Stützpunkte wird vom Programm automatisch dem Radius angepaßt.

Wollen Sie die Parameter von Hand eingeben, so betätigen Sie gleich nach dem Aufruf der Funktion die «RETURN»-Taste. Es erscheint eine Dialogbox, über die alle Parameter eingegeben werden können.

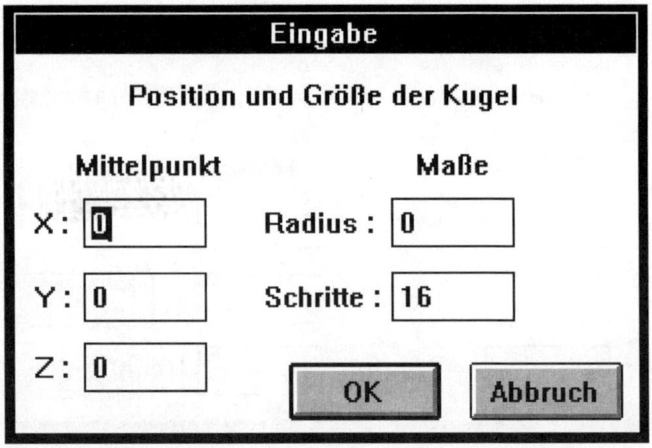

Bild 5.34: Dialogbox zur Parametereingabe einer Kugel

Generell sollten Kugeln in Graph nur verwendet werden, wenn sie als Ausgangspunkt für komplexere Elemente dienen und verändert werden sollen. Da eine Kugel aus sehr vielen einzelnen Dreiecken aufgebaut ist, kostet sie den Raytracer erhebliche Rechenzeit. Soll lediglich eine Kugel als solche Verwendung finden, ist es wesentlich effektiver, unter Animate das interne Objekt «Kugel» zu verwenden. Dieses kann vom Raytracer direkt berechnet werden und benötigt nur einen Bruchteil der Rechenzeit.

Menüpunkt «Objekt»

Neben geometrischen Grundelementen lassen sich auch fertige vordefinierte Objekte zum im Speicher befindlichen Objekt hinzuladen. Nach Aufruf der Funktion erscheint eine Datei-Dialogbox, wie sie schon von der Funktion «Datei/Öffnen» bekannt ist. Wenn Sie eine Objekt-Datei auswählen, wird diese zum bestehenden Objekt hinzugeladen. Es ist hilfreich, vorher alle Markierungen zu löschen. Auf diese Weise kann das hinzugeladene Objekt sofort mit der Funktion «Bearbeiten/Positionieren» in die richtige Lage gebracht werden.

An dieser Stelle muß noch einmal darauf hingewiesen werden, daß mit Graph jeweils nur ein Objekt gleichzeitig bearbeitet wird. Lädt man mit diesem Kommando ein neues Objekt zum Objekt im Speicher hinzu, so wird das Ergebnis fortan als ein einziges Objekt betrachtet. Ein sinnvolles Beispiel hierfür ist das Erstellen eines Text-Objektes mit Graph. Nacheinander werden die einzelnen Buchstaben geladen und der Textzug anschließend als nur ein Objekt gespeichert.

5.2.5 Die Kommandos des Menüs «Editieren»

Mit den Funktionen dieses Menüs lassen sich einzelne Dreiecke und Punkte bearbeiten, und zwar unabhängig davon, ob diese markiert sind oder nicht. Dies ist in einigen Fällen recht hilfreich, wenn Arbeiten von Hand an komplexen Objekten vorgenommen werden müssen. In dem Fall lassen sich störende Objektteile markieren und ausblenden (siehe «Ansicht/Nur unmark. Punkte»), so daß nur noch die zu bearbeitenden Teile am Schirm sichtbar sind.

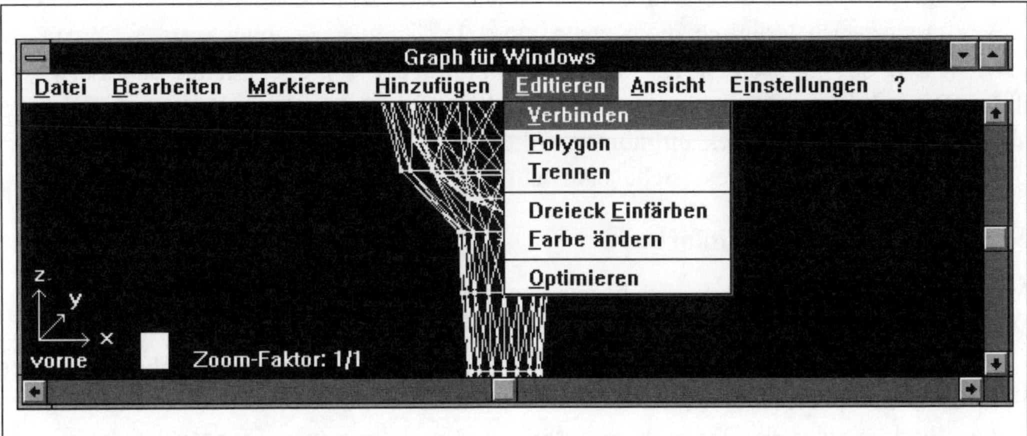

Bild 5.35: Das Menü «Editieren»

Menüpunkt «Verbinden»

Mit dieser Funktion lassen sich einzelne Punkte zu Dreiecken verbinden. Nach Aufruf der Funktion können Sie nacheinander mit der Maus Punkte anwählen. Diese Punkte färben sich rot. Sofort nach der Auswahl des dritten Punktes entsteht das neue Dreieck. Sie können auf diese Art beliebig viele Dreiecke nacheinander erzeugen. Durch einen Druck auf die rechte Maustaste wird die Funktion beendet.

Menüpunkt «Polygon»

«Polygon» arbeitet im Prinzip genau wie die Funktion «Bearbeiten/Erzeuge Vieleck». Im Gegensatz dazu spielt es jedoch keine Rolle, ob die Eckpunkte des Polygons markiert oder unmarkiert sind. Klicken Sie nach Aufruf der Funktion alle Eckpunkte des zu erzeugenden Polygons im Uhrzeigersinn an. Die Punkte färben sich daraufhin rot.

Beenden Sie die Funktion nach Auswählen des letzten Eckpunktes mit der rechten Maustaste. Das Polygon wird nun mit Dreiecken dargestellt.

Menüpunkt «Trennen»

Diese Funktion dient zum Löschen einzelner Dreiecke. Klicken Sie nach Aufruf der Funktion auf die drei Eckpunkte des Dreiecks, das gelöscht werden soll. Sofort nach dem Markieren des dritten Eckpunktes wird das Dreieck entfernt. Sie können auf diese Art beliebig viele Dreiecke nacheinander löschen. Durch einen Druck auf die rechte Maustaste wird die Funktion beendet.

Bitte beachten Sie, daß der Eindruck entstehen kann, ein korrekt markierte Dreieck sei nicht gelöscht worden, da es am Schirm immer noch sichtbar ist. Bedenken Sie dabei, daß normalerweise lediglich die Kanten eines Dreiecke gezeichnet werden. Wenn an jeder Kante des gelöschten Dreiecks Nachbardreiecke anliegen, kann das Zeichnen dieser Dreiecke zur vermeintlichen Fehldarstellung führen, da deren Kanten gleichzeitig auch das gelöschte Dreieck einrahmen. Aktivieren Sie im Zweifelsfalle die Ganzkörperdarstellung des Objektes (siehe «Ansicht/Ganzkörper»).

Menüpunkt «Dreiecke einfärben»

Mit diesem Kommando lassen sich einzelne Dreiecke mit einer neuen Farbe versehen. Wählen Sie dazu zunächst die gewünschte Farbe als neue Zeichenfarbe (siehe «Einstellungen/Zeichenfarbe»). Klicken Sie anschließend nach Aufruf der Funktion die drei Eckpunkte des Dreieckes an, dessen Farbe geändert werden soll. Nach Anwählen des dritten Punktes wird das Dreieck eingefärbt und mit der neuen Farbe gezeichnet.

Beachten Sie, daß die korrekte Einfärbung eines Dreieckes nur in der Ganzkörperdarstellung kontrolliert werden kann.

Menüpunkt «Farbe ändern»

Mit dieser Funktion lassen sich alle Dreiecke mit einer vorgegebenen Farbe auf einen neuen Farbwert setzen. Nach Aufruf des Menüpunktes erscheint eine Dialogbox am Schirm, über die der zu ersetzende und der neue Farbwert eingegeben wird.

Bild 5.36: Dialogbox zum Ändern von Objektfarben

Menüpunkt «optimieren»

Diese Funktion dient zur Optimierung der Anzahl von Punkten im Objekt. Dieses geschieht durch Zusammenfassen von nahe beieinander liegenden Punkten. Der maximale Abstand von Punkten, die noch zusammengefaßt werden sollen, wird über eine Dialogbox eingegeben.

Eingabe

maximaler Punktabstand : 0

OK

Abbruch

Bild 5.37: Optimierung der Punktzahl eines Objektes durch Zusammenfassen von Punkten

Vor allem bei Rotationskörpern können viele überflüssige Punkte entstehen, wenn sich Punkte des Umrisses direkt auf der Rotationsachse befinden. Diese Punkte werden ebenfalls kopiert und gedreht. Da sie sich jedoch auf der Achse befinden, erhalten die Punkte durch die Drehung keine neue Position zugewiesen und kommen exakt übereinander zu liegen. Abgesehen von der unnötigen Belastung des Punktspeichers von Graph kann durch solche Punkte auch das Phong-Shading des Raytracers beeinträchtigt werden. Generell sollte diese Funktion vor dem Speichern eines Objektes aufgerufen werden.

5.2.6 Die Kommandos des «Ansicht»-Menüs

Die Funktionen dieses Menüs beeinflussen Blickrichtung und Darstellungsart des Objektes. Fast alle Menüpunkte lassen sich auch direkt über Hot-Keys erreichen, so daß sie auch während der Arbeit mit anderen Funktionen verfügbar sind.

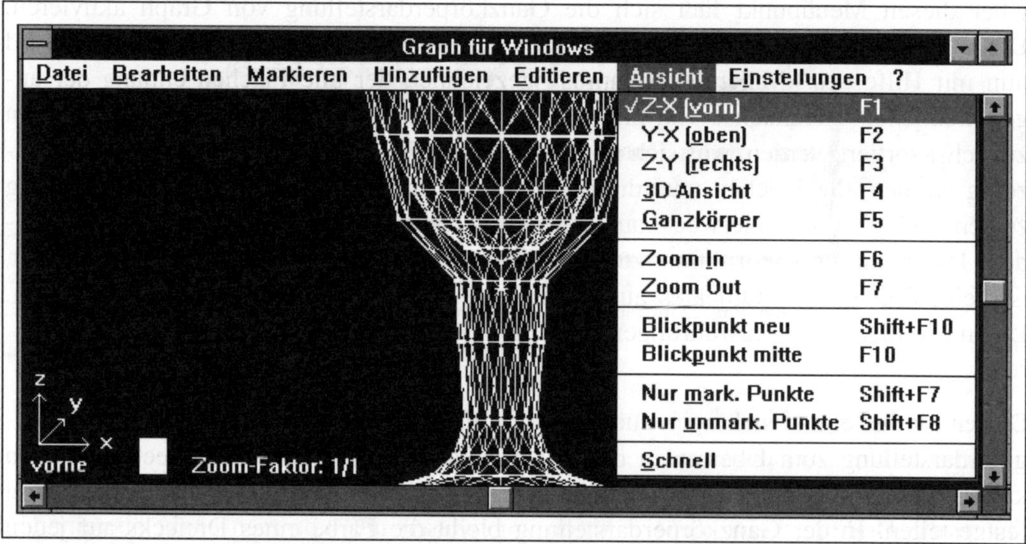

Bild 5.38: Das «Ansicht»-Menü

Menüpunkte «Z-X (vorn)»,«Y-X (oben)» und «Z-Y (rechts)»

Über diese Menüpunkte werden die drei möglichen Blickrichtungen ausgewählt. Ein Haken links neben dem Menüpunkt kennzeichnet die augenblickliche Blickrichtung.

Menüpunkt «3D-Ansicht»

Diese Funktion aktiviert die dreidimensionale Darstellung des Objektes. Dies geschieht durch versetztes Zeichnen von weiter hinten liegenden Punkten. Dieser Darstellungsmodus eignet sich zum Beispiel besonders zum Markieren von Punkten, die in der normalen Darstellung übereinander gezeichnet werden. Gleichzeitig erhält man einen besseren Eindruck von der räumlichen Form des Objektes.

Beachten Sie, daß das Fadenkreuz während der 3D-Darstellung deaktiviert ist. Auch läßt sich dieser Modus nicht mit der Ganzkörperdarstellung kombinieren.

Ein Haken links neben dem Menüpunkt weist darauf hin, daß der 3D-Modus aktiviert worden ist. Gleichzeitig erscheint der Hinweis «3D» in der linken unteren Ecke des Arbeitsfensters.

Menüpunkt «Ganzkörper»

Über diesen Menüpunkt läßt sich die Ganzkörperdarstellung von Graph aktivieren. Diese Darstellung läßt sich nicht mit dem 3D-Modus kombinieren. Das Objekt wird nun mit Hilfe des «Maler-Algorithmus» gezeichnet, der alle Flächen entlang der augenblicklichen Tiefenachse von hinten nach vorne zeichnet. Dazu müssen die Flächen zunächst sortiert werden, was sich mit einer kurzen Wartezeit bemerkbar macht. Gleichzeitig werden alle Flächen unterdrückt, deren Normalenvektoren vom Betrachter weg zeigen, sich also normalerweise auf der nicht sichtbaren Rückseite des Objektes befinden. Damit dieser Algorithmus zur Entfernung verdeckter Flächen fehlerfrei arbeitet, ist beim Entwurf des Objektes auf die richtige Orientierung der Dreiecke zu achten. Lesen Sie hierzu die Ausführungen zum Menüpunkt «Bearbeiten/Orientierung umkehren».

Dieser Modus eignet sich auch zum Überprüfen der Objektfarben. Da es in der Drahtgitterdarstellung zum Übermalen der Dreieckskanten durch Nachbardreiecke kommen kann, läßt sich die Farbe eines Dreiecks in dieser Darstellung nicht immer einwandfrei festgestellen. In der Ganzkörperdarstellung bleibt die Farbe eines Dreiecks auf jeden Fall erhalten.

Menüpunkte «Zoom in» und «Zoom out»

Mit diesen beiden Menüpunkten läßt sich der Zoom-Faktor der Darstellung im Bereich von 1/1 bis 1/32 variieren. Der augenblickliche Faktor wird in der unteren linken Ecke des Arbeitsfensters angezeigt.

Menüpunkt «Blickpunkt neu»

Der Blickpunkt befindet sich stets im Mittelpunkt des Bildschirms. Mit dieser Funktion können Sie einen neuen Blickpunkt wählen. Klicken Sie nach Aufruf der Funktion einen neuen Blickpunkt auf dem Schirm an. Das Schirmbild wird daraufhin so verschoben, daß sich der gewählte Blickpunkt nun wieder in der Mitte des Schirms befindet.

Soll zum Beispiel ein bestimmter Teil eines sehr großen Objektes bearbeitet werden, ist es oftmals nicht einfach, den entsprechenden Teil mit Hilfe der horizontalen und vertikalen Rollbalken am Rand des Arbeitsfensters auf dem Schirm zur Anzeige zu bringen. In diesem Fall ruft man «Zoom out» auf, bis das gesamte Objekt am Schirm zu sehen ist, setzt dann den Blickpunkt auf den zu bearbeitenden Objektteil und vergrößert die Darstellung wieder. Auf diese Weise befindet sich nun der Bildausschnitt über dem gewünschten Objektteil.

Menüpunkt «Blickpunkt mitte»

Diese Funktion rückt den Nullpunkt (0,0,0) in die Bildmitte und setzt den Zoom-Faktor auf 1/1. Dies entspricht der Einstellung beim Start von Graph.

Menüpunkt «Nur markierte Punkte»

Bei sehr komplexen Objekten ist es oftmals hilfreich, störende Objektteile während der Arbeit am Schirm auszublenden. Wird diese Option aktiviert, werden nur noch markierte Punkte und Dreiecke dargestellt. Ein Haken links neben dem Menüpunkt zeigt an, daß diese Option gewählt worden ist.

Menüpunkt «Nur unmarkierte Punkt»

Diese Funktion arbeitet analog zur vorangegangenen, außer daß in diesem Fall nur unmarkierte Punkte und Dreiecke gezeichnet werden.

Menüpunkt «Schnell»

Bei sehr umfangreichen Objekten kann der Bildaufbau einige Zeit in Anspruch nehmen. Bei Anwahl dieser Option, wird nur noch jedes 5. Dreieck gezeichnet und der Bildaufbau entsprechend beschleunigt. Dies gilt nicht für die Ganzkörperdarstellung.

Ein Haken links neben dem Menüpunkt weist darauf hin, daß diese Option aktiv ist.

5.2.7 Die Kommandos des Menüs «Einstellungen»

Dieses Menü stellt einige Tools zur Verfügung, die die Arbeit mit Graph in bestimmten Bereichen erheblich vereinfachen. Zudem wird über dieses Menü die aktuelle Zeichenfarbe ausgewählt.

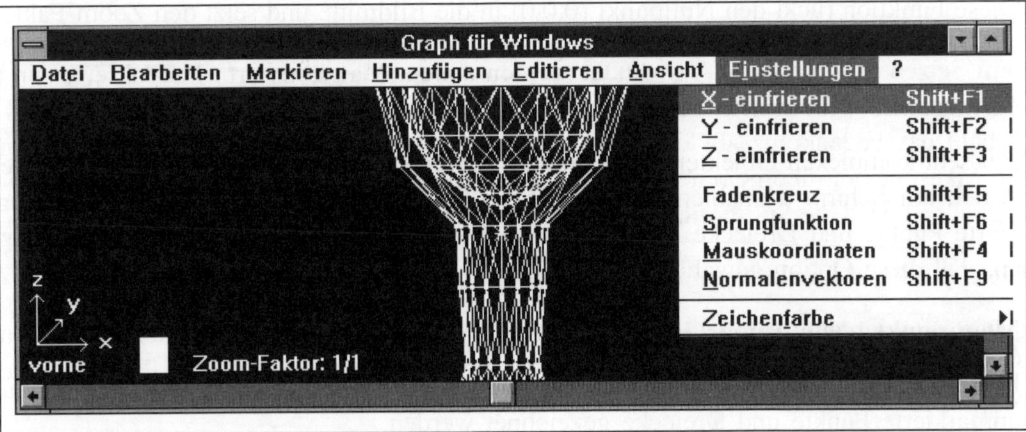

Bild 5.39: Das «Einstellungen» Menü

Menüpunkte «X-einfrieren», «Y-einfrieren» und «Z-einfrieren»

Normalerweise folgen jeweils zwei der drei Mauskoordinaten den Bewegungen des Mauszeigers am Schirm. Manchmal ist es jedoch ganz hilfreich, den Wert einer oder mehrerer Koordinaten kurzzeitig auf dem gegenwärtigen Wert einzufrieren. Friert man zum Beispiel in der Z-X Darstellung die Z-Koordinate ein, lassen sich Punkte auf exakt gleicher Höhe nebeneinander plazieren. Ein Haken links neben dem entsprechenden Menüpunkt zeigt an, daß die zugehörige Mauskoordinate eingefroren ist. Wenn das Hilfsfenster zur Anzeige der Mauskoordinaten geöffnet worden ist, werden zusätzlich eingefrorene Koordinaten in Klammern gesetzt. Eine eingefrorene Koordinate wird durch einen erneuten Aufruf des entsprechenden Menüpunktes wieder freigegeben.

Menüpunkt «Fadenkreuz»

Dieser Menüpunkt aktiviert oder deaktiviert ein Fadenkreuz, das im Zusammenhang mit anderen Funktionen oft recht hilfreich ist. Beachten Sie, daß das Fadenkreuz in der 3D-Darstellung nicht aktiv ist.

Menüpunkt «Sprungfunktion»

Diese Option arbeitet im Zusammenhang mit dem Fadenkreuz. Falls sie aktiviert ist, reagiert das Fadenkreuz nur noch auf Punkte. Sobald der Mauszeiger in die Nähe eines Punktes gebracht wird, springt das Fadenkreuz auf diesen Punkt und alle drei Koordinaten werden als Mauskoordinaten übernommen.

Diese Funktion ist zum Beispiel hilfreich, wenn bestimmte Koordinaten eines Punktes zum Setzen anderer Punkt verwendet werden sollen. Man aktiviert «Fadenkreuz» und «Sprungfunktion» und bewegt den Mauszeiger in die Nähe des gewünschten Punktes. Sobald das Fadenkreuz auf den Punkt gesprungen ist, werden dessen Koordinaten in die Mausposition übernommen. Benötigte Koordinaten lassen sich nun einfrieren. Anschließend wird die Sprungfunktion deaktiviert, und man kann die neuen Punkte setzen.

Menüpunkt «Mauskoordinaten»

Diese Funktion aktiviert ein Hilfsfenster, in dem die augenblicklichen Mauskoordinaten angezeigt werden. Das Fenster läßt sich beliebig am Schirm positionieren. Eingefrorene Mauskoordinaten werden durch eckige Klammern gekennzeichnet.

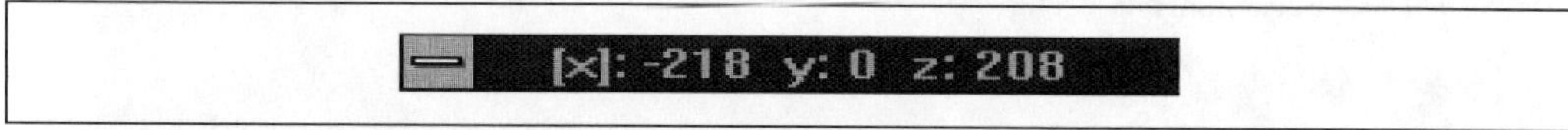

Bild 5.40: Das Hilfsfenster zeigt die augenblicklichen Mauskoordinaten an

Das Fenster bleibt geöffnet, bis der Menüpunkt wiederholt aufgerufen oder bis es über das Systemmenü des Hilfsfensters geschlossen wird.

Menüpunkt «Normalenvektoren»

Solange diese Option aktiv ist, wird zu jedem Dreieck der entsprechende Normalenvektor gezeichnet. Auf diese Weise läßt sich die korrekte Orientierung der Dreiecke überprüfen. Lesen Sie hierzu bitte auch die Ausführungen zum Menüpunkt «Bearbeiten/Orientierung umkehren». Normalenvektoren werden in der Ganzkörperdarstellung nicht gezeichnet.

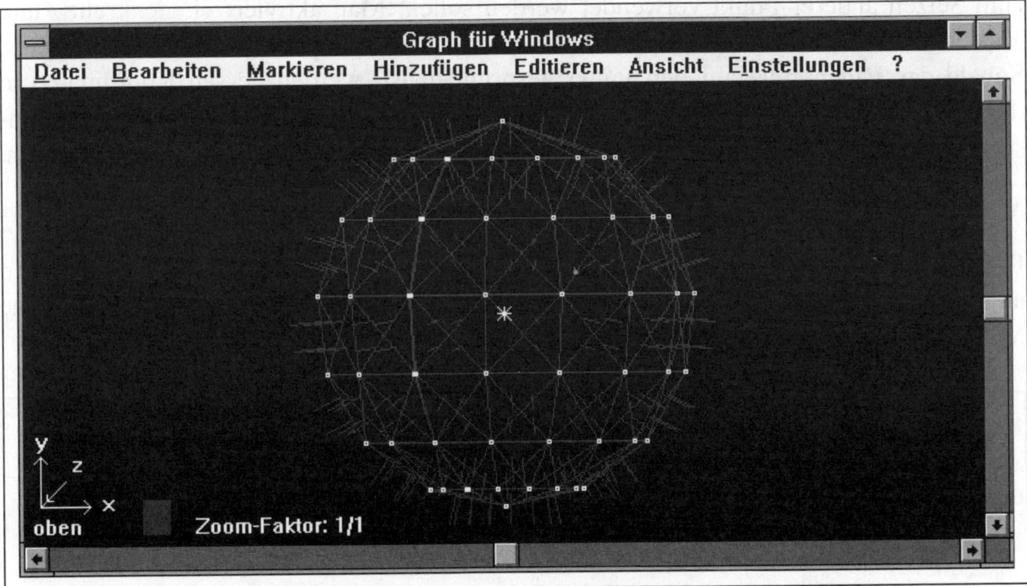

Bild 5.41: Kugel mit gleichzeitiger Darstellung aller Normalenvektoren der Dreiecke

Menüpunkt «Zeichenfarbe»

Dieser Menüpunkt aktiviert ein Untermenü, über das die augenblickliche Zeichenfarbe ausgewählt wird.

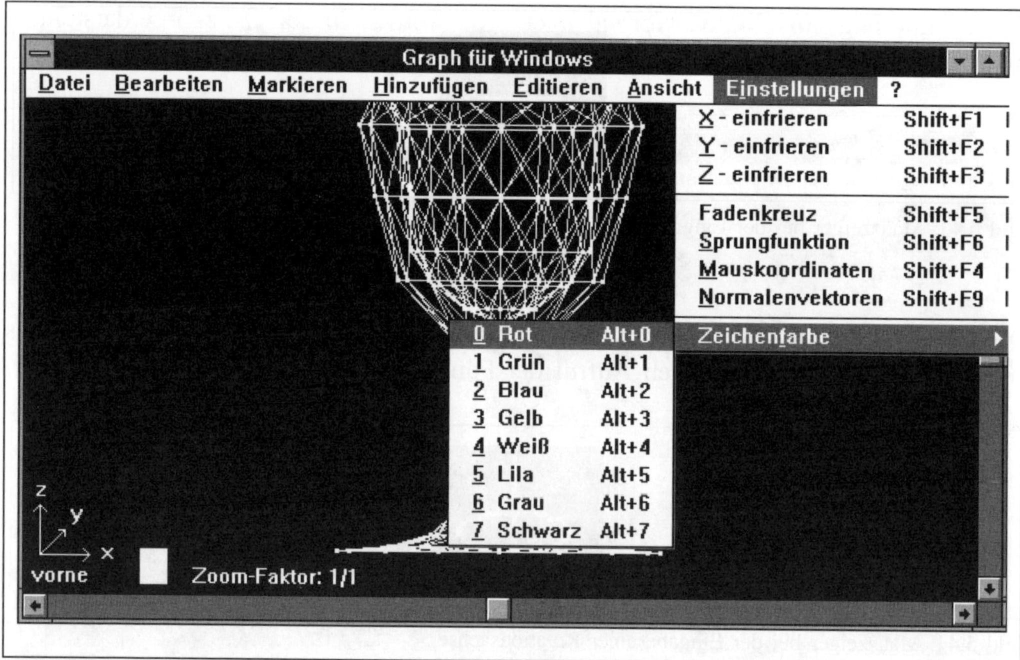

Bild 5.42: Unter Graph stehen acht Farben zur Verfügung

Die Auswahl kann auch direkt mit den Hot-Keys «ALT+0» bis «ALT+7» erfolgen. Die augenblickliche Zeichenfarbe wird in der linken unteren Ecke des Arbeitsfensters angezeigt. Alle zum Objekt hinzugefügten Dreiecke erhalten automatisch die augenblickliche Zeichenfarbe.

Die eigentliche Oberflächen-Beschreibung eines Objektes findet erst mit Animate statt. Allen unterschiedlich gefärbten Teilen eines Objektes lassen sich später mit Animate eigene, vollkommen unterschiedliche Oberflächen-Definitionen zuweisen. Ein Objekt kann folglich maximal acht unterschiedliche Oberflächenstrukturen aufweisen. Werden einem Objekt in Animate keine expliziten Oberflächen zugewiesen, dienen die Farben gleichzeitig als voreingestellter Wert. Zum Beispiel ist ein gelb gefärbter Teil eines Objektes auch im späteren Raytracing-Bild gelb, wenn unter Animate nicht eine andere Oberfläche angegeben wird.

5.3 Formen des Mauszeigers

Wenn das Programm Eingaben mit dem Mauszeiger verlangt, weist die Form des Mauszeigers auf die Art von Eingaben hin, die benötigt werden.

Bild 5.43: Mauszeiger bei der Eingabe eines Rotationszentrums

Dieser Mauszeiger erscheint, wenn das Programm die Eingabe eines Rotationszentrums erwartet, wie zum Beispiel nach Aufruf der Funktion «Positionieren».

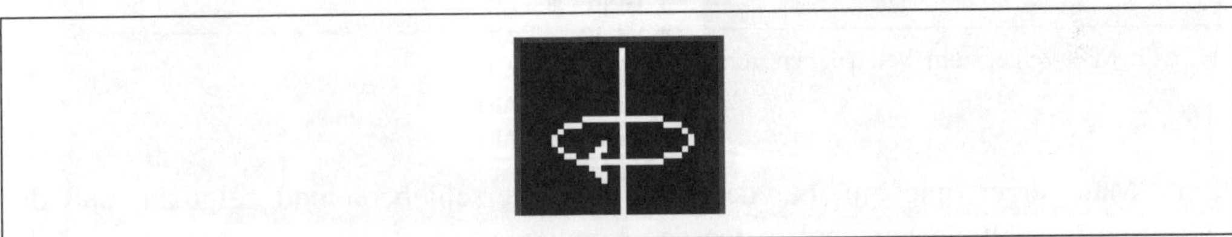

Bild 5.44: Mauszeiger bei der Eingabe einer Rotationsachse

Dieser Mauszeiger erscheint zur Eingabe einer Rotationsachse wie zum Beispiel nach Aufruf der Funktion «Rotationskörper erzeugen».

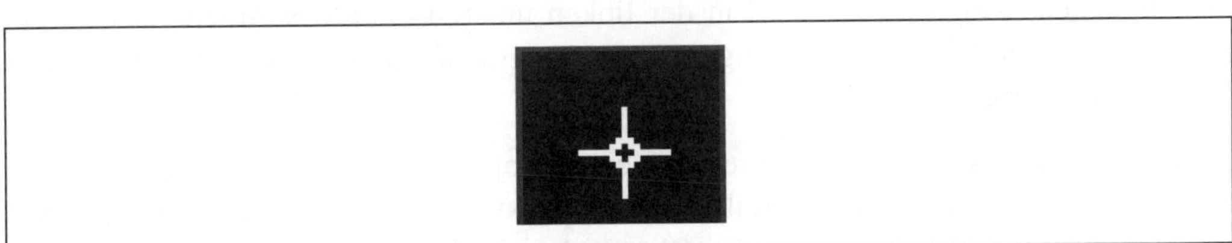

Bild 5.45: Mauszeiger beim Auswählen von Punkten

Bei einigen Funktionen, wie zum Beispiel beim Markieren von Punkten, müssen bereits bestehende Punkte ausgewählt werden. Der Mauszeiger weist darauf hin, einzelne Punkte anzuklicken.

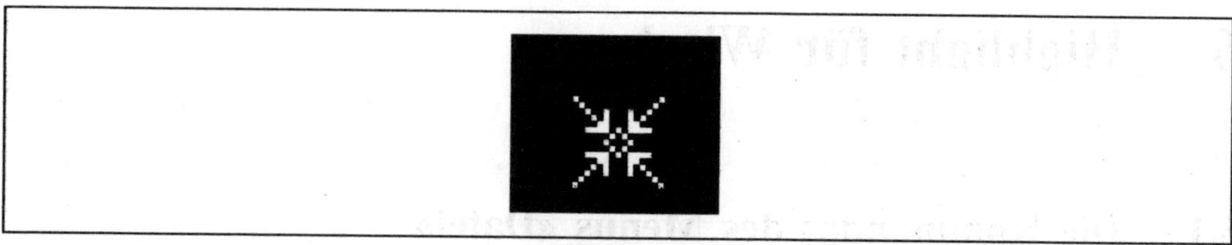

Bild 5.46: Mauszeiger bei der Eingabe einer beliebigen Raumposition

Dieser Mauszeiger zeigt an, daß eine beliebige Position im Raum eingegeben werden soll. Er erscheint zum Beispiel bei der Funktion «Hinzufügen/Punkte».

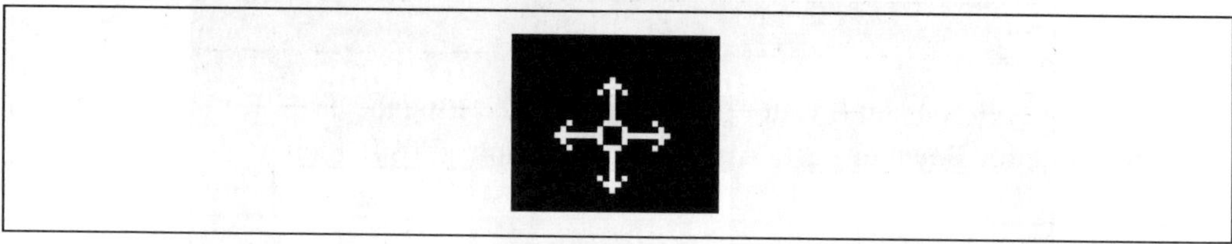

Bild 5.47: Mauszeiger zum Verschieben von Objekten

Dieser Mauszeiger erscheint bei der Funktion «Verschieben» und zeigt an, daß die markierten Objektteile verschoben werden können.

6 Highlight für Windows

6.1 Die Kommandos des Menüs «Datei»

Menüpunkt «Öffnen»

Wenn Highlight ohne eine Kommandozeile gestartet wird und falls kein Bild zu Ende zu berechnen ist, so befindet sich das Programm im Ruhezustand.

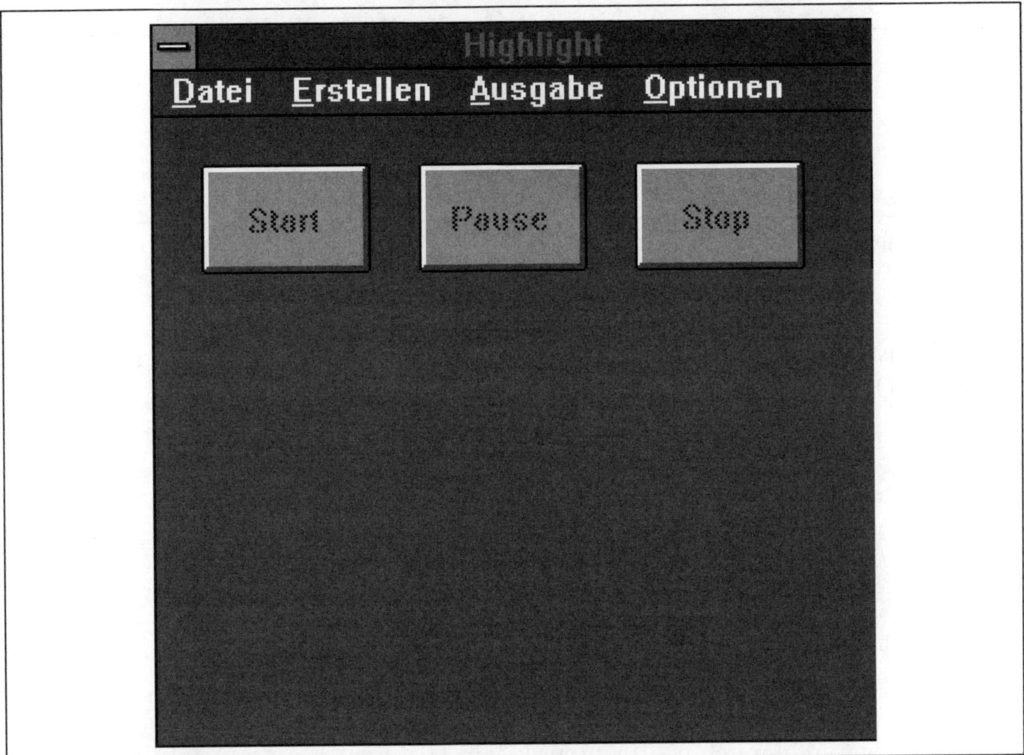

BILD 6.1: So sieht Highlight aus, wenn es auf Kommandos wartet

Eine Datei kann geöffnet werden. Dies bedeutet nichts anderes, als daß Highlight eine mit dem Dateirequester anzugebende Szenen-Datei liest und die darin notwendigen Daten zur Berechnung aufbereitet. Szenen-Dateien werden in Animate mit der Funktion Datei - Generator erzeugt und haben .SCE als Suffix. In Animate muß eine Szene vom vorhandenen Skript mit Datei - Generator erzeugt werden, um dies als Bild mittels

Highlight darzustellen. Alle Parameter, ob Raytracing oder Rendering, 16 oder 24 Bit usw. müssen vor dem Öffnen einer Datei festgelegt werden, da sie danach nicht mehr änderbar sind. Dies ist notwendig, um zu gewährleisten, daß Animationen im genau gleichen Grafikformat berechnet werden. Datei - Öffnen legt den Namen des auszugebenden Targadateien fest und setzt die Bilderanzahl auf den maximalen Wert. Nachdem die Szene geladen wurde, wird der Startknopf freigegeben.

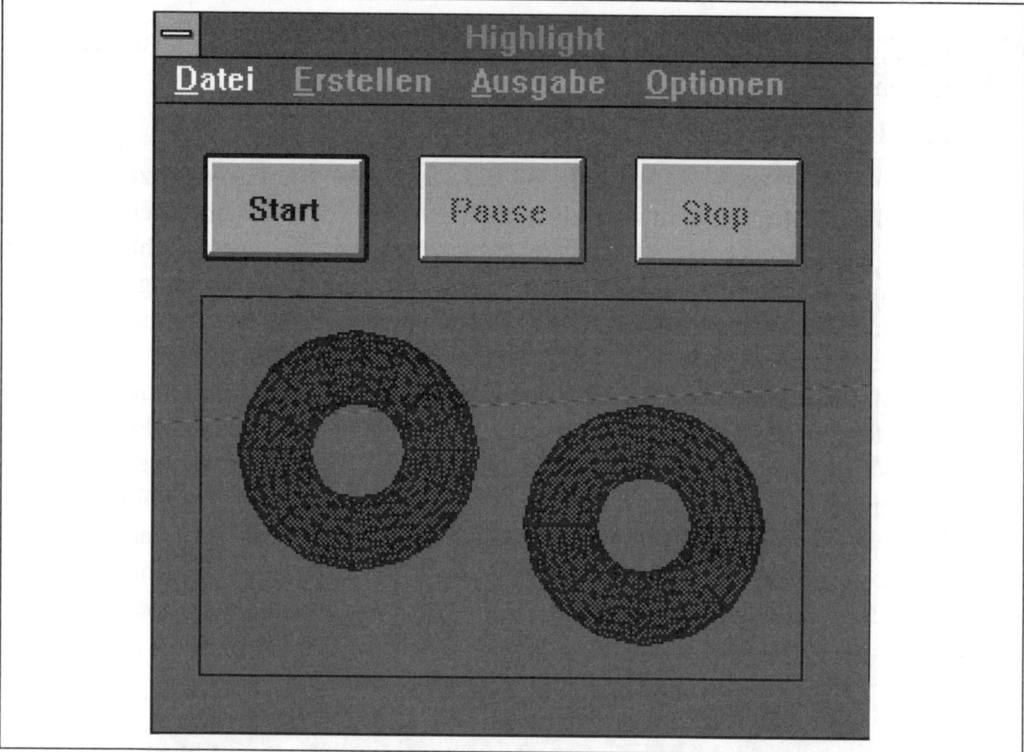

BILD 6.2: Highlight mit einer geladenen Szene

Wenn eine Datei erfolgreich geöffnet wurde und Highlight den Startknopf freigegeben hat, kann die Erzeugung des Bildes mit diesem Knopf aufgerufen werden.

Menüpunkt «Speichern unter...»

Diese Funktion erlaubt die Eingabe eines Dateinamens, unter welchem die Bilder bzw. die Animation gespeichert werden soll. Im zugehörigen Dateirequester wird nur der Rumpf des Namens ohne die Zahl eingegeben. Als Standardausgabe verwendet Highlight den Namen der Szenen-Datei, hängt aber «.TGA» an. Falls eine komplette

HLIGHT-Verzeichnisstruktur aufgebaut ist, wird das Ausgabefile unter dem Verzeichnis BILDER abgelegt. Falls der hier eingegebene Dateiname länger als fünf Buchstaben ist, wird er gekürzt. Die Funktion ist beispielsweise nützlich, um die ausgegebenen Bilder in einem anderen Verzeichnis zu speichern.

Menüpunkt «Speicher löschen»

Wenn bereits eine Datei geöffnet wurde, kann mit diesem Menüpunkt der Speicher gelöscht werden, um Highlight für die Erzeugung des nächsten Bildes vorzubereiten. Diese Funktion setzt die Anzahl der Bilder wieder auf Null zurück.

Menüpunkt «Bilderanzahl»

Beim Öffnen einer Datei wird geprüft, ob die Datei eine Nummer besitzt. Falls eine Nummer gefunden wurde, wird zusätzlich überprüft, wie viele darauf folgende Szenen-Dateien auf der Diskette oder Festplatte gespeichert wurden. Diese Zahl wird dann unter Bilderanzahl angegeben. Falls Start gedrückt wird, beginnt Highlight zwar mit der Erstellung des ersten Bildes, falls dies aber berechnet wurde, werden die darauf folgenden Szenen abgearbeitet. Falls nicht alle Bilder berechnet werden sollen, kann mit dieser Menüfunktion die Zahl des letzten zu berechnenden Bildes bestimmt werden. Diese Funktion ist sehr hilfreich, falls eine Animation in Abwesenheit des Benutzers oder über Nacht berechnet werden soll. Es genügt dann, die erste Datei der zu berechnenden Animation zu öffnen, der Computer berechnet dann alle zugehörigen Bilder, ohne daß der Benutzer jede Datei separat öffnen muß. Falls die Bilderanzahl so gesetzt ist, daß insgesamt mehr als ein Bild zu berechnen ist, dient der STOP-Knopf nur dem Abbrechen des aktuell zu berechnenden Bildes. Wird er gedrückt, unterbricht Highlight lediglich die Berechnung des aktuellen Bildes und fährt mit dem nächsten Bild fort.

Menüpunkt «Einstellungen speichern»

Diese Funktion speichert die Angaben über Auflösung, Ausgabeformat, das Optionenmenü als Standardwerte ab, so daß bei jedem zukünftigen Start von Highlight diese Werte zur Erstellung der Bilder und Animationen automatisch wieder eingestellt sind.

Menüpunkt «Statistik»

Informiert den Benutzer über den Speicherverbrauch der aktuell eingelesenen Szene zum Beispiel durch die Angabe, wie viele Lichtquellen und wie viele Dreiecke enthalten sind.

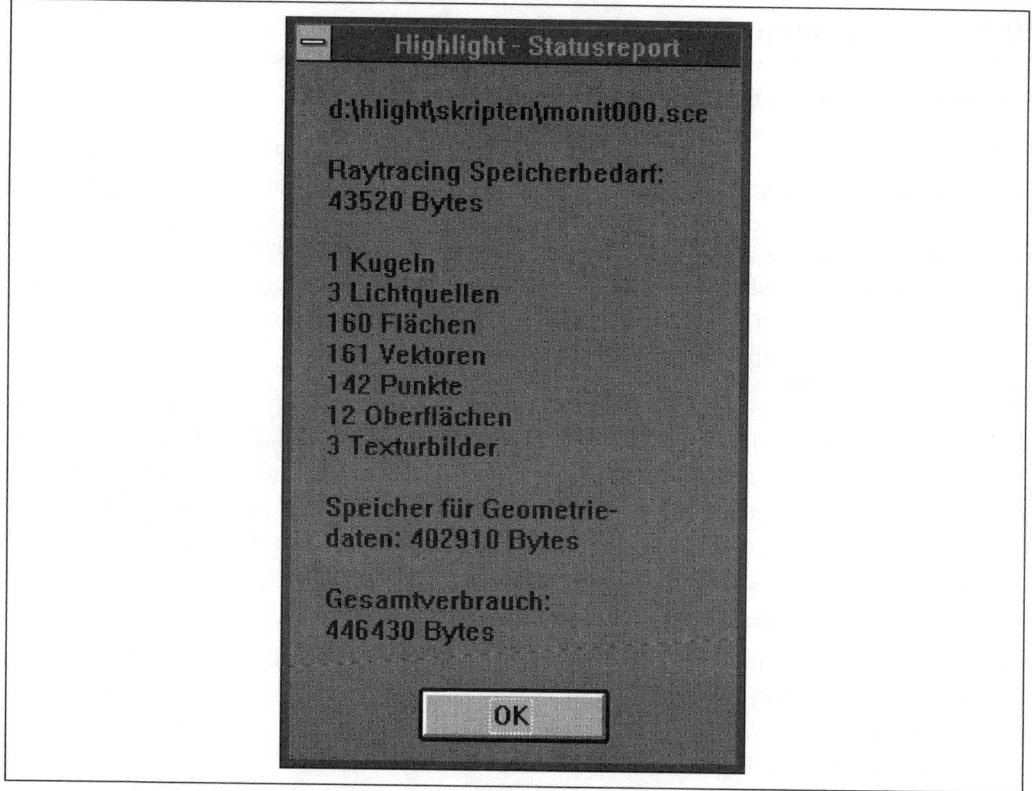

BILD 6.3: Highlight mit einer geladenen Szene und deren Statistik

Menüpunkt «Info über Highlight»

Diese Funktion erzeugt einen Requester auf den Bildschirm, der den genauen Namen des Programms, den Namen und ein Bild des Programmierers von Highlight auf dem Bildschirm anzeigt. Durch Klicken von OK wird dieser Requester wieder gelöscht.

Menüpunkt «Abbrechen»

Falls Highlight nicht mit der Erzeugung eines Bildes beauftragt wurde (Startknopf gedrückt), kann mit dieser Funktion ebenso wie mit dem Schließsymbol das Programm abgebrochen werden. Dies ist jedoch nicht unbedingt notwendig, da Highlight im Ruhezustand vergleichsweise wenig Speicherplatz und Rechenkapazität beansprucht.

6.2 Die Kommandos des Menüs «Erstellen»

Menüpunkt «Raytracing»

Mit dieser Funktion wird das Raytracing-Modul von Highlight eingeschaltet. Ist es eingeschaltet, steht dem Benutzer die Veränderung der Menüpunkte von Optionen frei. Jede nach Auswahl dieses Menüpunktes geöffnete Datei wird mit Raytracing erstellt. Dies ist langwierig und sollte nur dann verwandt werden, wenn die Animation oder das Standbild mit dem Renderingmodul perfekt dargestellt wird.

Menüpunkt «Rendering»

Diese Funktion aktiviert das Renderingmodul für alle im folgenden zu erstellenden Bilder. Rendering ist um ein Vielfaches schneller als Raytracing, der Benutzer muß jedoch bei Einsatz desselben auf die Darstellung von Schatten, Spiegelungen, Lichtbrechungen und Antialiasing verzichten. Objekte, die einen perfekten Spiegel als Oberfläche besitzen, werden vom Renderingmodul schwarz dargestellt. Trotzdem hat diese Funktion ihre Daseinsberechtigung. Sie vermittelt auf jeden Fall einen Eindruck von der Ausleuchtung und Farbgebung der Szene sowie von Bewegungskompositionen. Eine noch in der Entwicklung stehende Animation oder ein Bild sollte stets mit Rendering dargestellt werden, um Zeit zu sparen. Sollte die Szene mittels des Renderingmoduls perfekt dargestellt worden sein, kann der Benutzer auf das aufwendigere Raytracing zurückgreifen.

6.3 Die Kommandos des Menüs «Ausgabe»

Menüpunkt «Grau (8 Bit)»

Falls bei der Ausgabe eines Rendering- oder Raytracingbildes ganz auf Farbe verzichtet werden kann, so kann mit dieser Funktion die Ausgabe der Datei in 8 Bit erfolgen. Die Grauauflösung ist genauso hoch wie die Farbauflösung unter der Verwendung der 24-Bit-Funktion, jedoch benötigen die Dateien etwa nur ein Drittel des Platzes auf dem Speichermedium. Für den Druck auf Papier kann meist sowieso nur auf Graustufen zurückgegriffen werden, wofür diese Funktion ideal geeignet ist.

Menüpunkt «Grob(16 Bit)»

Bewirkt die Erzeugung des Ausgabebildes mit 16 Bit Genauigkeit pro Pixel. Dabei wird jede Komponente mit 5 Bit Genauigkeit gespeichert. Dies ist die Genauigkeit von Highlight 1.0. Die Funktion hilft nicht, Zeit bei der Erstellung eines Bildes einzusparen. Sie erzeugt lediglich Bilder mit kleineren Ausgabedateien und schlechterer Farbauflösung. Sollte also genug Speicherplatz auf Diskette oder Festplatte vorhanden sein, sollte diese Funktion auch nicht verwendet werden.

Menüpunkt «Fein(24 Bit)»

Die Datei des Ausgabebildes wird mit 24 Bit Genauigkeit, d.h. mit 8 Bit Genauigkeit für die Farbkomponenten Rot, Grün und Blau gespeichert. Diese Funktion sollte stets verwendet werden, da sie die besten Grafiken erzeugt. Sollte jedoch nicht genug Speicherplatz auf Diskette oder Festplatte vorhanden sein, so kann das Bild auch mit 16 Bit Genauigkeit gespeichert werden.

Menüpunkt «Kompression»

Diese Funktion komprimiert die Ausgabedateien. Falls sie nicht gewählt wird, berechnet sich die Bildgröße sehr einfach durch 100 plus x-Auflösung mal y-Auflösung mal 1,2 oder 3, je nach dem, ob das Bild in 8, 16 oder 24 Bit Genauigkeit ausgegeben wird. Mit dieser Funktion kann die Datei drastisch verkleinert werden, Einsparungen bis zu 70% sind dadurch möglich. Falls andere Grafikprogramme diese Dateien jedoch nicht lesen können, muß auf die komprimierte Ausgabe verzichtet werden.

Menüpunkt «320,200 - 640,480 - 800,600 - 1024,768»

Diese verschiedenen Funktionen setzen die Ausgabeauflösung auf den entsprechenden Wert. Alle Kombinationen sind Standardwerte von VGA-Karten. Die Größe des Bildes spielt keine Rolle, es wird immer der gleiche Bildausschnitt dargestellt. Die Berechnung von Bildern in 1024 mal 768 Bildpunkten ist nicht anzuraten, da die sehr hohe Auflösung die Berechnungszeit stark erhöht. Die meisten Monitore können diese Auflösung sowieso nicht gut darstellen. Die Berechnung eines Bildes mit 640 mal 480 Bildpunkten dauert 4,8 mal so lang wie ein Bild mit 320 mal 200 Bildpunkten. Bei 800 mal 600 beträgt dieser Faktor 7,5 und bei der höchsten Auflösung 1024 mal 768 sogar 12,288.

Menüpunkt «Eigene Auflösung»

Diese Menüfunktion ruft einen Requester auf, der die Eingabe einer Auflösung gestattet. Diese Funktion hat zwei wesentliche Einsatzgebiete. Zum einen ist sie nützlich, um eine kleine Test-Animation berechnen zu lassen. Statt 320 mal 200 kann zum Beispiel eine Auflösung von 32 mal 20 gewählt werden, worauf die Animation 100 mal schneller berechnet wird. Die resultierenden Bilder sind jedoch sehr klein und schlecht aufgelöst. Einen akzeptablen Kompromiß in dieser Situation stellt die Erzeugung von Bildern in 64 mal 40 Bildpunkten dar, was immerhin 25 mal schneller ist als die Darstellung in 320 mal 200 Bildpunkten. Zum anderen kann mit dieser Funktion vom normalen rechteckigen Format abgewichen werden. Wichtig ist dabei, daß in der zugehörigen Szene der Parameter Breite/Höhe verändert werden muß. Zur Darstellung eines quadratischen

Bildes muß jener Parameter auf 1,0 gesetzt werden und in Highlight eine eigene Auflösung bestimmt werden, zum Beispiel 480 mal 480 Bildpunkte. Diese Variable ist ebenfalls wichtig, wenn ein Bild auf einem Monitor mit nicht quadratischen Pixeln dargestellt werden soll. Dies ist der Fall bei 320 mal 200 Punkten in Standard-VGA-Auflösung. Dies hat zwar ein Seitenverhältnis von 1.6:1, jedoch wird es im VGA-Modus 320 mal 200 verzerrungsfrei dargestellt, da hierbei die Pixel nicht quadratisch sind.

6.4 Die Kommandos des Menüs «Optionen»

Menüpunkt «Schatten»

Durch diese Funktion kann beim Einsatz von Raytracing Schatten in der Szene erzeugt werden. Bei Wahl von 0 erzeugt Highlight keine Schatten. Die Bilderzeugung ist hierbei am schnellsten. Wird 1 gewählt, sind alle Schatten scharfe Schlagschatten, die nur durch das ambiente Licht abgeschwächt werden. Bei Werten über 1 berechnet Highlight mehrere Lichtstrahlen, die die Abschattung eines Objektes messen. Dadurch können im Bild in Abhängigkeit vom Durchmesser der Lichtquellen feinere Übergänge zwischen schattenfreien Zonen und dem Kernschatten erzeugt werden. Diese Schattenübergangszonen wirken manchmal etwas rauh. Dies liegt daran, daß die Abtastung der Lichtquellen einem Zufallsfaktor unterzogen wird.

Menüpunkt «Antialias»

Bei Einsatz von Raytracing kann eine Antialiasing-Funktion zugeschaltet werden, die «Treppen» in den Ergebnisbilder herausfiltert. Diese Funktion ist umso genauer, je höher der Antialiasingfaktor gewählt wird. Allerdings wird dadurch auch die Erzeugung des Bildes verlangsamt. Antialiasing sollte nur in der endgültigen Version des Bildes oder der Animation eingesetzt werden.

Menüpunkt «Schachtelung»

Die Rekursionstiefe bestimmt, wie tief sich Lichtstrahlen verschachteln können. Eine Kugel, die sich in einer Kugel spiegelt, die sich wiederum in einem Würfel widerspiegelt, hat eine Rekursionstiefe von 3. Wird hier eine Rekursionstiefe von lediglich 2 gewählt, würde diese Kugel nicht dargestellt werden. Um eine Brechung von Lichtstrahlen in Objekten darstellen zu können, muß der Rekursionsfaktor sogar um zwei erhöht werden, einmal für die Lichteintritts-, ein weiteres Mal für die Lichtaustrittsstelle. Je höher die Rekursionstiefe, desto feinere Details werden letztendlich im Bild dargestellt. Jedoch wird dadurch die zur Berechnung eines Bildes benötigte Zeit erhöht.

6.5 Kontrollknöpfe

Schaltfläche «Start»

Falls eine Szene geladen wurde, kann mit diesem Knopf die Erzeugung des Bildes gestartet werden. Sind mehrere Szenen vorhanden, erzeugt Highlight alle auf die erste folgenden Szenen, falls die Bilderanzahl nicht verändert wurde.

Schaltfläche «Pause»

Während ein Bild erzeugt wird, kann Highlight mit diesem Knopf unterbrochen werden. Es speichert die notwendigen Daten ab und terminiert. Beim nächsten Programmstart von Highlight wird automatisch mit der Berechnung des Bildes fortgesetzt. Es kann dann keine andere Szene mehr vom Speichermedium gelesen werden, bis dieses Bild zu Ende berechnet und abgespeichert wurde.

Schaltfläche «Stop»

Diese Funktion bricht die Erzeugung des Bildes ab, so daß sie nicht mehr fortgesetzt werden kann. Der Benutzer muß diesen Abbruch jedoch noch einmal bestätigen. Wenn das Anhalten bestätigt wurde, wird nicht nur die Erzeugung des gerade aktuellen Bildes abgebrochen, sondern die Erzeugung der ganzen Serie. Falls das darauf folgende Bild erzeugt werden soll, muß die zugehörige Szene mit Datei - Öffnen geladen und der Startknopf erneut gedrückt werden.

7 Octavian

7.1 Die Kommandos des Menüs «Datei»

Menüpunkt «Darstellen»

Octavian ist ein Programm zur Darstellung von TARGA-Bildern. Es verarbeitet 8-, 16-, 24- und 32-Bit-Echtfarbenbilder, 8- und 16-Bit-Farbpalettenbilder und schließlich Graustufen-Bilder, alle sowohl im komprimierten als auch im unkomprimierten Format. Speicherung von 16-, 24- oder 32-Bit-Echtfarbbilder erfolgt im 8-Bit-Farbpalettenformat.

Diese Funktion bringt einen Dateirequester auf den Bildschirm, in dem der Dateiname des darzustellenden Targabildes angebbar ist. Sobald ein richtiger Name eingegeben und OK geklickt wurde, beginnt Octavian mit der Analyse und Darstellung des vorliegenden Bildes.

Wenn bei einer VGA-Karte nur 256 Farben zur Verfügung stehen, wird zur Darstellung des Bildes eine Octree-Farbreduzierung vorgenommen. Dies kann bei großen Bildern unter Umständen auch sehr lange dauern. Im Menüpunkt Einstellungen - Octree können noch einige Parameter verändert werden, mit welchen die Geschwindigkeit der Farbreduzierung erhöht werden kann. Außerdem können andere Effekte hervorgerufen werden.

Menüpunkt «Speichern»

Falls ein Bild geladen wurde und dieses auf 256 Farben reduziert wurde, kann die vorhandene Datei überschrieben werden. Dabei wird jedoch im allgemeinen Information verloren, weshalb Octavian noch einmal nachfragt, ob die bereits existierende Datei überschrieben werden soll. Octavian bietet die Möglichkeit, die Bilder im komprimierten Zustand abzuspeichern, was sehr viel Platz auf der Festplatte einsparen kann. Ein Bild beispielsweise mit 320 mal 200 Bildpunkten im Graustufen-Format benötigt nur noch 4 bis 30 KByte Speicherplatz. Manche Programme können diese Dateien jedoch nicht verarbeiten. Dann müssen die Dateien im unkomprimierten Zustand gespeichert werden. Siehe hierzu die Menüfunktion Einstellungen - komprimieren.

Menüpunkt «Speichern unter ...»

Läßt die Speicherung der farbreduzierten und komprimierten Datei unter einem anderen Dateinamen zu. Dieser Dateiname kann mittels eines Dateirequesters ausgewählt werden.

Menüpunkt «Informationen»

Wenn ein Bild geladen und dargestellt ist, werden in einem Requester die Informationen aus dem Targaformat-Dateikopf und Informationen über die Octree-Reduzierung dargestellt.

Menüpunkt «Beenden»

Bricht Octavian ab. Dies geschieht ohne weiteres Nachfragen, denn selbst ein farbreduziertes Bild ist schnell wieder aus einem Originalbild herzustellen. Es besteht also nicht die Gefahr, daß wichtige Daten verlorengehen.

7.2 Die Kommandos des Menüs «Einstellungen»

Menüpunkt «Octree»

Die Auswahl dieser Menüfunktion bringt den folgenden Requester auf den Bildschirm, welcher die Veränderung der für die Farbreduzierung notwendigen Parameter zuläßt:

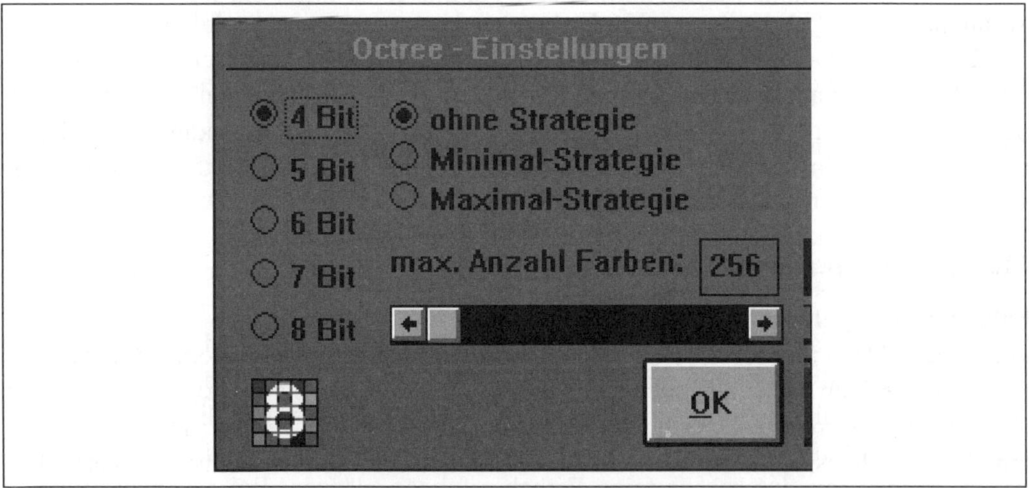

BILD 7.1: Einstellen der Reduktions-Strategie

Schaltfelder: 4 Bit, 5 Bit, 6 Bit, 7 bit und 8 Bit

Mit diesen Schaltfeldern wird bestimmt, bis zu welcher Bittiefe die Farbkomponenten des Bildes verarbeitet werden sollen. Wenn eine kleinere Anzahl an Bit als 8 ausgewählt wurde, mißt Octavian die höherwertigen Bit. Beispielsweise werden bei 4 Bit nur 16 unterschiedliche Abstufungen in jeder Komponente gemessen. Je niedriger die Anzahl der gewählten Bit, desto schneller erfolgt die Farbreduzierung durch den Octree, desto schlechter ist jedoch die Farbauflösung des Bildes.

Lesen von weniger als 8 Bit bewirkt jedoch nicht das Abschneiden der weniger wichtigen Bit in der Farbinformation. Vielmehr werden nur die wichtigen Bit gemessen, aber alle 8 Bit tragen zu einer Mittelwertsberechnung bei. Falls also zwei leicht unterschiedliche Farben in einem Blatt des Octrees gespeichert werden, wird daraus der Mittelwert berechnet.

24-Bit-Bilder haben in jeder Komponente 8 Bit Genauigkeit und theoretisch ist dies die optimale, wenn auch langsamste Einstellung. Häufig ist jedoch eine Einstellung von 6 Bit auch ausreichend, da die meisten VGA-Karten nur 64 Abstufungen in jeder Komponente erzeugen können. Wenn dann auch tatsächlich nur diese 6 wichtigsten Bits gemessen werden, wird der Octree nicht so schnell überlastet und die Farbreduzierung des Bildes geht schneller. Ein netter Effekt ergibt sich bei der Wahl von 4 Bit, da Octavian dann eben nur 16 Helligkeiten unterscheidet. Das Ergebnis ist dann ein Bild mit großen Sprüngen von Farbwert zu Farbwert, was aber als Effekt nicht schlecht aussehen muß. 5 und 7 Bit stellen Zwischenwerte dar, falls Effekte abgeschwächt oder die Genauigkeit erhöht werden soll. Dieser Parameter ist meist ein lohnenswertes Experimentierobjekt.

Die Standardeinstellung ist 6 Bit, also 64 Helligkeiten pro Komponente.

Minimal-Strategie, Maximal-Strategie oder ohne Strategie

Ein Octree hat immer nur genau 256 Farben gespeichert. Wenn die Datei gelesen wird, werden ihre Farben in den Octree eingespeist und sobald zu viele Farben enthalten sind, wird dieser «Baum» auf 256 Farben zurechtgestutzt. Er ist der Bonsai im Wald der Farbmodelle. Bei jeder Zurechtstutzung, also Farbreduktion, muß entschieden werden, welche Farbe sich dafür am besten eignet. Grundsätzlich wird von den Blättern her gestutzt. Falls eine Minimal-Strategie gewählt wurde, wird jenes Blatt gekürzt, welches die wenigsten Punkte im Farbbaum enthält. Dadurch verlieren sehr kleine Details im Bild ihre Wirkung. Sie sehen später verwaschen und verfärbt aus, während große Flächen mit durch sehr feine Farbabstufungen glänzen. Bei Maximal-Strategie werden jene Blätter mit den meisten beinhalteten Punkten zuerst gestutzt, wodurch große Flächen in der Farbauflösung verlieren, während kleine Details am Bildschirm farbig und exakt dargestellt werden. Schließlich sucht «ohne Strategie» nicht nach Blättern, sondern reduziert einfach den zuletzt eingetragenen Wert. Dadurch ist diese Methode am schnellsten.

max. Anzahl an Farben»

Hier kann eingestellt werden, wie viele tatsächlich unterschiedliche Farben das resultierende Bild haben soll. Dabei kann jede Zahl zwischen 8 und 265 ausgewählt oder von Hand eingegeben werden. Für die detailreichsten Bilder ist hier natürlich die Zahl 256 zu wählen. Bei 8 bis 30 Farben erhält man sehr grafische und großflächig gefärbte Bilder. Dieser Effekt heißt «Posterizing».

Menüpunkt «Farbreduktion»

Nur wenn diese Menüfunktion mit einem Haken versehen ist, werden die Bilder auf 256 Farben reduziert. Falls dies nicht der Fall ist, können im allgemeinen keine Echtfarbenbilder dargestellt werden.

Menüpunkt «komprimieren»

Falls diese Menüfunktion mit einem Haken versehen ist, werden die farbreduzierten Bilder im «run-length»-Verfahren auf Festplatte abgespeichert, was im allgemeinen Speicherplatz spart. Falls ein Programm, welches das entsprechende Bild weiterverarbeiten soll, keine komprimierten Dateien lesen kann, muß auf diese Funktion verzichtet werden.

8 Weitere Utilities auf dem Weg zur Animation

Die folgenden Programme arbeiten unter DOS. Um diese Programme nutzen zu können, müssen Sie Windows verlassen und sie von DOS aus aufrufen.

Das Highlight Programmpaket arbeitet mit Bild-Dateien im Targa-Format, das in diesem Buch an anderer Stelle detailliert beschrieben wird. Diese Bilder können von beliebiger Auflösung sein. Die Darstellung und Verarbeitung der Bilder erfolgt ausnahmslos im 256-Farben-Modus der VGA-Karte. Standard-VGA-Karten verfügen nur über einen einzigen 256Farben-Modus mit einer Auflösung von 320 x 200. Da dieser Modus als einziger auf allen VGA-Karten genormt ist, kann eine einwandfreie Funktion der Software nur für diesen Modus garantiert werden.

Wir haben uns jedoch bemüht, die erweiterten 256-Farben-Modi gängiger Super-VGA-Karten zu unterstützen. Da diese Modi nicht genormt sind, verfügt die Software für jede einzelne Super-VGA-Karte über eigene Treiber. Allerdings standen uns zum Testen der Software nicht alle Modelle der einzelnen Hersteller zur Verfügung, so daß es auch hier vereinzelt zu Problemen kommen kann, da die Chipsätze der VGA-Karten eines Herstellers ebenfalls nicht immer zueinander kompatibel sind.

8.1 Das Tool «Whichvga»

Dieses Programm testet Ihre VGA-Karte und zeigt Ihnen den Hersteller, Speicherausbau, eingebauten DAC (Normal, HICOLOR etc.) sowie die theoretisch verfügbaren 256-Farben-Modi an. Für eine ET4000-Karte kann die Analyse zum Beispiel wie folgt aussehen:

```
Tseng ET4000 VGA - Karte erkannt !
Ram Ausbau: 1024 KByte
Max. Auflösung im 256 Farben Modus: 1024 x 768
Verfügbare 256-Farben Modi:
 320 x 200 in 256 Farben, Modus :  13h
 640 x 400 in 256 Farben, Modus :  2fh
 640 x 480 in 256 Farben, Modus :  2eh
 800 x 600 in 256 Farben, Modus :  30h
1024 x 768 in 256 Farben, Modus : 38h
Karte besitzt einen AT&T TRUECOLOR 16,7M DAC !
Benutzen Sie das Highlight Chipset ID: 1
Fügen Sie in die Datei ‹Autoexec.bat› das Kommando ‹set vgac=1› ein!
```

Wird «whichvga» mit dem Parameter «-t» aufgerufen, wird zusätzlich ein Modi-Test durchgeführt und das Ergebnis angezeigt.

Damit die nachfolgenden Programme Ihre Super-VGA-Karte auch korrekt ansteuern können, benötigen sie Informationen über den Typ bzw. Chipsatz der Karte. Diese Information wird über die «Dos-Environment»-Variabel «vgac» übermittelt. Die Variable kann zum Beispiel in der Datei «Autoexec.bat» mit dem DOS-Kommando «set» gesetzt werden. Jeder unterstützte Chipsatz erhält einen eigenen ID:

```
0:= Tseng ET3000
1:= Tseng ET4000
2:= Trident
3:= Paradise
4:= Chips & Technologies
5:= ATI
6:= Genoa
7:= Video7
8:= Standard VGA 320x200
```

«whichvga» liefert Ihnen den zu verwendenden ID. Sollte Ihre VGA-Karte nicht aufgeführt sein oder Ihre Karte mit der gewählten Einstellung nicht einwandfrei arbeiten, verwenden Sie die Einstellung Nr. 8.

Mit dem DOS-Aufruf:

```
set vgac=1
```

wird die Software auf eine «ET4000»-Karte vorbereitet. Ist die Variable «vgac» nicht gesetzt, fragt die Software bei jedem Aufruf nach dem ID.

8.2 Showtga

Das Programm «Showtga» dient dazu, mit Highlight berechnete Bilder am Schirm anzuzeigen. Es verarbeitet alle gängigen TARGA-Formate wie, 16 Bit RGB, 24 Bit RGB, 32 Bit RGB, 8 Bit Colormapped und 8 Bit Graustufen-Bilder sowohl komprimiert als auch unkomprimiert.

Aufruf:

```
showtga <Targa-Datei>
```

Nach dem Aufruf zeigt das Programm Daten des Bildes wie Auflösung, Farbkodierung und verwendete Kompression an. Durch Drücken der Taste «j» können Sie sich das Bild anzeigen lassen. Das Programm verwendet je nach Auflösung des Bildes auch die Super-VGA-Modi der unterstützten VGA-Karten. Bei RGB-kodierten Bildern führt das

Programm vor der Darstellung zuerst eine Analyse der im Bild vorhandenen Farben und eine Optimierung auf 256 Farben durch.

8.3 Delta

Läßt man mit Highlight eine Animation berechnen, erhält man zunächst nur eine Serie von Einzelbildern. Erst hintereinander abgespielt addieren sie sich zu einer bewegten Computergrafik. Leider besitzt schon eine einzige Bild-Datei unter Umständen einen Umfang von mehr als 100 KByte. Schon eine kurze Animation fände auf keiner Diskette mehr Platz und würde einen beträchtlichen Teil einer Festplatte belegen. Ein weiteres Problem würde darin bestehen, solche Datenmengen in Echtzeit auf den Schirm zu bringen. Um dieses Problem zu überwinden, muß zwingend der Rotstift angesetzt werden.

Als wirksames Mittel zur Begrenzung des Datenaufkommens bietet sich die Datenkompression an. Dabei sollte der Algorithmus nicht allzu kompliziert sein, da die Daten beim Abspielen der Animation ja auch wieder in Echtzeit dekomprimiert werden müssen.

Beim dem hier vorgestellten Verfahren handelt es sich um die «Delta-Kompression». Sie beruht auf folgenden Überlegungen:

Vergleicht man die Einzelbilder einer Bildsequenz, stellt man fest, daß die Änderungen von Bild zu Bild meist nur kleine Ausschnitte betreffen, also nur marginal sind. Die Datenkompression besteht nun darin, lediglich die bildweise Änderung zu erfassen und zu speichern. Auf diese Weise kann der Datenumfang einer Animation meist drastisch reduziert werden.

Leider hat dieses Verfahren auch seine Grenzen. Wird zum Beispiel die Kamera in der Animation bewegt, ändert sich fast das gesamte Bild, und alle Vorteile dieses Verfahrens sind dahin. Zwar könnten aufwendigere Methoden auch hier noch einige Byte sparen, doch darf man nicht außer acht lassen, daß die Rechenleistung der verwendeten Rechner begrenzt ist und die Daten in Echtzeit auf den Schirm gebracht werden müssen.

Erfahrungsgemäß ist die Delta-Kompression meistens in der Lage, den Datenumfang einer Animation auf ein vernünftiges Maß zu reduzieren. Zusätzlich verwendet «Delta» noch eine Art von «Runlength»-Kodierung, was zu einer weiteren Reduzierung des Datenaufkommens führt.

Aufruf:

`delta <Rumpfname der Bild-Dateien> << Optionen >>`

Rumpfname: Läßt man von Highlight eine Animation unter dem Namen «TEST» berechnen, erhält man anschließend Bild-Dateien mit den Namen «TEST000.TGA», «TEST001.TGA» etc.. Der Rumpf des Namens ist also «TEST», wohingegen die laufende Bildnummer vom Programm angehängt wurde. Dieser Rumpfname wird als Parameter angegeben.

Optionen:

-r <Referenzbild>

-o <Zieldatei>

-t <temporäre Datei>

-n <Nummer des ersten Bildes>

auf die Option folgt durch ein Leerzeichen getrennt der entsprechende Parameter.

-r: Da Hlight RGB-kodierte Bilder erzeugt, auf einer normalen VGA-Karte jedoch nur maximal 256 Farben verfügbar sind, muß eine Analyse der im Bild vorkommenden Farben vorgenommen werden, um diese möglichst optimal auf 256 Farben zu reduzieren. «Delta» analysiert dazu standardmäßig das erste Bild der Animation. Die so ermittelten Farben werden anschließend für die gesamte Animation verwendet. Das kann zu folgendem Problem führen: Wenn im Laufe der Animation Farben hinzukommen, die im ersten Bild nicht vorhanden waren, können diese Farben nicht mehr einwandfrei dargestellt werden. Aus diesem Grunde können Sie über die Option «-r» ein anderes Farb-Referenzbild angeben. Dieses Bild sollte möglichst alle in der Animation vorkommenden Farben enthalten. Sie können anstelle des Namens für das Refernz-Bild auch das Schlüsselwort «alle» einsetzen. In diesem Fall analysiert «Delta» alle Einzelbilder der Animation, was auf jeden Fall zu den besten Resultaten führt, aber auch am meisten Rechenzeit benötigt.

-o: Die fertige Animation wird als eine Datei mit der Erweiterung «.anm» gespeichert. Normalerweise wird als Dateiname der Rumpfname verwendet. Mit dieser Option können Sie einen beliebigen Namen für die Animations-Datei angeben.

-t: Während der Kompression werden von «Delta» Daten in eine temporäre Datei ausgelagert. Diese Datei wird im aktuellen Verzeichnis erstellt. Haben Sie eine RAM-Disk von mindestens 1,5 MByte Größe zur Verfügung, kann die temporäre Datei dort angelegt werden, was die Harddisk entlastet und die Arbeitsgeschwindigkeit erhöht. Geben Sie einen kompletten Dateinamen mit Pfad an. Zum Beispiel «f:\temp.dat».

-n: Normalerweise beginnt «Delta» beim Zusammenfassen der Einzelbilder mit dem Bild Nummer 0. Über diesen Parameter können Sie eine anderes Start-Bild vorgeben.

8.4 Movie

Mit «Movie» endet der lange Weg zur Computer-Animation. Dieses Programm spielt die mit «Delta» erstellte Animations-Datei in Echtzeit auf dem Bildschirm ab. Ist die Auflösung der Animation größer als 320 x 200, muß die verwendete VGA-Karte über genau die gleiche Auflösung verfügen, unter der die Animation erstellt wurde. Außerdem muß deren Chipsatz von der Software unterstützt werden, sonst erfolgt ein Programmabbruch. Dieses gilt es zu bedenken, wenn Animationen auch auf anderen Rechner laufen sollen. Animationen mit einer Auflösung von 320 x 200 sind auf allen VGA-Karten lauffähig.

«Movie» verwendet den vorhandenen EMS-Speicher, so daß im System vorhandener Speicher voll genutzt werden kann. Voraussetzung ist die Installation von «emm386» (ab Version 4.0 im Lieferumfang von DOS enthalten) oder eines vergleichbaren EMS-Treibers.

Aufruf:

```
Movie < Dateiname > << Optionen >>
```

Dateiname: Hier muß der Name der abzuspielenden Animations-Datei angegeben werden. Zum Beispiel «test.anm». Sollen mehrere Animationen hintereinander abgespielt werden, kann anstelle der Animations-Datei eine Textdatei angegebenden werden, die eine Liste mit abzuspielenden Animationen enthält. Diese Textdatei kann mit einem beliebigen ASCII-Texteditor erstellt werden und muß die Erweiterung «.LST» erhalten. Der Aufbau der Liste ist wie folgt:

```
<Animation1> <Geschwindigkeit> <Verzögerung> <Wiederholungen>
<Animation2> <Geschwindigkeit> <Verzögerung> <Wiederholungen>
<Animation3> <Geschwindigkeit> <Verzögerung> <Wiederholungen>
etc...
<<wiederhole>>
```

Auf den Dateinamen der Animation müssen drei Zahlenwerte folgen, die wie oben angegeben interpretiert werden. Steht am Ende der Liste das Schlüsselwort «wiederhole», wird die Liste erneut abgearbeitet. Wird beim Aufruf von «Movie» der Dateiname einer Liste übergeben, werden alle weiteren Argumente der Kommandozeile ignoriert.

Optionen:

-g <Abspielgeschwindigkeit>

-r <Anzahl der Wiederholungen>

-v <Verzögerung zwischen zwei Durchläufen>

-g : Dieser Parameter legt fest, wieviel Zeit zwischen zwei Bildern verstreichen soll und legt somit die Abspielgeschwindigkeit fest. Der Wert bestimmt eine Wartezeit von 1/18 Sekunden. Normalerweise verwendet «Movie» den Wert 1, der für eine Abspielgeschwindigkeit von 18 Bildern pro Sekunde sorgt. Der Wert Null steht für die höchste Bildfolgefrequenz, die nur von der Hardware des Rechners abhängig ist.

-r : Legt fest, wie oft die Animation wiederholt werden soll. Beim Wert «-1» wird die Animation endlos wiederholt. Dieser Wert ist die Standardeinstellung.

-v : Legt die Zeit fest, die das Programm nach dem letzten Bild wartet, bis die Animation wiederholt wird. Die Zeit wird in 1/18 Sekunden angegeben. Standardeinstellung ist der Wert 0.

Mit der «Return»-Taste kann eine Animation abgebrochen werden. Beim Abarbeiten einer Liste wird dann automatisch die nächste Animation geladen. Mit «ESC» beenden Sie den Listen-Betrieb.

Mit allen anderen Tasten können Sie die Animation anhalten und mit einem erneuten Tastendruck fortsetzen.

Anhang

9 Mathematische Grundlagen der Computergrafik

Dieser Abschnitt ist für den interessierten Leser gedacht, der einen Blick hinter die Kulissen von Highlight auf die mathematischen Grundlagen und Algorithmen, die dem Programm zugrunde liegen, werfen möchte. Vieles mag auf den ersten Blick sehr theoretisch wirken, der Bezug zur dreidimensionalen Grafik wird jedoch gegen Ende zunehmend einleuchtend.

9.1 Einführung

Das primäre Problem in der Computergrafik besteht darin, mit Hilfe mathematischer Verfahren den dreidimensionalen Raum zu beschreiben und berechenbar zu machen. Form und Aussehen von Objekten müssen mathematisch erfaßt werden, um zum Beispiel Lichteinfall und Reflexionen berechnen zu können. Geeignete Verfahren finden sich hierzu im Bereich der Vektorrechnung.

9.2 Von Punkten und Vektoren

9.2.1 Rechnen mit Vektoren

Viele Meßgrößen in Physik und Technik, wie zum Beispiel Masse, Widerstand oder Leistung sind eindimensionale Größen. Sie lassen sich mit einem einzigen Wert exakt beschreiben. Andere Größen benötigen darüber hinaus zusätzliche Angaben. Für die Beschreibung einer auftretenden Kraft ist nicht nur ihre Größe, sondern auch die Richtung, in der sie wirkt, von Bedeutung. Für diese und andere gerichtete physikalische Größen, wie zum Beispiel die Geschwindigkeit, werden in der Physik oftmals Vektoren verwendet.

Vektoren sind durch zwei Angaben definiert, nämlich durch Länge und Richtung. Man gibt ihre Richtung durch Pfeile an und ihre Größe durch entsprechende Länge der Pfeile.

Sie lassen sich je nach Bedarf im zwei-, drei- oder mehrdimensionalen Raum definieren, wobei letzteres Mathematikern besonders viel Spaß, praktisch veranlagten Menschen jedoch eher Kopfschmerzen bereitet.

Mit Vektoren kann auch gerechnet werden. Greifen zum Beispiel an einem Punkt zwei unterschiedliche Kräfte an, so läßt sich die daraus resultierende Kraft durch Addition der einzelnen Kräfte-Vektoren leicht ermitteln:

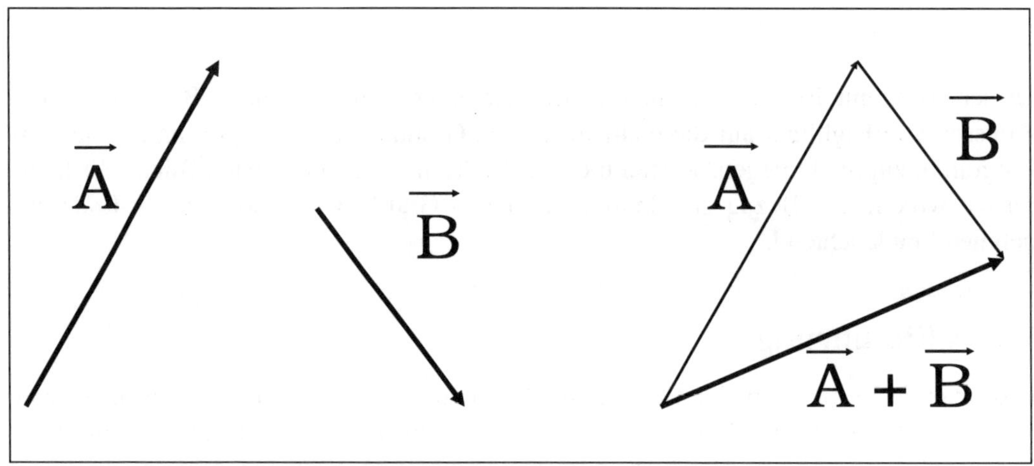

Bild 9.1: Die Addition zweier Vektoren ist vor allem grafisch einfach zu lösen

Zwei Vektoren $\vec{A}$ und $\vec{B}$ werden addiert, indem man $\vec{A}$ an dem Endpunkt von $\vec{B}$ anträgt und den Summenvektor $\vec{C}$ bildet. $\vec{C} = \vec{A} + \vec{B}$.

Die Subtraktion von zwei Vektoren läßt sich auf eine Addition zurückführen:

$\vec{A} - \vec{B} = \vec{A} + (-\vec{B})$

Der negative Vektor $(-\vec{B})$ entsteht durch Umpolen des ursprünglichen Vektors $\vec{B}$ $(-\vec{B})$ und zeigt folglich in die entgegengesetzte Richtung von $\vec{B}$.

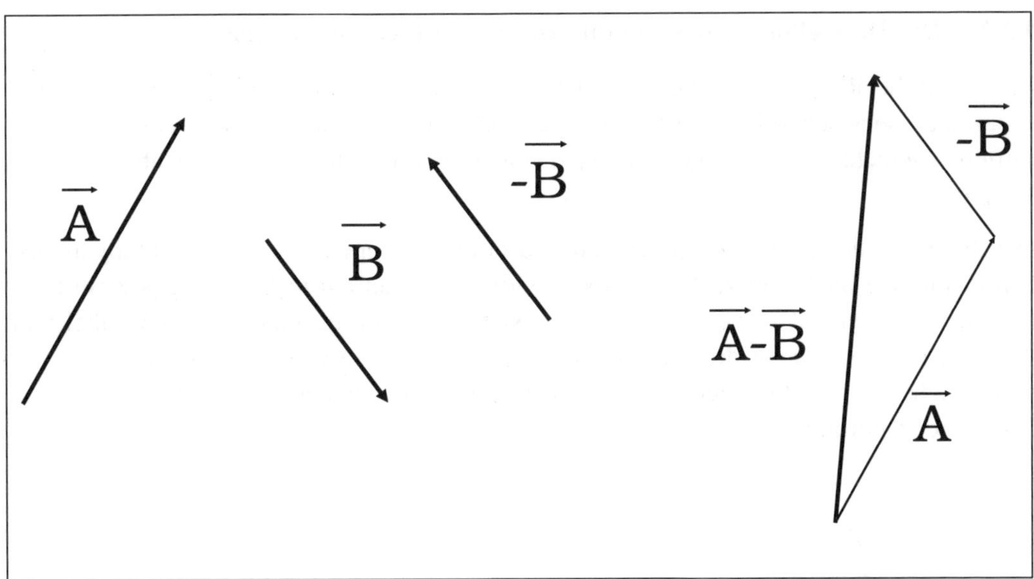

Bild 9.2: Die Subtraktion zweier Vektoren läßt sich auf eine Addition zurückführen

In der Vektorrechnung bezeichnet man eine «normale» Zahl, also eine richtungslose Größe, als Skalar. Multipliziert man einen Vektor mit dem Skalar n, so erhält man als Ergebnis einen Vektor, der n mal so lang ist wie der ursprüngliche Vektor und in dieselbe Richtung zeigt, wenn n > 0 ist, oder in die entgegengesetzte Richtung, falls n < 0 ist.

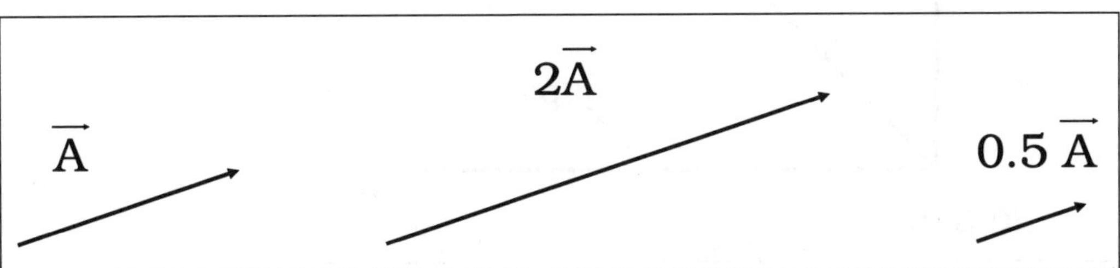

Bild 9.3: Multiplikation eines Vektors mit einem Skalar

Die Verdopplung der Größe einer Kraft hat also keinen Einfluß auf ihre Richtung – ein Ergebnis, auf das man wohl auch ohne Mathematik gekommen wäre.

9.2.2 Die Darstellung eines Vektors durch seine Komponenten

Das grafische Rechnen mit Vektoren ist sehr einfach. Additionen oder Subtraktionen lassen sich sehr schnell mit Hilfe eines Lineals auf dem Papier lösen. Doch kompliziertere Berechnungen verlangen nach einer mathematischen Handhabung eines Vektors.

Der dreidimensionale Raum breitet sich in drei Dimensionen, also drei Richtungen aus. Um Positionen im Raum zu beschreiben, verwendet man ein rechtwinkliges Koordinatensystem, bestehend aus drei Achsen, die sich im Ursprung unter einem Winkel von 90 Grad treffen. Diesen drei Achsen werden normalerweise die Bezeichnungen x-, y- und z-Achse zugeordnet. Jeder Punkt im Raum kann dann mit Hilfe dieses Systems durch drei Koordinaten beschrieben werden.

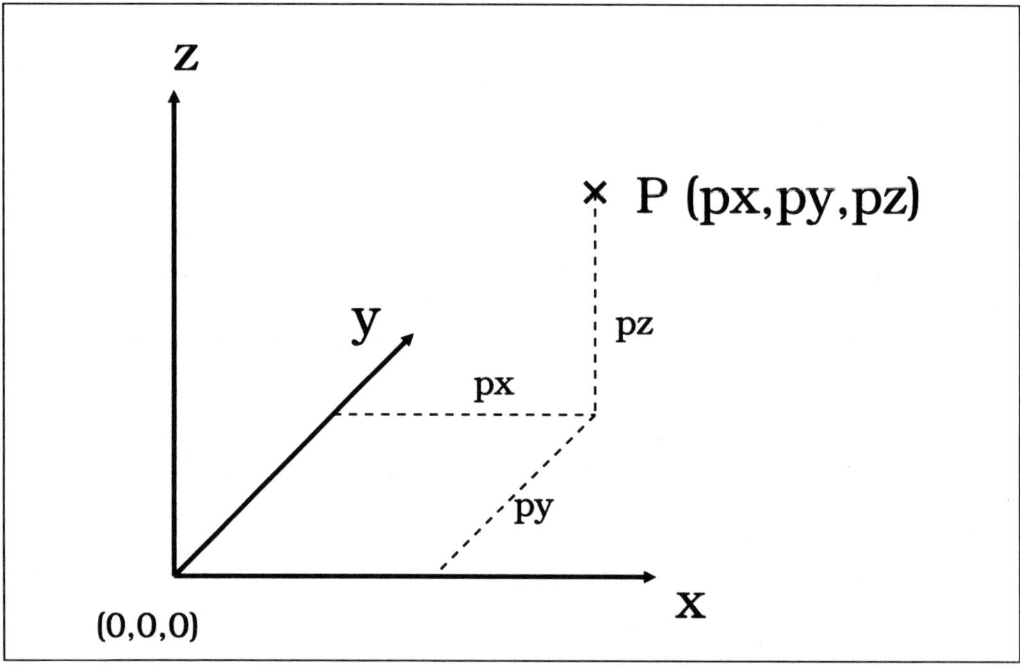

Bild 9.4: Beschreibung des dreidimensionalen Raums mit Hilfe eines rechtwinkligen Koordinatensystems

Da Vektoren nur durch ihre Länge und Richtung definiert sind, lassen sich im Raum beliebig viele, völlig identische Vektoren verteilen. Ein Sonderfall ist der sogenannte Ortsvektor, dessen Anfangspunkt im Ursprung des Koordinatensystems liegt. Jeder beliebige Vektor kann als Ortsvektor dargestellt werden, indem man seinen Anfangspunkt in den Ursprung legt.

Ein Ortsvektor zeigt auf einen ganz bestimmten Punkt im Raum. Jedem möglichen Vektor ist somit genau ein Punkt im Raum zugeordnet. Durch die Koordinaten dieses Punktes kann auch der zugehörige Ortsvektor exakt beschrieben werden.

Die Koordinaten des Punktes, auf die ein Ortsvektor zeigt, heißen die Komponenten des Vektors.

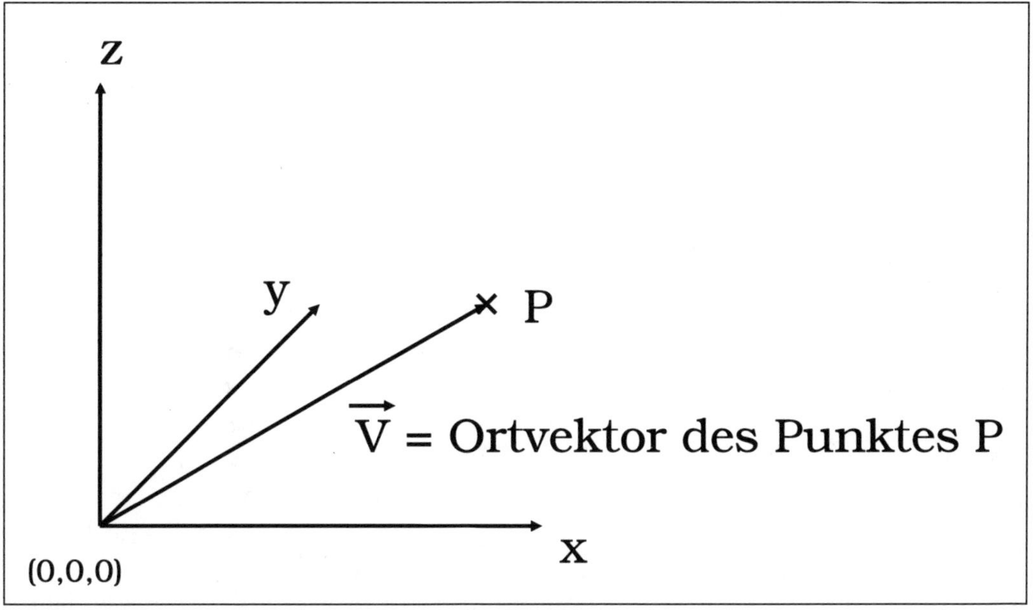

Bild 9.5: Jedem Vektor läßt sich im Raum genau ein Punkt zuordnen. Die Koordinaten dieses Punktes beschreiben gleichzeitig den dazugehörigen Ortsvektor

Obwohl die Koordinaten eines Punktes identisch sind mit den Komponenten eines Ortsvektors, beschreiben sie dennoch nicht dasselbe. Ein Punkt definiert lediglich eine Position im Raum, ein Vektor jedoch eine Richtung und eine Länge. Diesen Unterschied sollte man stets vor Augen haben, wenn man mit Punkten und Vektoren arbeitet.

9.2.3 Rechnen mit Vektoren in Komponentendarstellung

Selbstverständlich können alle obigen Vektoroperationen auch für die Komponentendarstellung des Vektors definiert werden.

Eine Addition oder Subtraktion erfolgt getrennt für alle Komponenten der Vektoren:

$\vec{V1}$ = (k1,k2,k3), $\vec{V2}$ = (m1,m2,m3)

$\vec{V1}$ + $\vec{V2}$ = (k1+m1, k2+m2, k3+m3)

$\vec{V1}$ - $\vec{V2}$ = (k1-m1, k2-m2, k3-m3)

Beispiel:

$\vec{V1}$ = (2,4,5), $\vec{V2}$ = (7,1,3)

$\vec{V1}$ + $\vec{V2}$ = (9,5,8) , $\vec{V1}$ - $\vec{V2}$ = (-5,3,2)

Die Multiplikation eines Vektors mit einem Skalar (richtungsloser Wert) erfolgt ebenfalls getrennt für alle Komponenten:

$\vec{V1}$ = (k1,k2,k3)

$\vec{V1}$ * c = (k1*c , k2*c , k3*c)

Die Länge eines Vektors wird auch als der Betrag des Vektors bezeichnet. Der Betrag eines Vektors ist eine skalare Größe und berechnet sich wie folgt:

$\vec{V1}$ = (k1,k2,k3)

Betrag($\vec{V1}$) = $|\vec{V1}|$ = SQRT ($k1^2 + k2^2 + k3^2$)

Beispiel:

$\vec{V1}$ = (2,3,4)

$|\vec{V1}|$ = SQRT(4 + 9 + 16) = SQRT (29) = 5,385

$\vec{V1}$ = (1,0,0)

$|\vec{V1}|$ = SQRT(1) = 1

Oftmals ist nur die Richtung eines Vektors von Interesse. Solche Vektoren werden als Richtungsvektoren zur Definition von Geraden und Ebenen verwendet. In diesen Fällen ist es hilfreich, den Vektor zu normieren.

Ein normierter Vektor besitzt die Länge 1 und wird auch als Einheitsvektor bezeichnet. Ein Vektor wird normiert, indem man seine Komponenten durch seinen Betrag teilt.

$\vec{V1}$ = (w1,w2,w3)

$\vec{V1}$n = $\vec{V1}$ / |$\vec{V1}$| = (w1/|$\vec{V1}$|, w2/|$\vec{V1}$|, w3/|$\vec{V1}$|)

$\vec{V1}$ = (5,10,-4), |$\vec{V1}$| = 11,874

$\vec{V1}$n = (0,421, 0,842, -0,337)

Eine Probe ergibt, daß |$\vec{V1}$n| auch wirklich 1 ist.

9.2.3.1 Das skalare Produkt

Das skalare Produkt ist für die Computergrafik von elementarer Bedeutung. Es erlaubt die Berechnung des Winkels zwischen zwei gegebenen Vektoren. Dieser Winkel wird zum Beispiel für einige «Hidden Line»-Algorithmen oder für die Berechnung des Lichteinfalls auf ein Objekt benötigt.

Das Skalarprodukt stellt einen skalaren Wert dar, d.h. eine Zahl, und ist definiert als:

$\vec{V1}$*$\vec{V2}$ = |$\vec{V1}$| * |$\vec{V2}$| * COS (α), α ist der Winkel zwischen $\vec{V1}$ und $\vec{V2}$.

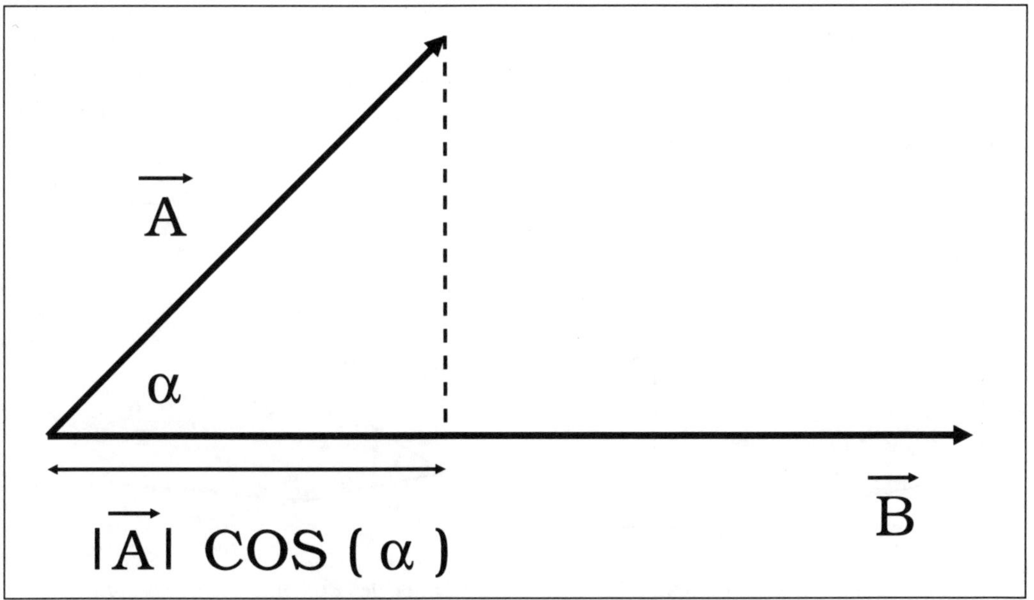

Bild 9.6: Das Skalarprodukt berechnet sich aus der Länge der Projektion des ersten Vektors auf den zweiten Vektor, multipliziert mit dem Betrag des zweiten Vektors

Das skalare Produkt kann direkt aus den Komponenten der beiden Vektoren berechnet werden:

$\vec{V1} = (k1,k2,k3)$, $\vec{V2} = (m1,m2,m3)$

$\vec{V1}*\vec{V2} = k1*m1 + k2*m2 + k3*m3$

Aus

$\vec{V1}*\vec{V2} = |\vec{V1}| * |\vec{V2}| * COS(\alpha)$

berechnet sich der Winkel zwischen zwei Vektoren zu:

$\alpha = ARCCOS((\vec{V1}*\vec{V2}) / (|\vec{V1}|*|\vec{V2}|)) =$

$ARCCOS((k1*m1+k2*m2+k3*m3) / (SQRT(k1^2+k2^2+k3^2)*SQRT(m1^2+m2^2+m3^2))$

9.2.3.2 Das vektorielle Produkt

Auch diese Funktion ist für die Computergrafik von wesentlicher Bedeutung. Man benötigt sie zur Berechnung des sogenannten Normalenvektors (siehe weiter unten). Der Normalenvektor wiederum wird zur Durchführung einiger «Hidden Line»- und Glättungsalgorithmen herangezogen.

Das Ergebnis des vektoriellen Produkts ist im Gegensatz zum skalaren Produkt wieder ein Vektor. Der Ergebnisvektor steht senkrecht auf den beiden Eingangsvektoren und bildet mit ihnen zusammen ein sogenanntes Rechtssystem. Die Länge des Ergebnisvektors entspricht dem Flächeninhalt des von den Eingangsvektoren aufgespannten Parallelogramms.

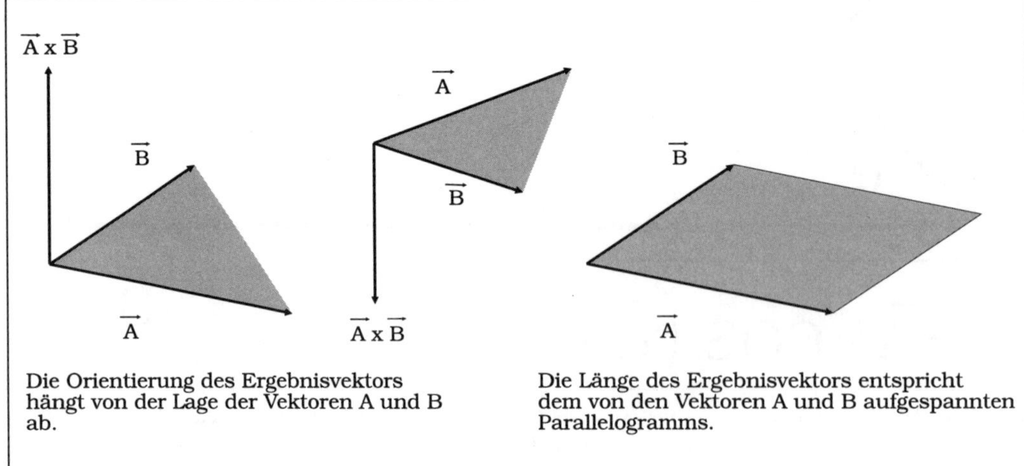

Bild 9.7: Der Ergebnisvektor des Vektorprodukts steht senkrecht auf den Eingangsvektoren

Das Vektorprodukt ist definiert als:

$\vec{V1}$ = (k1,k2,k3), $\vec{V2}$ = (m1,m2,m3)

$\vec{V1}$ x $\vec{V2}$ = (k2*m3-k3*m2 , k3*m1-k1*m3 , k1*m2-k2*m1)

|$\vec{V1}$ x $\vec{V2}$| = |$\vec{V1}$|*|$\vec{V2}$|*SIN(α), α = Winkel zwischen $\vec{V1}$ und $\vec{V2}$

9.2.3.3 Die Gerade

Die Gerade ist ein an einer konkreten Stelle im Raum befindlicher unendlich langer Strahl. Kennt man mindestens einen Punkt auf der Geraden und ihre Richtung, so ist sie bereits vollständig beschrieben. Geraden werden zum Beispiel für die Simulation von Lichtstrahlen verwendet.

Folgende Gleichung gilt für alle Ortsvektoren X beliebiger Punkte auf einer Geraden:

g: $\vec{X} = \vec{A} + t*\vec{B}$

$\vec{A}$: Ortsvektor eines beliebigen Punktes auf der Gerade

$\vec{B}$: Richtungsvektor der Geraden

t: Skalarer Parameter

Man nennt diese Beschreibung auch Parameterdarstellung der Geraden.

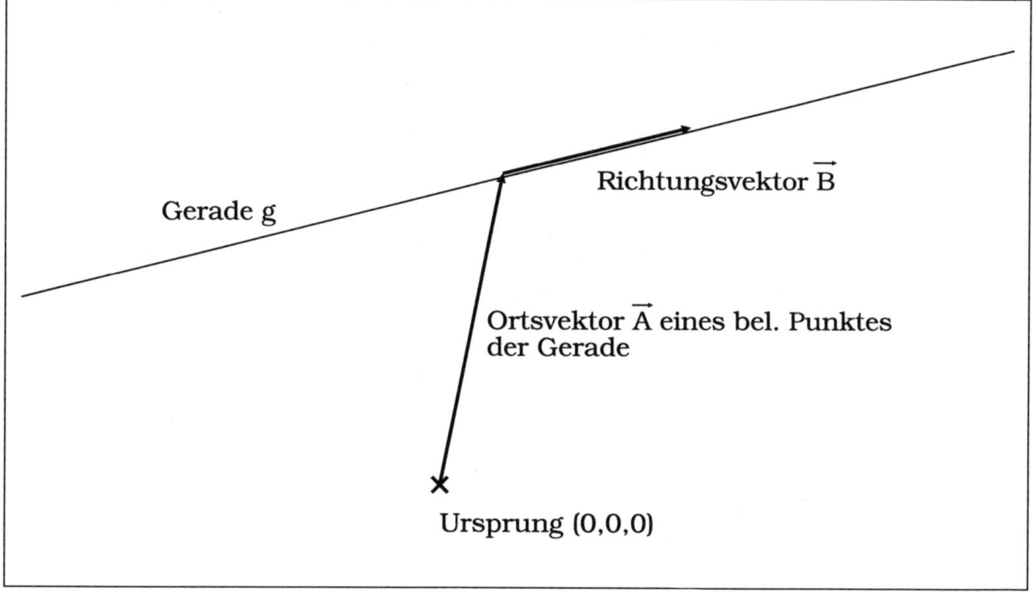

Bild 9.8: Jede Gerade kann mit Hilfe eines Ortsvektors und eines Richtungsvektors beschrieben werden

Eine Gerade kann aber im Raum auch durch zwei verschiedenen Punkten bestimmt werden. Diese Definition ist zur obigen redundant, da die eine in die andere überführt werden kann:

Beispiel:

Eine Gerade geht durch die Punkte P1 und P2. Aus den dazugehörigen Ortsvektoren $\vec{V1}$ und $\vec{V2}$ kann obige Darstellung wie folgt berechnet werden:

$\vec{A}= \vec{V1}$, $\vec{B}= \vec{V2} - \vec{V1}$;

g: X = $\vec{V1}$ + t*($\vec{V2}$-$\vec{V1}$);

Mit Hilfe der Geradengleichung läßt sich zum Beispiel sehr schnell überprüfen, ob ein Punkt auf einer gegebenen Geraden liegt oder nicht.

Für den zum Punkt gehörenden Ortsvektor P muß die Geradengleichung gelten: $\vec{P}$= (px,py,pz), $\vec{A}$= (ax,ay,az), $\vec{B}$= (bx,by,bz)

Es muß gelten:

$\vec{P}= \vec{A}+ t*\vec{B}$

Diese Gleichung kann auch für jede einzelne der drei Komponenten des Ortsvektors aufgestellt werden:

px = ax + t*bx ;

py = ay + t*by ;

pz = az + t*bz ;

Aus der ersten Gleichung wird der Parameter t ermittelt:

t = (px-ax)/bx ;

Diesen Wert setzt man nun in die restlichen beiden Gleichungen ein. Ist auch nur eine der beiden nicht erfüllt, so liegt der Punkt nicht auf der Geraden.

9.2.3.4 Die Ebene

Eine Ebene ist eine in alle Richtungen unendlich ausgedehnte Fläche. In der Computergrafik spielen jedoch weniger die Ebenen selber als vielmehr die in ihr liegenden, leicht zu beschreibenden Dreiecke eine wichtige Rolle. Da sich ein komplexes Objekt mathematisch nur sehr schwer erfassen läßt, wird seine Oberfläche aus vielen genügend kleinen Dreiecken zusammengesetzt. Diese lassen sich einzeln mathematisch beschreiben, und auf diese Weise kann das Objekt verarbeitet werden.

Eine Ebene läßt sich durch einen Punkt bzw. Ortsvektor und zwei verschiedene Richtungsvektoren eindeutig beschreiben. Die Vorgehensweise ist analog zur Geraden.

Für alle Ortvektoren von auf der Ebene befindlichen Punkten kann folgende Ebenengleichung aufgestellt werden:

E: $\vec{X} = \vec{A} + u*\vec{B} + v*\vec{C}$

$\vec{A}$: Ortsvektor eines beliebigen Punktes auf der Ebene

$\vec{B}$, $\vec{C}$: Zwei verschiedene Richtungsvektoren

u,v : Zwei skalare Parameter.

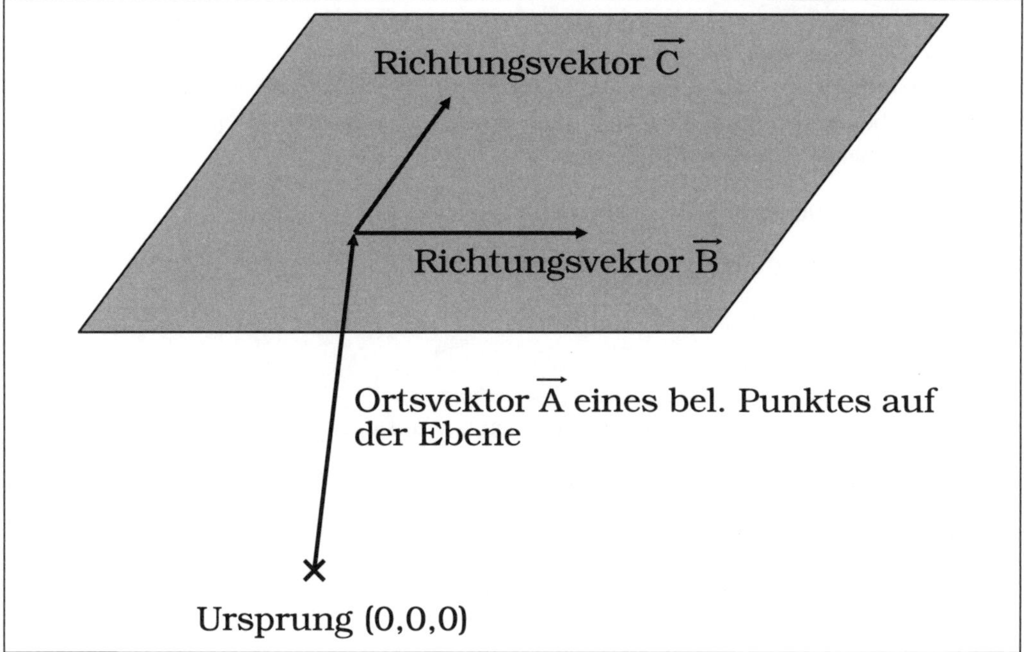

Bild 9.9: Eine Ebene läßt sich im Raum mit Hilfe eines Ortsvektors und zweier Richtungsvektoren eindeutig beschreiben

Wie schon bei der Geraden, gibt es auch bei der Ebene eine zweite, redundante Beschreibungsmethode. Eine Ebene wird auch durch drei Punkte, die jedoch nicht auf einer Geraden liegen dürfen, im Raum eindeutig bestimmt.

Ein Beispiel aus der Praxis: Ein Tisch mit drei Beinen steht immer fest, die Platte ist als Ebene, die drei Beine als Vektoren zu drei auf der Ebene befindlichen Punkten anzusehen. Ein Tisch mit vier Beinen ist überbestimmt. Das vierte Bein ist eigentlich überflüssig. Es trägt nicht einmal zur Standfestigkeit bei, denn der Tisch kann sogar wackeln, wenn das vierte Bein nicht eine genau passende Länge hat.

Diese zweite Beschreibung ist in der Praxis recht häufig, da in der Computergrafik ja überwiegend Dreiecke bearbeitet werden müssen. Betrachtet man ein Dreieck als Sonderfall einer Ebene, so gilt es erst einmal, die Gleichung derjenigen Ebene zu erstellen, in der das Dreieck liegt. Dazu zieht man einfach die drei Eckpunkte des Dreiecks heran und legt die Ebene hindurch:

P1,P2 und P3 seien die Eckpunkte des Dreiecks, $\vec{V1}$, $\vec{V2}$ und $\vec{V3}$ die dazugehörigen Ortsvektoren.

Die Ebenengleichung errechnet sich dann aus:

$\vec{A} = \vec{V1}$, $\vec{B} = (\vec{V2} - \vec{V1})$, $\vec{C} = (\vec{V3} - \vec{V1})$

E: $\vec{X} = \vec{V1} + u * (\vec{V2} - \vec{V1}) + v * (\vec{V3} - \vec{V1})$

Diese Darstellung wird auch als Parameterdarstellung der Ebene bezeichnet. Auch mit Hilfe der Ebenengleichung läßt sich sehr schnell feststellen, ob ein Punkt auf einer gegebenen Ebene liegt oder nicht.

P=(px,py,pz), A=(ax,ay,az), B=(bx,by,bz), C=(cx,cy,cz)

Die Ebenengleichung muß für jede Komponente erfüllt sein:

px = ax + u*bx + v*cx ; Nach u auflösen

u = (px - ax - v*cx) / bx ;

py = ay + u*by + v*cy ; u einsetzen und nach v auflösen

= ay + (px - ax - v*cx)*by/bx + v*cy =

= ay + px*by/bx - ax*by/bx - v*cx*by/bx + v*cy =

= ay + px*by/bx - ax*by/bx + v*(cy - cx*by/bx)

damit

v= (py - ay - px*by/bx + ax*by/bx)/(cy - cx*by/bx)

Mit dieser Formel kann v und somit auch u berechnet werden. Dieser Wert wird in die dritte Formel eingesetzt:

pz = az + u*bz + v*cz

Ist diese Gleichung nicht erfüllt, liegt der Punkt nicht auf der Ebene.

Einfacher geht es, wenn man die Ebene zuvor in die sogenannte Koordinatendarstellung bringt. Hinter dieser Idee verbirgt sich die Feststellung, daß eine Ebene auch eindeutig beschrieben ist, wenn man einen Vektor kennt, der senkrecht auf der Ebene steht (der Normalenvektor der Ebene) und einen Punkt auf der Ebene.

Durch den Normalenvektor ist die Orientierung der Ebene festgelegt, durch den Punkt die Position der Ebene im Raum. Es läßt sich zeigen, daß für alle Punkte gilt:

$\vec{X}*\vec{N} = d$

$\vec{X}$= (x,y,z) = Ortsvektor eines beliebigen Punktes der Ebene

$\vec{N}$= (a,b,c) = Normalenvektor der Ebene

d= Skalarer Wert

Für alle Punkte einer Ebene muß also gelten, daß das Skalarprodukt des dazugehörigen Ortsvektors mit dem Normalenvektor der Ebene stets denselben Wert ergibt. Diese Feststellung wird verständlich, wenn man die Gleichung näher in Augenschein nimmt:

$\vec{X}*\vec{N} = |\vec{N}|*|\vec{X}|*COS(\alpha)$= konstant für alle Ortsvektoren von Punkten der Ebene;

Da der Normalenvektor $\vec{N}$ konstant ist, ist auch sein Betrag $|\vec{N}|$ konstant; bleibt nur noch der zweite Teil der Gleichung zu prüfen:

$|\vec{X}|*COS(\alpha)$ = konstant

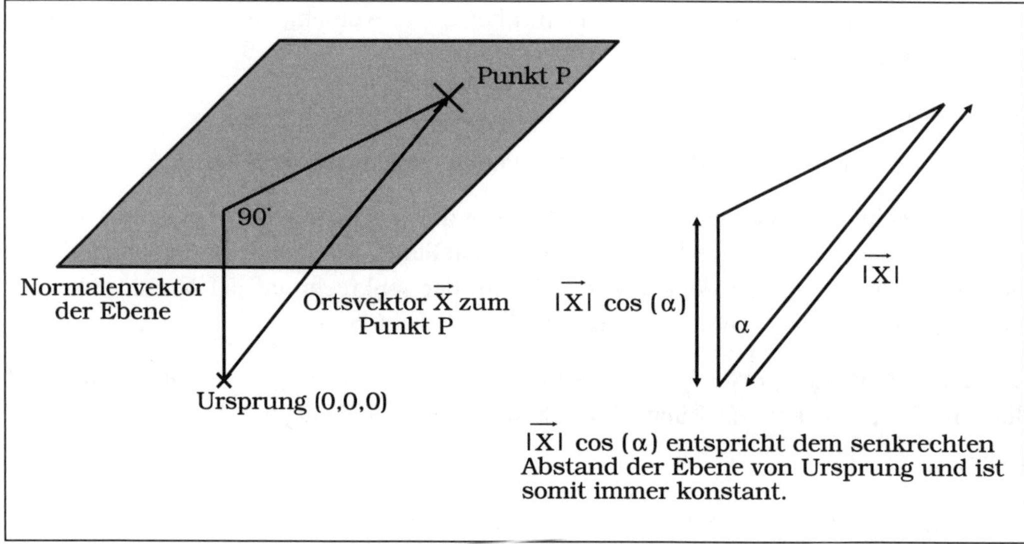

Bild 9.10: |X|*cos(α) entspricht dem senkrechten Abstand einer Ebene zum Ursprung und ist daher für alle Punkte konstant

Trägt man den Normalenvektor $\vec{N}$ im Ursprung an (Ortsvektor von $\vec{N}$) und zieht man vom Durchstoßpunkt des Vektors mit der Ebene eine Verbindung zum Punkt X, so erhält man ein rechtwinkliges Dreieck mit dem Vektor $\vec{X}$ als Hypotenuse. $|\vec{X}|$*COS(α) beschreibt somit nichts anderes als den senkrechten Abstand der Ebene vom Ursprung, und dieser ist ebenfalls immer konstant.

Die Parameterdarstellung der Ebene läßt sich sehr einfach in die Koordinatendarstellung umformen:

E: $\vec{X} = \vec{A} + u*\vec{B} + v*\vec{C}$;

Den Normalenvektor auf der Ebene erhält man aus dem Vektorprodukt der beiden Richtungsvektoren $\vec{B}$ und $\vec{C}$:

$\vec{N} = \vec{B} \times \vec{C}$

d erhält man, indem man den Ortsvektor eines beliebigen Punktes der Ebene in die Koordinatendarstellung einsetzt. Man verwendet dazu den Vektor $\vec{A}$:

$d = \vec{N} * \vec{A}$

Mit

$\vec{N} = (a,b,c)$ und $\vec{X} = (x,y,z)$ gilt :

$\vec{X} * \vec{N} = d$ und somit

$a*x + b*y + c*z = d$

Die Koordinatendarstellung einer Ebene.

Nun kann die Frage, ob ein Punkt auf einer Ebene liegt, in einer Zeile gelöst werden.

Beispiel:

Liegt der Punkt (1,5,7) auf der Ebene mit der Gleichung: $2x + 3y - 5z = 4$?

Setzt man die Koordinaten in die Gleichung ein, so erhält man:

$2*1 + 3*5 - 5*7 = 2 + 15 - 35 = -18$

da -18 nicht gleich 4 ist, liegt der Punkt nicht auf der gegebenen Ebene.

Mit diesem mathematischen Rüstzeug ausgestattet ist man nun fit für den folgenden Abschnitt.

9.3 Algorithmen und Verfahren in der Computergrafik

9.3.1 Drei Koordinatensysteme

In der Computergrafik wird im allgemeinen mit drei unterschiedlichen Koordinatensystemen gearbeitet, mit Objektkoordinaten, Welt-Koordinaten und Bildschirmkoordinaten.

Die Verwendung dieser drei Systeme ist sehr zweckmäßig, wenn man den Aufbau einer Szene betrachtet. Da sind zunächst einmal mehrere Objekte. Jedes einzelne Objekt ist aus einer Vielzahl von Dreiecken aufgebaut, deren Eckpunkte mit Hilfe ihrer Koordinaten angegeben werden. Die Definition eines Objektes erfolgt im objekteigenen Koordinatensystem mit Hilfe der objekteigenen Koordinaten. Das heißt, daß jedes Objekt in der späteren Szene über ein eigenes Koordinatensystem verfügt.

Das Welt-Koordinatensystem beschreibt im Rechner jene imaginäre Welt, in der die einzelnen Objekte an ihren gewünschten Ort gestellt werden. Die Welt-Koordinaten der Objekte errechnen sich durch Addition der Objektkoordinaten mit der Position des Objektes in der Welt selbst. Auch der Standpunkt des Betrachters, die Blickrichtung sowie die Lage der Lichtquellen werden in Welt-Koordinaten angegeben.

Da jedes Objekt am Schirm erscheinen soll, müssen alle Eckpunkte eines Objekts auf Pixel des Bildschirms abgebildet werden. Diese Abbildung hängt vom Betrachterstandpunkt und der Blickrichtung ab. So entstehen die Bildschirmkoordinaten.

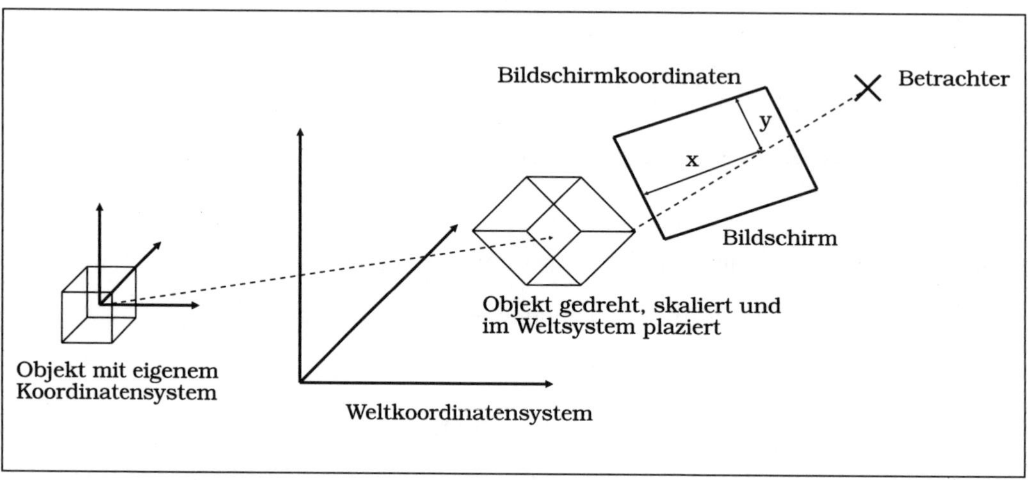

Bild 9.11: Jeder Punkt eines Objektes muß in drei Koordinatensysteme transformiert werden

Alle Koordinaten eines Objektes sind also bezüglich seines eigenen Systems definiert. Der Ursprung (0,0,0) dieses Systems liegt im allgemeinen in der Mitte des Objektes. Soll das Objekt später gedreht werden, so geschieht dies um den Ursprung und somit um den Mittelpunkt des Objektes. Würde das Objekt nur in Welt-Koordinaten vorliegen, so ließe es sich nicht mehr um sich selbst drehen, sondern nur noch um den Ursprung des Weltsystems oder um einen vorgegebenen Punkt im Raum.

Liegen die Objekte in Objektkoordinaten vor, erleichtert sich der Umgang mit ihnen und die Kontrolle über ihre Bewegungen in der späteren Animation.

Im Weltsystem werden dann vor allem die Berechnungen zum Entfernen der verdeckten Flächen und für den Lichteinfall vorgenommen.

9.3.2 Gut gedreht ist halb transformiert

Wie bereits vorher erwähnt, werden die Objekte meistens noch um ihren Mittelpunkt gedreht, bis sie endgültig in das Welt-Koordinatensystem transformiert werden. Oftmals wird diese Transformation mit Hilfe einer Matrix durchgeführt. Die Matrix-Transformation ist zwar vielseitig, aber auch umständlich. Die Rotation läßt sich auf der Basis gleicher mathematischer Grundlagen auch einfacher und schneller bewerkstelligen. Die Drehung erfolgt um alle drei Achsen des Objekts.

Im folgenden sollen nun die mathematischen Grundlagen für die Rotation um eine Achse hergeleitet werden. Sie gelten analog auch für die verbleibenden zwei Achsen.

Ein Punkt P (x,y) soll gedreht werden. Er beschreibt dabei automatisch eine Kreisbahn mit dem Radius r um den Ursprung. α sei der Winkel, um den der Punkt bereits aus seiner Ruhelage bei (r,0) herausgedreht worden ist. Nun soll dieser Punkt um den Winkel β weitergedreht werden. Seine neue Position P'(xn,yn) ergibt sich zu

$xn = r * COS(\alpha+\beta)$

$yn = r * SIN(\alpha+\beta)$

Nach den Additionstheoremen gilt:

$SIN(\alpha+\beta) =$
$SIN(\alpha)*COS(\beta) + COS(\alpha)*SIN(\beta)$ $COS(\alpha+\beta) =$
$COS(\alpha)*COS(\beta) - SIN(\alpha)*SIN(\beta)$

Damit ergibt sich

$xn =$
$r * COS(\alpha)*COS(\beta) - r * SIN(\alpha)*SIN(\beta)$ $yn =$
$r * SIN(\alpha)*COS(\beta) + r * COS(\alpha)*SIN(\beta)$

Unter Berücksichtigung der alten Position des Punktes P bei (x,y)

$x = r * COS(\alpha)$

$y = r * SIN(\alpha)$

ergibt sich die Formel für die Rotation eines Punktes P um den Ursprung:

$xn = x * COS(\beta) - y * SIN(\beta)$

$yn = y * COS(\beta) + x * SIN(\beta)$

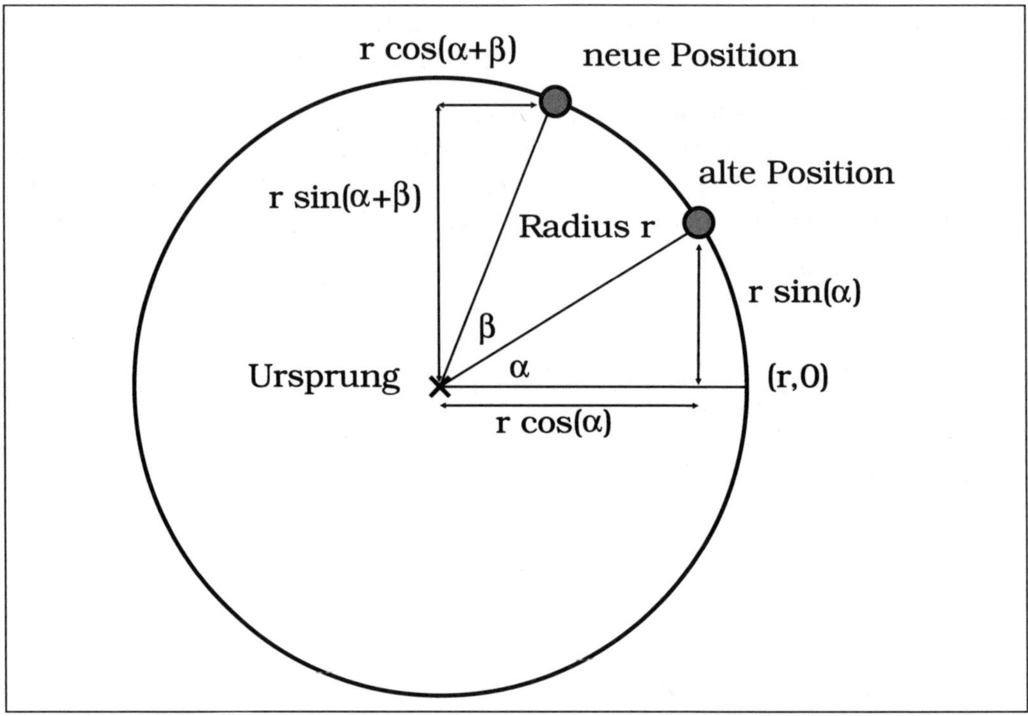

Bild 9.12: Die Drehung eines Punktes um den Ursprung läßt sich mit Hilfe der Additionstheoreme auf eine einfache Gleichung reduzieren

Nach der Drehung erfolgt die Transformation der Objektkoordinaten in das Weltsystem. Soll sich das Objekt in diesem System an der Stelle (wx,wy,wz) befinden, wird der Ursprung des Objektkoordinatensystems durch Addition der Komponenten wx,wy und wz dorthin verschoben. Eine Funktion, die einen Punkt um eine oder mehrere Achsen dreht und dann in das Weltsystem transformiert, sieht wie folgt aus:

```
void transf_point(x,y,z,zx,zy,zz,rotx,roty,rotz,px,py,pz)
float x,y,z ; /* Zu transformierender Punkt in Objektkoordinaten */
float *zx,*zy,*zz; /* Hier werden die Ergebnisse zurückgeliefert */
float rotx,roty,rotz; /* Drehwinkel um die einzelnen Achsen */
float px,py,pz; /* Position des Objekts im Welt System */
{
float x1,y1,z1,x2,y2,z2;
/* Drehung um die X Achse */
x1= x;
y1= cos(rotx)*y + sin(rotx)*z;
z1= -sin(rotx)*y + cos(rotx)*z;
/* Drehung um die Y Achse */
x2= cos(roty)*x1 - sin(roty)*z1;
y2= y1;
z2= sin(roty)*x1 + cos(roty)*z1
/* Drehung um die Z Achse */
*zx= cos(rotz)*x2 + sin(rotz)*y2;
*zy= -sin(rotz)*x2 + cos(rotz)*y2; *zz= z2;
/* Transformation in das Weltsystem */
*zx += px;
*zy += py;
*zz += pz;
}
```

9.3.3 Darstellung der Szene

Sind alle Objekte in das Weltsystem übertragen worden, so ist die Szene im Rechner bereits vollständig vorhanden. Damit man davon aber auch etwas zu sehen bekommt, wird der Bildschirm quasi als Fenster verwendet, durch das man auf die künstliche Welt im Computer blicken kann.

Dieses Fenster wird abhängig vom definierten Betrachterstandpunkt und von der Blickrichtung in einiger Entfernung zum Betrachter plaziert. Nun gilt es, die Welt-Koordinaten der Objekte so in Bildschirmkoordinaten zu transformieren, daß beim anschließenden Zeichnen der Objekte der Eindruck entsteht, die künstliche Welt des Rechners befände sich direkt hinter dem Bildschirm.

Dazu werden von Betrachterstandpunkt aus Sehstrahlen zu den einzelnen Punkten der Objekte gezogen. Die Bildschirmkoordinate entsteht aus dem Schnittpunkt dieser Strahlen mit dem gedachten Fenster.

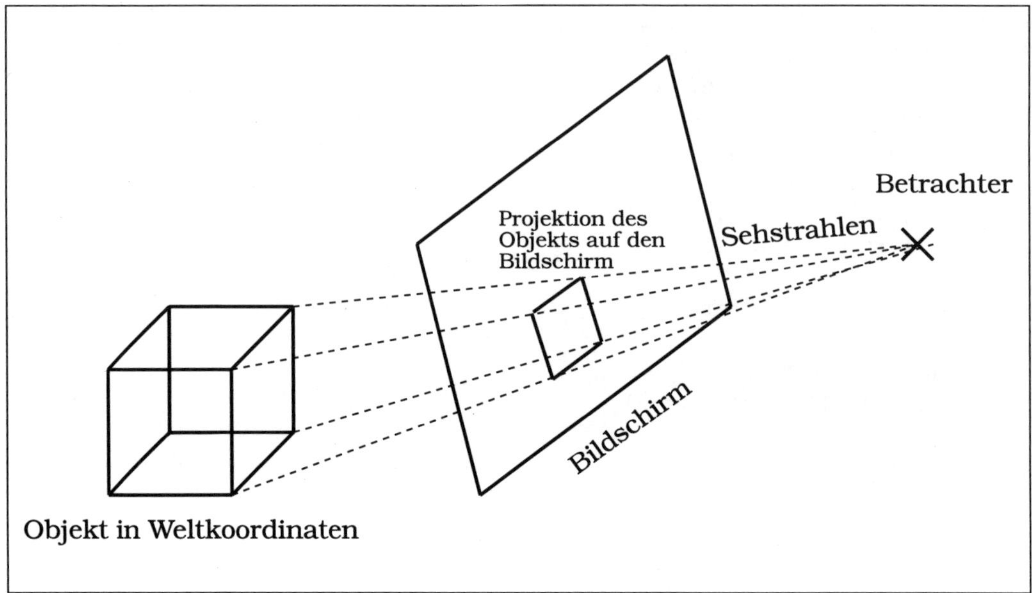

Bild 9.13: Der Rechner simuliert ein Fenster mit Hilfe von Sehstrahlen

9.3.4 Das «Hidden Lines»-Problem

Mit der oben vorgestellten Vorgehensweise wäre ein Programm nun bereits in der Lage, ein dreidimensionales Modell der im Computer befindlichen Szene am Schirm zu zeichnen. Allerdings nur in der Form eines Gittermodells. Mit einer realistischen Darstellung hat das noch nichts zu tun. Einerseits ist in der realen Welt immer nur der dem Betrachter zugewandte Teil eines Objektes sichtbar, zum anderen verdecken sich Objekte gegenseitig.

Um also zu einer realistischen Darstellung der Szene zu gelangen, muß der Rechner zunächst noch die für den Betrachter unsichtbaren Teile ermitteln und bei der Ausgabe unterdrücken. Die Lösung dieses sogenannten «Hidden Lines»-Problems ist die Grundlage der Computergrafik.

Im folgenden werden nun drei unterschiedliche Lösungsansätze vorgestellt.

9.3.4.1 Der «Maler»-Algorithmus

Dieser Algorithmus arbeitet nach einem sehr einfachen Prinzip. Sortiert man alle Flächen nach ihrer Entfernung zum Betrachter und gibt sie dann nacheinander, beginnend mit der am weitesten entfernten Fläche, am Schirm aus, so werden alle von anderen Flächen verdeckten Bildteile automatisch übermalt. Das Verfahren ähnelt der Vorgehensweise eines Malers, der auch mit dem Bildhintergrund beginnt und dann die Objekte nacheinander hineinmalt, die vordersten zuletzt. Daher der Name.

Dieser Algorithmus arbeitet zwar sehr schnell und mit geringem Speicherbedarf, stellt aber gewisse Anforderungen an das Aussehen und die Definition der Objekte, um korrekt arbeiten zu können:

- Die Dreiecke, die die Oberfläche beschreiben, sollten möglichst klein sein.

- Die Oberflächen-Beschreibung muß geschlossen sein, d.h. bei einem Blatt Papier müssen zum Beispiel Vorder- und Rückseite getrennt mit Dreiecken beschrieben werden.

- Objektteile dürfen sich nicht durchdringen, da bei diesem Verfahren keine Schnittlinien berechnet werden.

Ein Beispiel für die Grenzen dieses Verfahrens liefert uns die Turbine. Die einzelnen Schaufeln überdecken sich gegenseitig, so daß es nicht möglich ist, diese in eine geeignete Reihenfolge zu bringen.

Zum Erstellen einfacher Computergrafiken ist der Maler-Algorithmus jedoch durchaus geeignet und besticht durch seine hohe Geschwindigkeit sowie seinen geringen Speicherbedarf.

Damit das Verfahren auch einwandfrei arbeitet, werden bei der Ausgabe am Schirm zusätzlich alle dem Betrachter abgewandten Dreiecke unterdrückt. Dazu berechnet man zunächst mit Hilfe des Vektorproduktes für jedes Dreieck den Normalenvektor, der senkrecht auf der Dreiecksfläche steht. Anschließend wird mit Hilfe des Skalarproduktes der Winkel zwischen der Blickrichtung des Betrachters und dem Normalenvektor des Dreiecks ermittelt. Ist der Betrag des Winkels größer als 90 Grad, weist der Normalenvektor vom Betrachter weg. Die Fläche liegt folglich auf der Rückseite eines Objektes und ist somit nicht sichtbar.

Es ist Voraussetzung für dieses zusätzliche Verfahren, daß die Normalenvektoren aller Dreiecke nach außen zeigen. Diese Forderung bedingt wiederum, daß die Dreiecke alle gegen den Uhrzeigersinn orientiert sind. Was das bedeutet, soll im folgenden näher erläutert werden.

Ein Dreieck wird durch seine drei Eckpunkte P1, P2 und P3 begrenzt. Um den Normalenvektor berechnen zu können, muß zunächst die Parameterdarstellung jener Ebene berechnet werden, in der das Dreieck liegt. Wie schon weiter oben beschrieben, geschieht das nach folgendem Verfahren:

$\vec{A} = \vec{V1}$, $\vec{B} = (\vec{V2}-\vec{V1})$, $\vec{C} = (\vec{V3}-\vec{V1})$

E: $\vec{X} = \vec{V1} + u^* (\vec{V2}-\vec{V1}) + v^*$

$(\vec{V3}-\vec{V1})$

Bildet man nun das Vektorprodukt aus den beiden Richtungsvektoren $(\vec{V2}-\vec{V1})$ und $(\vec{V3}-\vec{V1})$, erhält man den Normalenvektor der Ebene. Dieser steht zwar senkrecht auf der Ebene, zeigt jedoch – je nach Anordnung der Eckpunkte – entweder nach oben oder nach unten. Damit obiges Verfahren arbeiten kann, müssen die Eckpunkte P1, P2 und P3 in dieser Reihenfolge – von außerhalb des Objekts gesehen – das Dreieck gegen den Uhrzeigersinn umlaufen.

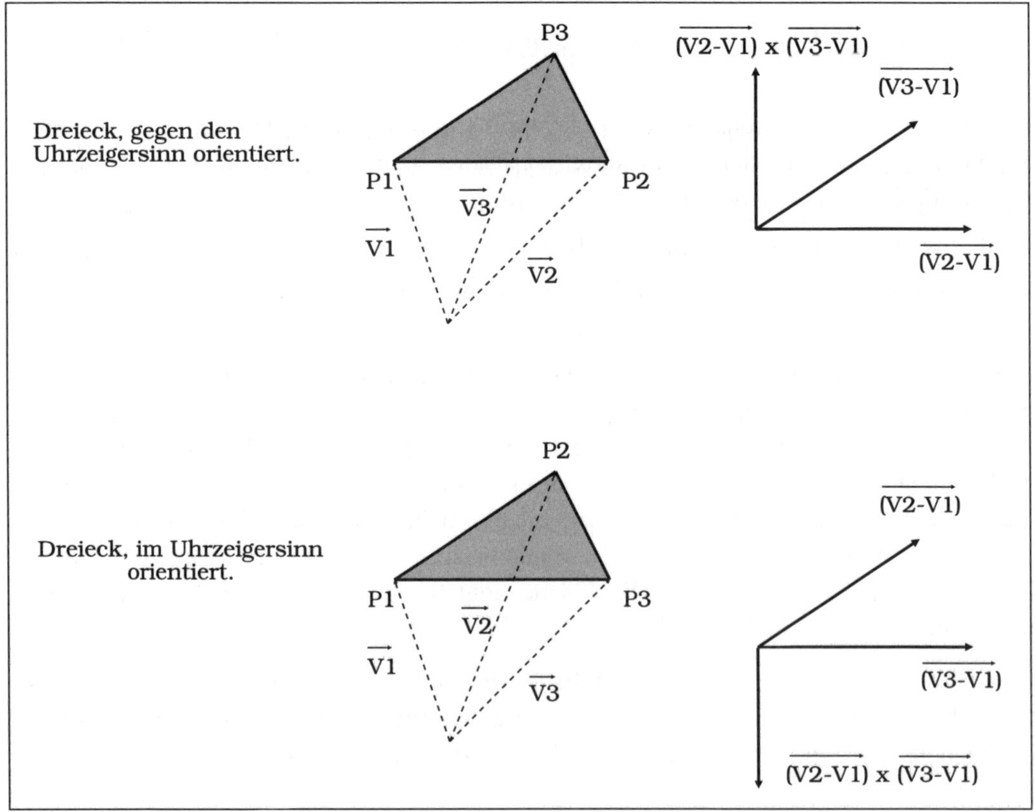

Bild 9.14: Die Richtung des Normalenvektors hängt vom Umlaufsinn der Eckpunkte des Dreiecks ab

Der «Maler»-Algorithmus wird von Graph zur Berechnung der Ganzkörperdarstellung verwendet.

9.3.4.2 Das «Z-Buffer» Verfahren

Ein anderes Verfahren verwendet einen sogenannten Z-Buffer, um verdeckte Flächen zu entfernen. Dieser Algorithmus arbeitet extrem schnell und ohne Einschränkungen, benötigt aber mehrere MBytes Speicher für den sogenannten Z-Buffer.

Der Z-Buffer-Algorithmus entfernt verdeckte Flächen ebenfalls erst beim Zeichnen der Dreiecke. Während der Ausgabe eines Dreiecks am Schirm wird für jeden der zu zeichnenden Punkte die Entfernung zum Betrachter berechnet, d.h. die Z-Koordinate im Bildschirmkoordinatensystem. Der Z-Buffer enthält für jeden Pixel am Schirm die Z-Koordinate des zuletzt an entsprechender Stelle gesetzten Punktes. Das Setzen eines neuen Punktes erfolgt dann nach folgendem Verfahren:

```
if ((Z-Koordinate des Punktes P(x,y)) < (Z-Buffereintrag(x,y)[-]
{
 SetzePunkt(x,y);
 Z-Buffer(x,y)=(Z-Koordinate des Punktes);
}
```

Vor dem Setzen eines Punktes wird geprüft, ob der bereits an diesem Ort befindliche Punkt weiter vom Betrachter entfernt ist als der neue. Ist das der Fall, kann der neue Punkt am Schirm gesetzt und seine Z-Koordinate in den Z-Buffer eingetragen werden. Andernfalls wird der Vorgang abgebrochen.

Dieses Verfahren arbeitet sehr schnell und sehr effektiv. Auch sich durchdringende Körper werden korrekt dargestellt. Der einzige Nachteil liegt in seinem hohen Speicherbedarf. Ein Eintrag im Z-Buffer muß mindestens eine Breite von 2 Byte besitzen. Bei einer Auslösung von beispielsweise 800x600 bedeutet das einen Speicherbedarf von 960 KByte. Für MS-DOS-Rechner ist der Z-Buffer-Algorithmus folglich nur bedingt geeignet.

Das Rendermodul von Hlight verwendet das Z-Buffer-Verfahren.

9.3.4.3 Raytracing

Während bei den beiden vorangegangenen Verfahren die Position der Objekte am Schirm von den Welt-Koordinaten aus berechnet wird, arbeitet der Raytracing-Algorithmus genau umgekehrt. Ausgehend vom Betrachterstandpunkt wird für jeden Pixel am Schirm ein Sehstrahl gestartet und dessen Verlauf in der künstlichen Welt des Rechners verfolgt – daher auch der Name «Raytracing» (Strahlenverfolgung).

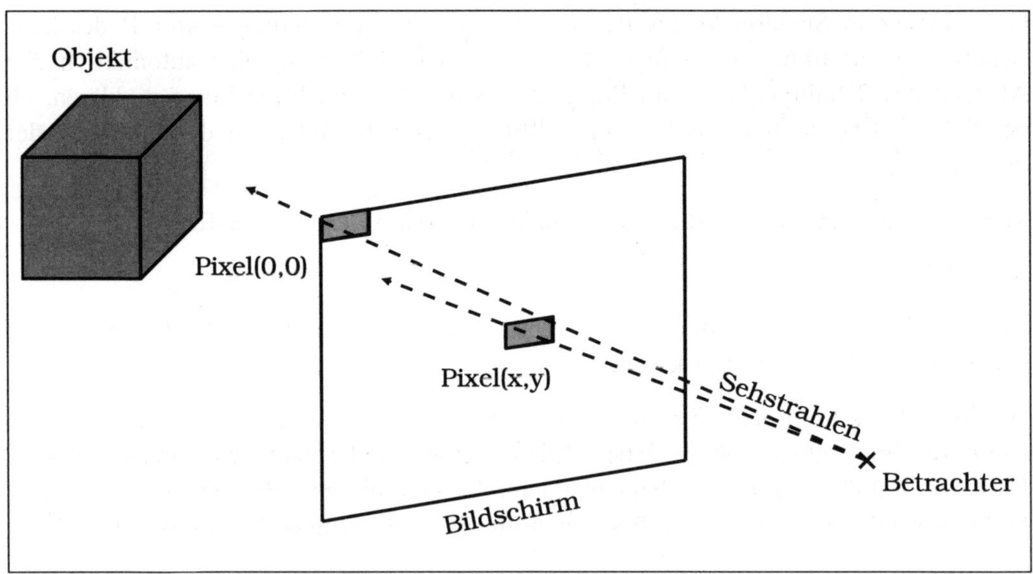

Bild 9.15: Beim Raytracing-Algorithmus werden vom Betrachter ausgehende Sehstrahlen simuliert

Es werden dann die Schnittpunkte des Sehstrahls mit allen in seinem Weg liegenden Dreiecken berechnet. Der Pixel, für den der Strahl losgeschickt wird, erhält dann die Farbe des Dreiecks, dessen Schnittpunkt am nächsten zum Betrachter liegt.

Die Schnittpunktberechnung erfolgt mit Hilfe der Geradengleichung des Sehstrahls und der Ebenengleichung jener Ebene, in der das Dreieck liegt.

$\vec{V1}$-$\vec{V3}$ sind die Ortsvektoren zu den drei Eckpunkten des Dreiecks.

g: $X = \vec{A} + t*\vec{B}$

E: $X = \vec{V1} + u* \vec{V2}-\vec{V1}) + v* (\vec{V3}-\vec{V1})$

Da der Schnittpunkt sowohl auf dem Sehstrahl als auch auf der Ebene liegt, muß er beide Gleichungen erfüllen:

$\vec{A} + t*\vec{B} = \vec{V1} + u* (\vec{V2}-\vec{V1}) + v* (\vec{V3}-\vec{V1})$

Zerlegt man diese Gleichung in ihre drei Komponenten, erhält man drei Gleichungen mit den drei Unbekannten t,u und v:

ax + t*bx = v1x + u* (v2x-v1x) + v* (v3x-v1x)

ay + t*by = v1y + u* (v2y-v1y) + v* (v3y-v1y) az + t*bz = v1z + u* (v2z-v1z) + v* (v3z-v1z)

Dieses Gleichungssystem läßt sich nach allen drei Unbekannten auflösen. Ist A der Ortsvektor zum Standpunkt des Betrachters und ist der Richtungsvektor B des Sehstrahls normiert (d.h. seine Länge gleich eins), so erhält man mit t automatisch den Abstand des Schnittpunktes vom Betrachter. Nun gilt es noch die Frage zu klären, ob der Sehstrahl tatsächlich das Dreieck selbst getroffen hat oder nur die Ebene, in der das Dreieck liegt.

Man kann zeigen, daß für alle Schnittpunkte innerhalb der Dreiecksfläche gilt:

u+v < 1

Nach Auflösung des Gleichungssystems lassen sich somit an Hand der Parameter t, u und v alle wichtigen Fragen klären.

Der Vorteil des Raytracing-Verfahrens liegt darin, daß es sich problemlos zur Berechnung von Spiegelungen, Reflexionen, Lichtbrechung und Schattenwurf erweitern läßt. Dieser Vorteil läßt sich bei den beiden anderen Verfahren nur mit Hilfe eines erheblichen Mehraufwand erreichen, wobei diese dann ihre hohe Rechengeschwindigkeit einbüßen.

Die Schattenberechnung erfolgt nach der Schnittpunktbestimmung durch Aussenden weiter Sehstrahlen zu allen Lichtquellen. Trifft ein solcher Strahl auf seinem Weg zur Lichtquelle ein Objekt, so liegt der untersuchte Schnittpunkt im Schatten.

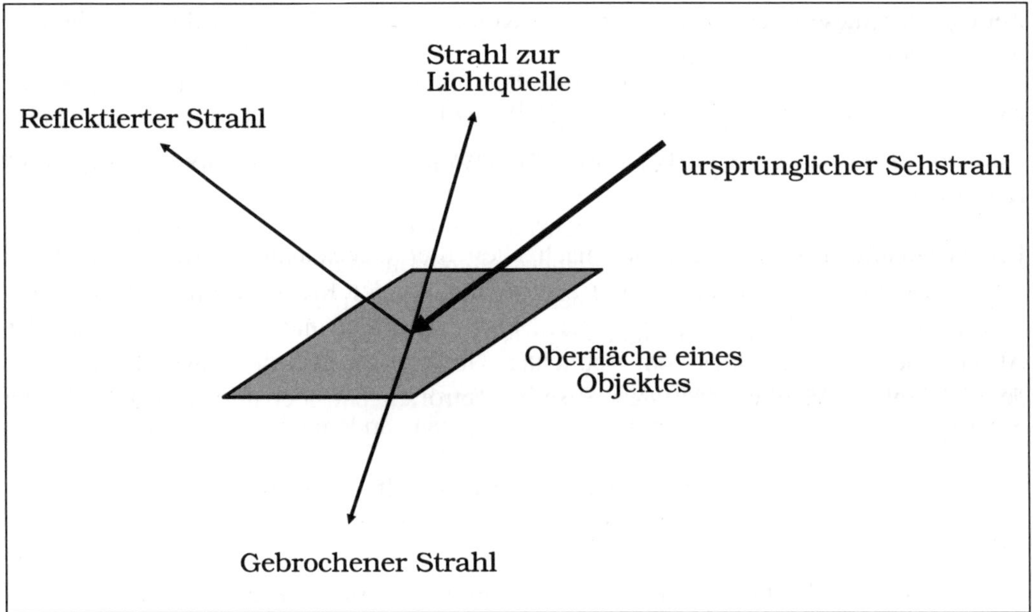

Bild 9.16: Trifft der Sehstrahl ein Objekt, spaltet er sich in mehrere Strahlen auf

Spiegelungen, Reflexionen und Lichtbrechung lassen sich durch Aufspaltung des Sehstrahls am Schnittpunkt berechnen. Gemäß den physikalischen Gesetzmäßigkeiten werden Einfalls-, Ausfalls- und Brechungswinkel bestimmt und weitere Sehstrahlen in die Szene geschickt. Diese treffen ihrerseits auf andere Objekte, werden weiter reflektiert und gebrochen u.s.w. Dieser Teufelskreis wird erst durchbrochen, wenn die Strahlen auf nicht reflektierende Objekte treffen oder sich am Horizont verlieren. Dann werden die Farbwerte aller Strahlen zu einem einzigen Farbwert verrechnet und dann jenem Punkt am Bildschirm zugeordnet, für den der ursprüngliche Sehstrahl simuliert worden war.

Dieses Verfahren erzeugt nahezu fotorealistische Bilder, nimmt aber sehr viel Rechenzeit in Anspruch. Aufwendige Szenen mit vielen Objekten und Lichtquellen können dann den Computer schon einmal viele Stunden oder sogar Tage beschäftigen. Schließlich muß für jeden Pixel am Schirm ein eigener Sehstrahl simuliert und auf Schnitt mit einigen tausend Dreiecken geprüft werden. Bei einem Bild mit einer Auflösung von 800x600 sind das immerhin 480000 Sehstrahlen, die berechnet werden müssen.

Hlight berechnet Szenen mit Hilfe des Raytracing-Verfahrens.

9.3.4.4 Radiosity

Die Liste gängiger Algorithmen zum Erstellen von Computergrafik wäre unvollständig, ohne kurz auf das neueste Verfahren aus diesem Bereich einzugehen: Radiosity. Dieses Verfahren beherrscht als einziges die Verarbeitung von diffusem Licht. Jede Fläche absorbiert einfallendes Licht und gibt einen Teil als diffuse Reflexion in alle Richtungen wieder ab. Dieser Effekt läßt sich auch nicht mit Raytracing-Verfahren erfassen. Die Erfassung diffuser Reflexion führt zu einer weiteren qualitativen Verbesserung der Computergrafik. Erst Radiosity läßt erkennen, wie wichtig gerade das diffuse Licht für den realistischen Eindruck einer Computergrafik ist.

Beim Radiosity-Verfahren wird für jedes Dreieck der Szene eine Energiebilanz erstellt. Sie sagt aus, wieviel Licht ein Dreieck von jedem anderen in der Szene erhält und wieviel es davon selbst an alle anderen weitergibt.

Der Rechenaufwand ist in etwa vergleichbar mit dem des Raytracings und steigt quadratisch mit der Anzahl der Dreiecke in der Szene an. Ein Vorteil liegt jedoch darin, daß die Energiebilanz nur einmal berechnet werden muß. Anschließend kann man die Szene ohne Neuberechnung aus beliebigen Blickwinkeln darstellen. Dies ist vor allem für Architekten interessant, die sich so, nach Berechnung der Szene, in einem noch in Planung befindlichen Gebäude beliebig «umschauen» können.

Leider lassen sich mit Radiosity keine Spiegelungen, Brechungen oder Glanzeffekte erzeugen. Hier hat Raytracing einen klaren Vorsprung. Zur Zeit versucht man, beide Verfahren zu kombinieren. Auf die Ergebnisse darf man schon jetzt gespannt sein.

9.3.5 Das Beleuchtungsmodell

Ein weiterer wichtiger Punkt in der Computergrafik ist die Ausleuchtung der Szene. Unabhängig davon, ob Schatten berechnet werden oder nicht, kommt dem verwendeten Beleuchtungsmodell eine besondere Bedeutung zu.

Der Lichteinfall auf ein Objekt setzt sich aus unterschiedlichen Lichtarten zusammen:

Direktes Licht: Dieses Licht stammt von Lichtquellen. Wie stark der Lichtanteil einer einzelnen Quelle bei der Ausleuchtung eines Objektes ist, hängt von deren Entfernung zum Objekt, vom Einfallswinkel und von den Materialeigenschaften des Objekts ab.

Diffuses Licht: Licht, das von anderen Objekten in alle Richtungen reflektiert wird. Das einfallende Licht dringt in die Oberfläche ein und wird dort in verschiedene Richtungen gestreut. Dieses Licht ist besonders schwer zu erfassen.

Glanzlicht: Sehr glatte Oberflächen reflektieren das von einer Lichtquelle einfallende Licht fast vollständig. Dabei gilt das physikalische Gesetz, wonach der Einfallswinkel gleich dem Ausfallswinkel ist. Sind Ausfallswinkel des Lichts und Einfallswinkel des Sehstrahls in etwa gleich groß, so führt das zu einem Glanzlicht auf dem Objekt.

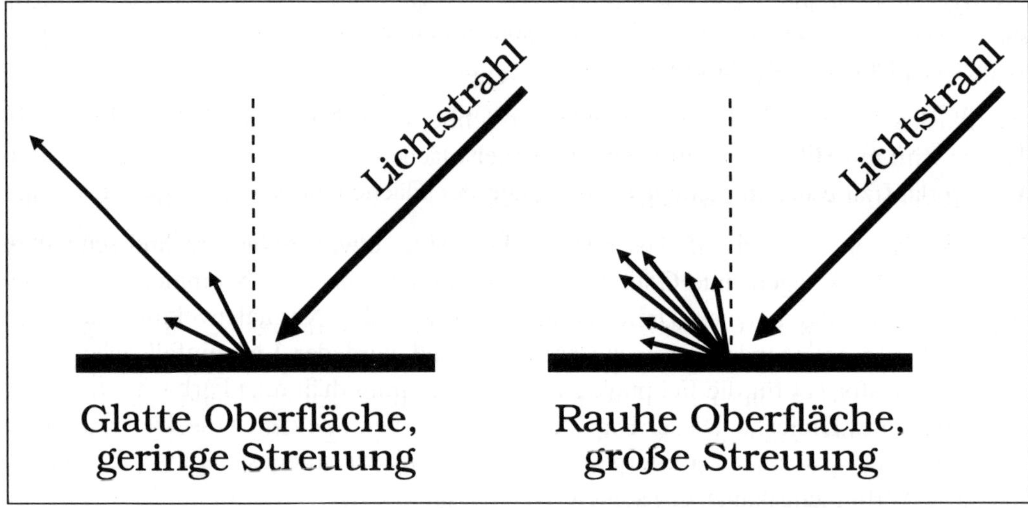

Bild 9.17: Je nach Beschaffenheit des Materials wird einfallendes Licht unterschiedlich reflektiert

Hintergrundlicht: Dieses Licht hat keinen lokalisierbaren Ursprung und sorgt in der Szene für eine gewisse Grundhelligkeit.

Es ist die Aufgabe des Beleuchtungsmodells eines Programms, die verschiedenen Lichteinflüsse zu ermitteln und zu verrechnen, um somit die resultierende Helligkeit einer Fläche zu erhalten. Da es hier keine einheitliche Lösung gibt, ist erlaubt, was gefällt.

9.3.6 Shading

Da Objekte aus Dreiecken zusammengesetzt werden, bedarf es manchmal einer sehr großen Anzahl solcher Dreiecke, um zum Beispiel eine Kugel vollkommen rund erscheinen zu lassen. Sind die Dreiecke zu groß, wirkt die Kugel facettenartig, weil dann die Dreiecke sichtbar werden. Da jedoch der Rechenaufwand mit der Anzahl der Dreiecke ansteigt, hat man andere Verfahren ersonnen, um auch bei der Verwendung weniger Dreiecke glatte Körper zu erhalten.

Die Ausleuchtung einer Fläche hängt hauptsächlich vom Einfallswinkel des Lichts ab. Dieser wird mit Hilfe des Normalenvektors der Fläche berechnet. Um also einen glatten Lichtverlauf zu erhalten, genügt es, die Lage der Flächennormalen zu beeinflussen.

Zwei Verfahren arbeiten auf dieser Basis. Das erste, etwas einfachere und schnellere Verfahren ist das sogenannte Gouraud-Shading. Es berechnet die Normalenvektoren an den drei Eckpunkten eines Dreiecks durch Mitteln der Normalenvektoren aller an diesem Punkt anliegenden Dreiecke. Anschließend wird der Lichteinfall anhand der Beleuchtungsformel für die Eckpunkte bestimmt. Damit erhält man Farbwerte für jeden Eckpunkt eines Dreiecks. Dieser Farbwert wird dann beim Zeichnen des Dreiecks linear von einer Ecke zur anderen interpoliert. Ein Dreieck hat mindestens zwei Eckpunkte und eine Verbindungskante mit seinem Nachbardreieck gemeinsam und somit auch an diesen Stellen die gleiche Farbe. Sprunghafte Farbveränderungen zwischen zwei benachbarten Dreiecken sind somit ausgeschlossen, und die Oberfläche wirkt glatt.

Das etwas aufwendigere Verfahren, das sogenannte Phong-Shading, das auch von Hlight verwendet wird, berechnet ebenfalls zunächst die Normalenvektoren an den Eckpunkten eines Dreiecks. Anschließend wird jedoch die Lage des Normalenvektors selbst für jeden Punkt des Dreiecks von einer Ecke zur anderen interpoliert. Für jeden Punkt erfolgt dann, unter Verwendung des veränderten Normalenvektors, eine Neuberechnung des Lichteinfalls. Als Ergebnis erhält man eine bessere Darstellung der Glanzlichter, als das beim Gouraud-Shading der Fall ist.

Da Spiegelung und Brechung ebenfalls vom Normalenvektor einer Fläche abhängen, läßt sich Phong-Shading vor allem beim Raytracing-Verfahren sehr vorteilhaft einsetzen. Neben dem Lichtverlauf wirken dann auch Spiegelungen vollkommen glatt. Da der Lichteinfall bedingt durch den Aufbau des Raytracing-Algorithmus sowieso für jeden Punkt einer Fläche berechnet werden muß, bedeutet Phong-Shading bei diesem Verfahren sogar nur einen verhältnismäßig geringen Mehraufwand an Rechenzeit.

10 Dateiformate

10.1 Das Targa-Bildformat

Das Highlight-Programmpaket verwendet ausschließlich das Targa-Dateiformat, sowohl zum Speichern berechneter Bilder als auch als Oberflächentextur. Dieses Format ist ausgesprochen vielseitig und doch einfach im Aufbau. Die meiste Grafik-Software ist inzwischen in der Lage, Bilder im Targa-Format weiter zu verarbeiten.

10.1.1 Die Möglichkeiten von «Targa»

Das Targa-Format ist zur Beschreibung von schwarzweißen oder farbigen Rastergrafiken gedacht. Rastergrafik heißt, daß ein Bild Punkt für Punkt gespeichert wird. Die meisten Malprogramme, Digitalisierer und Scanner erzeugen Rastergrafiken, im Gegensatz zu CAD-Programmen, die Bilder aus Vektorzügen und Linien zusammensetzen. Vektorgrafiken haben den Vorteil, daß sie sich beliebig skalieren oder drehen lassen, ohne daß eine Rasterung eintritt, wie das zum Beispiel beim Vergrößern von Rastergrafiken zu beobachten ist.

Um farbige Rasterbilder zu speichern, gibt es zwei Verfahren. Beide arbeiten nach dem Prinzip, den Farbwert eines Punktes in seine drei Komponenten Rot, Grün und Blau zu zerlegen.

Im RGB-Modell werden die drei Komponenten explizit für jeden einzelnen Farbpunkt eines Bildes gespeichert. Dieses Verfahren hat den Vorteil, daß wirklich alle Farben eines Bildes erfaßt werden. Wird jede Farbkomponente mit 256 Abstufungen gespeichert, spricht man auch von «true coloring», also von einer Echtfarbendarstellung. Das menschliche Auge ist dann nicht mehr in der Lage, den Übergang von einem Farbwert zum nächsthöheren zu erkennen, so daß es keinen Unterschied zwischen dem echten und dem digitalisierten Bild wahrnehmen kann. Dieses Verfahren sorgt jedoch für ein hohes Datenaufkommen: Alle drei Farbkomponenten werden mit jeweils 1 Byte gespeichert (entspricht 256 Abstufungen). Für einen Punkt werden folglich 3 Byte benötigt. Eine Bild-Datei mit einer Auflösung von beispielsweise 640x480 Punkten besitzt dann immerhin schon die beachtliche Größe von 3x640x480 = 921600 Byte. Diese Datenmenge läßt sich zwar unter Verwendung von Kompressionsverfahren reduzieren, bleibt jedoch vergleichsweise hoch.

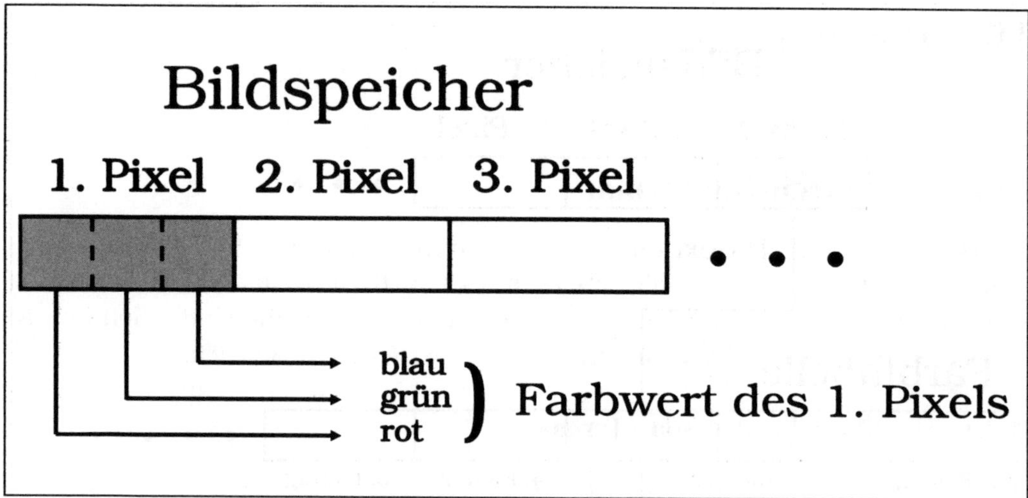

Bild 10.1: Die komplette Farbinformation eines Punktes befindet sich im Bildspeicher selbst

Eine weiteres Problem ist die Darstellung solcher Bilder am Schirm. «True color»-fähige Grafikkarten können 16,7 Millionen Farben gleichzeitig auf den Schirm bringen. Inzwischen sind einige VGA-Karten mit speziellen DACs (Digital/Analog-Wandler) wie dem HICOLOR DAC oder dem CEG DAC in der Lage, 32000, 65000 oder sogar volle 16,7 Millionen Farben darzustellen. Bei herkömmlichen VGA-Karten liegt die Grenze jedoch bei maximal 256 Farben, da sie pro Punkt maximal 8 Bit verwalten können. Diese 256 Farben lassen sich zwar aus einer Palette von 262144 Farbtönen auswählen, dennoch stehen eben nur 256 unterschiedliche Farben gleichzeitig zur Verfügung. Ein Echtfarbenbild muß für solche Grafikkarten folglich auf 256 Farben reduziert werden. Dies geschieht am einfachsten durch Zusammenfassen der Komponenten Rot und Grün von je 8 Bit auf je 3 Bit (8 Abstufungen) und der Komponente Blau auf 2 Bit (4 Abstufungen). Nach der Abmagerungskur benötigt ein Punkt nur noch 3+3+2 = 8 Bit = 1 Byte.

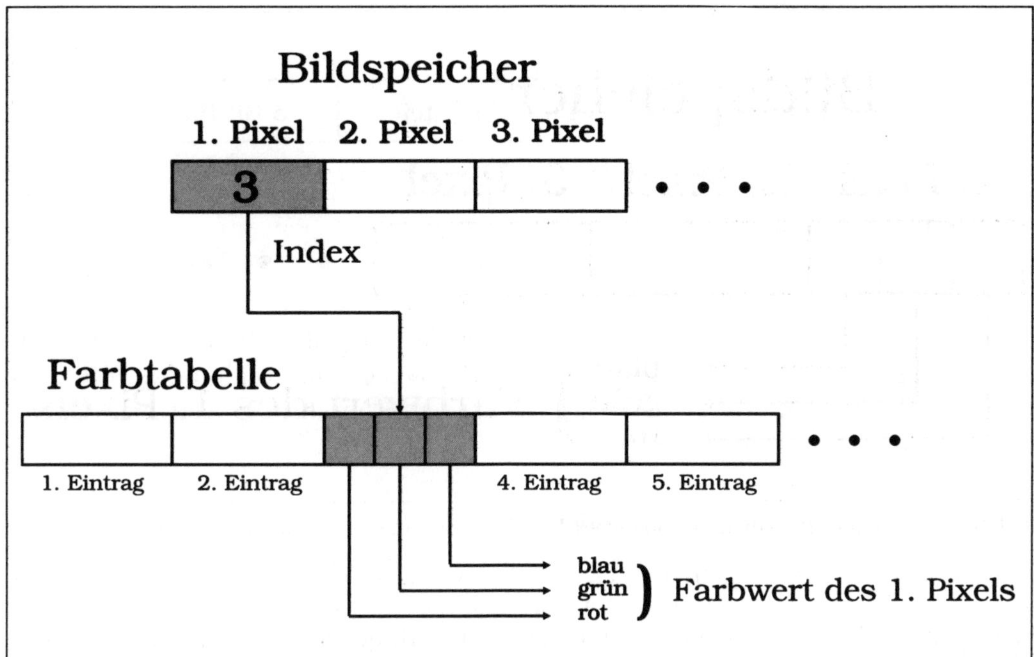

Bild 10.2: Aufbau eines 8-Bit-RGB-Farbwerts

Eine zweite Möglichkeit besteht darin, die im darzustellenden Bild vorkommenden Farben zu ermitteln und unter den am häufigsten vorkommenden Farbtönen 256 Farben so auszuwählen, daß sich das Bild mit einer VGA-Karte darstellen läßt. Dieses Verfahren wählt also für jedes Bild individuell eine passende Farbpalette, benötigt jedoch dafür zusätzliche Rechenzeit und Speicherplatz. Die Resultate sind aber durchweg besser als nach obigen Verfahren.

Das RGB-Modell enthält also für einen VGA-Karten Besitzer überflüssige Informationen in Form von nicht darstellbaren Farbwerten, die obendrein mit einem großen Speicherplatzbedarf erkauft werden. Speichert man ein Farbbild mit einer Farbtabelle ab, umgeht man diesen Nachteil. Bei diesem Verfahren wird zunächst eine Tabelle mit allen im Bild vorkommenden Farben gespeichert, gefolgt von der Bildinformation, die nun im Gegensatz zum RGB-Modell pro Punkt nur noch einen Index in die Farbtabelle enthält. Für ein auf eine VGA-Karte zugeschnittenes Bild bedeutet das eine Farbtabelle mit 256 Einträgen, gefolgt von Bildinformationen mit einem 8 Bit breiten Index pro Punkt. Der Vorteil liegt darin, daß das Bild bereits vor dem Speichern auf die reduzierte Farbenvielfalt der VGA-Karte angepaßt wird. Das Bild kann nun schneller verarbeitet werden und benötigt weniger Speicherplatz.

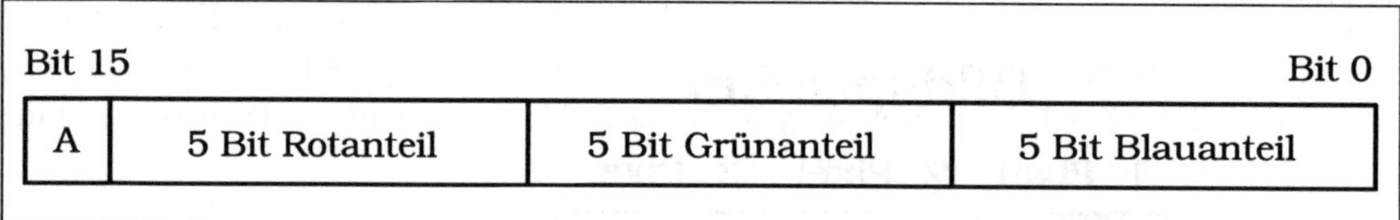

Bild 10.3: Die Farbe eines Punktes wird mit Hilfe des Indexes aus dem Bildspeicher und der Farbtabelle ermittelt

TARGA unterstützt sowohl die Speicherung von Bildern mit Hilfe des RGB-Modells als auch die Verwendung einer Farbtabelle. Die Einträge können mit unterschiedlicher Genauigkeit vorgenommen werden. Zusätzlich lassen sich wahlweise Verfahren zur Datenkompression einsetzen.

10.1.2 Der Aufbau einer Targa-Datei

Eine Targa-Bilddatei beginnt mit einem 18 Byte großen Informationsblock. Dieser enthält Angaben über die Größe des Bildes und das verwendete Verfahren:

```
struct Targaheader
{
unsigned char ident_len;
unsigned char cmap_type;
unsigned char image_type;
unsigned int cmap_origin;
unsigned int cmap_len;
unsigned char centry_size;
unsigned int image_xorg;
unsigned int image_yorg;
unsigned int image_width;
unsigned int image_height;
unsigned char pixel_size;
unsigned char image_discr;
}
```

indent_len: Dem Informationsblock kann ein beliebiger Datenblock mit einer Länge von bis zu 255 Byte folgen. Dieser Block enthält weitergehende, programmspezifische Informationen oder zum Beispiel einen Copyright-Eintrag. Die Größe dieses Blocks ist in der Variablen «indent_len» festgehalten. Ist der Wert 0, dann ist kein zusätzlicher Datenblock vorhanden, andernfalls muß er einfach übersprungen werden, um zum ersten Byte der Bildinformationen zu gelangen.

cmap_type: Dieser Wert ist 1, wenn eine Farbtabelle vorhanden ist. Dies ist beim Ablegen der Bildinformation mittels einer Farbtabelle zwangsläufig immer der Fall. Bei dem RGB-Modell ist dieser Wert meistens 0, da keine Farbtabelle benötigt wird. Ist er 1, wird die angegebene Farbtabelle ignoriert.

image_type: Dieser Wert gibt Auskunft über das zum Speichern des Bildes verwendete Format. Vier Formate werden im folgenden besprochen:

1= Die Datei enthält unkomprimierte Bilddaten unter Verwendung einer Farbtabelle.

2= Die Datei enthält unkomprimierte Bilddaten nach dem RGB-Modell.

9= Die Datei enthält nach dem «runlength»-Verfahren komprimierte Bilddaten unter Verwendung einer Farbtabelle.

10= Die Datei enthält nach dem «runlength»-Verfahren komprimierte Bilddaten nach dem RGB-Modell.

cmap_origin: Enthält den Index des ersten Farbeintrages in der Farbtabelle (der Wert ist meistens 0).

cmap_len: Anzahl der Einträge in der Farbtabelle. Dies ist nicht die Länge der Farbtabelle in Byte, da jeder Eintrag aus mehreren Byte bestehen kann.

centry_size: Größe eines Eintrags in Bit. Sie kann 16, 24 oder auch 32 Bit betragen.

image_xorg: X-Koordinate der linken unteren Ecke des Bildes (meistens 0).

image_yorg: Y-Koordinate der linken unteren Ecke des Bildes (meistens 0).

image_width: Breite des Bildes in Punkten.

image_height: Höhe des Bildes in Punkten.

pixel_size: Anzahl der Bit pro Punkt; ist unabhängig davon, ob es sich um RGB-Farbwerte oder um Indexe in die Farbtabelle handelt. Für ein Bild mit Farbtabelle sind zulässige Werte 8 und 16, für ein Bild im RGB-Modell 16, 24 und 32.

image_discr: Enthält zusätzliche Informationen.

Bits 3-0: Anzahl der Attribut-Bit pro Punkt. Diese Bit sind Füllbit, die die Bildinformation auf einen geraden Wert erweitern. Diese Füllbit können auch als Informationsträger für andere Anwendungen eingesetzt werden. Diese Möglichkeit ist programmspezifisch und daher nicht genormt.

Bit 4: Immer 0.

Bit 5:

0: Der Bildursprung liegt in der linken, unteren Ecke. Das heißt, die Punkte des Bildes wurden zeilenweise nacheinander von links nach rechts und von unten nach oben abgelegt.

1: Der Bildursprung liegt in der linken oberen Ecke. Die Punkte wurden in diesem Fall von links nach rechts und von oben nach unten abgespeichert.

Bits 7-6:

00: Die Zeilen folgen nacheinander.

01: Erst kommen die geraden, dann die ungeraden Zeilen (erst kommen die Zeilen 0,2,4 .., dann die Zeilen 1,3,5 ..)

10: Die Bildzeilen werden in 4 Blöcke unterteilt. Die Reihenfolge ergibt sich zu: 0,4,8... 1,5,9... 2,6,10... 3,7,11...

11: Reserviert.

Normalerweise ist dieses Byte 0.

Auf die ersten 18 Byte der Datei folgt nun der anwenderspezifische Informationsblock von bis zu 255 Byte. Dieser muß gemäß der Variablen «indent_len» übersprungen werden.

Enthält «cmap_type» den Wert 1, folgt nun die Farbtabelle mit «cmap_len» Einträgen je «centry_size» Bit. Die Länge der Farbtabelle in Byte berechnet sich aus («cmap_len» * «centry_size» / 8). Die Farbwerte in der Tabelle sind je nach Größe des Eintrags wie folgt kodiert:

Größe 32 Bit: Ein Eintrag besteht aus 4 Byte, ein Byte für Blau, eins für Grün, eins für Rot und ein Attribut-Byte (Füllbyte), und zwar in dieser Reihenfolge.

Größe 24 Bit: Ein Eintrag besteht aus 3 Byte, ein Byte pro Farbkomponente in der Reihenfolge Blau, Grün und Rot.

Größe 16 Bit: Ein Eintrag besteht aus nur 2 Bytes mit je 5 Bit pro Farbkomponente. Der 16-Bit-Wert setzt sich wie folgt zusammen:

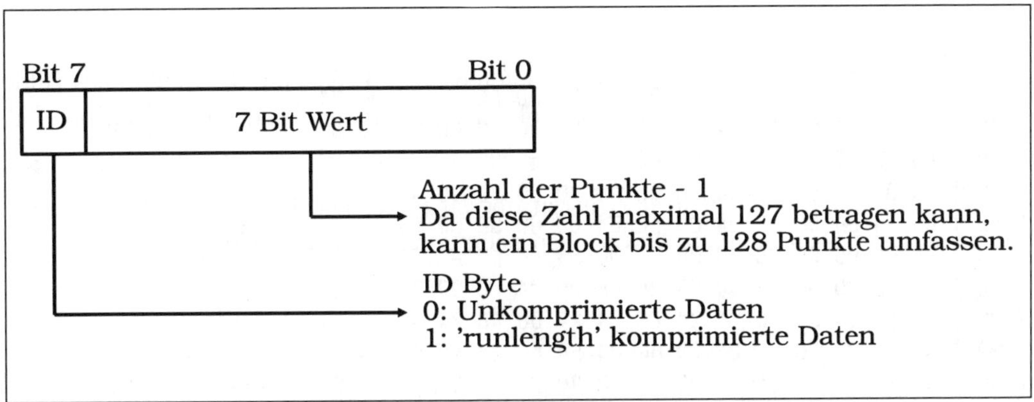

Bild 10.4: Aufbau eines 16-Bit RGB-Farbeintrags

Bit 15 ist ein Füllbit, das den 15 Bit breiten Farbwert auf 16 Bit erweitert, da sich zwei Byte breite Farbeinträge einfacher verarbeiten lassen

Grundsätzlich werden beim Targa-Format Integerzahlen im «Little Endian Format» gespeichert, was bedeutet, daß das niederwertige Byte einer 16-Bit-Integerzahl vor dem höherwertigen Byte (low vor high) steht. Diese Zahlendarstellung ist vor allem bei Intel-Prozessoren üblich. Auf Rechnern mit Prozessoren der Serie 680xx (Amiga, Atari etc.) steht das höherwertige Byte vor dem niederwertigen (high vor low), so daß beim Einlesen einer Targa-Datei die Zahlen zunächst umgerechnet werden müssen.

Direkt nach der Farbpalette folgen die Bildinformationen. Diese werden Punkt für Punkt zeilenweise von links nach rechts und, je nach Bit 5 in «image_discr», von unten nach oben oder von oben nach unten (sehr selten) sequentiell in der Datei abgelegt. Die Anzahl der Bit pro Punkt kann der Variable «pixel_size» entnommen werden. Je nach Wahl des Formats wird jeder Punkt als ein 8 oder 16 Bit breiter Index in die Farbtabelle, oder als ein Farbwert von 16, 24 oder 32 Bit Breite gespeichert. Die Farbwerte nach dem RGB-Modell besitzen den gleichen Aufbau wie die Farbeinträge der Farbtabelle.

Dazu ein Beispiel:

```
[ 0 ] 00 01 09 00 00 00 01 18 00 00 00 00 80 02 E0 01 ......._...."._.
[ 10 ] 08 00 00 00 00 54 00 00 A8 00 00 FC 00 00 00 24 .....T..à..n...$
[ 20 ] 00 54 24 00 A8 24 00 FC 24 00 00 48 00 54 48 00 .T$.à$.n$..H.TH.
[ 30 ] A8 48 00 FC 48 00 00 6C 00 54 6C 00 A8 6C 00 FC àH.nH..l.Tl.àl.n
[ 40 ] 6C 00 00 90 00 54 90 00 A8 90 00 FC 90 00 00 B4 l..‰.T‰.à‰.n‰.._
[ 50 ] 00 54 B4 00 A8 B4 00 FC B4 00 00 D8 00 54 D8 00 .T_.à_.n_..+.T+.
[ 60 ] A8 D8 00 FC D8 00 00 FC 00 54 FC 00 A8 FC 00 FC à+.n+..n.Tn.àn.n
[ 70 ] FC 00 00 00 24 54 00 24 A8 00 24 FC 00 24 00 24 n...$T.$à.$n.$.$
[ 80 ] 24 54 24 24 A8 24 24 FC 24 24 00 48 24 54 48 24 $T$$à$$n$$.H$TH$
[ 90 ] A8 48 24 FC 48 24 00 6C 24 54 6C 24 A8 6C 24 FC àH$nH$.l$Tl$àl$n
[ A0 ] 6C 24 00 90 24 54 90 24 A8 90 24 FC 90 24 00 B4 l$.‰$T‰$à‰$n‰$._
[ B0 ] 24 54 B4 24 A8 B4 24 FC B4 24 00 D8 24 54 D8 24 $T_$à_$n_$.+$T+$
[ C0 ] A8 D8 24 FC D8 24 00 FC 24 54 FC 24 A8 FC 24 FC à+$n+$.n$Tn$àn$n
[ D0 ] FC 24 00 00 48 54 00 48 A8 00 48 FC 00 48 00 24 n$..HT.Hà.Hn.H.$
[ E0 ] 48 54 24 48 A8 24 48 FC 24 48 00 48 48 54 48 48 HT$Hà$Hn$H.HHTHH
[ F0 ] A8 48 48 FC 48 48 00 6C 48 54 6C 48 A8 6C 48 FC àHHnHH.lHTlHàlHn
```

Dies sind die ersten 256 Byte eines Targa-Bildes. Analysiert man den Informationsblock, so erhält man folgende Daten:

indent_len = 0, Kein programmspezifischer Datenblock in dieser Datei. cmap_type = 1, Datei enthält eine Farbtabelle.

image_type = 9, Die Bildinformation ist komprimiert und nach dem Farbtabellen-Modell kodiert.

cmap_origin = 0, Index des ersten Farbeintrags = 0.

cmap_len = 0x0100 = 256, Die Farbtabelle enthält 256 Einträge.

centry_size = 0x18 = 24, Jeder Farbeintrag hat eine Breite von 24 Bit.

image_xorg = 0, Die X-Koordinate des Bildursprungs ist 0.

image_yorg = 0, Die Y-Koordinate des Bildursprungs ist 0.

image_width = 0x0280 = 640, Das Bild hat eine Breite von 640 Punkten.

image_height = 0x01e0 = 480, Das Bild hat eine Höhe von 480 Punkten.

pixel_size = 8, Die Farbinformation eines Punktes ist in 8 Bit gespeichert.

image_discr = 0, Das Bild wurde zeilenweise von unten nach oben gespeichert.

Gleich anschließend folgen die 256 Farbeinträge.

1. Eintrag: Blau=0, Grün=0, Rot=0 => Farbe schwarz

2. Eintrag: Blau=0x54=84, Grün=0, Rot=0 => Farbe dunkelblau

usw.

10.1.3 Datenreduktion durch «runlength»-Kodierung

Die Bildinformationen lassen sich mit Hilfe des «runlength»-Verfahrens komprimieren. Große, einfarbige Bildteile können dadurch zu wenigen Byte zusammengefaßt werden.

Bei den komprimierten Targa-Dateien (Typ 9 und 10) sind die Bildinformationen zu Datenpaketen zusammengefaßt. Jedem Datenpaket geht ein 8 Bit großer Kopf voran, der Art und Größe des Pakets beschreibt:

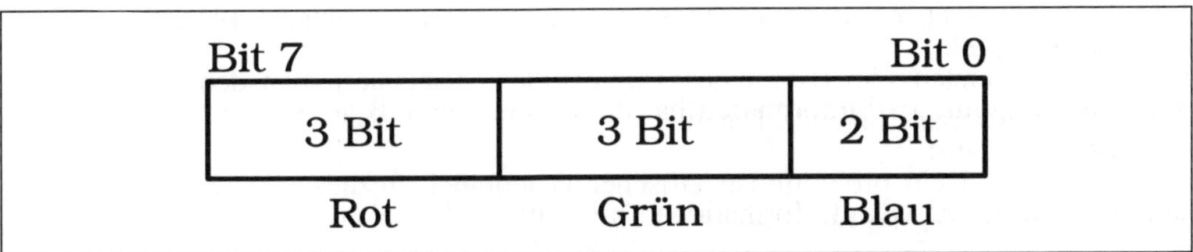

Bild 10.5: Bit 7 entscheidet, wie die nachfolgenden Daten interpretiert werden sollen

Bei einem unkomprimierten Datenpaket folgt auf dem Kopf die angegebene Anzahl von Farbinformationen. Bei einem «runlength»-Paket folgt nur eine einzige Farbinformation, die dann gemäß der im Kopf angegebenen Zahl wiederholt wird. Die Größe einer Farbinformation beträgt dabei je nach Format und verwendetem Modell 8, 16, 24 oder 32 Bit.

Die Dekodierung erfolgt nach folgendem Algorithmus:

```
Kopf=LeseByte();
Anzahl=(Kopf & 127) +1;
if((Kopf&128) == 0) /* unkomprimierte Daten */
{
 for(i=0;i<Anzahl;i++)
  { Farbe=LeseFarbwert();
    SetzePunkt(Farbe);
  }
}
else      /* ‹runlength› kodierte Daten */
{
 Farbe=LeseFarbwert();
 for(i=0;i<Anzahl;i++)
  SetzePunkt(Farbe);
}
```

Dazu ein Beispiel:

Angenommen, eine Farbinformation hat die Größe von 1 Byte, so wird ein Datensatz wie folgt dekodiert:

komprimierte Daten (Kopfinformationen mit einem «*» gekennzeichnet):

```
85 00 87 ff 05 aa bb cc dd ee ff 83 55 02 11 df 34
*     *     *                    *     *
```

dekomprimierte Bildinformation:

```
00 00 00 00 00 00 ff ff ff ff ff ff ff ff aa bb cc dd ee ff 55 55 55 55 11
df 34
```

In dieser Form würden die Daten auch im Bild-Teil des gleichen Bildes bei Verwendung des Targa-Formats ohne Kompression stehen.

10.2 Das Highlight Objekt-Format

Objekte werden in Form einer Text-Datei gespeichert. Diese Methode erlaubt eine Nachbearbeitung mit jedem beliebigen Texteditor.

Ein Objekt besteht prinzipiell aus:

a) beliebig im Raum verteilten Punkten.

b) aus Dreiecken, die aus jeweils drei Punkten zusammengesetzt sind.

c) Farbinformation zu jedem Dreieck.

Diese Daten sind wie folgt in einer Objekt-Datei untergebracht:

Die Datei beginnt mit der Kennung «HM_OBT», gefolgt von einer Versionsnummer wie zum Beispiel «1.00».

Der Versionsnummer folgt die Anzahl der Punkte des Objekts, gefolgt von jeweils 3 Koordinaten pro Punkt in der Reihenfolge X - Y - Z. Beim Einlesen werden die Punkte vom Programm automatisch von Null an aufwärts durchnumeriert.

Den Koordinaten des letzten Punktes folgt die Anzahl der Dreiecke. Die Dreiecke selber werden durch vier Zahlen beschrieben. Die ersten drei stehen für den Index der drei Eckpunkte in der vorangegangenen Punkteliste, während eine vierte Zahl zwischen 0 und 7 die Farbe des Dreiecks festlegt.

Ein Würfel zum Beispiel besteht aus acht Punkten und zwölf Dreiecken. Die Objekt-Datei sieht dann wie folgt aus:

```
HM_OBT
1.000000
8
-50 -50 -50
50 -50 -50
50 50 -50
-50 50 -50
-50 -50 50
50 -50 50
50 50 50
-50 50 50
12
0 1 2 0
0 2 3 0
4 5 6 0
4 6 7 0
0 4 7 0
0 7 3 0
1 5 6 0
1 6 2 0
0 1 5 0
0 5 4 0
3 2 6 0
3 6 7 0
```

Wie man sieht, sind alle Flächen des Würfels auf die Farbnummer Null gesetzt.

Wichtig: Bis auf die Versionsnummer werden alle Zahlen als Integerzahlen zwischen -32767 und +32767 gespeichert.

Glossar

Antialiasing: Computerbilder sind aus einzelnen Punkten zusammengesetzt. Dies sind die Pixel. Da zwischen zwei Pixeln keine Farbe gezeichnet werden kann, erscheinen auf manchen Bildern, vor allem in der Vergrößerung Abstufungen. Diese Abstufungen oder Treppchen sind besonders deutlich bei kontrastreichen Farbübergängen. Um sie zu vermeiden, wird Antialiasing eingesetzt, welches Mittelwerte berechnet und als Farbe ausgibt.

Interferenz: Bei Überlagerung von Wellen beliebiger Art tritt eine Auslöschung auf, wenn sich Täler und Kämme überschneiden. Dieser Effekt wird in der Physik als Interferenz bezeichnet.

Interpolation: Wenn Punkte auf einer Skala, auf Papier oder im Raum durch eine Linie verbunden werden, so spricht man generell von Interpolation. Die Linie kann krumm oder gerade sein, je nach dem, welche mathematische Funktion zugrundegelegt wird. Am bekanntesten sind Spline- und lineare Interpolation. Erstere erzeugt sehr «weiche» Linien. An den Punkten, die verbunden werden sollen, entstehen keine Knicke. Spline-Interpolation ist rechnerisch relativ aufwendig im Vergleich zur linearen Interpolation, bei welcher Punkte nur durch eine Gerade verbunden werden. Hierbei entstehen Knicke, wenn die zu verbindenden Punkte nicht in einer Linie liegen.

Koordinate: Zur mathematischen Modellierung von Räumen werden stets Zahlen herangezogen. Eine Koordinate ist eine solche Zahl, die bezeichnet, wie weit ein Element in den zu untersuchenden Raum hineinreicht. Bekannte Beispiele dafür sind Thermometer: 37,2_ C bezeichnet eine eindimensionale Größe. Das Schachbrett ist zweidimensional und seine Elemente werden mit A1, E7 und so weiter bezeichnet. Auf der Erde bedient man sich den Breiten- und Längengraden sowie der Höhe über dem Meeresspiegel, um eine Position im dreidimensionalen Raum anzugeben.

Oberflächennormale: Eine Linie, die senkrecht auf einem Punkt der Oberfläche steht, bezeichnet man als Oberflächennormale. Im Computer wird sie durch drei Zahlen gespeichert, die eine Richtung im dreidimensionalen Raum bezeichnen. Die Oberflächennormale beeinflußt die Schattierung eines Objektes.

Objekt: Objekt hat in diesem Handbuch zwei Bedeutungen. Zum einen werden alle materiellen Dinge des täglichen Lebens, z.B. ein Goldklumpen, ein Apfel oder ein Mensch als Objekt bezeichnet. Zum anderen sind alle von Graph erzeugten Dateien Objekte. Sie sind aus Punkten und Dreiecken zusammengesetzt. Diese Objekte sind auf dem fertigen Computerbild sichtbar. Ihre Position zueinander wird in der Szene definiert.

Octree: Eine Datenstruktur der Informatik sind die Bäume. Sie helfen, dreidimensionale Räume, z.B. die reale Welt mit ihren drei Dimensionen oder auch den Raum der Farben Rot, Grün und Blau einzuteilen. Octavian benötigt diese Datenstruktur, um aus 16777216 Farben nur 256 so auszuwählen, daß damit ein vorliegendes Bild möglichst gut darzustellen ist. Dies ist notwendig, da die meisten VGA-Karten lediglich 256 Farben gleichzeitig auf dem Bildschirm darstellen können. Diese können jedoch frei gewählt werden. Die Zahl 8 ist für dieses Programm sehr wichtig, da der Farbraum (ein Würfel) bei jeder Teilung in stets 8 gleich große Teile aufgeteilt wird. Deshalb stand die Acht auch Pate bei der Namensgebung für Octavian.

Pixel: Englisch: picture element, Bildelement. Damit werden die einzelnen Punkte des Bildschirms bezeichnet, deren Farbe und Helligkeit vom Computer bestimmt werden kann. Alle Bilder, die von Highlight erzeugt werden, enthalten die Farbinformation, die in den Pixeln dargestellt werden, in den drei Farbkomponenten Rot, Grün und Blau.

Szene: Die im Computerbild darzustellende Komposition von abstrakten und gegenständlichen Dingen, genannt Objekte wird in diesem Buch als Szene bezeichnet. Sie definiert die Position, Größe und Ausrichtung der Objekte zueinander.

Unterschiede zu Highlight PC

Vollkommen neu ist die Benutzeroberfläche, die ein rasches und übersichtliches Eingeben der notwendigen Daten erlaubt. Oberflächen können gespeichert und geladen werden. Graph und Animate haben neue Funktionen erhalten, so daß die Modellierung in drei Dimensionen leichter von der Hand geht. Ebenfalls von Grund auf neu definiert wurde das Beleuchtungsmodell. Alle in Highlight 1.0 zur Verfügung stehenden Oberflächen lassen sich nun kombinieren und erlauben mehr künstlerische Freiheit. Definierte Szenen lassen sich in beliebigen Auflösungen berechnen, solange das Bild kleiner als 10000 mal 10000 Punkte groß ist. Das Raytracing kann unterbrochen und zu einem späteren Zeitpunkt fortgesetzt werden. Ebenfalls neu ist eine Rendering-Funktion, die Bilder ohne gespiegeltes und gebrochenes Licht in wesentlich kürzerer Zeit darstellt als Raytracing. Dadurch wird dem Überarbeiten von Animationen viel Zeit eingespart werden.

Programmierhinweise

Highlight für Windows, Graph für Windows, Animate für Windows, Octavian, DXF, Movie und Showtga sind durchwegs in der Programmiersprache C geschrieben worden. Große Teile des Programmquelltextes von Highlight PC dienten als Gerüst für die Programmierung. Die Entwicklung des vorliegenden Programmpaketes erforderte zwei Programm-Mann-Jahre und wurde auf PC-kompatiblen Computern mit 80486-Prozessoren mit 25 MHz, 33 MHz und 50 MHz durchgeführt.

Zubehör

Zum Programm Highlight können Sie mit der Bestellkarte am Ende des Buches weiteres Zubehör bestellen. Es handelt sich dabei um einige Software-Utilities sowie besonders empfehlenswerte Hardware-Erweiterungen.

Disk 1: HICOLOR- und Truecolor-Treiber für ET4000

Diese Diskette enthält spezielle Versionen der Programme «Showtga», «Movie» und «Delta», die den 32K/64K HICOLOR-Modus sowie den neuen TRUECOLOR-Modus von Super-VGA-Karten mit einem ET4000-Chipsatz unterstützen.

Disk 2: DXF-Konverter

Mit einem speziellen Konverter lassen sich dreidimensionale Flächen-Objekte im DXF-Format, zum Beispiel aus AUTOCAD, ins Highlight-Objekt-Format übertragen und weiterverarbeiten.

Disk 3: Beispiele

2 HD-Disketten mit verschiedenen Animationen und Bildern inklusiver aller Objekt- und Skript-Dateien.

Disk 4: Shareware

Eine Kollektion der besten Shareware-Programme zum Konvertieren und Nachbearbeiten von Bildern in verschiedenen Grafikformaten.

Mit dem Programm «Paintshop Professional» können Sie zahlreiche Bildformate ineinander umwandeln, wie zum Beispiel TIFF, GIF, TARGA, Windows-BMP, PCX, IMG, MAC und viele mehr.

Bitte beachten Sie, daß die Nutzungsvereinbarung von Shareware nur das Testen der Software über einen begrenzten Zeitraum gestattet. Bei regelmäßiger Nutzung müssen Sie sich bei den entsprechenden Programm-Autoren gegen Gebühr registrieren lassen.

Disk 5: Texturen

2 HD-Disketten randvoll mit digitalisierten Oberflächen im Targa-Format zur Verwendung als Texturen für eine realistische Oberflächengestaltung.

Mathematischer Koprozessor Intel 80387, 33 MHz

Der Koprozessor kann die Fließkomma-Rechenleistung Ihres 386ers um bis zu 1000% steigern. Wird von der Software automatisch erkannt und verwendet.

Tseng ET4000 Mega EVA mit 24Bit DAC

Diese VGA-Karte besitzt einen Echtfarben-24-Bit-Digital/Analog-Konverter und bietet somit eine Farbenvielfalt von 16,7 Millionen Farben gleichzeitig auf dem Schirm bei einer Auflösung von bis zu 640 x 480 Punkten. Ihre Bilder lassen sich so in Fotoqualität darstellen. Gleichzeitig ist die Karte kompatibel zu den gängigen 32K/64K HICOLOR-Karten.

Des weiteren bietet die Karte mit 1MByte RAM noch folgende Auflösungen:

640 x 480, 72 Hz, mit 16, 256, 32k, 64k und 16,7 M Farben
800 x 600, 72 Hz, mit 16, 256, 32k und 64k Farben
1024 x 768, 70 Hz, mit 16 und 256 Farben
1280 x 1024, 43.5 Hz (interlace), mit 16 Farben

Der ET4000-Video-Kontroller mit einem 0 Wait State Design sorgt für größtmögliche Software-Kompatibilität und höchste Geschwindigkeit. Die Karte verfügt über einen Feature-Connector.

Inklusive Windows 3.1 Treiber und Highlight-Treibern (siehe Disk 1).

Genoa VGA 2 TV Video Adapter

Diese Karte wandelt das Video Signal Ihrer VGA-Karte in ein gängiges PAL-Signal um und ermöglicht somit das Überspielen von Bildern und Animationen auf einen normalen Videorecorder. Gleichzeitig erlaubt ein zusätzlicher Videoeingang das Mischen von Videosignalen mit dem Computerbild. Dabei wird eine frei wählbare Farbe des Computerbildes durch das eingespeiste Videosignal ersetzt (Genlock). Auf diese Weise lassen sich Videoaufnahmen nachträglich mit Titeln versehen.

Der Adapter benötigt einen 16-Bit-Slot im Rechner und wird über den Feature-Connector mit der VGA-Karte verbunden. Beachten Sie, daß nicht alle VGA-Karten über einen Feature-Connector verfügen. Das zugehörige Handbuch sollte Auskunft darüber geben, ob Ihre Karte über einen solchen Anschluß verfügt.

Mit dem Adapter lassen sich alle gängigen VGA-Modi bis zu einer Auflösung von maximal 640 x 480 Punkten mit 256 Farben darstellen. Für beste Bildqualität sorgen zusätzliche S-VHS-Video-Ein- und -Ausgänge. (RGB-Ausgang optional).

Lieferung inklusive diverser Anschlußkabel und der Software «Video Titler V1.0».

Index

N

O

P

Q

R

S